KB180839

캐서린 맨스필드(1888~1923) 모더니스트 단편 소설 작가. 맨스필드는 필명, 본디 이름은 비쳄이다.

▲ 웰링턴 시가
〈가든파티〉의 무
대가 된 집은 산
앞에 있었다.

◀ 뉴질랜드 웰링
턴 시청사

▲ 캐서린 맨스필드 생가 웰링턴 교외 손던

▶ 거실 벽난로

▼ 담장과 대문 바깥에서 바라본 생가

▲퀸스칼리지 시
절 첼로를 연주하
는 맨스필드

맨스필드는 문학
뿐만 아니라 음악
에도 관심이 많았
다. 퀸스칼리지
시절 첼로에 열중
하면서 같은 나이
음악과 학생 아널
드 트로웰을 사랑
하게 된다. 뉴질랜
드로 귀국했다가
1908년 영국에 다
시 돌아온 맨스필
드는 아널드를 찾
았으나, 이미 그에
게는 다른 여성이
있었다. 이에 맨스
필드는 그의 쌍둥
이 동생 가넷 트
로웰과 관계를 맺
고 임신한 뒤 헤
어졌다.

◀아널드 트로웰
퀸스칼리지 첼로
연주자

옥스퍼드대학교 퀸스칼리지 1903년에 입학한 맨스필드는 교지 편집일을 맡아보는 한편 뉴질랜드 시절의 작품들을 발표하기도 했다.

1907년의 맨스필드 형제　여동생 진(Jeanne)·남동생 레슬리(Leslie)와 함께 웰링턴 손던 정원에서

〈네이티브 컴패니언〉(1907) 표지 오스트레일리아의 자연사 월간 잡지. 1906년 영국에서 뉴질랜드로 돌아온 맨스필드는 이 잡지사에 세 편의 단편을 보냈는데, 편집자로부터 호평을 받아 이듬해 작품 모두가 실렸다.

▲맨스필드와 J.M. 머리　두 사람은 1912년부터 동거, 1918년에 정식 결혼했다.

◀문예평론지 〈리듬〉(1912) 표지　머리가 편집·발간한 잡지. 1914년 제1차 세계대전은 두 사람의 행복을 앗아갔다.

▼1906년(18세)의 맨스필드

1913년의 맨스필드

▲D.H. 로렌스와 프리다의 결혼식 날(1914) 결혼식 증인으로 참석한 머리와 맨스필드. 왼쪽부터 로렌스·맨스필드·프리다·머리. 맨스필드는 D.H. 로렌스, 버지니아 울프 등 당대 작가들과 교류하며 그들에게 적지 않은 영향을 주었다.

◀미들턴 머리와 맨스필드

1916년(28세)의 맨스필드

맨스필드 기념상 웰링턴 미들랜드 파크

캐서린 맨스필드 무덤　파리 퐁텐블로 에이번 묘지

IN A GERMAN PENSION

By the author of
BLISS, THE GARDEN PARTY, *and* THE DOVES' NEST

KATHERINE MANSFIELD

《독일 하숙집에서》(1911) 표지 첫 번째 단편집

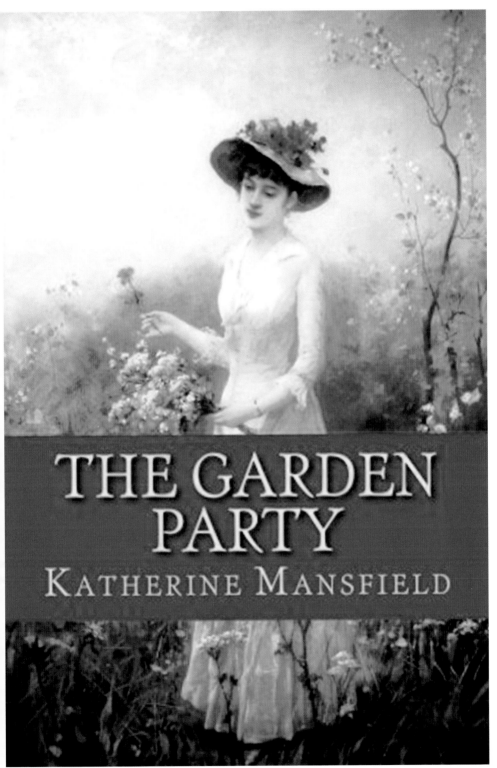

THE GARDEN PARTY

KATHERINE MANSFIELD

《가든파티》(1922) 표지　세 번째 단편집

THE
DOVES' NEST

AND OTHER STORIES

BY KATHERINE
MANSFIELD

"Reverence, that angel of the world."

NEW YORK
ALFRED · A · KNOPF
MCMXXIII

《비둘기 둥지》(1923) 네 번째 단편집 속표지. 뉴욕판

World Book 300

Katherine Mansfield

THE GARDEN PARTY

가든파티

캐서린 맨스필드/오정환 옮김

동서문화사

디자인 : 동서랑 미술팀

가든파티

차례

가든파티

아무튼 날씨는 더할 나위 없었다. 가든파티를 위해서 특별히 주문해 놓았다 해도 이보다 더 좋은 날은 없었을 것이다. 바람도 불지 않고 따뜻하며 하늘엔 구름 한 점 없었다. 다만 푸른 하늘에, 초여름에 이따금 볼 수 있는 밝은 은빛 안개가 엷게 끼어 있을 뿐이었다. 정원사가 새벽부터 일어나 잔디를 깎고 쓸고 해서, 잔디며 앞에 국화를 심은 거무튀튀하고 평평한 장미 모양의 화단까지 깨끗하게 잘 정돈되었다. 장미꽃으로 말하면, 자기는 가든파티에서 사람들의 마음을 끄는 하나뿐인 가장 아름다운 꽃이라는 것쯤 이미 알고 있는 듯했다. 몇백 송이, 정말 문자 그대로 몇백 송이의 장미가 하룻밤 사이에 활짝 피었다. 초록빛 장미 덩굴은 마치 천사의 방문을 받은 듯 고개를 숙이고 있었다.

아침 식사가 채 끝나기도 전에 천막을 칠 일꾼들이 찾아왔다.

"천막은 어디에다 칠까요, 어머니?"

"그건 나한테 묻지 마라. 올해는 모두 너희한테 맡기기로 했으니까. 내가 너희 엄마라는 걸 잊어 버리고 그저 귀한 손님으로 대해 주려무나."

그러나 메그는 도저히 자기가 직접 나가 일꾼들을 지시할 생각은 들지 않았다. 그녀는 아침 식사 전에 머리를 감은 터라 초록 수건을 머리에 두른 채 젖은 고수머리를 두 볼에 착 붙이고는 한참 커피를 마시고 있었기 때문이다. 멋쟁이 조스는 언제나처럼 비단 속치마에 가운식 윗옷을 입고 아래층으로 내려왔다.

"로라, 네가 나가 봐야겠다. 넌 예술적이니까."

로라는 버터 바른 빵을 한 조각 든 채 뛰어 나갔다. 집 밖에서 먹을 수 있는 핑계가 생겨 무척 즐거웠고, 일을 정리하는 게 좋았기 때문이다. 또 그녀는 늘 자기가 누구보다 훨씬 그런 일을 잘한다고 생각하고 있었다.

셔츠 차림의 일꾼 네 사람이 정원으로 난 길에 모여 서 있었다. 그들은 둘둘 만 천막을 들고 커다란 연장 주머니를 어깨에 메고 있었다. 그런 그들의 모습은 꽤 인상적이었다. 로라는 버터 바른 빵을 괜히 들고 나왔다고 생각했다. 이젠 그것을 놓을 곳도 없었고, 또 버릴 수도 없었다. 그녀는 얼굴을 붉혔지만 일꾼들 앞으로 다가갈 때 엄숙한 표정을 짓고 조금 근시인 것처럼 보이도록 애썼다.

"안녕하세요."

그녀는 어머니 목소리를 흉내내며 말했다. 그런데 그 말투가 너무나 자연스럽지 못하게 들려서 부끄러운 나머지 어린 소녀처럼 더듬거렸다.

"아—저—다들 천막 치는 일 때문에 오셨나요?"

"그렇습니다, 아가씨."

그중에서 가장 키가 크고 홀쭉한 주근깨투성이의 남자가 말했다. 그는 연장 주머니를 내려놓고 밀짚 모자를 뒤로 젖힌 다음 그녀에게 미소 지었다.

"그렇습니다, 아가씨."

그의 미소가 너무나 거리낌 없이 다정스러웠으므로 로라의 마음도 차츰 가라앉았다. 조금 작긴 하지만 푸른 눈빛은 얼마나 아름다운가! 다른 사람들을 보니 그들도 모두 미소 짓고 있었다.

'괜찮아요. 우린 달려들어 물진 않으니.'

그들의 미소는 그렇게 말하는 것 같았다. 어쩌면 이렇게 좋은 일꾼들인가! 그리고 얼마나 아름다운 아침인가! 아니, 좋은 아침 날씨 이야기를 할 때가 아니지, 사무적으로 이야기해야지. 천막에 대해서.

"저, 백합이 있는 잔디 쪽이 어때요? 저기가 어떨까요?"

그렇게 말하고 그녀는 빵을 들지 않은 손으로 백합이 있는 잔디 쪽을 가

리켰다. 그들은 고개를 돌리고 그쪽을 바라보았다. 키가 작고 뚱뚱한 남자
는 아랫입술을 내밀었고, 키 큰 남자는 얼굴을 찡그렸다.

"너무 눈에 띄지 않는데요. 천막 같은 건 말이죠……."

그는 시원한 눈으로 로라를 쳐다보며 말을 이었다.

"눈에 확 들어오는 곳에 천막을 치고 싶으시면 절 따라오십쇼."

로라가 배운 예법으로는 '눈에 확 들어온다'는 따위의 말은 어쩐지 조금
정중한 맛이 없는 것처럼 여겨졌으나 그래도 그 말의 의미만은 곧 알 수 있
었다.

"테니스장 한쪽은 어떨까요?"

그녀가 제안했다.

"악대는 어딘가 구석에 자리 잡아야 할 거예요."

"아하, 악대를 부르실 겁니까?"

다른 일꾼이 말했다. 그는 얼굴이 창백했다. 검은 눈으로 테니스장 쪽을

찬찬히 바라보았다. 그의 얼굴은 수척해 보였다. 무엇을 생각하는 걸까?

"악대라고 해봤자 아주 작아요."

로라는 부드럽게 말했다. 작은 악대니 신경 쓸 필요 없다는 말투였다. 그때 키 큰 남자가 입을 열었다.

"아가씨, 저기가 좋겠군요. 저 나무를 향해서. 저기가 알맞을 겁니다."

카라카 나무[*1] 앞. 그러면 나무가 가려질 것이다. 나무는 싱싱한 잎이 넓게 펼쳐졌고 노란 열매가 주렁주렁 달려 있어 무척 아름답다. 마치 무인도 한가운데에, 자랑스럽고 외로운 모습으로 하늘을 향해 잎과 열매를 높이 뻗치고 서 있는 것 같았다. 그런데 그 나무를 천막으로 가려야 한다니!

가릴 수밖에 없었다. 벌써 일꾼들은 천막 기둥을 둘러메고 그쪽으로 가고 있었다. 키 큰 남자만이 남았다. 그는 허리를 굽혀 라벤더의 어린 가지를 하나 꺾어 엄지와 둘째손가락 사이에 끼어 코에 대고 냄새를 맡았다. 로라는 그 모습을 보고 일꾼이 그러한 것—라벤더 향기 같은 것에 관심을 둔다는 데 깜짝 놀라 카라카 나무 따위는 까맣게 잊고 말았다. 자기가 아는 사람 중에 이런 행동을 할 사람이 몇 있을까. 아, 얼마나 멋진 일꾼인가, 하고 그녀는 생각했다. 함께 춤을 추고 일요일 저녁 식사에 초대받아 오는 어리석은 남자애들 대신 이런 일꾼들과는 왜 친구가 될 수 없을까? 이런 남자들이라면 좀 더 재미있게 사귈 수 있을 텐데.

키 큰 남자가 봉투 뒤에다 어디를 고리로 묶을까, 어디를 아래로 늘어뜨릴까 하는 그림을 그리고 있는 동안, 로라는 이런 말도 안되는 계급 차별은 모두 잘못된 것이라고 생각했다. 그렇다, 자기는 그런 차별을 조금도 느끼지 않는다, 정말 조금도……. 이윽고 나무 망치 소리가 들려왔다. 누군가 휘파람을 불고 또 누군가는 소리쳤다.

"어이, 친구! 거긴 잘 돼 가나?"

'친구?' 그 다정한 부름. 그 뭐라 할까—저—로라는 자기가 얼마나 기뻐하는가를, 또 얼마나 친밀하고, 이런 하잘것없는 낡은 관습을 경멸하는가를

[*1] 뉴질랜드 월계수로 마오리족이 그 씨앗을 사용한다.

보여주고자 키 큰 남자가 그린 작은 그림을 들여다보며 버터 바른 빵을 크게 한 입 베어 물었다. 그녀는 자신이 여자 일꾼이 된 기분이었다.

"로라, 로라, 어디 있니? 전화야, 로라!"

집 안에서 외치는 소리가 들렸다.

"네, 가요."

그녀는 재빨리 달려 잔디밭을 가로질러 베란다를 지나 현관 안으로 뛰어들어갔다. 현관에서는 아버지와 오빠 로리가 사무실에 나가려고 모자에 솔질을 하고 있었다.

"예, 로라."

로리는 재빨리 말했다.

"오늘 오후까지 내 외투 좀 봐 줘. 다리미질해야 할지 어떨지."

"응, 그럴게."

그녀는 대답했다. 갑자기 억제할 수 없는 충동을 느꼈다. 그녀는 로리에게로 달려가 가볍게 껴안았다.

"아, 파티가 참 좋아. 오빠는?"

로라는 헐떡이며 말했다.

"물론, 나도 좋지."

로리는 소년처럼 다정하게 말하고 누이동생을 껴안았다. 그리고 부드럽게 밀어냈다.

"빨리 가서 전화 받아."

그래, 전화가 왔지.

"네네, 오, 키티? 잘 있었어? 점심 먹으러 올래? 와. 물론, 좋지. 뭐 별거 아냐―샌드위치 만들다 남은 빵 껍질하고 머랭 부스러진 것하고 남은 음식. 그래, 날씨 참 좋지? 흰 옷을 입고 오겠다고? 그래, 그래. 잠깐, 전화 끊지 마. 어머니가 부르셔."

로라는 몸을 뒤로 젖혔다.

"어머니, 뭐라고요? 안 들려요!"

셰리든 부인의 목소리가 아래층으로 흘러 왔다.

"지난 일요일에 쓰고 왔던 그 귀여운 모자 쓰고 오라고 하렴."

"어머니께서 지난 일요일에 썼던 그 예쁜 모자 쓰고 오라고 하셔. 좋아, 한 시야. 안녕."

로라는 수화기를 내려놓자 두 손을 머리 위에 얹고 깊게 숨을 쉰 다음 두 팔을 쭉 뻗었다가 내렸다.

"아!"

한숨을 내쉬고 곧 자리에서 일어났다. 그녀는 가만히 귀를 기울였다. 집 안의 문이 모두 열려 있는 것 같았다. 집 안은 가볍고 빠른 발소리와 흐르는 말소리로 활기가 넘쳤다. 부엌으로 통하는 녹색 커튼을 친 문이 열렸다가 무거운 소리와 함께 닫히곤 했다. 그리고 길게 끽끽거리는 이상한 소리가 들려왔다. 다리바퀴가 잘 움직이지 않는 묵직한 피아노가 어디론가 옮겨지는 소리였다. 그보다 이 공기, 그녀는 오늘 처음 이런 공기를 마시는 것 같았다. 부드러운 산들바람이 창문 위와 문 밖에서 서로 뛰놀고 있었다. 두 줄기 햇빛이 방 안에 작은 반점을 던지고 있었다. 하나는 잉크병 위에, 또 하나는 사진을 넣은 은빛 액자 위에서 조용히 한들한들 장난치고 있었다. 귀여운 두 개의 조그만 점. 잉크병 뚜껑 위의 점은 특히 예뻤다. 그것은 따뜻해 보였다. 따뜻하고 조그마한 은별인 양. 그녀는 거기에 입맞춤이라도 하고 싶었다.

현관문에 달린 벨이 요란하게 울렸다. 그러자 계단에서 세이디의 치마 스치는 소리가 들렸다. 이어 남자의 중얼거리는 소리가 들렸다. 세이디는 관심 없다는 듯이 대답했다.

"전 아무것도 몰라요. 기다리세요. 마님한테 여쭈어 볼게요."

"뭐야, 세이디?"

로라는 현관으로 나갔다.

"꽃장수예요, 아가씨."

문 바로 안쪽에 분홍빛 칸나 화분이 가득 들어 있는 넓고 얕은 궤짝이 놓여 있었다. 다른 꽃은 하나도 없었다. 온통 칸나뿐—진홍빛 가지에 달린 커다란 분홍 꽃이 활짝 피어서 눈부신 생명력을 뿜내고 있었다.

"어머, 세이디!"

로라는 말했다. 그런데 그 소리는 낮은 신음소리 같았다. 그녀는 칸나의 불타는 듯한 꽃으로 자기를 따뜻하게 하려는 듯 허리를 굽혔다. 그 꽃들이 자기 손에도, 입술 위에도, 가슴속에서도 자라고 있는 것 같았다.

"뭐가 잘못 됐나 봐."

그녀는 머뭇거리며 말했다.

"아무도 이렇게 많이 주문한 사람은 없어. 세이디, 가서 엄마 찾아와."

그때 마침 셰리든 부인이 그들에게로 왔다.

"아니다, 그냥 둬."

부인은 조용히 말했다.

"내가 주문했어. 예쁘지 않니?"

그녀는 로라의 팔을 잡았다.

"어제 꽃집 앞으로 지나다 진열장 안에 있는 걸 봤지. 문득 일생에 한 번쯤 칸나를 듬뿍 가져 보는 것도 좋지 않을까 생각했어. 가든파티가 좋은 핑계가 됐지."

"하지만, 어머닌 아무것도 간섭하지 않으시겠다고 하셨잖아요!"

로라가 말했다. 세이디는 벌써 그 자리에 없었다. 로라는 엄마의 목에 부드러운 팔을 감고는 살짝, 정말 살짝 엄마의 귀를 물었다.

"너두 참, 융통성 없는 엄마는 좋아하지 않겠지? 이러지 마라, 꽃집 남자가 있지 않니."

꽃집 남자는 칸나를 더욱 많이 옮겨오고 있었다.

"바로 문 안쪽, 현관 양쪽에 나란히 놓아 주세요."

셰리든 부인은 말했다.

"그게 좋겠지, 로라?"

"예, 좋아요."

응접실에서는 메그와 조스와 땅딸보 한스 세 사람이 막 피아노를 안전하게 옮겨놓은 참이었다.

"자, 이제 이 긴 의자를 벽에 붙여 놓고 나머지 의자는 모두 밖으로 내놓으면 어떨까?"

"좋아요."

"한스, 이 테이블을 모두 응접실로 옮겨가. 그리고 융단의 먼지를 털어야 할 테니까 비도 가져오고. 참, 잠깐만, 한스!"

조스는 하인들에게 명령하기를 좋아했고 또 하인들도 그녀의 말을 듣는 걸 좋아했다. 조스는 언제나 그들에게 연극 속의 한 역을 맡고 있는 느낌을 갖게 했다.

"어머니와 로라한테 빨리 이리로 오시라고 해."

"잘 알았습니다, 조스 아씨."

그녀는 메그를 향해 돌아섰다.

"피아노 소리가 어떤지 좀 듣고 싶어. 오늘 오후 노래 부르게 될지도 모르니까. '이 세상은 슬퍼'를 한번 불러 보자."

따앙, 따 따 땃 땅. 피아노가 열정적으로 울리기 시작하자 조스는 표정을 바꾸었다. 그녀는 두 손을 앞으로 모아 쥐었다. 그리고 어머니와 로라가 들어오자 두 사람을 슬픔에 찬 눈빛으로 바라보았다.

이 세상은 슬퍼라
눈물과—한숨,
사랑은 덧없고
이 세상은 슬퍼라
눈물과—한숨
사랑은 덧없네
그리고…… 안녕!

'안녕'이라는 부분에서 피아노 소리는 더욱 절망적으로 울려왔건만 그녀의 표정은 밝은 미소로 변했다.

"제 목소리 좋죠, 엄마?"

그녀는 방긋 웃었다.

이 세상은 슬퍼라

모든 소망 사라지고

꿈인가—환상인가

그때 세이디가 들어왔다.

"세이디, 뭐니?"

"저, 마님, 요리사가 샌드위치에 꽂을 깃발을 마련하셨느냐고 묻는데요."

"샌드위치에 꽂을 깃발?"

셰리든 부인은 꿈꾸는 듯한 표정으로 그대로 되풀이해서 뇌었다. 그래서 아이들은 그 표정으로 어머니가 그것을 준비하지 않았다는 것을 알았다.

"참, 그렇지, 요리사한테 가서 십 분 뒤에 보내겠다고 해."

그녀는 세이디에게 엄숙하게 말했다. 세이디는 나갔다.

"자, 로라야."

어머니는 빠른 어조로 말했다.

"나와 함께 응접실로 가자. 어딘가 봉투 뒤에 샌드위치 종류를 적어 놓은 게 있을 게다. 네가 그걸 다시 써야겠다. 메그, 너는 곧 이층으로 올라가서 머리에 두른 그 젖은 걸 풀고. 조스, 너는 빨리 가서 옷을 갈아입고. 내 말 알아듣겠니? 그렇게 하지 않으면 저녁에 아버지가 돌아오셔서 꾸중을 하셔요. 그리고 조스야, 너 부엌에 가면 요리사 좀 잘 달래 줘라. 난 오늘 그 여자 때문에 깜짝 놀랐단다."

봉투는 식당에 있는 시계 뒤에서 겨우 찾았는데 그게 어떻게 해서 그런 곳에 있게 됐는지 셰리든 부인은 도저히 알 수가 없었다.

"너희 가운데 누가 내 가방에서 꺼내 왔을 거야. 보나마나 뻔해. 크림 치즈하고 레몬 커드. 다 썼니?"

"예."

"달걀하고……."

셰리든 부인은 봉투를 멀찍이 쳐들고 보았다.

"생쥐라고 쓴 것 같은데, 생쥐가 뭘까? 이상한데."

“올리브예요.”

로라가 어깨 너머로 들여다보면서 말했다.

“그래 그래, 올리브구나. 이게 쥐라니 말도 안 되지. 달걀하고 올리브.”

마침내 일이 끝나서 로라는 깃발을 부엌으로 가지고 갔다. 거기에는 조스 가 벌써 요리사를 잘 달래서 기분을 바꿔 놓았다.

“이렇게 훌륭한 샌드위치는 난 처음 봤어.”

조스는 무척 즐거운 듯 말했다.

“몇 종류 있다고 했죠? 열다섯?”

“예, 열다섯이지요, 아가씨.”

“어머 좋아, 정말 고마워요.”

요리사는 기다란 샌드위치 칼로 빵 부스러기를 털어내며 얼굴 하나 가득 미소를 띠었다.

“고드버 상점에서 왔어요.”

세이디가 식료품 방에서 뛰어나오며 알렸다. 그녀는 상점 사람이 창 앞으 로 지나가는 것을 보았던 것이다.

그것은 크림 퍼프*²가 왔다는 소리와 같았다. 고드버 상점은 크림 퍼프 로 유명했다. 그것을 집에서 만든다는 것은 도저히 생각해 볼 수 없는 일이 었다.

“이리 들여와 테이블 위에다 놔요.”

요리사가 명령했다.

세이디는 그것을 안으로 들여다 놓고 다시 문 쪽으로 돌아갔다. 물론 로 라와 조스는 다 컸기 때문에 그런 것을 탐내지는 않았다. 그러나 역시 크림 퍼프가 무척 맛있어 보이는 데는 어쩔 수 없었다. 참으로 맛있어 보였다. 요 리사는 그것의 모양을 가다듬고 위에 다시 설탕을 뿌렸다.

“크림 퍼프만 보면 어릴 때 파티를 떠올리게 되지?”

로라가 말했다.

---

*2 달걀로 만든 부드러운 과자 안에 달콤하거나 짭조름한 것으로 속을 채운 것.

"글쎄."

회상 같은 것은 하고 싶지 않은 조스가 말했다.

"예쁘고 정말 깃털처럼 가벼워 보여."

"아가씨, 하나 들어 보세요."

요리사가 기분 좋은 목소리로 말했다.

"어머니한테 말씀드리지 않을 테니."

어머, 어떻게 그래. 아침 먹고 바로 크림 퍼프를 먹다니. 생각만 해도 떨릴 지경이었다. 그러나 2분 뒤에 조스와 로라는 손가락을 핥고 있었다. 거품 이는 크림을 먹을 때만 짓는 그 여념 없는 표정을 하고.

"우리 정원에 나가자, 뒷길로 해서."

로라가 말을 꺼냈다.

"일꾼들이 천막을 어떻게 치는지 보고 싶어. 참 좋은 사람들이야."

그러나 뒷문은 요리사, 세이디, 고드버 상점 사람, 한스 이렇게 네 사람으로 꽉 막혀 있었다.

무슨 일이 일어난 것이다.

"쯧, 쯧, 쯧."

요리사는 흥분한 암탉 같은 소리를 내고 있었고, 세이디는 마치 이 앓는 사람처럼 볼에 손바닥을 바싹 대고 있었다. 한스의 얼굴은 사실을 알리려고 애쓰는 듯 잔뜩 찡그린 채였다. 다만 고드버 상점의 남자만이 무척 재미있어하는 표정이다. 그 사람만이 알고 있는 사건인 모양이었다.

"왜 그래요? 무슨 일이 일어났어요?"

"굉장한 일이에요. 남자가 죽었대요."

요리사가 말했다.

"남자가 죽다뇨! 어디서? 어떻게? 언제?"

고드버 상점의 남자는 자기가 가져온 이야기를 눈앞에서 남에게 가로채이고 싶지 않았다. 그래서—

"바로 이 아래 작은 오막살이 집들 아시죠, 아가씨?"

아느냐고? 물론 알지.

"거기 스콧이라는 젊은 마차꾼이 살고 있어요. 그의 말이 오늘 아침 호크거리 모퉁이에서 큰 차에 놀라 날뛰는 바람에 그 사람이 그만 튕겨 나가 죽었지요. 머리를 다쳤으니까요."

"어머, 죽었어요?"

로라는 고드버 상점의 남자를 똑바로 바라보았다.

"사람들이 남자를 일으켰을 땐 벌써 죽어 있더래요."

고드버 상점의 남자는 말을 이었다.

"제가 여기 올 때 보니까 시체를 집으로 옮기더군요."

그러고는 요리사를 보며 말했다.

"마누라와 다섯 아이들을 남겨 놓았지요."

"언니, 이리 좀 와봐."

로라는 조스의 소매를 잡고 부엌을 지나 녹색 커튼을 친 문 저쪽으로 끌고 갔다. 그리고 문에 기대섰다. 로라는 질린 듯 말했다.

"언니! 모두 다 그만둬 버릴까?"

"모두 그만둔다고! 무슨 뜻이야?"

조스는 놀라 소리쳤다.

"물론, 파티를 그만두는 거지."

조스는 왜 모르는 척하는 걸까? 그러나 조스는 아까보다 더 놀랄 뿐이었다.

"파티를 그만두다니? 어머 로라, 무슨 바보 같은 소리를. 정말 그렇게는 못해. 누구도 우리가 그만두리라곤 생각하지 않을 거야. 그런 엉뚱한 소린 그만둬."

"하지만 문 바로 밖에 죽은 사람을 두고 파티 같은 걸 할 순 없잖아."

그건 참으로 어이없는 일이었다. 그 작은 집들은 이 집으로 통하는 가파른 언덕 밑 좁은 길가에 모여 있었다. 그 집들은 지나치게 가까이 있었다. 사실 눈에 거슬리는 가시 모양으로, 이 부근에 있을 것이 못되었다. 그것들은 모두 초콜릿색으로 칠한 옹기종기 붙은 초라한 집들이었다. 뜰에는 고작 배추와 말라빠진 암탉과 빈 토마토 깡통만이 뒹굴고 있었다. 굴뚝에서 나오는 연기까지도 가난에 시달리고 있었다. 가닥가닥 흩어진 가느다란 연기는 셰리든 집 굴뚝에서 뭉게뭉게 치솟는 은빛 나는 큰 날개 같은 연기와는 너무 차이가 있었다. 그 좁은 길에는 세탁부, 굴뚝 청소부, 구두 수선공이며, 또 작은 새장을 온통 집 앞에 걸어 놓은 남자들이 살고 있었다. 그리고 언제나 아이들이 우글거렸다. 셰리든네 아이들이 어렸을 때는 그곳에 발을 들여놓는 것조차 금지되어 있었다. 몸서리쳐지도록 나쁜 말씨와 또 어떤 병을 옮아 올지 모르기 때문이었다. 그러나 그들이 자라남에 따라 로리와 로라는 산책할 때 가끔 그곳을 지나쳤다. 불쾌하고 더러운 곳이었다. 그들은 진저리를 치며 돌아오곤 했다. 그러나 사람은 아무데라도 가야하며 무엇이나 다 봐두어야 한다는 생각에 그들은 가끔 그곳을 지나갔다.

"게다가 음악이 그 불쌍한 여자에게 어떻게 들릴까 생각하면……."

로라가 말했다. 조스는 정말 난처해지기 시작했다.

"어마, 로라 너도 참. 무슨 일이 일어날 때마다 악대를 멈춘다면 우리 삶은 뭐가 되겠니. 물론 나도 너처럼 그들이 불쌍하기는 해. 나도 동정은 해."

그녀의 눈은 날카로워졌다. 어렸을 적 둘이 싸울 때 띠던 그런 눈빛으로 동생을 바라보았다.

"우울해한다고 취해 죽은 남자가 다시 살아나는 건 아니잖아."

"취했다고! 누가 취했다고 했어?"

로라는 격분하여 조스에게 대들었다. 그리고 이런 때 언제나 하는 말을 했다.

"어머니한테 가서 물어보고 올 테야."

"응, 마음대로 해."

"어머니, 들어가도 좋아요?"

로라는 커다란 유리문 손잡이를 돌렸다.

"그럼, 웬일이냐? 왜 그렇게 흥분한 얼굴을 하고 있니?"

셰리든 부인은 화장대 앞에서 몸을 빙그르르 돌렸다. 그녀는 새 모자를 써 보고 있던 참이었다.

"어머니, 남자가 죽었대요."

로라는 말을 시작했다.

"설마, 우리집 정원에서는 아니겠지?"

셰리든 부인은 로라의 말을 가로막았다.

"예, 그럼요."

"그런데 어쩌면 그렇게 놀라게 하니!"

셰리든 부인은 안도의 숨을 내쉬고, 모자를 벗어 무릎 위에 놓았다.

"하지만 저, 들어 보세요."

로라는 숨이 막히는 소리로 그 무서운 이야기를 들려주었다.

"그러니까 오늘 파티는 못하게 되는 거죠?"

그녀는 설득시키려는 듯 말했다.

"악대랑 손님들이 오면 그 사람들에게 다 들릴 거예요. 바로 가까운 이웃이니까."

로라는 어머니도 조스와 다름없는 태도를 보이자 놀랐다. 게다가 어머니는 조금도 진심으로 생각하지 않는 것 같아 점점 더 화가 났다. 로라의 말을 진지하게 들으려 하지 않았다.

"하지만 얘야, 상식적으로 생각해 보렴. 우린 우연히 그 이야기를 들은 게 아니니. 만일 거기 사는 사람이 그냥 예사롭게 죽었다면—나야 그런 초라하고 비좁은 곳에서 어떻게 살아가고 있는지 알 까닭이 없지만—우린 그대로 모임을 가져도 괜찮지 않겠니?"

로라는 이 말에 "네" 하고 대답할 수밖에 없었다. 그러나 마음속으로는 모두 옳지 않다고 생각했다. 그녀는 소파에 걸터앉아 쿠션 가장자리 장식을 만지작거렸다.

"어머니, 그럼 우리가 너무 몰인정하지 않을까요?"

"얘, 로라야."

셰리든 부인은 일어나 모자를 들고 딸에게로 다가왔다. 그리고 로라가 미처 말릴 틈도 없이 그녀 머리에 모자를 씌워 주었다.

"이 모자 네 거다. 너한테 아주 안성맞춤이구나. 나한테는 잘 어울리지 않아서. 네가 이렇게 예쁘게 보이긴 처음이구나. 자아, 보렴."

셰리든 부인은 거울을 들어 올렸다.

"하지만, 어머니."

로라는 다시 말했다. 자기 모습 같은 건 보고 싶지도 않아 그녀는 옆으로 돌아서고 말았다.

이번엔 셰리든 부인이 조스가 아까 그랬던 것처럼 화를 냈다.

"너 정말 왜 그러니, 로라야."

부인은 나무라듯 말했다.

"그런 사람들은 우리에게서 희생 같은 건 바라지도 않아요. 그것보다 지금 네가 하려는 일이 오히려 모든 사람의 즐거움을 빼앗는 결과밖에 되지 않는다. 그게 더 생각해야 될 일이 아니겠니?"

"전 모르겠어요."

로라는 이렇게 말하고는 재빨리 방에서 나와 자기 침실로 들어갔다. 그곳에서 정말 우연히 가장 먼저 눈에 들어온 것은 거울에 비친 아름다운 소녀의 모습이었다―금빛 실국화와 검고 긴 비로드 리본을 장식한 검은 모자를 쓴 자기가 그렇게 아름답게 보이리라곤 상상도 하지 못했다. 어머니 말이 정말일까 생각했다. 그리고 어머니 말이 옳기를 바랐다. 내가 정말 옳지 않은 걸까? 어쩌면 터무니없는 생각이었을 거야. 그 순간 불쌍한 여인과 다섯 어린애와 그 집으로 옮겨지는 시체가 언뜻 머리에 떠올랐다. 그러나 그것은 모두 마치 신문에 난 사실처럼 희미하고 자기와는 동떨어진 것 같았다. 그 일은 가든파티가 끝난 뒤에 다시 한번 생각해 보리라 마음먹었다. 그게 가장 좋은 방법일 것 같았다.

점심 식사는 1시 반에 끝났다. 2시 반까지는 완전히 모든 준비가 끝났다. 초록색 윗옷을 입은 악대가 도착해 테니스장 한구석에 자리를 차지했다.

키티 메이틀랜드가 들뜬 목소리로 말했다.

"어쩌면 저 악대들은 정말 청개구리들 같지? 차라리 연못가에 앉히고 지휘자는 한가운데 잎사귀 위에 서는 게 어울리겠어."

로리가 돌아와 옷을 갈아입으러 가면서 그녀들에게 소리쳐 인사했다. 그를 보자 로라는 다시 아까의 일이 떠올랐다. 오빠한테 말해보고 싶었다. 만일 오빠도 다른 사람과 같은 의견이라면 그것이 옳은 일이리라. 그래서 그녀는 로리의 뒤를 따라 현관으로 들어갔다.

"오빠."

"안녕!"

그는 층계를 반쯤 올라가고 있었다. 로리가 몸을 돌려 로라를 보고는 갑자기 볼을 부풀리고 눈을 크게 떴다.

"야, 로라, 멋지구나! 정말 멋진 모잔데!"

"그래?"

로라는 맥이 빠진 듯 작은 소리로 대답하고 로리를 쳐다보며 웃었다. 끝내 그 이야긴 꺼내지 못했다.

곧이어 사람들이 몰려들었다. 악대는 연주를 시작했다. 임시로 고용된 급사들이 집과 큰 천막 사이를 바삐 뛰어다녔다. 어디를 보나 손님은 모두 짝을 지어 거닐었다. 허리를 굽혀 꽃을 구경하고, 인사를 나누기도 하고, 잔디 위를 거닐기도 했다. 그들은 오늘 오후에 셰리든 집 정원으로 잠시 내려앉은 화려한 새들 같았다. 어디로 날아가는 도중에—한데 갈 곳은 어딜까? 아, 모두 즐겁게 손을 마주 잡고 볼을 맞대고 눈과 눈이 서로 마주쳐 미소 짓는 것은 정말로 행복한 일이다.

"로라, 정말 근사해 보이는구나!"

"모자가 아주 잘 어울리는데!"

"로라, 꼭 스페인 사람 같구나. 이렇게 예쁘게 보이긴 처음인데."

그러자 로라는 얼굴을 붉히면서 부드럽게 말했다.

"차는 드셨어요? 아이스크림은 어떠세요? 시계꽃 열매가 든 아이스크림은 정말 별미랍니다."

그녀는 아버지에게 달려가 청했다.

"악사들한테도 뭘 좀 마실 걸 줘야죠."

그리하여 이 아름다운 오후는 천천히 무르익어 가다가 천천히 시들고는 천천히 그 꽃잎을 오므렸다.

"이렇게 즐거운 가든파티는 처음입니다."

"정말 훌륭해요!"

"지금까지 하던 중 가장⋯⋯."

로라는 어머니 옆에 서서 손님들을 배웅했다. 현관에서 인사가 다 끝날 때까지 서 있었다.

"자, 이제 끝났군. 완전히 끝났어. 정말 잘됐다."

셰리든 부인은 말했다.

"다들 불러 와라. 로라, 가서 새로 만든 커피를 마시자. 난 아주 지쳐 버렸다. 정말 대성공이었어. 하지만 얘들아, 이런 파티는 아주 힘이 드는 거란다. 그런데 너희는 그렇게 파티, 파티 하며 고집을 부려 대니!"

그러고는 텅 빈 큰 천막 안에 앉았다.

"아빠, 샌드위치 좀 드세요. 이 깃발 제가 쓴 거예요."

"고맙다."

셰리든 씨가 한 입 크게 베어 물자, 벌써 샌드위치는 없어졌다. 그는 다시 한쪽을 집어 들며 말했다.

"오늘 일어난 참혹한 사고 이야기는 못 들었겠지?"

"아니에요."

셰리든 부인이 한 손을 들며 말했다.

"들었어요. 그것 때문에 파티도 못할 뻔했어요. 로라가 미루자고 어찌나 졸라대는지."

"아이, 어머니두!"

로라는 이 일로 놀림 받기는 싫었다.

"어쨌든 무서운 일이었어."

셰리든 씨가 말했다.

"게다가 죽은 남자한텐 가족이 있어. 바로 요 아래 골목에 사는데 부인이랑 아이가 대여섯이나 있다는군."

잠깐 어색한 침묵이 흘렀다. 셰리든 부인은 어쩔 줄 몰라 찻잔만 만지작거리고 있었다. 정말 아버지는 눈치도 없이……

갑자기 셰리든 부인은 고개를 들었다. 테이블 위에는 샌드위치며 케이크며 크림 퍼프 등이 손 하나 대지 않은 채 놓여 있었는데, 모두 송두리째 내버릴 것들이었다. 기발한 생각이 떠올랐다.

"좋은 생각이 있어. 선물용 바구니를 하나 만들자. 그 가엾은 사람들한테 이 맛있는 음식들을 보내도록 하자꾸나. 하여튼 그 애들한텐 큰 잔치가 될 거야. 근처 사람들도 많이 와 있을 게다. 이렇게 마련돼 있으니 얼마나 편리하겠니? 로라!"

로라는 벌떡 일어났다.

"계단 아래 선반에서 커다란 바구니를 가져온!"

"하지만, 엄마, 그게 정말 좋은 생각일까?"

이상하게 로라는 또 자신이 모두와 생각이 다르다는 것을 느꼈다. 파티에서 남은 음식을 갖다 주다니, 그 가엾은 부인이 정말 좋아할까?

"물론이지! 얘야, 넌 오늘 어찌 된 셈이니? 두어 시간 전엔 동정을 안한다고 야단이더니 지금은 또······."

아, 좋아요! 로라는 바구니를 가지러 뛰어갔다. 바구니는 어머니의 손으로 음식이 가득 채워졌다.

"네가 가지고 가렴."

어머니는 말했다.

"빨리 뛰어가거라. 아, 잠깐 기다려. 저 꽃도 가지고 가렴. 그런 사람들은 이런 꽃을 보면 무척 좋아할 게다."

"꽃가지 때문에 레이스 달린 윗도리가 엉망이 될 거예요."

현실적인 조스가 말했다.

참, 그럴지도 몰라. 때맞춰 그런 생각하기를 잘했다.

"그럼 바구니만 들고 가거라. 그런데, 로라야."

어머니가 천막 밖으로 따라 나왔다.

"무슨 일이 있어도······."

"뭐예요, 어머니?"

아니, 이런 사고방식은 아이들 머리에 넣어 주지 않는 편이 낫다.

"아무것도 아니다! 빨리 다녀오렴."

로라는 정원 문을 나섰다. 밖은 어둠이 깔리고 있었다. 커다란 개 한 마리가 그림자처럼 앞을 스쳐 지나갔다. 길은 하얗게 빛나고 움푹 들어간 아래쪽에는 작은 집들이 짙은 그늘에 잠겨 있었다. 소란스러운 오후를 보낸 뒤인지라 더욱 조용해 보였다. 이제 이 언덕을 내려가 한 남자가 죽어 누워 있는 어느 집으로 가려 하고 있는데도 그녀는 그것이 실감나지 않았다. 왜 느끼지 못할까? 그녀는 잠시 걸음을 멈추었다. 그러자 조금 전의 입맞춤, 이야기 소리, 스푼이 부딪히는 스푼 소리, 웃음소리, 그리고 짓밟힌 잔디 냄새 등이 아직도 몸에 배어 있는 것 같았다. 다른 무엇을 생각할 여지가 없었다. 이상하기도 하다. 저물어 가는 하늘을 우러러보았다. 그녀는 오직 '그래, 정말 더할 나위 없는 파티였어.'라는 생각 밖에는 떠오르지 않았다.

이윽고 넓은 길이 갈라지는 곳까지 왔다. 좁은 길을 돌아서니 연기가 자욱하고 어두웠다. 숄을 두른 여자며 트위드로 짠 모자를 쓴 남자가 바삐 지나

갔다. 어떤 남자들은 여기저기 난간에 기대 서 있고 아이들은 문간에서 놀고 있었다. 초라한 오막살이 집에서 나지막한 말소리가 들려왔다. 어떤 집에선 불빛이 흔들리고, 그림자, 게 모양의 그림자가 창 앞을 지나갔다. 로라는 머리를 숙이고 걸음을 재촉했다. 이제야 그녀는 코트를 걸치고 올걸 하고 생각했다. 드레스가 반짝거렸다. 또 이 비로드 리본이 달린 커다란 모자는…… 다른 모자였으면 좋았을 텐데! 사람들이 혹시 자기를 보고 있는 건 아닐까? 보고 있겠지. 온 게 잘못이야. 확실히 실수라고 처음부터 느끼긴 했지만. 이제라도 놀아가 버릴까?

하지만 이미 늦었어. 이 집이 바로 그 집인 걸. 틀림없어. 사람들이 밖에 모여 웅성거리고 있었다. 문 앞에 늙은 할머니가 목발을 짚고 의자에 앉아 물끄러미 바라보고 있었다. 그 부인은 두 발을 신문지 위에 올려놓고 있었다. 로라가 가까이 다가가자 말소리가 그치고 사람들이 길을 비켜섰다. 마치 그녀를 기다렸던 것 같았고, 그녀가 올 것을 미리 알고 있었던 것 같았다.

로라는 잔뜩 겁에 질렸다. 비로드 리본을 어깨 위에서 나풀거리며 옆에서 있는 부인에게 "여기가 스콧 씨 댁인가요?" 묻자 그 여자는 괴상한 웃음을 띠며 말했다.

"네, 그렇습니다. 아가씨."

아, 여기서 도망칠 수 있었으면! 좁은 길을 지나 문을 두드리면서 그녀는 실제로 소리 내어 중얼거렸다.

"하느님, 저를 도와주십시오."

저 모든 사람들의 눈초리로부터 벗어나고 싶다. 저 여자들의 숄이라도 좋으니 몸을 가릴 수만 있다면, 그저 바구니만 놓고 돌아가자. 그녀는 결심했다. 바구니를 비울 때까지 기다릴 수 없어.

그때 문이 열렸다. 검은 상복을 입은 몸집이 작은 여인이 어둠 속에 나타났다.

"스콧 부인이세요?"

"네, 들어오세요, 아가씨."

뜻밖에도 여인은 이렇게 말했다. 그녀가 대답할 틈도 없이 어느새 로라 뒤에서 문이 닫혔다.

"아녜요, 들어가진 않겠어요. 이 바구니만 두고 가면 돼요. 어머니가 보내셨어요……."

어두운 복도에 있는 부인에게는 로라의 말이 들리지 않는 모양이었다.

"이리 오세요, 아가씨."

부인이 부드러운 목소리로 말해서 로라는 따라 들어갔다.

그녀는 좁고 천장이 낮은 초라한 곳에 자신이 들어와 있음을 깨달았다. 그곳엔 램프가 켜져 있었다. 난로 앞에 한 부인이 앉아 있었다.

"엠."

그녀를 데리고 들어온 그 작은 여자가 불렀다.

"엠, 젊은 아가씨가 찾아왔는데."

그녀는 로라에게로 몸을 돌렸다. 그리고 의미 있게 말했다.

"난 저 사람의 언니예요, 아가씨. 저 애를 이해해 줄 수 있지요?"

"아, 물론이죠! 제발 제발, 그분은 가만 두시고 전…… 전 그냥 이 바구니만……."

그러자 그때 난로 앞에 있던 여인이 로라를 쳐다보았다. 그 얼굴은 빨갛고, 눈도 입술도 퉁퉁 부어올라 보기에 무서웠다. 그 여자는 로라가 왜 거기서 있는지 이해하기 어렵다는 표정이었다. 무슨 일일까? 이 낯선 사람은 왜 바구니를 들고 여기 부엌에 서 있는 것일까? 대체 어찌 된 일일까? 그러자 그 가련한 얼굴은 다시 일그러졌다. 몸집이 작은 부인이 말했다.

"진정해, 내가 대신 고맙다고 할 테니까."

그러고는 다시 말을 이었다. "정말 저 애를 이해해 주세요, 아가씨?"

그리고 마찬가지로 부은 얼굴을 억지로 찡그리며 웃었다.

로라는 밖으로 나가고만 싶었다. 로라는 다시 밖으로 나갔다. 문이 열렸다. 그녀는 곧바로 죽은 사람이 누워 있는 방으로 들어가게 되었다.

"잠깐 봐주시겠요?"

엠의 언니는 말하며 로라의 옆을 지나 침대 옆으로 다가갔다.

"두려워할 것 없어요, 아가씨."

이번에는 목소리도 무척 부드럽고 다정하게 들렸다. 그녀는 조용히 홑이불을 젖혔다…….

"그림 같지요. 보실 만한 것은 못됩니다만, 이리 가까이 오세요."

로라는 다가갔다.

거기에는 한 젊은이가 잠들어 누워 있었다……. 너무나 곤히 깊이 잠들어서 그들 두 사람과는 아주 멀리멀리 떨어져 있는 것 같았다. 아, 어쩌면 이다지도 평화롭고 그지없이 행복할까. 꿈을 꾸고 있었다. 그의 잠을 깨워서는 안 되겠나. 머리는 베개에 묻히고 눈은 감겨 있었다. 감긴 눈꺼풀 밑에선 아무것도 보이지 않았다. 그는 꿈에 취해 있었다. 파티고, 바구니고, 레이스 달린 드레스가 그에게 무슨 의미가 있단 말인가? 이 모든 것으로부터 아득히 떨어져 있었다. 그는 훌륭하고 아름다웠다. 자기들이 웃고 있을 때, 악단이 연주하고 있을 때, 이 놀라운 기적이 골목길에 일어난 것이다. 행복하고……행복한…… 나무랄 것이 없다고, 잠든 얼굴은 말하고 있었다. 이건 당연한 일이다. 나는 만족스럽다.

그러나 역시 울어야 했다. 또 그에게 뭐라고 이야기하지 않고는 그 방에서 나올 수가 없었다. 로라는 어린애처럼 소리를 내어 흐느꼈다.

"제 모자, 용서하세요."

로라는 말했다.

이번엔 엠의 언니를 기다리지 않았다. 홀로 문 밖으로 나와 걸어 내려가며 어둠 속의 사람들 옆을 지나 골목길 모퉁이에서 로리를 만났다.

그는 어둠 속에서 불쑥 나왔다.

"로라?"

"응."

"어머니가 걱정하고 계셔. 아무 일 없었니?"

"응, 괜찮아. 아, 오빠!"

그녀는 오빠의 팔을 잡고 그에게 바싹 기댔다.

"아니, 너 울고 있구나?"

로라는 머리를 저었다. 울고 있었지만.

로리는 팔을 둘러 누이의 어깨를 감싸 안았다.

"울지 마. 무서웠니?"

따뜻하고 부드러운 목소리였다.

"아니."

로라는 흐느꼈다.

"신비스럽기만 해. 그런데 오빠……."

그녀는 걸음을 멈추고 오빠를 바라보았다.

"인생이란,"

그녀는 더듬었다.

"인생이란……."

로라는 인생을 설명할 수 없었지만 오빠는 이미 이해하고 있었다.

"정말, 그렇지?"

로리가 말했다.

The Wind Blows
바람이 분다

갑자기―공포에 질려―그녀는 눈을 떴다. 무슨 일일까? 무언가 무서운 일이 일어난 것이다. 아니―아무 일도 일어나지 않았다. 다만 바람이 집을 흔들고 창문을 덜컹덜컹 흔들고 지붕의 철판을 두드리고 침대를 흔들었을 뿐이다. 나뭇잎이 창문에 부딪쳤다. 다시 날아 떨어진다. 아래쪽 큰길에는 신문지 한 장이 실 끊긴 연처럼 공중에서 펄럭이다 소나무에 떨어져 찢겼다. 춥다! 여름은 가버렸다―이제는 가을이다―모든 것이 추했다. 짐마차가 덜그덕거리며 지나간다. 이리저리 흔들리면서. 중국인 두 사람이 멜대에 가득 든 채소 바구니를 메고 휘청거리며 지나간다―땋아 늘인 머리와 푸른 옷이 바람에 나부낀다. 다리가 셋밖에 없는 흰 개 한 마리가 짖어대며 달려간다. 다 끝나 버렸다. 무엇이? 아, 모든 것이! 떨리는 손으로 머리를 땋기 시작한다. 거울 같은 건 보고 싶지도 않았다. 어머니는 홀에서 할머니와 이야기를 하고 있다.

"정말 바보 같은 짓이야. 이런 날 빨래를 그냥 걸어 두다니……. 글쎄, 고급 테너리프산(産) 테이블보가 그야말로 잘게 찢어졌군요. 아, 이 이상한 냄새가 뭐지요? 오트밀이 타는 게 아냐…… 아유, 이 냄새 정말……. 바람이 왜 이럴까?"

10시에는 음악 수업이 있다. 그 생각을 하자 베토벤의 단조 악장이 머릿속에서 울리기 시작한다……. 낮게 울리는 북소리처럼 길고 건조하게 울리는 떤꾸밈음……. 마리 스웨인슨이 바람에 국화가 망그러지기 전에 꺾으려고 옆

집 정원으로 뛰어간다. 그녀의 치마가 허리 위까지 펄럭여 올라간다. 허리를 굽히며 치마를 끌어내려 두 다리 사이에 끼려 하나 소용이 없다—다시 펄럭여 올라간다. 큰 나무, 잡나무 할 것 없이 모든 나뭇가지가 그녀를 때린다. 되도록 빨리 꺾으려 하나 도무지 어쩔 줄을 몰라 쩔쩔맨다. 아무렇게 해도 상관없다—뿌리째 뽑아서 부러뜨리고 비틀고 그대로 짓밟으면서 욕을 퍼붓는다.

"제발 현관문일랑 잠그고! 뒤로 돌아와."

누군가가 외친다. 그러자 보기의 소리—

"어머니, 전화예요, 전화. 푸줏간에서 왔어요."

인생이란 정말 지긋지긋하게도—가슴이 답답하고, 몸서리칠 뿐……. 이번엔 모자 고무끈이 툭 끊긴다. 아까부터 그럴 것 같더라니. 낡은 검은 모자라도 쓰고 뒷문으로 슬쩍 빠져나가자. 그러나 어머니는 재빨리 보았다.

"마틸다! 마틸다! 당장 와라! 대체 뭘 머리에 얹고 있니? 차 주전자 덮개 같구나. 게다가 앞이마에 머리를 헤쳐 놓은 건 또 뭐구?"

"안돼요, 엄마. 저 수업에 늦어요."

"빨리 돌아와."

싫다. 싫다. 엄마는 정말 싫다.

"왜 저러나 몰라!"

그녀는 뛰어가며 소리쳤다.

파도처럼, 몰려오는 구름처럼, 회오리바람처럼 먼지가 휘몰아친다. 지푸라기, 겨, 거름 가루 같은 것도 섞여온다.

여기저기에서 정원 나무들이 으르렁대는 소리를 낸다.—막다른 골목 불렌 선생집 문 밖에 서 있으려니까 바다의 흐느낌 소리가 들려온다.

"아…… 아…… 아앗!"

그러나 불렌 선생의 응접실은 무덤처럼 조용하다. 창문은 모두 닫혔고 커튼도 반쯤 가려져 있다—다행히 늦지 않았다. 앞차례 소녀가 막 맥도웰[1]

---

[1] 에드워드 맥도웰(Edward MacDowell, 1860~1908) 미국의 피아니스트이자 작곡가.

의 '빙산에게'를 치기 시작했다. 불렌 선생은 이쪽을 보고 빙긋 웃는다.

"앉아요. 그 소파에 잠깐 앉아 있어요."

이상한 분. 남에게 진짜 웃음을 보인 일이 없다……. 꼭 무엇인가가 있는 것처럼……. 아, 얼마나 조용할까. 이 방은 참 좋다. 염색한 무늬의 모직 냄새, 숨막힐 듯한 담배 냄새, 국화 향기…… 벽난로 위 선반에는, 국화를 꽂은 큰 꽃병이 놓여 있고 그 앞에 루빈슈타인*2의 낡은 사진―나의 친구 로버트 불렌에게―검게 빛나는 피아노 위 벽에는 '고독'―가무잡잡하고 가엾은 여인의 그림이 걸려 있다―흰 옷을 입고 바위에 다리를 꼬고 걸터앉아 무릎 위에 턱을 괴고 있다.

"아니야, 아니야!"

불렌 선생이 읊조린다.

그는 그 소녀 뒤에서 몸을 굽히고 어깨 너머로 팔을 뻗쳐 그 음절을 다시 쳐준다. 바보 같으니―빨개졌잖아! 정말 바보네!

앞에 있던 소녀는 가 버렸다. 현관문이 쾅 닫힌다. 불렌 선생은 돌아와서 조용히 거닐며 그녀를 기다린다. 그런데 웬일일까. 손가락이 떨려 악보를 넣은 가방의 매듭을 풀 수가 없다. 바람 탓이야……. 가슴이 어찌나 숨가쁘게 뛰는지 블라우스가 들먹이는 것 같다. 그는 한마디도 없다. 낡아서 해진 붉은 피아노 의자는 두 사람이 나란히 앉아도 넉넉할 만큼 길다. 그가 곁에 앉는다.

"음계부터 시작할까요?"

그녀는 두 손을 꼭 모아 쥐며 묻는다.

"펼침화음*3도 했어요."

그러나 그는 아무 대답이 없다. 들었나 싶지도 않다……. 그러나 갑자기 그 반지를 낀 아름다운 손이 튀어나와 베토벤의 악보를 펼친다.

"고전을 좀 더 해 볼까."

---

*2 안톤 루빈슈타인(Anton Rubinstein, 1829~1894) 러시아의 피아니스트이자 작곡가.
*3 화음을 이루는 각 음들을 한꺼번에 소리 내지 않고 아래에서 위로, 위에서 아래로, 또는 오르내리는 꼴로 내도록 한 화음.

그는 말한다.

왜 이렇게 친절하게—말할 수 없이 다정하게—이야기하는 걸까. 마치 오래고 오랜 세월을 사귀어 서로 숨김없이 다 알고 있는 것처럼.

그는 천천히 장을 넘긴다. 그 손을 그녀는 바라본다. 무척 아름다운 손, 언제나 방금 씻은 듯한—

"여기."

아, 이 부드러운 목소리—이 단조 악장. 이번엔 작은 북을 울리는…….

"반복할까요?"

"응, 해봐."

그의 목소리는 더없이 다정하다. 사분 음표와 팔분 음표는 오선지 위를 마치 울타리에 올라앉은 흑인 소년처럼 아래위로 뛰놀고 있다. 어째서 선생님은 이렇게…… 울지 않겠다…… 울 일은 아무것도 없다…….

"왜 그래?"

선생은 그녀의 두 손을 잡는다. 그의 어깨는 바로 거기…… 그녀의 머리 곁에 있다. 살며시 어깨에 기대자 볼에 탄력 있는 트위드 천이 스친다.

"인생이란 정말 괴로운 거예요."

그녀는 중얼거린다. 그러나 정말은 괴롭다고는 느끼지 않는다.

그는 무슨 말인가 하고 있다. '기다려야 한다'느니, '마음을 진정'하라느니, '가장 귀한 건 여성'이라느니, 그러나 그녀는 듣고 있지 않다. 마음이 꽤 따뜻하다…… 언제까지나…… 영원히…….

급히 문이 열리고 마리 스웨인슨이 뛰어든다. 규정 시간보다 훨씬 이른 네도.

"알레그레토를 좀 더 빨리."

그는 말하고 일어나 이리저리 걷기 시작한다.

"소파에 앉아요."

그는 마리에게 말한다.

바람, 또 바람. 방에 혼자 있는 건 무섭다. 침대랑 거울, 흰 항아리, 대야, 이런 것들이 바깥 하늘처럼 흐릿하게 빛난다. 무서운 건 침대다. 거기 깊이 잠들어 누워 있는…… 도사린 뱀처럼 한데 묶여 이불 위에 얹혀 있는 양말 짝들을 내가 이제부터 기워야 한다는 것을 엄마는 잠시라도 생각해 본 적이 있을까? 있을 리가 없지. 그런 걸 생각할 사람이 아니다. 내가 왜 그런 일을 해야 하는지가—바람—바람! 굴뚝에서 불어 내려오는 이상한 그을음냄새, 바람에 부치는 시를 읊은 사람은 없었던가?……'나는 잎과 소나기에 싱싱한 꽃을 주리라'*4…… 엉터리야.

"보기, 너니?"

"바닷가 부두로 산책 가, 마틸다. 정말 못 견디겠어."

"그래, 외투 좀 입고. 정말 지독한 날씨구나."

보기의 외투는 그녀 것과 똑같다. 옷깃을 여미면서 거울을 들여다본다. 그녀의 하얀 얼굴, 두 사람의 반짝반짝 빛나는 눈, 뜨거운 입술, 거울에 비친 두 사람은 거울 속에서 서로 끄덕인다.—두 사람, 안녕, 곧 돌아오마.

"바깥이 훨씬 좋지?"

"날 붙잡아."

보기가 말했다.

그들 마음대로 빨리 걸을 수는 없다. 머리를 숙이고 두 다리를 거의 맞부딪치듯 재빨리 놀리며 무엇을 찾는 사람처럼 큰 거리를 가로질러 회향풀이 제멋대로 자라는 꼬불꼬불한 아스팔트 길을 지나 부둣가로 간다. 황혼—황혼이 막 내리고 있다. 바람이 어떻게 사나운지 주정뱅이처럼 비틀거리면서 바람과 싸우며 걸어간다. 부둣가에 있는 포후투카와*5 풀들은 가엾게도 머리를 모두 땅에 대고 있다.

"좀 더, 좀 더 가까이 와."

저 멀리 방파제 쪽 파도는 무척 높다. 그들은 모자를 겨우 벗는다. 그녀의 머리카락이 입에 착 달라붙으면서 짭짤한 소금냄새를 남긴다. 파도는 정말 높이 밀려와 조금도 부서지지 않은 채 거친 바위에 쿵! 부딪고는 해초가 붙은 젖은 계단을 감쪽같이 삼켜 버린다. 아름다운 물보라가 해면에서 튀어

---

*4 영국 시인 셸리의 유명한 시 '구름'의 제1행을 대충 왼 것.
*5 진홍색 꽃이 피는, 뉴질랜드 원산인 늘푸른나무.

순식간에 부두를 스쳐 흐릿하게 한다. 그들은 물보라를 뒤집어쓴다. 입안이 차갑게 젖는다.

보기는 변성기였다. 말을 하려고 하면 음계가 제멋대로 오르내린다. 우습다―웃음이 나온다―그래, 오늘 같은 날엔 그만이다. 바람이 그들 목소리를 어디론가 실어가 버리고, 말은 가느다란 리본처럼 날아가 버린다.

"빨리, 빨리."

꽤 어두워졌다. 항구 석탄 배에 불빛이 두 개 빛난다. 하나는 높이 돛대에서, 또 하나는 배 끝에서.

"저것 봐, 보기. 저기 좀 봐."

거대한 검은 증기선이 긴 연기를 끌며 여기저기 불을 눈부시게 켜고 항구 밖으로 나간다. 바람도 막지 못한다. 배는 파도를 헤치고 삐죽한 바위 사이로 뚫린 통로를 향해 나아간다. 저쪽으로…… 배가 그토록 아름답고 신비롭게 보이는 건 불빛 때문이다. 그들은 손을 맞잡고 배 난간에 기대 서 있다.

"저 애들 누구지?"

"오누이지 뭐."

"저것 봐, 보기. 시가지가 보인다. 조그맣게 보이지? 저기 우체국 시계가 마지막 시간을 알리는구나. 그 바람이 불던 날 거닐던 부두는 저기지. 기억해? 그날 난 음악 수업 때 울고 말았어―벌써 옛날 이야기야. 안녕, 조그만 성이여, 안녕……."

이제 어둠이, 굴러대는 파도 위에 그 깃을 편다. 배 위의 두 환상은 보이지 않는다. 안녕, 잘 가라. 잊지 말고. 하지만 벌써 배는 멀리 사라졌다.

바람―바람.

The Fly
파리

"여긴 정말 아늑하군."

우디필드 노인이 커다란 소리로 말했다. 마치 유모차를 탄 어린애처럼 친구인 사장의 책상 옆에 놓인 녹색 가죽을 씌운 안락의자에서 얼굴을 내밀었다.

할 말은 이제 없었다. 자리를 뜰 시간이 되었다. 그러나 가고 싶지 않았다. 그가 은퇴한 뒤로 그…… 뇌졸중 이후부터는, 아내와 딸은 화요일을 빼놓고는 어느 요일이고간에 그를 집 안에만 가두어 두었다. 화요일만이 양복에 솔질을 하고, 그날 하루 종일 시내를 돌아다닐 수 있었다. 그러나 그곳에 가서 무엇을 하며 지내는지는 아내도 딸도 짐작할 수 없었다. 친구들에게 폐를 끼치겠지 하는 정도로 생각했다. 아마 그렇겠지. 인간이란 누구나, 나무가 그 마지막 잎새에 집착하듯 자기의 마지막 쾌락에 집착하기 마련이니. 그리하여 우디필드 노인은 담배를 피우면서 탐욕스럽게 사장을 바라보며 앉아 있을 수 있었다. 사장은 노인보다 다섯 살이나 위인데도 사무용 의자에 앉은 품이 당당했다. 그는 불그스레한 얼굴로 의젓하게 앉아 원기 왕성하게 일을 처리하고 있었다. 이 친구를 보고 있노라면 저절로 마음이 밝아졌다.

노인은 감탄하는 어조로 되풀이했다.

"확실히 이 방은 참 아늑하군."

"응, 꽤 괜찮아."

사장은 고개를 끄덕이고 〈파이낸셜 타임스〉를 종이 자르는 칼로 툭툭 쳤다. 사실 그는 자기 방이 자랑거리였다. 때문에 특히 우디필드 노인이 이 방을 칭찬해 주는 것이 매우 기분 좋았다. 목도리를 두른 이 늙고 약한 친구가 방 한가운데 버티고 앉아 있는 것에 그는 참으로 만족했다.

"요새 좀 손을 댔지."

사장은 설명하기 시작했다. 요 몇 주일 동안…… 몇 주일이나 될까?…… 사장은 똑같은 설명을 줄곧 사람들에게 해 왔다.

"새 양탄자."

사장은 흰 무늬가 커다랗게 놓인 선명한 진홍색 양탄자를 손으로 가리켰다.

"새 가구."

거대한 책장과, 엿가락처럼 다리가 꼬인 탁자도 턱으로 가리켰다.

"전기 난로도!"

그는 뚜껑을 씌운 구리 접시 같은 것 속에서 다섯 개의 투명한 진주빛 소시지가 조용히 타고 있는 쪽으로 신바람 나는 듯이 손을 흔들어 보였다.

그러나 사장은 탁자 위에 걸려 있는 사진으로는 우디필드 노인의 주의를 끌려고 하지 않았다. 사진관에 흔히 걸려 있는, 군복 차림의 엄숙한 표정으로 피어오른 구름을 등지고 정원에 서 있는 흐릿한 청년의 사진이었다. 사진은 새 것은 아니었다. 벌써 6년 넘게 거기에 걸려 있었다.

"참, 자네에게 할 말이 있었네."

말을 꺼내면서 우디필드 노인은 생각에 잠긴 듯 흐릿한 표정을 지었다.

"뭐더라? 음, 오늘 아침 집에서 나올 때는 기억했는데……."

노인의 두 손은 떨리고 턱수염 위로 붉은 반점이 나타났다.

'가엾은 영감, 이제 얼마 남지 않았군.'

사장은 생각했다. 그리고 한껏 따뜻한 마음이 되어 노인에게 한 눈을 찡긋해 보이며 농담조로 말했다.

"그런데 말이야. 여기 마실 게 있어. 추운 바깥에 나가기 전에 좀 마셔 두면 좋을 걸세. 아주 좋은 거야. 애들한테 먹여도 탈 없을 걸세."

그는 시곗줄에서 열쇠를 떼 책상 아래 찬장 문을 열고 색깔이 짙고 몽톡한 병을 꺼냈다.

"이게 그 약이야. 이걸 가져온 남자가 내게 살짝 일러 주었는데 말이야, 이게 바로 윈저 성*¹ 술 창고에 있던 거라더군."

그것을 본 우디필드 노인은 입을 딱 벌리고 말했다.

만일 사장이 토끼를 꺼냈다 해도 이보다 더 놀라지는 않았을 것이다.

"그건 위스키 아닌가?"

노인은 가느다란 목소리로 말했다.

사장은 병을 돌려 사뭇 귀여운 것이라도 보이듯 그 상표를 보여 주었다. 정말 위스키였다.

"집에선 그런 건 입도 못 대게 한다는 걸 자네도 알잖나?"

노인은 이상하다는 듯 사장을 쳐다보았다. 그러고는 그만 울상이 되었다.

"아, 그게 여자들보다 우리가 좀 소견이 트인 점이지."

사장은 큰 소리로 말하고 탁자 위 물병 옆에 놓인 유리잔 두 개를 집어 들어 저마다 손가락 두께만큼씩 술을 따랐다.

"마시게. 몸에 좋을 거야. 물은 타지 않는 게 좋아. 이런 좋은 술에 뭘 탄다는 건 모독일세."

사장은 자기 잔을 홀짝 들이켜고는 재빨리 손수건을 꺼내 수염을 닦은 다음 우디필드 노인을 보며 한 눈을 찡긋해 보였다. 노인은 입안에서 자기 몫을 굴리고 있었다.

노인은 꿀꺽 삼키고 잠시 가만히 있다가 나지막한 소리로 말했다.

"참으로 좋은 향기군."

술은 그를 녹이고 차디차게 얼어붙은 녹슨 가슴속으로 스며들어 생각을 떠올렸다.

"아, 그렇지."

노인은 의자에서 몸을 앞으로 내밀며 말했다.

---

*1 영국 왕궁.

"자네가 알고 싶어 할 것 같아서……. 우리집 딸년들이 지난 주 레기의 무덤을 보러 벨기에에 갔다가 우연히 자네 아들 무덤도 본 모양이야. 서로 무척 가까운 데 있나보지, 아마."

우디필드 노인은 잠시 말을 끊었다. 사장은 아무 대꾸도 없었다. 눈꺼풀이 파르르 떨린 것만으로 그가 들었다는 것을 알 수 있었다.

"묘지가 아주 잘 손질돼 있더라고 딸년들이 무척 기뻐하던데."

커다란 목소리가 다시 이어졌다.

"아주 깨끗이 손질돼 있더래. 고국에 묻혔어도 그렇게는 못해 줬을 거야. 자넨 아직 못 가봤지?"

"응, 아직."

여러 이유로 사장은 아직 가보지 못했다.

"묘지는 몇 마일에 걸쳐 있다네?"

우디필드 노인은 목소리를 떨며 말했다.

"모두 정원처럼 깨끗하게 돼 있더라는군. 무덤마다 꽃이 피어 있고 넓고 훌륭한 길도 있는 모양이야."

그의 어조로 넓고 훌륭한 길이 무척 마음에 들었다는 걸 알 수 있었다.

다시 말이 끊겼다. 노인은 갑자기 놀랍도록 명랑해졌다.

"호텔에서 잼 한 병을 딸애들이 얼마를 주고 샀는지 아나? 10프랑을 줬대. 정말 날강도들이라니까. 병도 아주 작은 것으로. 거트루드 말로는 크기가 겨우 반 크라운짜리 은화만 하더래. 그것도 딱 한 숟갈 먹었는데 10프랑이나 내라더라는군. 거트루드는 버릇을 고쳐 놓는다고 병을 가져왔대. 잘한 일이지 뭐야. 우리 기분을 이용하는 거야. 폭리를 취하는 거야. 그곳을 보러 왔으니까 돈이야 얼마든지 치를 거라고 생각하는 거지. 그게 틀림없어."

그렇게 말하고서 노인은 돌아서 문 쪽으로 걸어갔다.

"정말 그래, 그게 틀림없어."

사장은 큰 소리로 맞장구를 쳤다. 그러나 무엇이 그런지 자신도 확실히 알지 못했다. 그는 책상 옆을 돌아 나와 문까지 노인의 질질 끄는 걸음을 따라가 그를 배웅했다. 우디필드 노인은 돌아갔다.

잠시 동안 사장은 그대로 서 있었다. 흰 머리가 희끗희끗한 비서는 사장의 동정을 살피며 언제나 앉아 있는 좁은 자리에서, 이제부터 바깥에 데리고 나가 주기를 기다리는 개처럼 소리 없이 들락거리며 안절부절못했다.

"30분 동안 아무도 만나지 않겠어, 메이시."

사장이 말했다.

"알겠어? 아무도."

"알겠습니다, 사장님."

문이 닫히고, 묵직한 발걸음이 다시 화려한 양탄자 위를 가로질렀다. 살진 몸뚱이가 푹신한 의자 위에 털썩 주저앉았다. 그리고 몸을 앞으로 숙이고 두 손으로 얼굴을 감쌌다. 그는 울고 싶었다. 울려고 했다. 울 준비를 하고 있는 것이었다.

우디필드 노인이 아들의 무덤 이야기를 꺼낸 것은 그에게는 끔찍한 충격이었다. 마치 입을 벌리고 갈라져 있는 땅에 누워 있는 아들을 우디필드 노인의 딸들이 내려다보는 광경을 본 듯한 느낌이었다. 이상한 것은 아들이 세상을 떠난 지 벌써 6년이나 지났는데도 아들을 생각할 때면 언제나 변함없는 군복 차림으로 영원히 잠들어 있는 모습이 눈앞에 떠올랐다.

"내 아들!"

사장은 신음하듯 말했다. 그러나 눈물은 나오지 않았다. 전에는, 아들이 죽은 지 2, 3개월 동안, 아니 2, 3년이 지난 다음에도 이 말만 하면 견딜 수 없는 슬픔에 실컷 울어야만 겨우 마음이 가라앉았다. 아무리 시간이 흘러도 이 슬픔은 도저히 어쩔 수 없으리라고 그는 그 무렵 단언하고, 만나는 사람마다 그렇게 이야기했다. 다른 사람이라면 세월이 흐름과 함께 슬픔을 잊을는지도 모른다. 그러나 나는 안 된다. 어찌 그럴 수 있겠는가? 단 하나밖에 없던 아들인데. 아들이 태어나고부터 그는 아들을 위해 일하고 아들을 위해 이 사업을 쌓아나갔다. 아들을 위하는 게 아니라면 아무것도 의미가 없었고 인생, 그 자체도 아무 의미가 없었다. 아들이 자기 뒤에 있어 자기 사업을 이어가리라는 약속이 눈앞에 있었기에 뼈빠지게 일하고, 하고 싶지 않은 일도 해가면서 오랜 세월을 버텨 왔다.

그리고 그 기쁨이 이루어질 날도 얼마 남지 않았다. 아들은 전쟁이 시작되기 일 년 전부터 사무실에 나와 일을 배웠다. 매일 아침 아버지와 아들은 함께 집을 나와 같은 기차로 집에 돌아갔다. 좋은 아들을 두었다고 사람들이 얼마나 부러워했던가. 그것은 조금도 이상할 것이 없었다. 아들은 놀라우리만큼 사업에 익숙해졌다. 사원들 사이에서 인기도 대단해 누구 한 사람 빠짐없이—메이시 노인에 이르기까지—그를 사랑하고, 아무리 소중하게 여긴다 해도 모자랄 정도였다. 그래도 그는 결코 건방지게 행동하거나 하지 않았다. 그렇기는커녕 언제나 다름없이 쾌활하고 순진해 어떤 사람에게나, 누구를 대해도 늘 재치 있는 말을 해주고 젊은이다운 표정으로 "정말 훌륭해!"라는 말을 입버릇처럼 했다. 그러나 그 모든 것은 처음부터 없었던 것처럼 사라져 버리고 말았다. 그날이 다가온 것이다. 메이시가 전보를 건네주고, 주위의 모든 것이 한꺼번에 소리를 내면서 머리 위로 무너져 버리던 그날.

"……유감스럽게도 이런 소식을 전해 드리게 되었습니다만……."

마침내 그는 파멸에 인생을 묻은, 짓밟힌 사람이 되어 사무실을 나왔다.

6년 전의, 6년…… 아, 세월은 어쩌면 이토록 빠른가. 바로 엊그제 같은데. 사장은 두 손을 얼굴에서 떼었다. 이상한 기분이었다. 뭔가 여느 때와는 다른 것 같았다. 자기가 느끼고 싶은 감정이 일어나지 않았다. 자리에서 일어나 아들의 사진을 꼼꼼히 들여다본다. 그런데 평소처럼 그의 마음에 드는 아들의 사진이 아니었다. 그 얼굴에는 자연스러움이 없었다. 냉정하고 엄격한 느낌이었다. 아들은 한 번도 그런 표정을 지은 일이 없었다.

그때 문득 파리 한 마리가 아가리가 넓은 잉크병에 빠져서 힘없이, 그러면서도 있는 힘을 다해 기어 나오려고 애쓰는 것이 그의 눈에 띄었다. 살려 줘! 살려 줘! 다리를 발버둥치면서 호소했다. 그러나 잉크병은 안쪽이 젖어 파리는 기어 나오다가는 미끄러져 떨어지고 다시 허우적거리며 헤엄치곤 했다. 사장은 펜을 집어 파리를 병 밖으로 끄집어 내 압지(押紙) 위에 던져 놓았다. 아주 잠깐 동안 파리는 주위에 잉크가 배면서 생긴 검은 얼룩 위에 가만히 누워 있었다. 얼마 안 있어 곧 앞발을 조금씩 움직이기 시작하더니 온 힘을 다해 흠뻑 젖은 작은 몸을 끌어 일으키고 날개에 묻은 잉크를 씻어 내는 거창한 작업을 시작했다. 위로 아래로, 위로 아래로, 마치 숫돌로 낫을 갈 듯 다리는 끊임없이 날개를 비볐다. 잠시 뒤 움직임이 멎었다. 파리는 발 끝으로 서듯이 하고 한쪽 날개를, 이어 또 한쪽 날개를 펴보았다. 마침내 성공했다. 그러자 파리는 이번엔 선 채 작은 고양이처럼 얼굴을 닦기 시작했다. 조그만 앞발을 서로 마주 비벼대는 모습이 무척 경쾌하고 즐거운 듯이 보였다. 무서운 위험은 사라졌다. 피해 나왔다. 다시 살아나게끔 됐다.

바로 그때, 사장은 문득 어떤 생각이 떠올랐다. 그는 펜에 잉크를 묻혀 펜을 파리 위로 가져갔다. 파리가 막 날아오르려고 하는 순간 커다란 잉크 방울이 뚝 떨어져 내렸다. 이놈, 어떻게 해결해 내나 보자! 정말 어떻게 해내나? 그 작은 놈은 처음에는 깜짝 놀라 완전히 겁에 질려 다음에는 무슨 일이 일어나려는가 두려운 듯 몸을 움츠리고 가만히 기다렸다. 그러나 조금 뒤에 무척 괴로운 듯 앞으로 몸을 끌고 갔다. 앞발을 조금씩 움직이며 힘을 내어 아까보다 훨씬 천천히 그 작업을 처음부터 다시 되풀이했다.

이 꼬마 놈, 용기 있는 녀석인데! 사장은 중얼거리고 파리의 용기에 진심으로 감탄했다. 그게 무엇이든 극복해 나가는 것이다. 이거야말로 올바른 정신이다. 절망해서는 안 된다. 문제는 다만……. 파리는 다시 그 힘든 작업을 끝마쳤다. 사장은 다시 펜에 잉크를 찍어 깨끗하게 씻긴 몸뚱이에 또 한 방울 제법 듬뿍 뚝 떨어뜨렸다. 이번엔 어떻게 할까? 숨 막히는 듯한 괴로운 한순간이 흘렀다. 그러나 보라, 앞발을 다시 움직이기 시작한다. 사장은 벅찬 안도의 한숨을 내쉬었다. 그는 허리를 굽혀 부드럽게 말했다.

"너, 참 대단하구나……."

그리고 사장은 파리에게로 입김을 불어 말리는 작업을 도와줄 생각까지 진심으로 했다. 그러나 파리의 노력은 아까보다 훨씬 조심스럽고 약했다. 그래서 이제 그만인가 보다 생각하고 펜을 잉크병에 깊숙이 꽂았다.

사실 마지막이었다. 마지막 잉크 방울이 축축한 압지 위에 떨어지자 온몸이 젖어 지쳐 빠진 파리는 그대로 누운 채 꼼짝도 하지 않았다. 뒷발은 몸에 착 달라붙었고 앞발은 보이지도 않았다.

"이봐, 빨리!"

사장은 이렇게 말하며 펜 끝으로 건드려 보았으나 소용없었다. 파리는 일어나지 않았고 또 일어날 기력조차 없었다. 파리는 죽은 것이다.

사장은 종이 자르는 칼끝으로 파리를 집어서 휴지통에 버렸다. 그러나 이상하게도 억누를 수 없는 무거운 기분에 싸여 차츰 불안해졌다. 사장은 자리에서 벌떡 일어나 벨을 눌러 메이시를 불렀다.

"새 압지를 가져오게, 빨리!"

사장은 엄격한 말투로 명령했다. 메이시 노인이 느릿하게 걸음을 옮겨 나가 버리자 사장은 아까 무슨 생각을 했던가 하고 의아해했다. 무슨 생각이었던가? 그건…… 그는 손수건을 꺼내 목언저리를 닦았다. 그러나 아무리 해도 생각이 나지 않았다.

The Canary
카나리아

……앞문 오른쪽에 커다란 못이 있지요? 난 그걸 차마 바로 보지 못하지만 그렇다고 빠져나가 버리지도 못했어요. 내가 죽고 난 다음이라도 언제나 그대로 있겠거니 생각하고 싶어요. 가끔 이웃 사람들이 이런 말 하는 걸 들었어요.

"저기에는 틀림없이 새장이 걸려 있었을 거야."

그런 말에 나는 안도해요. 그 새를 완전히 잊어 버리지는 않았다는 느낌이 들거든요.

……얼마나 놀라운 노래를 불렀는지 상상도 못하실 거예요. 다른 카나리아 노랫소리와는 달랐으니까. 그건 내 환상에 지나지 않은 건 아닙니다. 가끔 사람들이 문 앞에 발을 멈추고 듣고 있거나 고광나무 곁 담장에 기대서서 오랫동안 그저—멍하니 있는 걸 늘 창으로 내다보곤 했으니까요. 아마 쑥스럽게 들리시겠지만—노랫소리를 들으셨다면 그렇지도 않겠지요—정말 처음부터 끝까지 노래를 모두 불렀던 것 같았어요.

예컨대 저녁때 집안일을 다 마치고 블라우스를 갈아입고 바느질거리를 여기 베란다로 가지고 나오면, 카나리아가 이 횃대에서 저 횃대로 깡충깡충 옮겨 다니고, 내 주의를 끌려는 것처럼 빗장을 콕콕 쪼아도 보고, 꼭 무대 위에 선 가수가 하듯이 물로 조금 목을 축이고는 갑자기 정말로 아름다운 목소리로 노래를 시작해서 나는 그만 바느질하던 손을 멈추고 들었단 말이에요. 말로 표현할 수 없어요—표현한다면 오죽 좋겠어요. 하지만 저녁때마다 늘 같았고 나는 그 곡조를 구절마다 다 알 것만 같았어요.

난 그걸 사랑했어요. 알뜰히도 사랑했어요! 아마 사람이 이 세상에서 뭘 사랑하든지 그건 그다지 문제가 되지 않겠지요. 그러나 뭐든지 사랑해야지요. 물론 내 조그만 집과 정원을 늘 사랑하지만 어쩐지 그것만으로는 마음에 차지 않아요. 꽃이 놀랍게 감응하긴 하지만 저만큼 느끼진 않아요. 그런데 난 개밥바라기를 사랑해요. 어색하게 들리세요? 해진 저녁에 뒤뜰로 가서 기다리노라면 시커먼 고무나무 위에서 별이 반짝이지요. 난 "너 왔구나"라고 속삭인답니다. 그러면 그 처음 순간만은 별이 나만을 위해서 반짝이는 것 같아요. 별이 이러한 동경 비슷하면서도 동경도 아닌 저의 야릇한 기분을 알아주는 것 같아요. 아니, 회한—회한이라는 게 더 가깝지요. 그렇지만 대체 무엇에 대한 회한이겠어요? 감사해야 할 일만 많은 걸요.

그러나 카나리아가 내 생활에 들어오면서부터는 개밥바라기를 잊어 버렸어요. 필요가 없어졌으니까요. 하지만 참 이상도 해요. 중국인이 현관에 와서 조롱에 든 카나리아를 사라고 들어 보였을 때, 가련한 방울새처럼 파드닥 파드닥 날아다니지도 않고 가냘프게 조금 지저귈 뿐이었어요. 그래서 나는 꼭 고무나무 위의 별에게 말했듯이 나도 모르게 "너 왔구나"라고 말했어요. 그 순간부터 그 새는 내 것이었지요.

그 새와 내가 어떻게 서로의 삶을 공유했는지 지금 생각해도 놀라워요. 아침에 내려와서 포장을 벗겨 주는 대로 잠에 겨운 곡조로 인사를 보내지요. "아씨! 아씨!" 하는 소리라는 걸 알지요. 그러고는 하숙하는 세 젊은이의 아침 식사를 준비하는 동안은 바깥 못에 걸어 두었다가, 집 안에 다시 우리 둘만 남게 될 때 안으로 들여오지요. 그래서 빨래가 끝나면 정말 재미있는 소일거리가 된답니다. 탁자 한구석에 신문지를 한 장 펼치고 새장을 갖다 놓으면 으레 날개를 치며 법석을 떨지요. 마치 무엇을 시작할 것만 같이. 그러면 내가 나무라지요.

"넌 단골로 나오는 꼬마 연기자 같구나."

쟁반을 말끔히 닦아 새 모래로 채우고 모이그릇과 물그릇도 채우고 벌꽃과 고추를 한 쪽 빗장 사이에 끼워 주지요. 이렇게 돌보는 일 한 가지 한 가지를 카나리아가 알아주고 고맙게 여기리라고 확신할 수 있어요. 아시다시피 천성이 다시없이 깔끔한 새니까요. 횃대에는 얼룩 한 점 묻히지 않죠. 목욕을 즐기는 것만 봐도 얼마나 깨끗한 걸 좋아하는지 알 수 있지요. 맨 나중에 목욕물을 넣어 줍니다. 넣어 주기가 무섭게 새는 첨벙 뛰어들지요. 먼저 한쪽 날개를 푸드덕거리고 또 한쪽을, 그러고는 머리를 담그고 앞가슴 털을 적시곤 한답니다. 물방울이 온 주방에 튀지만 여간해서 물에서 떨어지지 않으려 하죠. 그러면 나는 이런 말을 해주지요.

"자, 이젠 됐어. 넌 모양만 내고 있구나."

간신히 깡충 뛰어나와서는 한쪽 다리로만 가누고 서서 콕콕 쪼아 제 몸을 말리기 시작하지요. 드디어 몸을 흔들고 푸르르 떨며 짹짹거리고 몸을 가다듬어—아, 그것을 기억하자니 참으로 견디기 어렵군요. 그때쯤 나는 언제나 작은 칼들을 닦고 있었지요. 그런데 탁자 위에서 작은 칼들을 닦아 빛을 내고 있노라면 마치 그것들까지도 함께 노래를 하는 것 같았어요.

……친구, 그렇지—바로 친구지요. 나무랄 데 없는 친구지요. 혼자 살아 보셨으면 친구가 정말로 소중하다는 것을 알 거예요. 물론 세 젊은이가 저녁마다 들어와서 저녁 식사를 하고 그런 뒤에도 식당에 남아서 신문을 보는 일도 이따금 있지요. 그러나 그들이 내가 하루 해를 보내며 하는 여러 가지 일에 흥미를 가져 주리라고는 기대할 수 없었어요. 무엇 때문에 흥미가 있겠어요? 그들에게 나는 아무것도 아닌걸. 사실 어느 저녁 나는 계단에서 그들이 나를 '허수아비'라고 일컫는 걸 엿들었어요. 괜찮아요. 그래도 괜찮아요. 눈곱만큼도 문제될 게 없어요. 난 충분히 이해하지요. 그들은 젊은걸요. 왜 내가 마음에 담아두겠어요? 그러나 그날 밤은 내가 단지 혼자만이 아닌 게 정말 고마웠던 걸 기억하고 있어요. 그들이 다 가 버린 뒤에 새를 보고 이야기했지요.

"네 주인을 그 사람들이 뭐라고 한 줄 아니?"

그러자 새는 고개를 갸우뚱하고 그 귀여운 반짝이는 눈으로 나를 바라보아서 그만 웃어 버렸지요. 새는 그저 재미났던 모양이죠.

……새 키워 보셨어요? 키워 보시지 않았다면 아마 내 말이 모두 과장으로 들리시겠지요. 사람들은 새가 개나 고양이 같지 않고 매정하고 냉정한 동물이라는 생각을 갖고 있어요. 월요일이면 세탁부가 오는데 으레 날보고 "왜 예쁜 '폭스테리아'를 기르지 않느냐", "카나리아가 아가씨에게 무슨 위안이 되나요?"라고 말하기가 일쑤예요. 거짓말, 새빨간 거짓말. 나는 어느 날 밤의 일이 기억에 남아 있어요. 아주 무서운 꿈을 꾸었는데—꿈이야 무시무시하게 참혹할 수도 있으니까—꿈을 깨고도 마음이 개운해지지 않았어요. 그래서 잠옷을 걸치고 물을 한 잔 마시려고 부엌으로 내려갔지요. 겨울밤인데 비가 몹시 내렸어요. 잠이 덜 깼으리라고 생각되지만 덧창이 없는 부엌 창문으로 어둠이 들여다보고 살피고 있는 것만 같았어요. 그래서 "내가 이렇게 무서운 꿈을 꾸었어."라고 말한다든지 "어둠이 보지 못하게 감춰 줘."라고 말할 사람마저 하나도 없는 것이 갑자기 견딜 수 없을 만큼 쓸쓸했어요. 나는 잠시 두 손으로 얼굴을 감싸기까지 했어요. 그때 은근히 "여보! 여보!"라고 말하는 소리가 들렸어요. 새장이 탁자 위에 놓여 있는데 포장이 흘러내려가서 불빛이 한줄기 비치고 있었습니다.

"여보! 여보!"

그 귀여운 녀석이 다시 부르는 거예요. 속삭이듯이, 마치 "나, 여기 있어 아씨! 나 여기 있어!"라고 말하는 듯했어요. 그 소리가 어찌나 따뜻하게 마음을 녹여 주는지 난 거의 울음이 나올 뻔했어요.

……그런데 그 새가 갔답니다. 다시는 새를, 어떤 새도 갖지 않을 겁니다. 어떻게 가질 수 있겠어요? 그 새가 눈을 감고 발을 오므린 채 뒤로 누워 있는 게 눈에 띄었을 때, 그 귀여운 노랫소리를 다시는 듣지 못하게 되었다는 걸 알았을 때, 내 마음속 깊은 곳에서 뭔가 무너져 버리는 것 같았어요. 내 가슴이 그 새장처럼 텅 빈 것을 느꼈어요. 잊어버리겠어요. 물론 잊어버려야지요. 세월만 흐르면 사람이란 뭐든지 잊어버리니까요. 또 내가 명랑한 성격이라고 다들 그러니까요. 정말 그 말이 옳아요. 그런 기질을 타고 난 걸 하나님께 감사해요.

……그건 그렇고, 병적으로 되거나 추억이나 그런 것 때문에 비탄에 빠지

지는 않아도, 어쩐지 인생에는 무슨 슬픔이 있는 것만 같이 느껴진다는 걸 고백하지 않을 수 없어요. 무엇이라고 꼬집어 말하는 건 아니에요. 아니, 다른 무엇이에요. 가슴 깊이, 가슴 깊이 있어서 존재의 한 부분이고 마치 숨을 쉬는 것과도 같아요. 아무리 피곤하도록 일을 하고 몸이 지쳐도 일을 끝내기만 하면 그것이 거기, 거기 있음을 알게 되지요. 어떤 때는 다른 사람들도 마찬가지일까, 생각도 해보지요. 그야 알 수 없는 노릇이지요. 그렇지만 그 아름답고 즐거운 노랫소리에서 내가 들은 게 이것—슬픔이 아니면 무엇일까?—이라는 건 이상하지 않아요?

A Cup of Tea
차 한 잔

로즈메리 펠은 그리 아름다운 얼굴은 아니었다. 아무도 아름답다고 할 수는 없을 것이다. 예쁘냐고? 글쎄, 이모저모 뜯어보면……. 그렇지만 사람을 이모저모 뜯어볼 만큼 잔인할 거야 뭐 있나? 젊고, 쾌활하며, 꽤나 현대적이고, 기가 막히도록 옷치장을 잘하고, 가장 최근에 나온 책들을 놀랍도록 잘 읽고, 그녀가 벌이는 파티는 정말 훌륭한 사람들과 그…… 예술가들—그녀가 발견한 기묘한 족속들인데, 어떤 사람은 말도 못할 만큼 형편없지만 그밖에는 소개할 만하고 재미있는 사람들이 아주 유쾌하게 어울리는 모임이었다.

로즈메리는 결혼한 지 2년이 된다. 귀염둥이 사내 아이가 하나 있다. 아니, 피터가 아니고—마이클이다. 그리고 남편이 아주 많이 사랑해 주었다. 그들은 부자, 정말 부자였다. 그저 잘 사는 정도가 아니었다. 그래서야 너절하고 싱거워서 할머니 할아버지 이야기처럼 들리지 않는가. 로즈메리가 쇼핑하고 싶으면 당신이나 내가 본드 거리*¹로 가듯이 그녀는 파리로 갔다. 만일 꽃이 사고 싶으면 리젠트 거리에 있는 훌륭한 꽃집에 차를 멈추고서 로즈메리는 꽃집 안에 들어가 황홀하고 조금 이국적인 눈초리로 휘둘러보면서 "저것, 저것, 그리고 저걸 주세요. 저것도 네 묶음만 줘요. 그리고 장미꽃들이 꽂힌

---

*1 영국 런던 메이페어(Mayfair) 지역에 있는 일류 상점 거리.

저 병도요. 맞아요, 그 병에 있는 장미꽃은 모두 주세요. 아니, 라일락은 그만둬요. 라일락은 싫어요. 본새가 없거든요."

점원은 허리를 굽히고는 라일락은 본새가 없다는 그녀의 말이 꼭 옳다는 듯이 그 꽃을 보이지 않는 곳으로 치워 버린다.

"저 짤막하고 조그만 튤립을 줘요. 거기 있는 빨간 것과 흰 것도요."

기다란 옷을 입힌 어린 아기처럼 보이는 커다란 종이 포장을 팔 가득히 안고 비틀거리는 여윈 점원이 그녀 뒤를 따라 자동차 있는 곳까지 나온다.

어느 겨울날 오후에 그녀는 커즌 거리에 있는 골동품 가게에서 물건을 사고 있었다. 그녀가 좋아하는 가게였다. 무엇보다 대부분은 손님이 자신 혼자여서 좋았다. 그리고 가게 주인은 지나칠 만큼 흔쾌히 그녀의 시중을 들어주었다. 그녀가 들어서기만 하면 온 얼굴에 언제나 웃음을 띄웠다. 두 손을 모아 쥐고는 말도 제대로 못할 정도로 기뻐했다. 물론 아첨이다. 그래도 뭔가…….

"저, 보십시오, 부인."

그녀는 늘 나직하고 공손한 목소리로 설명했다.

"저는 제 물건을 정말로 아낀답니다. 물건의 가치를 모르는 사람이나 고상한 정서를 지니지 못한 사람에게 파느니보다는 그냥 놔두고 싶지요…….

그러고는 깊은 한숨을 내쉬며 아담하고 푸른 비로드에 네모나게 싼 물건을 풀어서 창백한 손끝으로 유리 진열대 위에 놓았다.

오늘은 조그만 상자였다. 그녀를 위해 놔두었던 것이다. 아직 누구에게도 보여주지 않았다. 법랑으로 만든 참으로 아름다운 조그만 상자인데 어찌나 윤이 나는지 크림 속에서 갓 구어낸 것 같았다. 뚜껑에는 정밀하게 조각된 남자 하나가 꽃나무 아래 서 있고, 그보다도 더 작은 여자가 그의 목에 팔을 두르고 있었다. 제라늄 꽃잎보다도 정말 더 크지 않은 그녀의 모자는 나뭇가지에 걸려 있고 푸른빛 리본이 달려 있었다. 그리고 그들 머리 위에는 연분홍빛 구름이 그들을 수호하는 천사들처럼 떠돌았다.

로즈메리는 긴 장갑에서 손을 뺐다. 그런 물건을 살필 때는 언제나 장갑을 벗는 습관이 있었다. 그래, 물건이 무척 마음에 들었다. 좋아졌다. 꽤 귀여웠다. 가져야겠다. 그런데 그 매끄러운 상자를 이리저리 뒤집어 보고, 열고 닫고 해보는 사이 푸른 비로드를 배경으로 한 자기 손이 유난히 아름다워 보이는 것을 알아차렸다. 상점 주인도 마음속 깊이 그런 생각을 했던 것 같다. 왜냐하면 그가 연필을 집어 들고 몸을 계산대 위에 기대고는, 그 창백하고 핏기 없는 손가락을 머뭇거리며, 장밋빛 반지가 반짝거리는 손 쪽으로 뻗치면서 상냥하게 중얼거렸던 것이다.

"조그만 여자 조끼에 달린 꽃을 잘 보셨겠지요."

"예뻐요!"

로즈메리는 그 꽃을 칭찬했다.

"그런데 값이 얼마나 하지요?"

상점 주인은 잠시 못 들은 척했다. 잠시 뒤에 중얼거리는 소리가 들려왔다.

"28기니입니다, 부인."

"28기니."

로즈메리는 아무런 내색도 하지 않았다. 조그만 상자를 내려놓고 다시 장갑을 꼈다. 28기니, 아무리 부자라도……. 그러나 그녀는 무심하게 보였다. 가게 주인 머리 위쪽에 있는, 통통하게 살진 암탉처럼 도톰한 차 주전자를 물끄러미 바라보며 대답하는 목소리는 마치 꿈꾸는 듯했다.

"좋아요, 절 위해 간직해 주세요—네? 언제고 제가……."

그러나 이때 벌써 주인은, 그녀를 위해서 상자를 보관해 둔다는 것은 마땅한 일이라는 듯 벌써 허리를 굽히고 있었다. 물론 그녀를 위해서라면 기꺼이 언제까지라도 보관해 둘 생각이었다.

문까지도 정중한 소리를 내며 짤깍 닫혔다. 그녀는 문 밖 층계 위에 서서, 겨울 황혼을 뚫어지게 바라보았다. 비가 내렸다. 어둠이 비와 더불어 재처럼 감돌며 내렸다. 공기는 차고 매서웠으며 막 불이 켜진 가로등도 구슬퍼 보였다. 건넛집들에 켜진 불빛은 정말 구슬펐다. 마치 무슨 회한에라도 잠긴 듯 희미하게 타오르고 있었다. 그리고 사람들이 성가신 우산 아래에 숨어서 바삐 지나갔다. 로즈메리는 이상한 고통을 느꼈다. 털 토시로 가슴을 꼭 눌렀다. 그 작은 상자도 꼭 껴안을 수 있게 가지고 왔으면 싶었다. 물론 자동차는 바로 거기서 기다리고 있었다. 길만 건너면 된다. 그러나 그녀는 그대로 서 있었다. 사는 동안에 때때로 끔찍한 순간이 있어 그것이 숨어 있던 곳에서 뛰쳐나와 밖을 내다보게 될 때, 참으로 무시무시했다. 그러나 이런 순간적 유혹에 져서는 안 된다. 집으로 돌아가서 아주 맛있는 좋은 차라도 한 잔 마셔야겠다. 그러나 이런 생각을 한 바로 그때, 여위고 침울하며 그림자같이 희미한 소녀가─어디서 왔을까?─로즈메리 바로 곁에 서 있었으며, 탄식하는 듯 거의 흐느낌에 가까운 목소리로 속삭였다.

"아주머니, 잠깐 말씀 좀 드려도 좋을까요?"

"내게?"

로즈메리는 몸을 돌렸다. 거기에는 커다란 눈망울에 피곤에 지친 자기보다 아주 어린 소녀가 빨갛게 언 손으로 외투 깃을 움켜쥐고 방금 물속에서 나온 사람처럼 떨고 서 있었다.

"아, 아주머니."

소녀는 말을 더듬었다.

"차 한 잔 값만 제게 주세요."

"차 한 잔?"

소녀의 목소리에는 무언지 순박하고 진실된 것이 있었다. 조금도 거지의 목소리 같지 않았다.

"그럼 돈이 한 푼도 없나요?"

로즈메리가 물었다.

"네, 아주머니."

"어쩌면 그럴 수가!"

로즈메리가 어둠 속에서 그녀를 꼼꼼히 쳐다보려니 그 소녀도 이쪽을 마주보았다. 딱하게도, 갑자기 로즈메리에겐 굉장한 모험처럼 생각됐다. 황혼 속에서의 만남은 도스토예프스키 소설에나 나오는 어떤 장면 같다. 이 소녀를 집으로 데리고 간다면. 언제나 책에서나 읽고 무대에서나 구경하던 그런 일을 자기가 실제로 한다면 어떨까? 짜릿할 것이다. 그래서 앞으로 다가서며 곁에 있는 희미한 사람에게 말했다.

"나와 함께 집으로 차 마시러 가요."

그때 마음속으로는 나중에 놀란 친구들 앞에서 이렇게 말하는 자신의 목소리가 들리는 듯했다.

"그저 집으로 데려왔을 뿐이야."

소녀는 놀라서 주춤했다. 몸을 떨던 것마저 잠시 그쳤다. 로즈메리는 한 손을 내밀어 소녀의 팔을 잡았다.

"정말이야."

로즈메리는 웃어 보였다. 자기 미소가 얼마나 순진하고 상냥한지 느낄 수 있었다.

"왜, 싫어? 가요. 내 차로 우리집에 가서 같이 차를 마셔요."

"저…… 정말이 아니지요?"

소녀의 목소리는 괴로운 듯했다.

"아니, 정말이야."

로즈메리는 소리쳤다.

"그래 줘요. 날 기쁘게 해줘. 자."

소녀는 손가락을 입술에 대고 로즈메리를 뚫어지게 바라보았다.

"저를, 저를 경찰서로 데리고 가는 건 아니지요?"

소녀는 더듬더듬 말했다.

"경찰서라고!"

로즈메리는 그만 소리 내어 웃었다.

"그렇게 잔인할 수 있겠어? 아니야, 난 그저 따뜻하게 해주고 무엇이든 나에게 할 이야기가 있으면 모두 들어주고 싶을 뿐이야."

배고픈 사람은 쉽게 끌리게 마련이다. 하인이 자동차 문을 열고 서 있었다. 잠시 뒤에 그들은 어둠 속을 미끄러지듯 달리고 있었다.

"자!"

로즈메리는 말했다. 벨벳 손잡이를 손으로 잡으면서 어떤 승리감을 느꼈다. 자기가 사로잡은 귀여운 포로를 바라보면서 "이제야 잡았구나."라고 말하고 싶었다. 그러나 물론 친절한 의도에서였다. 아니, 친절보다 더한 것이다.

이 소녀에게—사노라면 놀라운 일도 일어난다는 걸—천사들의 이야기가 사실이라는 걸, 또 부자도 온정이 있고 여자끼리는 모두 자매라는 걸 보여주려는 것이었다. 그녀는 감격한 듯 소녀에게 말했다.

"겁내지 말아요. 나와 같이 가는 게 어때서 그래? 여자들끼린데, 뭐? 내가 좀 더 잘 산다면 너도 당연히 기대는……."

그러나 이 말을 어떻게 끝맺어야 할지 난처해하는 바로 그때 다행스럽게도 차가 멈추었다. 초인종이 울리고 문이 열렸다. 로즈메리는 부드럽게, 보호하는, 거의 끌어안을 듯한 동작으로 소녀를 현관으로 이끌었다. 그녀로서는 늘 익숙해져서 생각조차 해보지 않았던, 따뜻하고 부드럽고 밝고 좋은 냄새가 풍기는, 그런 분위기를 느끼고 있는 소녀의 모습을 바라보고 있었다. 황홀했다. 그녀는 마치 어린아이 방에서 벽장을 다 열어젖히고 상자란 상자는 모조리 끌러 보여주고 있는 부잣집 어린 소녀 같았다.

"자, 이층으로 올라가요."

로즈메리는 너그럽게 대하고 싶었다.

"내 방으로 같이 가요."

그리고 더욱 이 가엾은 소녀를 자기 집 하인들의 이상한 눈초리로부터 막아 주고 싶었다. 그래서 초인종을 눌러 하녀 잔느를 부르는 것도 그만두고 옷도 혼자 갈아입어야 겠다고 계단을 올라가면서 결심했다. 지금 가장 중요한 건 자연스러운 태도였다.

"자!"

로즈메리는 자기 침실로 들어왔을 때 또 한 번 말했다. 큰 침실에는 커튼이 드리워지고 광택제를 칠한 훌륭한 가구에 난롯불이 반짝반짝 비치고, 황금빛 쿠션이며 청황색을 섞어 짠 양탄자가 아름다웠다.

소녀는 바로 문 앞에 서 있었다. 눈이 부시는 듯했다. 그러나 로즈메리는 아랑곳하지 않았다.

"이리 와 앉아요."

그녀는 커다란 의자를 불 옆으로 끌면서 말했다.

"이 푹신한 의자에. 이리 와서 불 쬐라니까. 몹시 추워 보이는데."

"괜찮아요, 아주머니."

소녀는 자꾸 뒤로 물러나려고만 했다.

"자, 어서."

로즈메리는 앞으로 달려갔다.

"두려워 할 것 없어, 정말. 겁내지 마. 앉아요. 내가 옷 갈아입으면 같이 옆방으로 가서 차나 마시고 편히 쉬어요. 왜 겁을 내지?"

그리고 바닥이 깊숙한 의자에 그 가냘픈 몸을 부드럽게 밀어 넣다시피 하여 앉혔다. 그러나 대답이 없었다. 소녀는 두 손을 허리에 늘어뜨리고 입을 조금 벌린 채 밀어다 앉힌 그대로 가만히 있었다. 정말이지 솔직히 말해서 좀 어리석게 보였다. 그러나 로즈메리는 그렇게 생각하고 싶지 않았다. 그 소녀에게로 몸을 굽히며 이렇게 말했다.

"모자 벗어야지. 고운 머리가 다 젖었네. 벗는 게 훨씬 편하지, 안 그래?"

"고마워요, 아주머니."

들릴락 말락 한 소리를 내며 소녀는 그 다 짜부라진 모자를 벗었다.

"그리고 외투도 벗어요. 도와줄 테니."

로즈메리가 말했다.

소녀는 일어섰다. 그러나 한 손으로 의자를 짚은 채 로즈메리가 벗겨 주는 대로 맡겨 두었으므로 꽤 힘이 들었다. 소녀는 조금도 움직이지 않았다. 로즈메리는 어린아이처럼 비틀비틀할 것 같았다. 그러자 로즈메리 마음속에는 이런 생각이 스쳤다.

'누구든 남의 도움을 받을 때면 조금은 거기에 응해야지 조금이라도. 그렇잖고는 정말이지 너무나 힘들어서.'

이제 외투를 어떻게 할까? 방바닥에 외투를 놓은 다음 모자를 놓았다. 그녀가 막 벽난로 선반에 담배를 가지러 가려 할 때 소녀는 빠른 말씨로 그러나 꽤 부드럽고 이상하게 말을 했다.

"정말 죄송합니다만, 아주머니, 저는 까무라칠 것만 같아요. 뭘 먹지 않으면, 저는 가겠어요, 아주머니."

"저런, 미처 내가 생각을!"

로즈메리는 재빨리 벨 있는 데로 달려갔다.

"차! 빨리 차를 가져와! 그리고 브랜디도 빨리!"

하녀가 다시 나가자 소녀는 거의 울상이 되었다.

"아니에요, 브랜디는 싫어요. 브랜디는 먹어 본 일이 없어요. 차 한 잔이면 충분해요, 아주머니."

그러고는 울음을 터뜨렸다. 정말 놀라운 순간이었다. 로즈메리는 소녀가 앉은 의자 옆에 무릎을 꿇었다.

"울지 마요, 가엾게도. 울지 마요."

그러고는 레이스 달린 손수건을 내주었다. 정말 말로 표현할 수 없을 만큼 감동한 것이다. 가냘픈 새 같은 어깨를 끌어안았다. 그제야 소녀도 부끄러움을 잊고, 자기들이 같은 여자라는 것 말고는 모든 것을 잊고 흐느끼며 말했다.

"이대로 더 살아갈 수는 없어요, 못 견디겠어, 못 견디겠어, 자살이라도 해야지, 더는 못 견디겠어요."

"그러지 않아도 될 거야. 내가 돌봐 줄 테니 그만 울어요. 나를 만난 게 다행스런 일이라고 생각 안 해? 차를 마시고 나서 모두 얘기해 봐요. 그러면 내가 어떻게 해보지. 약속할 테야. 정말 그만 그쳐요, 지칠 텐데. 자, 그만!"

소녀가 겨우 울음을 그쳐서 로즈메리는 차가 들어오기 전에 간신히 몸을 일으킬 수 있었다. 그들 가운데에 탁자를 놓게 했다. 그녀는 이 불쌍한 소녀에게 샌드위치며 버터 바른 빵 따위를 권하고, 찻잔을 비울 때마다 차와 크림과 설탕을 부어 주었다. 설탕이 영양분이 많다는 말을 늘 들었다. 자기는 아무것도 먹지 않았다. 그저 담배나 피우면서 이 소녀가 수줍어하지 않도록 일부러 다른 데만 바라보고 있었다.

이 가벼운 식사의 효과는 참으로 대단했다. 식탁을 치우고 나자 새로 피어나는 것같이 생기가 되살아난 소녀는 흐트러진 머리와 거무스레한 입술에 그윽하고 빛나는 눈을 한 채, 달콤하고 노곤한 기분으로 커다란 의자에 기대 앉아 불꽃을 바라보고 있었다.

로즈메리는 새로 담배에 불을 붙여 물었다. 이제 이야기를 시작할 때가

온 것이다.

"그래, 언제 마지막 식사를 했지?"

그녀는 부드럽게 물었다. 그러자 바로 그때 문 손잡이가 돌아갔다.

"로즈메리, 들어가도 돼?"

필립이었다.

"그럼요."

그가 들어왔다.

"아, 미안하오."

필립은 걸음을 멈추고 빤히 쳐다보았다.

"아무 일도 아니에요."

로즈메리는 미소를 띠웠다.

"이분은 내 친구 미스……."

"스미스예요, 아주머니."

노곤해 보이는 소녀가 말했다. 이상하리만큼 조용하고 두려워하지 않았다.

"스미스예요."

로즈메리도 말했다.

"잠깐 이야기를 하려는 참이었어요."

"아, 그래?"

필립이 말했다.

"정말……."

그의 눈에 방바닥에 놓인 외투와 모자가 들어왔다. 그는 불 옆으로 다가와서 등을 대고 섰다.

"끔찍한 오후야."

호기심이 난다는 듯 말하고는 아직도 맥없이 앉아 있는 이 소녀를, 그리고, 그녀의 손과 구두를 바라보고, 다시 로즈메리를 보았다.

"그래요, 정말."

로즈메리는 힘주어 말했다.

"정말 지독해요."

필립은 그 매력 있는 미소를 띠었다.

"사실은 잠깐만 서재로 와 줬으면 좋겠는데, 와 주겠소? 스미스 양이 용서해 줄까?"

커다란 눈이 그를 바라보았으나 로즈메리가 대신 대답했다.

"물론이죠."

그래서 그들은 나란히 방을 나갔다.

둘만 남자 "여보," 하고 필립이 말했다.

"설명해 보오. 저 여자는 누구요? 대체 어찌된 일이오?"

로즈메리는 웃으며 문에 몸을 기대고 말했다.

"내가 커즌 거리에서 데려왔어요. 그야말로 주운 아이예요. 날보고 차 한 잔 값만 달라기에 집으로 데리고 왔어요."

"그래 그 소녀를 대체 어떻게 할 셈이오?"

필립이 큰 소리로 말했다.

"친절하게 해주기로 했어요."

로즈메리는 빠른 어조로 말했다.

"굉장히 친절히 해주고, 돌봐 주는 거예요. 어떻게 해야 할지는 모르겠어요, 아직 얘기는 안 해봤으니까. 하지만 친절하게 대해 주고—가르쳐 주고—편안하게 해주고—"

"여보, 정말이지 당신 미쳤구려. 그렇게 될 것 같소?"

"그렇게 나올 줄 알았어요. 왜 안 되죠? 난 그렇게 하고 싶은데. 그것은 이유가 안 되잖아요? 그리고 너구나 이런 이야기는 늘 잭에서 읽었거는요. 내 결심은—"

"그렇지만."

필립은 천천히 입을 열고, 담배 끝을 잘랐다.

"놀랄 만큼 예쁘던데."

"예뻐요?"

그 말에 스스로 놀란 데 대해 로즈메리는 얼굴을 붉혔다.

"그렇게 생각했어요? 난—난 그런 건 생각지도 못했어요."

"저런!"

필립은 성냥을 그었다.

"굉장히 아름다운 소녀야. 다시 잘 보구려. 난 금방 당신 방에 들어갔을 때 당황했지. 그렇지만…… 당신은 엄청난 잘못을 저지르고 있는 것 같아. 내가 지나쳤다면 미안하오, 여보 그런데 스미스 양이 우리와 저녁 식사를 함께 들는지 미리 알려 줘요. 《밀리너스 가제트》*2라도 읽어서 이야깃거리를 마련해 두겠소."

"당신도 참!"

로즈메리는 서재에서 나갔으나 자기 침실로 돌아가지는 않았다. 자신의 서재로 가서 책상 앞에 앉았다. 예쁘다고! 굉장히 아름다워! 당황했다고! 그녀의 가슴은 마구 울렁거렸다. 예뻐! 아름다워! 수표책을 꺼냈다. 그러나, 아니야, 수표는 필요 없어, 물론. 책상 서랍을 열고 1파운드*3짜리 지폐 다섯 장을 꺼내들고 들여다보다가 두 장은 도로 넣고 석 장만 손에 쥐고 침실로 돌아갔다.

30분 뒤 로즈메리가 서재로 들어갔을 때 필립은 아직도 거기에 있었다.

"잠깐 할 말이 있어서요."

로즈메리는 문에 기대 서서 눈부신 듯한 이국적인 눈초리로 그를 바라보았다.

"스미스 양은 오늘 밤 우리와 저녁을 못하게 되었어요."

필립은 신문을 놓았다.

"아니, 무슨 일이 있소? 약속이라도 있대?"

로즈메리는 가까이 와서 그의 무릎 위에 앉았다.

"자꾸만 가겠대요. 그래서, 불쌍한 소녀에게 돈을 주었지요. 싫다는 걸 굳이 붙들 수는 없잖아요. 그렇죠?"

그녀는 부드럽게 말했다.

---

*2 모자를 비롯한 부인들의 장신구에 대하여 쓴 잡지.
*3 영국의 화폐 단위. 1파운드는 20실링.

로즈메리는 손질한 머리에 살짝 짙은 눈매, 진주 목걸이를 걸고 있었다. 그녀는 자기 손을 필립의 볼에 대었다.

"나 사랑해요?"

달콤하게 가라앉은 목소리에 그는 당황했다.

"그럼, 사랑하고말고."

그는 그녀를 꼭 껴안았다.

"키스해 줘요."

한동안 잠잠했다.

"오늘 무척 예쁜 상자를 봤어요. 28기니라나요. 사도 괜찮아요?"

필립은 무릎으로 그녀를 얼러 주었다.

"사요, 귀여운 낭비꾼."

그러나 로즈메리가 정말로 하고 싶었던 말은 그게 아니었다.

"필립."

그녀는 속삭이며 머리를 남편 가슴에 파묻었다.

"나 예뻐요?"

Bliss
지극한 행복

버사 영은 서른 살이 되었는데도 아직도 이렇게 걷기보다는 뛰고 싶고, 춤추듯이 인도 위를 걸어가고, 굴렁쇠를 굴리거나 무엇이든 공중으로 던져 올렸다가는 다시 받고, 그렇잖으면 멈춰 서서 괜스레―정말 아무것도 아닌 것에 웃어대고 싶은 그런 순간이 있다. 만약 당신의 나이 서른에 자기가 사는 거리 모퉁이를 꼬부라져 갈 때, 갑자기 행복감에―완전한 행복감이― 마치 갑자기 늦은 오후의 찬란한 석양의 빛나는 한 조각을 삼켜서, 그것이 당신의 가슴속에서 이글이글 타올라 손가락 발가락 마디마디에서 소나기처럼 곳곳에 불꽃을 내뿜는, 그런 행복감에 사로잡힌다면 어떻게 하겠는가.

오, 당신은 '취한 듯 걷잡을 수 없게' 되고 나서야 이 기분을 나타낼 수 있단 말인가? 문명이란 정말로 어리석구나! 만일 당신이 아주 진귀한 바이올린처럼 상자에 갇혀 있다면 육체는 있어 무슨 소용이란 말인가?

"아니야, 바이올린 이야기를 하려는 게 아냐."

그녀는 생각하면서 층계를 뛰어올라 열쇠를 찾으려고 가방을 뒤지다가―언제나처럼 또 잊어버려서―편지함을 덜걱덜걱 흔들었다.

"내가 말하려는 건 그게 아니었는데. 왜냐하면―고맙다, 메리야."

그녀는 현관으로 들어갔다.

"유모는 들어왔니?"

"네, 아씨."

"과일도 가져오고?"

"네, 모두 다 왔어요."

"과일을 식당으로 가져와, 응? 이층에 올라가기 전에 마련해 두게."

식당은 침침하고 싸늘했다. 그런데도 버사는 윗옷을 벗었다. 꽉 죄어서 잠시도 견딜 수 없었다. 차가운 냉기가 팔에 썰렁하게 와 닿았다.

그러나 그녀의 가슴속에는 아직도 그 찬란히 빛나는 것이―소나기처럼 불꽃이 쏟아지고 있었다. 그것은 거의 견디기 어려울 만큼이었다. 불꽃에 부채질을 더하게 되지나 않을까 두려워 감히 숨도 크게 못 쉴 정도였지만, 그러나 깊숙이 깊숙이 들이마셨다. 차디차게 빛나는 거울을 들여다볼 용기가 없었지만―들여다보니까, 미소를 띤 떨리는 입술에 크고 검은 두 눈, 무엇인지 일어날…… 듯한…… 틀림없이…… 일어날 것을 알고 있는…… 그런, 무엇엔가 귀를 기울이고 기다리는 모습의 찬란한 여인이 있었다.

메리가 쟁반에 담은 과일과 유리 그릇, 우유에 담갔다 꺼낸 것처럼 이상한 빛이 나는 무척 아름다운 푸른 접시 따위를 갖고 들어왔다.

"불을 켤까요?"

"아니, 괜찮아. 잘 보이는데."

거기엔 귤이며 딸기색으로 물든 사과가 있었다. 비단결처럼 매끈한 노란 배와, 은빛 가루를 뒤집어쓴 청포도 몇 송이와 커다란 보랏빛 포도송이도 있었다. 이 포도는 식당에 새로 깐 양탄자와 어울리게 하려고 사온 것이다. 물론 억지 같고 좀 어색하게 들리겠지만 정말 그것 때문에 포도를 샀다. 그녀는 가게에서 이런 생각을 했다.

"양탄자와 식탁이 잘 어울리게 짙은 보랏빛 포도를 좀 사야지."

그때는 그 생각이 아주 재치 있어 보였다.

과일을 모두 담고 나서 이 탐스럽고 둥근 모양의 과일이 피라미드 형으로 두 무더기 쌓였을 때, 그녀는 그 효과를 보려고 식탁에서 멀찌감치 떨어져 섰다. 그런데 그 효과는 참으로 우스웠다. 색이 짙은 식탁은 어둑어둑한 황혼 속으로 녹아들고 유리 그릇과 푸른 접시만이 또렷이 허공에 떠올랐기 때문이다. 이것은 물론, 지금의 그녀 기분으로서는 믿을 수 없을 만큼 아름다웠다……. 그녀는 소리 내어 웃기 시작했다.

"아니, 아니야. 신경 발작이 심해졌나봐."

그래서 그녀는 가방과 윗옷을 집어 들고 이층 아기 방으로 올라갔다.

유모가 아기를 목욕시킨 뒤 낮은 식탁에서 저녁을 먹이고 있었다. 어린 아기는 하얀 플란넬 윗옷에 푸른색 털 재킷을 입고, 검고 가느다란 머리는 빗어 올려서 조그맣고 예쁜 봉우리가 만들어져 있었다. 엄마를 보자 쳐다보면서 들썩이기 시작했다.

"자, 이건 다 먹어야 착한 아기지."

유모는 버사도 잘 알고 있는 그 입술 모양을 쫑긋 내밀었다. 또 적당하지 않은 때 버사가 아기 방에 들어왔다는 의미였다.

"유모, 애기는 잘 놀았어?"

"저녁 무렵부터 내내 착한 아기였지요."

유모는 속삭이듯 말했다.

"공원에 가서 의자에 앉아 아기를 유모차에서 내놨는데, 큰 개가 다가와서 내 무릎에 머리를 기대니까, 아기가 개 귀를 잡아 쥐고 당기곤 했지요. 정말 어머니에게 보여드리고 싶었어요."

버사는 낯선 개의 귀를 잡아당기도록 내버려 두는 것은 위험하지 않겠느냐고 물어보고 싶었다. 그러나 물어볼 엄두가 나지 않았다. 인형을 가진 부잣집 소녀 앞에 선 가난한 소녀처럼 두 손으로 허리를 짚고 아기와 유모를 바라보고 서 있었다.

아기는 다시 엄마를 뚫어지게 쳐다보더니, 어찌나 귀엽게 방글거리는지 버사는 소리를 지르지 않을 수 없었다.

"이봐요, 유모, 목욕시킨 것 치울 동안 내가 저녁을 먹일게."

"글쎄요, 아씨, 밥 먹이는 손이 바뀌어서는 안 되는데요."

유모는 아직도 속삭이듯 말했다.

"불안감을 느낄 거예요. 쉽게 놀라거든요."

얼마나 당치않은 이야기인가. 어린 아기를—귀하고 귀한 바이올린처럼 상자 속이 아닌—다른 여자 품에만 맡겨 두어야 하는가?

"아니, 내가 먹이겠어."

그녀는 잘라 말했다.

무척 기분이 상한 채로 유모는 아기를 내주었다.

"그런데, 저녁을 먹이고 나서는 지나치게 흥분시키지 마세요. 곧잘 그러시니까요. 그리고 난 다음이면 아기를 다루기 힘들답니다!"

고맙게도! 유모는 목욕 수건을 들고 방밖으로 나갔다.

"이제 내 손에 들어왔구나, 귀염둥이야."

어린 아기가 자기에게 기대자 그녀는 이렇게 말했다.

아기는 숟갈을 받으려고 입술을 내밀고 손을 흔들고 하면서 즐겁게 먹었다. 어떤 때는 숟가락을 물고는 놓지 않고, 또 어떤 때는 버사가 숟가락을 뜨자마자 숟가락을 쳐서 여기저기로 흩뜨려 버리곤 했다.

스프를 다 먹자 버사는 난롯불 있는 데로 몸을 돌렸다.

"착해라—정말 착하지!"

따뜻한 어린 아기에게 입을 맞추었다.

"귀여워라, 예쁘다, 응."

정말, 귀여운 딸을 어찌나 사랑했는지—아기가 앞으로 구부릴 때의 목덜미, 불빛에 훤히 비치는 발가락 하나하나를 얼마나 사랑했는지, 모든 희열감이 또다시 되살아와 어떻게 표현해야 좋을지—어떻게 처리해야 할지를 몰랐다.

"전화 왔습니다."

의기양양하게 들어와서는 어린 아기를 받으며 유모가 말했다. 아래층으로 달려갔다. 해리였다.

"아, 당신이오? 나 좀 늦겠어, 택시를 잡아타고 되도록 빨리 가겠지만 저녁을 십 분만 늦춰 줘—응, 괜찮겠지?"

"네, 괜찮아요, 오, 해리!"

"왜?"

뭐라고 해야 되나? 할말이 없었다. 그저 잠깐 그러고 싶었을 뿐이다. 쑥스럽게 "좋은 날씨였어요!"라고 소리 지를 수도 없는 노릇이었다.

"뭐 말이야?"

조그만 목소리가 나무라듯 물었다.

"아무것도 아니에요. 됐어요."

수화기를 놓고 나서 버사는 문명은 정말 어리석은 것이라고 생각했다.

저녁 식사에 초대된 손님들이 하나 둘 모여 들었다. 노르만 나이트 부부—아주 착실한 부부—남편이 극장을 시작하려 하고 아내는 그 실내 장치에 무척 열심이다. 그리고 작은 시집을 최근에 출판해서 모든 사람들에게 식사 초대를 받는 젊은 에디 워런과 펄 풀턴이라는, 버사가 우연히 찾아낸 인물이다. 풀턴 양이 뭘 하는 여자인지 버사는 알지 못했다. 그들은 클럽에서 만났는데, 아름답고 어딘지 신비스러운 데가 있는 여자라면 으레 가까이 하는 그녀의 버릇 덕분에 가까운 사이가 된 것이었다.

한 가지 마음에 걸리는 일은 서로 몇 번이나 자리를 같이 했고 만나서 이야기를 많이 나눴는데도, 버사는 아직 그녀가 어떤 여자인지 이해할 수 없는 것이다. 어느 정도까지는 풀턴 양은 놀랍도록 솔직했다. 그러나 그것이 한계인지 그 이상은 넘으려 들지 않았다.

그 너머에 무슨 귀중한 게 있을까? 해리는 "없어."라고 말했다. 남편은 그녀를 둔하고 모든 갈색 머리 여자가 그렇듯이 냉정하며 또 아마 빈혈기가 있을 것이라고 단정해 버렸다.

그러나 버사는 그의 의견에 동의하지 않았다. 아무튼 아직까지는.

"아니에요. 고개를 한쪽으로 조금 갸우뚱하고 미소를 띠며 앉아 있는 모습 뒤에는 뭔가 있어요. 해리, 그게 뭔지 꼭 알아내야겠어요."

"그건 속이 편하기 때문이겠지."

그는 이를테면…… "여보, 간(肝)이 좋지 않아,"라느니 '단순히 더부룩한 증상'이라느니 '신장병'…… 등등으로 어떻게서든 버사를 실망하게 만들려고 애썼다. 무슨 야릇한 이유에선지 버사는 이걸 좋아했고 그의 이런 말을 거의 칭찬까지 했다.

그녀는 응접실에 들어가 불을 피웠다. 그러고는 메리가 세심하게 늘어놓은 쿠션을 하나씩 집어서 의자들 위에 던져 놓았다. 그렇게 하니 방이 전혀 달라져서 생기가 돌았다. 마지막 쿠션을 던지려 할 때, 갑자기 힘차게, 아주 열정적으로 그것을 껴안는 자신을 발견하고 깜짝 놀랐다. 그러나 가슴에 붙은 불은 꺼지지 않았다. 아니, 오히려 반대였다!

응접실 창문은 정원을 내다보는 발코니를 향해 열려 있었다. 정원 저쪽 끝에는 벽을 등지고 키가 크고 후리후리한 배나무가 한 그루 풍성하게 꽃을 피우고, 비취처럼 푸르른 하늘을 배경으로 조용히, 더할 나위 없이 아름답게 서 있었다. 버사는 이토록 먼 거리에서도 그 나무에 단 하나의 피지 않은 꽃봉오리도, 단 한 잎의 시든 꽃잎도 없다는 것을 느낄 수 있었다. 훨씬 아래쪽 화단에는 빨갛고 노란 튤립이 꽃송이에 고개가 무거워 황혼에 의지하고 있는 듯 보였다. 회색 고양이 한 마리가 배를 찰싹대고 잔디밭을 살짝 건너가자 검은 고양이의 그림자가 뒤를 따랐다. 무척 앙큼하고도 재빠른 동작을 보고 버사는 이상하게 몸이 떨렸다.

"고양이는 정말 소름끼치는 동물이야."

그녀는 이렇게 중얼거리고는 창곁을 떠나 이리저리 거닐기 시작했다. 따뜻한 방 안에 노란 수선화 향기가 강하게 풍겨왔다. 너무 강렬할까? 아니 그렇잖아. 그러나 그녀는 압도당한 듯이 긴 의자에 몸을 던지고는 손을 눈으로 가져갔다.

"너무 행복해! 너무 행복해!"

그녀는 중얼거렸다.

자기 생활의 상징인 양 활짝 꽃이 핀 아름다운 배나무가 눈앞에 보이는 듯했다.

정말—정말—그녀는 모든 것을 소유하고 있다. 젊다. 해리와 그녀는 언제나 한결같이 사랑하고 있으며 훌륭히 마음이 맞는 정말 다시없는 한 쌍이다. 귀여운 아기도 있고 돈 걱정은 하지 않아도 된다. 말할 나위 없이 나무랄 데 없는 이 집과 정원도 있다. 그리고 친구들—세련되고 흥미진진한 친구들, 작가, 화가, 시인, 사회 문제에 예민한 사람들—꼭 사귀고 싶었던 바로 그런 친구들. 그리고 책도 있고 음악도, 거기다 기막힌 양장점도 발견해 놓았고, 여름에는 외국 여행도 갈 생각이고 또 새로 들어온 요리사가 아주 훌륭한 오믈렛을 만들고…….

"이상해, 내가 이상해!"

그녀는 일어나 앉았다. 그러나, 현기증이 나고 몹시 취한 기분이었다. 봄 때문이었을 것이다.

그렇다, 봄 탓이다. 그녀는 어찌나 노곤한지 이층으로 옷을 갈아입으러 갈 기운도 없었다.

흰 드레스에 비취 목걸이, 파란 구두에 파란 양말. 이런 옷차림은 미리 생각한 것은 아니었다. 몇 시간 전, 응접실 창가에 섰을 때 생각한 것이다.

배꽃 꽃잎인 양 그녀는 조용히 옷자락을 사그락거리면서 홀로 들어가서 노르만 나이트 부인에게 키스했다. 그 부인은 무척 재미있는 오렌지빛 코트를 벗고 있었는데, 단과 앞깃에는 까만 원숭이 무늬가 나란히 수놓여 있었다.

"……정말! 어쩌면! 어쩌면 중류 계급 사람들이란 그렇게 멍청할까 — 유머를 전혀 모른다니까! 여기까지 온 건 순전히 요행이라니까, 글쎄 — 노르만이 나를 보호해 준 덕택이에요. 내 귀여운 원숭이 무늬 때문에 기차 안 사람들이 꽤나 놀랐는지, 모두 일어나서 나를 뚫어지게 쳐다보더군요. 웃지도 않고, — 재미있어 하지도 않고 — 그랬다면 나도 좋았을 텐데. 그저 쳐다만 보는 거예요 — 뚫어지게 자꾸만."

"그런데 가장 재미있던 점은,"

노르만은 커다란 네모테 외알 안경을 눈에 끼우면서 말을 이었다.

"이야기해도 괜찮겠소, 페이스?"

집 안에서나 친구들 앞에서는 서로 페이스와 머그라고 불렀다.

"가장 재미있었던 점은 실컷 구경거리가 되고 난 아내가 곁에 앉은 부인을 돌아보고 '원숭이를 처음 봤나요?'라고 말했을 때였지요."

"그래요, 정말."

노르만 나이트 부인도 따라 웃었다.

"정말 재미있지 않아요?"

그런데 그보다도 더 재미있는 것은, 코트를 벗어 버리자마자 그 부인이 아주 영리한 원숭이 같아 보인 것이다. 노란빛 비단 드레스마저도 바나나 껍질을 모아 만든 것 같았고 호박(琥珀) 귀걸이, 그건 달랑달랑 매달린 호두 같았다.

"이거 화제가 형편없이 돼 버렸는걸."

머그는 유아차(乳兒車) 앞에서 발을 멈추었다.

"유아차가 홀까지 들어올 때면……."

그러나 여기까지 말하고 나머지 말은 그만두었다.

초인종이 울렸다. 어려운 형편에 처해 있으며(언제나처럼) 얼굴이 마르고 창백한 에디 워런이었다.

"이 집이 맞지요, 그렇지요?"

항변하듯 물었다.

"네, 맞아요—그러기를 바라요."

버사는 명랑하게 말했다.

"택시 운전사에게 무시무시한 꼴을 당했지요. 지독히 심술궂은 친구였어요. 멈추게 할 수가 있어야죠. 천천히 가라고 어깨를 두드리고 소리치고 할수록 더 빨리 달리는 거예요. 그런데 달빛 속에 머리를 숙인 괴상한 사람이 조그만 운전대 위에 웅크리고……."

그는 몸을 떨며 커다란 흰 비단목도리를 풀었다. 버사는 그의 양말 색도 흰색인 것을 보았다—아주 매력이 있었다.

"정말로 무서웠겠어요!"

그녀는 소리를 쳤다.

"그럼요, 정말 무서웠어요."

에디는 그녀를 따라 응접실로 들어오면서 말했다.

"시간이 멈춘 택시를 타고 영원 속으로 달리는 나 자신을 보았답니다."

그는 노르만 나이트 부부와 아는 사이였다. 사실, 그들의 극장 경영 계획이 제대로 잘되면 이들 부부를 위해서 희곡을 쓰려고 하고 있었다.

"그런데 워런, 그 희곡은 어떻게 되었지?"

노르만 나이트는 외알 안경을 벗고는 다시 안경을 끼기 전에 잠시 눈을 치켜떴다.

"어머나, 양말이 참 좋군요, 워런 씨!"

노르만 나이트 부인이 말했다.

"마음에 드신다니 다행입니다."

그는 자기 발을 내려다보면서 말했다.

"달이 뜨고 나니까 더 희게 보이는 것 같군요."

그는 여위고 슬퍼 보이는 얼굴을 버사에게로 돌렸다.

"달이 뜬 것을 아시지요?"

그녀는 소리치고 싶었다.

"확실히 있어요—얼마든지—얼마든지!"

정말 그는 아주 매력 있는 사람이었다. 그러나 바나나색 드레스를 입고 불 앞에 웅크리고 앉은 페이스도 그랬고, 담뱃재를 털며 "이 집 주인은 왜 이렇게 늦을까?"라고 말하는 머그도 그랬다.

"이제 오는군."

현관문이 덜커덕 열렸다. 해리는 소리를 쳤다.

"이런, 여러분, 오 분 안으로 내려오지요."

그리고 그들은 그가 계단을 뛰어올라가는 소리를 들었다. 버사는 웃음이 났다. 그가 유난히 서두르면서 무슨 일 하기를 좋아하는 것을 그녀는 알고 있었다. 오 분 더 걸리는 게 도대체 무슨 문제가 되는가? 그런데 그는 이런 것들이 마치 큰 문제나 되는 듯이 굴었다. 그러고는 지나치게 냉정하고 침착한 태도로 응접실에 나타나는 것이 보통이었다.

해리는 생활하는 데 이런 풍미(風味)를 가지고 있었다. 사실, 그의 이런 점을 그녀는 꽤 높이 평가했다. 그리고 그의 투쟁열—자기에게 맞서는 어떤 것에서든지 자신의 힘과 용기를 또 한번 시험해 볼 기회를 찾는—이것 또한 그녀는 이해했다. 그를 잘 모르는 다른 사람들에게는 아마 조금 우스꽝스럽게 보이는 때도 있긴 하겠지만—분투할 필요가 없는 싸움에 덤벼드는 태세를 하니 말이다. 그녀는 이야기하고 웃고 하느라 그가 방 안에 들어오기까지는 (그녀가 상상한 그대로) 필 풀턴이 참석하지 않았다는 사실마저 까맣게 잊고 있었다.

"풀턴 양은 잊어버렸나 보죠?"

"그런가보군. 그 집에 전화 있나?"

해리가 말했다.

"아! 지금 택시가 왔나보군요."

버사는 자기가 발견한 여자가 새롭고 신비스러울 동안은 언제나 자기가 뒤를 돌봐 주는 사람이라는 듯한 태도를 보이며 미소를 띠고 말했다.

"택시에서 살다시피 하니까."

"그러다간 뚱뚱해질걸."

해리는 저녁 식사를 하자는 벨을 울리면서 냉정하게 말했다.

"갈색 머리 여자는 그럴 위험성이 크지."

"여보─그만둬요, 그런 소린."

버사는 나무라면서 웃는 얼굴로 그를 쳐다보았다.

잠시 그들은 웃고 이야기하며, 그리고 지나치게 편안한 마음으로 조금도 지루해하지 않고 기다렸다. 드디어 풀턴 양이 온통 은빛 나는 옷으로 휘감고, 엷은 갈색 머리에도 은빛 리본을 매고는 고개를 한쪽으로 살짝 기울이고서 미소를 띠며 들어왔다.

"늦었지요?"

"아니, 조금도. 이리 와요."

버사가 말했다.

그 여자의 팔을 잡고 식당으로 들어갔다.

싸늘한 팔의 감촉에 버사는 어찌할 바를 몰랐던 행복의 불길에, 불을 지르고─부채질할 수 있었던 것은 무엇이었을까? 풀턴 양은 버사를 바라보지 않았다.

그녀는 어느 누구도 똑바로 바라보는 일이 별로 없었다. 무거운 눈꺼풀이 눈을 덮고 입가에는 야릇한 미소가 스쳤다. 마치 그녀는 보는 것이 아니라 듣는 것으로 살아가는 듯했다. 그러나 갑자기 버사는 마치 두 사람이 한동안 서로 친한 눈짓을 주고받거나 한 듯이, 서로 "당신도 그래요?"라고 말한 듯이, 회색 접시에 담긴 붉은 스프를 젓고 있는 아름다운 펄 풀턴도 자기가 느끼는 바로 그 감정을 느끼고 있음을 홀연히 알게 되었다.

다른 사람들은? 페이스와 머그, 에디와 해리—그들은 숟가락을 오르내리락거리고, 냅킨으로 입술을 닦으며, 빵을 자르고, 포크나 유리잔을 만지작거리고 이야기도 하곤 했다.

"난 그 여자를 알파 쇼에서 만났는데 이상하리만큼 작은 여자예요. 머리를 짧게 잘라 버렸을 뿐 아니라 다리도 팔도 목도, 조그만 코까지도 모두 가위질을 해서 잘라내 버린 것 같았어요."

"미카엘 오트와 친하잖아요?"

"〈가짜 치마의 사랑〉을 쓴 그 사람?"

"나를 위해서도 희곡을 하나 써 주겠대요. 단막짜리로 등장인물은 한 사람. 자살하기로 결심하고는 해야 되는, 그리고 해서는 안 되는 모든 이유를 설명한대요. 그래서 자살하느냐 하지 않느냐 결심하는 순간—막이 내린대요. 나쁘지 않은 생각이야."

"제목은 뭐라고 붙일 건가요?—'배앓이'?"

"난 그와 똑같은 생각을 영국에선 그다지 알려지지 않은 어느 조그만 프랑스 평론 잡지에서 본 것 같은데요."

아니야, 이 사람들은 나와 같은 감정이 아니야. 모두 좋은 사람들—이렇게 자기 식탁에 초대해 맛있는 음식과 술을 대접하기를 그녀는 좋아했다. 사실, 그들이 얼마나 즐겁고 얼마나 아름다운 모임을 이루며, 서로가 서로를 얼마나 돋보이게 하며, 체호프의 희곡을 떠올리게 한다는 이야기를 그들에게 해주고 싶었다.

해리는 식사를 즐기고 있었다. 음식 이야기를 하고, '이집트 춤꾼의 눈꺼풀처럼 푸르고 차가운—피스타치오 열매를 넣은 얼음과자의 푸른색'이라거나 '큰 새우의 흰 살을 염치없이 즐긴다'라는 등 자랑하는 것은 그의—글쎄, 꼭 그의 성질도 아니고, 분명 그의 멋도 아니며—그의—그 무엇이었다.

그가 자기를 올려다보며 "버사, 이건 참으로 훌륭한 수플레*¹로군!"라고 말했을 때 어린아이 같은 즐거움 때문에 거의 눈물이 날 뻔했다.

아, 오늘밤은 왜 온 세상이 다정하게 느껴질까? 모든 것이 좋았고―잘 되었다. 일어나는 모든 일들이, 그녀의 넘쳐흐르는 행복의 잔을 다시 채워주는 것만 같았다.

더욱이 마음의 뒤안에는 배나무가 있었다. 친애하는 에디가 말했던 그 달빛을 받고, 지금쯤은 풀턴 양처럼 은빛이리라. 저기 앉아서 갸름한 손가락으로 귤을 매만지는 손이 어찌나 창백한지―빛이 날 것 같은 풀턴 양처럼.

그녀가 이해할 수 없는 것―신비스러운 것은, 풀턴 양의 기분을 어쩌면 그렇게도 정확하게, 곧바로 추측할 수 있었던가 하는 것이다. 자기가 옳다는 것을 한순간도 의심한 바 없지만 근거가 될 만한 것이 있는가? 아무것도 없다.

'이런 일은 무척―무척 드물게 여자들 사이에 일어나는 것임에 틀림없다. 남자들 사이엔 전혀 없고. 그러나 내가 응접실에서 커피를 만들 때 아마도 그 여자는 내게 무슨 '눈짓'을 보일지도 몰라.'

버사는 이렇게 생각했다. 그것이 무슨 뜻인지는 자기도 몰랐고 다음에 어떤 일이 일어날지 상상도 못했다.

이런 생각을 하는 동안도 그녀는 이야기도 하고 웃기도 했다. 웃고 싶은 욕망 때문에라도 이야기를 해야만 했다.

"웃어야지, 그렇잖으면 죽겠어."

그러나 페이스가 앞자락에 호두를 남몰래 조금 감춰둔 것처럼 조끼 앞을 이따금 잡아당기는 재미있는 버릇을 발견했을 때 너무 크게 웃지 않으려고 버사는 손톱이 파고들도록 손을 꼭 쥐어야 했다.

마침내 식사가 끝났다.

"새로 산 커피 제조기를 와서 보세요."

---

*1 거품을 낸 달걀 흰자에 치즈와 감자 따위를 섞어 틀 속에 넣어 오븐으로 구워 크게 부풀린 과자나 요리.

버사가 말했다.

"보름에 한 번씩만 새 커피 제조기를 사용하지요."

해리가 말했다. 이번에는 페이스가 그녀의 팔을 잡았다. 풀턴 양은 고개를 숙이고 뒤를 따랐다.

응접실의 난롯불이 빨갛게 깜박이며 꺼져가는 걸 보고 페이스는 '새끼 불사조(不死鳥)의 보금자리'라고 말했다.

"잠깐만, 불을 파헤치지 마세요, 정말 아름다워요."

그리고 다시 불 옆에 웅크리고 앉았다. 그녀는 언제나 추웠다…….

'물론 그 예쁜 붉은 플란넬 재킷을 입지 않아서 그렇지.'

버사는 생각했다.

바로 그때 풀턴 양이 '눈짓'을 했다.

"정원이 있나요?"

시원스러우면서도 졸리는 듯한 목소리로 물었다. 그녀로서는, 이 물음이 어찌나 절묘한지 그저 따를 수밖에 없었다. 방을 가로질러 커튼을 걷고 창문을 열었다.

"봐요!"

버사는 속삭였다. 두 여자는 날씬하고 꽃이 흐드러진 나무를 바라보면서 나란히 섰다. 더할 나위 없이 고요했지만, 마치 촛불의 불꽃처럼 아름다운 하늘로 뻗어 올라 뾰족한 모습으로 청명한 대기 속에서 떨고 있는 나무를 보고 있노라니, 자꾸만 자꾸만 커져서 거의 둥근 은빛 달 언저리에까지 닿는 것만 같았다.

거기에 얼마나 오랫동안 서 있었는지! 두 사람, 서로 다른 세계에 사는 두 사람은, 이 지상의 것이 아닌 빛의 둘레 속에 파묻혀서 완전히 서로를 이해했다. 그들은 가슴속에서 타오르고, 은빛 꽃잎처럼 그들의 머리나 손에서 떨어지는 이 모든 행복에 넘치는 보물을 간직한 채 이 세상에서 무엇을 해야 좋을까? 생각했다.

영원―한 순간? 풀턴 양이 중얼거렸다.

"그래, 바로 그거."

또는 버사가 꿈을 꾼 것일까?

그때 불이 반짝 켜졌다. 페이스는 커피를 만들고, 해리가 말했다.

"나이트 부인, 어린애 이야길랑은 묻지 마세요. 저는 그애를 잘 보지 않아요. 커서 애인이나 생기게 될 때까지는 조금도 흥미를 느끼지 않으니까요."

머그는 잠시 안경을 눈에서 뗐다가 다시 썼다. 에디 워런은 커피를 마시더니 마치 거미라도 본 것처럼 찌푸린 표정으로 찻잔을 내려놓았다.

"내가 말하고 싶은 건 젊은이들에게 좋은 기회를 주자는 거지요. 런던에는 일류에 속하는, 책으로 나오지 않은 희곡들이 많다고 믿습니다. 내가 말하고자 하는 건 '여기에 극장이 있다. 빨리 시작하라'는 거예요."

"저, 나는 이 제이콥 네이선즈 씨 댁의 방을 하나 꾸미기로 했어요. 의자 등을 프라이팬 모양으로 만들고, 커튼 전체에는 예쁘고 얇게 썬 감자 모양을 수놓은 생선 튀김 같은 도안이 무척 하고 싶어요."

"우리 젊은 작가들의 결점은 지나치게 낭만을 좇는다는 거지. 뱃멀미도 하고 대야를 준비하고 나서야 바다를 항해할 수 있지. 그런데 그들은 왜 대야를 들고 갈 용기를 내지 않는지."

"조그만 숲속에서 코없는 거지에게 강간당한 소녀에 대한 무시무시한 시……."

풀턴 양은 낮고 깊숙한 의자에 푹 파묻혀 있었고, 해리는 담배를 돌렸다.

그가 그녀 앞에 와 서서 은제 상자를 흔들면서 무뚝뚝하게 "이집트산 (産)? 터키산? 버지니아산? 모두 섞여 있습니다."라고 말하는 태도에서 버사는 그가 그녀를 역겨워할 뿐 아니라 정말 싫어하기까지 한다는 것을 알았다. 또 풀턴 양이 "아니, 고맙습니다, 안 피우겠어요."라고 말하는 태도로 보아 그녀도 자기처럼 그런 걸 느꼈으며, 그래서 마음이 상한 거라고 단정했다.

"오, 해리, 그 여자를 싫어하지 마세요. 당신은 잘 몰라요. 그녀는 훌륭해요, 훌륭한 여자예요. 그리고 내가 그토록 소중하게 생각하는 사람을 당신이 다르게 생각하다니요. 나중에 자리에 들거든 그동안 무슨 일이 일어났는지 이야기해 드리지요. 그 여자와 내가 지금 같이 생각하고 있는 것을요."

이 마지막 말과 함께 어떤 이상하고 거의 두려움에 가까운 무언가가 버사의 마음속에 문득 밀려왔다. 그리고 이 맹목적이고 미소를 머금은 무엇이 그녀에게 속삭이는 것이었다.

"이 사람들은 곧 돌아갈 것이다. 그러면 이 집은 조용해지고—조용하리라. 불도 꺼지리라. 그러면 당신과 남편만이 어두운 방 안—따스한 침대에 단둘이 남으리라……."

그녀는 의자에서 벌떡 일어나 피아노 앞으로 갔다.

"아무도 치지 않다니 유감이에요! 아무도 치지 않다니 말이에요."

그녀는 소리쳤다.

태어나 처음으로 버사 영은 남편을 원했다.

물론 남편을 사랑했다—물론 가지가지 방법으로 그를 사랑해 왔다. 그러나 꼭 그런 방법으로는 아니었다. 그리고 남편 또한 그렇지 않다는 것을 알고 있었다. 그들은 이 문제를 자주 상의했었다. 처음에는 자기가 무척 냉담해서 몹시 염려스러웠지만 조금 지나니까 그다지 문제되는 것 같지 않았다. 그들은 서로 무척 솔직했으며—좋은 친구이기도 했다. 어울리는 이 한 쌍의 부부야말로 아주 세련되었던 것이다.

그러나 지금은—불타오르듯! 불타오르듯! 그 말이 그녀의 불붙은 몸뚱이를 쑤셨다. 저 행복감은 이러한 욕망으로 이르는 것인가? 그렇다면, 그렇다면—

"저, 부끄러운 일이지만."

노르만 나이트 부인이 말했다.

"우리는 시간과 기차에 얽매인 몸이에요. 집이 햄스테드에 있지요. 정말 오늘밤은 즐거웠어요."

"현관까지 바래다 드리지요. 와 주셔서 즐거웠어요. 그러나 막차를 놓쳐서는 안 되지요. 큰일이잖아요, 그렇죠?"

버사가 말했다.

"나이트, 가기 전에 위스키 한 잔 하겠소?"

"아니, 그만두겠네, 여보게."

버사는 그 말을 듣자 고마워 악수하던 나이트의 손을 꼭 쥐었다.

"안녕히, 안녕히."

그녀는 층계 꼭대기에서 소리치면서 자기가 영원히 그들로부터 떠나는 것을 느꼈다.

응접실로 돌아왔을 때는 다른 사람들도 일어서는 참이었다.

"……그럼 중간까지 내 택시로 갈 수 있어요."

"그 무시무시한 일을 겪은 뒤라 또 혼자 타게 되지 않아 무척 감사합니다."

"그 거리 끝에 있는 주차장에서 택시를 잡을 수 있어요. 몇 야드 걷지 않아도 되지요."

"그것 참 다행이군요. 가서 코트를 입고 오겠습니다."

풀턴 양이 현관 쪽으로 갔다. 버사가 뒤따르려고 하자 해리가 거의 떠밀다시피 나섰다.

"내가 도와 드리지."

버사는 그가 자기의 무례함을 후회하는 것을 알았다. 그래서 가게 내버려두었다. 어떤 면으로는 얼마나 유치한가—아주 충동에 약하고—단순하며, 몹시—그래서 에디와 그녀는 단둘이 난롯가에 남았다.

"빌크스의 '정식(定食)'이라는, 새로 발표된 시를 읽으셨나요?"

에디가 부드럽게 말을 이었다.

"참 훌륭한 작품이지요. 요즘 나온 선집(選集)에 들어있대요. 그 책 갖고 계시나요, 당신에게 보여 드리고 싶어요. 정말 아름다운 첫줄로 시작해요. '왜 언제나 반드시 토마토 스프라야 하는가?'라는."

"그래요."

버사는 말했다. 그리고 응접실 분 맞은편에 있는 탁자로 소리 없이 다가가자 에디도 미끄러지듯이 뒤를 따랐다. 그녀는 그 조그만 책을 집어서 그에게 주었다. 그들은 소리 하나 내지 않았다.

에디가 그것을 보고 있을 동안 그녀는 현관 쪽으로 머리를 돌렸다. 거기에서 본 것은…… 해리가 풀턴 양의 코트를 들고 있고, 풀턴 양은 그에게 등을 돌리고 고개를 숙이고 있었다. 그는 코트를 던져 버리더니 두 손으로 그녀의 어깨를 잡아 난폭하게 자기에게로 돌려 세웠다. 그의 입술은 "사랑해."라고 말하는 듯했다. 풀턴 양은 달빛 같은 손가락을 그의 볼에 대며 졸린 듯한 미소를 머금어 보였다. 해리의 콧구멍이 벌렁거렸다. "내일,"이라고 속삭일 때 그의 입술은 싱긋 웃느라고 보기 싫게 비뚤어졌다. 그리고 풀턴 양은 눈꺼풀로 "네."라고 대답했다.

"여기 있군요."

에디가 말했다.

"'왜 언제나 반드시 토마토 스프라야 하는가?' 이건 정말 깊은 진실이지요. 그렇게 안 느껴요? 토마토 스프는 무서운 진실이니까요."

"원하신다면."

해리의 목소리가 현관 마루에서 커다랗게 들려왔다.

"전화로 문 앞까지 마차를 불러 드릴 수 있습니다."

"아, 아녜요, 필요 없어요."

풀턴 양은 버사가 있는 데로 와서 그 가냘픈 손가락을 쥐어 주었다.

"안녕, 정말 고마웠어요."

"안녕."

버사는 말했다. 풀턴 양은 잠시 더 그녀의 손을 잡고 있었다.

"아름다운 배나무예요."

그녀는 속삭였다. 그러고는 가 버렸다. 에디가 뒤따랐다. 마치 회색 고양이 뒤를 따르는 검은 고양이처럼.

"문 닫읍시다."

해리는 여지없이 냉정하고 침착하게 말했다.

"아름다운 배나무—배나무—배나무!"

버사는 그대로 기다란 창문께로 뛰어갔다.

"오, 이제 무슨 일이 일어나려는가?"

그녀는 외쳤다.

그러나 배나무는 예전처럼 아름답고, 꽃이 흐드러졌으며, 고요했다.

The Little Girl
소녀

그 소녀는 아버지를 무서워해서 좀체로 가까이 하고 싶지 않았다. 아버지는 매일 아침 일터로 가기 전에 소녀의 방으로 와서 의무를 수행하듯이 키스를 했고, 그대신 딸은 "아버지, 다녀 오세요."라고 대답했다. 이윽고 이륜마차 소리가 거리에서 차츰 멀어져 가는 것을 들을 때는 즐거운 안도감까지 느꼈다!

저녁에 아버지가 돌아오면 현관에서 들려오는 아버지의 커다란 목소리를 이층 난간에 기대어서 듣고 있었다.

"끽연실에 차(茶)를 갖다 놔줘……. 신문은 아직 안 왔나? 또 부엌에다 갖다 놓은 게 아냐? 어머니, 거기 가서 신문 있나 좀 봐주세요.—그리고 내 실내화를 가지고 오고."

"카스야."

어머니는 늘 그렇듯이 딸을 불렀다.

"네가 착한 아이라면 이리 내려와서 아버지의 부츠를 벗겨 드리렴."

소녀는 한 손으로 난간을 꼭 잡으면서 계단을 천천히 내려왔다—그리고 더 천천히 현관을 지나서 응접실 문을 밀어서 열었다.

그럴 때마다 아버지는 안경을 쓰고 있었고, 그 안경 너머로 바라보는 모습에 소녀는 겁을 먹었다.

"카스야? 이리 와 부츠를 벗겨서 밖에 내다 놔. 오늘도 착한 아이였느냐?"

"모, 모, 몰라요, 아버지."

"모, 모, 모른다고? 그렇게 말을 더듬으면 어머니와 의사한테 가야겠는걸."

다른 사람에게는 말을 더듬은 적이 없었다—그런 버릇은 전혀 없었다—그러나 아버지 앞에서는 말을 정확하게 하려고 지나치게 애를 쓰기 때문에 더듬는 것이었다.

"왜 그러니? 넌 뭘 그렇게 불쌍한 얼굴을 하고 바라보고 있느냐? 어머니, 이 아이가 금방 제 목숨이라도 끊을 것 같은 표정을 짓지 않도록 어머니께서 가르쳐 주세요⋯⋯. 자, 카스야, 내 찻잔을 저 탁자 위에다 갖다 놓거라—조심해서. 네 손은 할머니처럼 떨리는구나. 그리고 손수건은 소매 위로 내놓지 말고 주머니에 넣어 두거라."

"네, 네, 네, 아버지."

일요일에는 교회에서 아버지와 함께 의자에 나란히 앉아서 아버지가 크고 맑은 목소리로 노래하는 걸 듣고 푸른 연필 끄트머리로 봉투 뒤에다—눈을 가늘게 뜨고—한 손으로는 의자 끝을 가볍게 똑똑 두들기며, 설교의 중요 내용을 적고 있는 것을 지켜봤다. 아버지는 기도를 매우 큰 소리로 하기 때문에 하느님은 목사님보다도 아버지의 기도를 더 잘 들어 주시리라고 믿고 있었다.

아버지는 키가 매우 컸다—손도 크고, 목도 굵으며, 그리고 특히 하품할 때의 입은 굉장했다. 카스가 자기 방에서 혼자 아버지를 생각할 때면 꼭 거인(巨人)처럼 여겨졌다.

일요일 오후면 할머니는 소녀에게 갈색 비로드 옷을 입혀서, "아버지 어머니와 재미있는 이야기를 나누렴."이라고 말해서 응접실로 내려보냈다. 그러나 그곳에서 소녀는, 어머니가 잡지를 읽고 있고 아버지는 긴 안락의자에 길게 누워서 얼굴에 손수건을 덮고 한쪽 발을 가장 좋은 긴 의자 쿠션 위에 올려놓고는 너무 깊게 잠들어 코까지 골고 있는 것을 언제나 보게 되었다.

소녀가 피아노 의자 위에 기어 올라가서 아버지를 울먹울먹하는 표정으로 지켜보고 있으면 기지개를 켜며 깨어난 아버지는 시간을 물어 본다—그리고 딸을 쳐다보는 것이었다.

"그렇게 노려보지 마라, 카스야. 넌 조그만 갈색 올빼미 같구나."

어느 날 소녀가 감기가 들어서 집 안에만 있게 되었을 때, 아버지의 생일이 다음 주일이라고 할머니가 이야기해 주었다. 그러고는 선물로 노랑 명주 헝겊으로 예쁜 핀꽂이를 만들어 드리라고 가르쳐 주었다.

소녀는 열심히 두 겹 무명실로 세 귀퉁이를 꿰맸다. 그러나 그 안에 무엇을 넣어야 하는가? 그것이 문제였다. 할머니는 정원으로 나가셨으므로 소녀는 헝겊 조각을 찾으러 어머니 침실에서 왔다 갔다 하고 있었다. 마침 그러다가 침실 탁자 위에 예쁜 종이가 아주 많이 놓여져 있는 것을 보고는 한데 모아 조그맣게 잘라서 핀꽂이 주머니에 넣고 마지막 귀퉁이를 꿰맸다.

그날 밤, 온 집 안이 홀딱 뒤집혔다. 아버지가 항구위원회(港口委員會)에서 연설할 긴 연설문 원고가 사라진 것이었다. 방마다 샅샅이 뒤지고―하인들을 불러 일일이 물었다. 마지막으로 어머니는 소녀의 방으로 왔다.

"카스야, 내 방 탁자 위에 있던 연설문 원고를 못 봤겠지?"

"오, 봤어요. 선물을 만드느라고 찢었어요."

"뭐!"

어머니는 소리를 질렀다.

"지금 곧 식당으로 내려가자."

그래서 소녀는 아버지가 뒷짐을 지고 왔다 갔다 하고 있는 곳으로 끌려갔다.

"무슨 일이오?"

아버지는 날카롭게 물었다. 어머니가 설명을 했다. 아버지는 그 말을 듣자 어이없는 듯한 표정으로 딸을 쳐다보았다.

"네가 그랬니?"

"아, 아, 아냐."

소녀는 조그맣게 말했다.

"어머니, 이 아이 방으로 가서 그 빌어먹을 것을 갖다 주세요.―이 아이는 당장 재우시고요."

소녀는 그만 울음이 터져 나와 변명도 하지 못하고 어두컴컴한 방에 혼자 누워서, 저녁 햇살이 베니션 블라인드를 통해 새어 들어와 조그만 무늬가 마루 위에 그려지는 것을 슬프게 바라보고 있었다.

얼마 안 있어 아버지가 손에 조그만 회초리를 들고 방으로 들어왔다.

"정말 넌 좀 맞아야겠다."

아버지는 말했다.

"아이, 싫어, 싫어!"

소녀는 이불 밑에서 발발 떨며 소리 질렀다. 아버지는 이불을 옆으로 잡아 당겼다.

"앉아라."

아버지는 명령했다.

"그리고 두 손을 내밀어라. 너는 네 것이 아닌 물건은 앞으로는 절대 손을 대지 않도록 배워야 한다."

"하지만 그건 아버지의 생일 선물 때문이었어요."

회초리가 조그만 분홍빛 손바닥 위에 떨어졌다.

몇 시간이 흐른 뒤 할머니가 소녀를 숄로 덮어 주고는 흔들의자에 앉혀서 흔들어 주었다. 소녀는 할머니의 부드러운 몸에 꼭 안겼다.

"무엇 때문에 하느님께선 아버지라는 걸 만드셨을까?"

소녀는 훌쩍거리며 말했다.

"아가, 여기 내 라벤더 향수를 뿌린 깨끗한 손수건이 있다. 이젠 자거라. 아침이 되면 모두 잊어버릴 텐데 뭐. 내가 아버지한테 설명을 해줬지만 아버진 저녁에 너무 화가 나서 잘 듣지 못하셨단다."

그러나 소녀는 잊을 수가 없었다. 다음 번 아버지를 보았을 때, 소녀는 두 손을 뒤로 살짝 숨기고는 얼굴이 새빨개졌다.

맥도널드 가족이 옆집에 살고 있었다. 그 집엔 다섯 명의 아이들이 있었다. 저녁때 채소밭 울타리에 난 구멍으로 소녀는 그들이 '술래잡기' 놀이를 하는 광경을 보았다. 아버지는 아기를 자기 어깨 위에 목마를 태우고 두 작은 딸들은 아버지의 윗옷자락을 잡아당기며 깔깔거리고 시끄럽게 웃어대면서 화단 둘레를 뛰어 돌아다니고 있었다. 한 번은 아이들이 아버지에게 호

스로 물을 끼얹는 것을 보았다—'아버지에게 호스로 물을 끼얹었다니'—그러나 그 아버지는 애들을 왈칵 붙잡아 그들이 딸꾹질을 할 때까지 간질였다.

그래서 소녀는 세상엔 별의별 아버지가 있구나, 생각했다.

갑자기 어느 날 어머니가 병이 났다. 그래서 마차에 달린 문들을 닫고 어머니와 할머니는 시내로 가 버렸다.

소녀는 하녀 앨리스와, 단둘이만 집에 남게 되었다. 낮에는 그래도 괜찮았지만 앨리스가 자기를 침대 속에 넣고 가버릴 것 같으면 덜컥 무서워졌다.

"무서운 꿈을 꾸면 어떻게 해?"

소녀는 물었다.

"난 가끔 가위에 눌려. 그러면 할머니가 할머니 침대로 날 데리고 가는데—난 어둠 속에 있을 수가 없어—어디선가 살랑살랑 소리가 나는 것 같아……. 가위에 눌리면 어떻게 해?"

"잠들면 돼요."

앨리스는 그렇게 말하고 양말을 벗겨서 침대 가장자리에다 대고 탁탁 두들겼다.

"큰 소리를 쳐서 아버님을 깨우지 마요."

그러나 그 똑같은 가위에 또 눌렸다—칼과 밧줄을 가진 푸주한이 소름끼치는 미소를 띠고는 점점 가까이 다가오고 있는데, 소녀는 꼼짝도 못하고 겨우 버텨 서서는 "할머니, 할머니!"라고 가까스로 소리를 질렀다. 소녀가 바들바들 떨다가 눈을 뜨니 아버지가 손에 촛불을 들고 침대 옆에 서 있었다.

"무슨 일이냐?"

아버지는 말했다.

"예, 도살자가—칼을 들고—할머니를 불러 줘요."

아버지는 촛불을 끄고는 허리를 굽혀 소녀를 두 팔로 안고는 복도를 지나 큰 침실로 데리고 갔다. 침대 위에는 신문이 있었고, 피우다 만 루손담배가 서재용 램프에 기대어 놓여 있었다. 아버지는 신문을 침실 바닥 위에 던지고, 루손담배는 벽난로 속에 던져 버리고는 어린 딸을 조심스럽게 눕혔다. 그리고 아버지도 옆에 누웠다.

반은 잠이 들었지만, 아직도 푸주한의 웃는 얼굴이 있는 것 같아서, 아버지에게 꼭 달라붙어 머리를 아버지 품 안에 넣고는 아버지의 잠옷 윗도리를 꽉 붙들고 있었다.

이젠 어둠도 무섭지 않았다. 소녀는 가만히 누워 있었다.

"자, 네 발을 아버지 다리에 대고 비벼라. 그러면 따뜻해질 테니."

아버지는 말했다.

몹시 피곤해 아버지는 딸보다 먼저 잠이 들었다. 소녀는 이제껏 느껴 보지 못한 감정을 느꼈다. 가여운 아버지! 결국은 그렇게 크지도 않아…… 아무도 아버지를 돌봐드릴 사람도 없고…… 아버지는 할머니보다 엄격하지만 그것도 좋게 엄격한 것이지…… 그리고 아버지는 날마다 일을 해야 되니까 너무 피곤해서 맥도널드 씨처럼 될 수 없는 거야…… 그런데 나는 아버지의 그 중요한 연설문 원고를 왜 모조리 찢어 버렸지…… 소녀는 갑자기 마음이 설레어 한숨을 쉬었다.

"왜 그러니?"

아버지는 물었다.

"또 꿈을 꾸었니?"

"저,"

소녀는 말했다.

"제 머리를 아버지 가슴에 대고 있으니까, 심장 뛰는 소리가 들려요. 아버지, 아버지는 심장이 정말 큰가봐."

Mr. Reginald Peacock's Day
레지널드 피콕 씨의 하루

그가 이 세상에서 무엇보다도 싫어하는 일이 있다면 그것은 아침에 자기를 깨우는 아내의 태도였다. 물론 아내는 일부러 그렇게 하곤 했다. 그것은 그날 하루 불평의 원인을 만드는 아내의 수단이었다. 그래서 그는 그것이 얼마만큼의 성공을 거두었는가를 아내에게 알려 주지 않았다. 그러나 정말로, 그처럼 예민한 사람을 깨운다는 것은 아주 위험한 일이었다―그는 그 기분을 극복하는 데 몇 시간이―정말이지 몇 시간이 걸렸다. 아내는 작업복 단추를 끼워 입고 머리는 손수건으로 싸고 방으로 들어와서는―아내는 새벽 일찍부터 일어나서 노예처럼 일한다는 것을 그로써 증명하면서―나지막하나 경고하는 목소리로 부른다.

"레지널드."

"아, 뭐요? 무슨 일이오?"

"일어날 시간이란 말이에요. 여덟시 반이에요."

그리고 아내는 조용히 문을 닫고 나가는데 자기가 승리했다고 자못 만족스럽게 여기고 있으리라 그는 생각했다.

그는 커다란 침대 속에서 뒹굴었다. 그의 심장은 아직도 빠르고 희미한 고동으로 뛰고 있었다.

그리고 이 고동 때문에 기운이 없어지고 그날 하루에 대한 그의―그 영감(靈感)이 이 격심한 고동 때문에 억눌리는 것 같았다. 아내는 한 예술가로서의 남편의 권리를 부정함으로써, 또한 남편을 자기와 같은 수준으로 끌어 내리려고 애씀으로써 남편에겐 사실 이상으로—정말로—인생을 어렵게 만 드는 데에 야릇한 기쁨을 누리는 것같이 보였다. 어떻게 된 일인지? 도대체 아내는 무엇을 바라고 있는지? 지금 그는 그들이 처음 결혼했을 때보다 세 배나 많은 제자를 두고 있으며 세 배나 더 돈을 벌며 그들의 모든 살림 도 구의 값을 치렀으며, 현재는 또 아들 애드리언의 유아원 비용도 내고 있지 않은가……. 더구나 아내의 이름으로 되어 있는 것이라곤 하나도 없다. 그렇 다고 한 번이라도 책망한 일이 있단 말인가. 한마디도 하지 않았다—그런 눈치도 보이지 않았다. 사실 여자란 한번 결혼만 하면 욕심이 많아지는 법이 다. 그리고 사실 예술가에게는 어쨌든 마흔을 훨씬 넘을 때까지는 결혼생활 보다 더 치명적인 일은 없다……. 그런데 왜 그 여자와 결혼을 했는가? 그는 하루에 평균 세 번씩은 이 질문을 자신에게 하곤 했다. 그러나 한 번도 만족 스러운 대답을 줄 수는 없었다. 그 여자는 그의 의지가 약했을 때 그의 마 음을 사로잡았다. 그리고 결혼하고 처음으로 현실 사회로 뛰어 들어간 그 무 렵 얼마 동안은 그를 당황하게 만들었고, 또한 압도했다. 돌이켜 생각하면 그는 감상이 앞서는데다 젊디젊어서 아직은 어린애였으며 반은 길들여지지 않은 들새와 같았다. 그래서 지금 청구서나 채권자, 또는 생활해 나가는 데 에서의 모든 어려운 일에 대항해 나가는 힘이 전혀 없었다. 만약 그렇게 깨 우는 것이 아내에게 어떤 만족이 되며, 이 이른 아침의 수단이 성공했다고 즐길 수 있다면, 좋다—그 여자는 남편의 날개를 꺾는 데 최선을 다한 것 이다. 누구나 깨울 때는 기술적으로 마지못해 해야 한다고 그는 생각하면서 따뜻한 이불 안으로 기어 늘어갔다. 그는 최근의 가장 매력 있는 제자가 살 을 드러낸 향기로운 두 팔을 그의 목에 걸며 그녀의 길고 향내 나는 머리카 락으로 그를 감싸던 그 일련의 황홀한 장면들을 상상하기 시작했다.

"여보, 일어나요!"

일상 속 습관처럼 목욕물이 흐르는 동안 레지널드 피콕은 그의 목소리를 시험해 보았다.

웃고 있는 거울 앞에서 어머니가 시중들어 주실 때
레이스를 달아 주시고, 머리를 묶어 주시며……

그는 셋째 줄에 올 때까지는 음질(音質)을 들어 보고, 목소리를 조심해서
내느라고 처음엔 부드럽게 노래했다.

가끔 생각하시지. 이 어릿광대가 결혼하게 되면……

이 '결혼하게 되면'이란 구절에서 그는 지나치게 크게 외쳤기 때문에 목욕
실 선반 위에 달린 거울이 떨어지고 목욕통 물꼭지에서도 우레 같은 박수
가 터져 흘러나오는 것만 같았다.

그는 목소리에 아무 이상이 없다고 생각하면서 욕조 안으로 뛰어들어가
부드럽고 분홍빛 나는 온 몸뚱이를 물고기 모양 수세미로 비누칠을 했다. 코
번트 가든 극장(런던 시의)도 자기 노래로 채울 수 있었다! '결혼하게 되면'
하고 그는 또 한 번 외치면서 웅장한 오페라식 몸짓으로 수건을 잡고는 마
치 그가 부주의한 백조 때문에 배에서 뒤집힌, '로엔그린*¹'이 된 듯이 몸을
문지르면서 노래를 계속했고, 지루해하는 엘자가 오기 전에 끝마치려고 굉
장히 빨리 몸을 닦았다.

침실로 돌아가서 그는 덧문을 갑자기 홱 잡아당겼다. 그리고 희미한 햇살
이 한 장의 크림색 압지(押紙)처럼 네모로 비치고 있는 양탄자 위에 서서 운
동을 하기 시작했다—깊이 숨을 들이마시고 앞뒤로 허리를 구부리고 개구
리처럼 웅크리고 다리를 내밀고—그가 두려워하는 일이 있다면 살이 찐다
는 것인데 그런 직업을 가진 사람들은 그렇게 될 가능성이 있었다. 그러나
지금은 그런 징조는 보이지 않았다. 그 자신은 꼭 알맞게 균형이 잡혔다고
생각했다. 사실 그는 짙은 회색 바지와 회색 양말과 은빛 실을 꿰매 넣은 까
만 넥타이를 하고 모닝 코트를 입은 자기 자신을 거울에 비추어 볼 때 만족

---

*1 바그너 작 오페라 주인공으로 아더왕의 명을 받들어 백조가 이끄는 배를 타고 브라반트로
　가서 브라반트 공의 딸 엘자를 구했다는 이야기.

감에 기분이 흐뭇해졌다. 그렇다고 그가 허황된 것은 아니었다. 그는 허영심이 강한 남자는 싫었다. 절대로 자기 자신의 겉모습은 그에게 순수한 예술적인 만족감을 주었다.

"그게 전부지!(Voilá tout!)"

그는 부드러운 머리칼을 손으로 슬쩍 쓰다듬으면서 말했다.

혹 내뿜는 담배 연기처럼 가볍게 그의 입술에서 튀어 나온 그 짧막하고 쉬운 프랑스어는 어제 저녁 어떤 사람이 그가 정말 영국 사람이냐고 다시 물어보던 일을 떠올리게 했다. 사람들은 그가 어떤 남쪽 나라 혈통을 갖지 않았다고는 믿기 어렵다는 듯한 표정을 지었다. 사실이었다. 그의 노랫소리에 담긴 정서적인 음성에는 영국인의 느낌이 조금도 없었기 때문이다……. 문 손잡이가 덜걱거리고 뱅글뱅글 돌아갔다. 애드리언의 머리가 쑥 들어왔다.

"아버지, 식사하세요."

"알았다."

레지널드는 말했다. 애드리언은 바로 가 버리려고 했다.

"애드리언."

"네, 아버지."

"너는 아침 인사도 하지 않았지?"

2, 3개월 전에 레지널드는 매우 귀족적인 가족과 주말을 보낸 일이 있었는데 그 집에선 아버지가 아침이면 아들들과 얼굴을 대하고는 악수를 하는 것이었다. 레지널드는 그 습관이 훌륭하다고 생각해 곧바로 받아들였으나 애드리언은 매일 아침 자기 아버지와 악수를 한다는 것을 무척 쑥스럽게 여겼다. 그리고 왜 아버지는 그에게 말할 때면 언제나 노래하듯이 말하는가?……

매우 상쾌한 기분으로 레지널드는 식당으로 들어가 한 뭉치 편지와 타임지(誌)와 덮여 있는 조그만 접시 앞에 앉았다. 그는 편지를 힐끗 쳐다보고는 식탁을 보았다. 얇게 썬 베이컨 두 조각과 달걀 한 개였다.

"당신은 베이컨 안 들겠소?"

그가 물었다.

"난 구운 사과 식힌 것을 먹겠어요. 매일 아침 베이컨을 먹어야 된다고는 생각하지 않아요."

그렇다면 아내는 남편도 매일 아침 베이컨을 먹을 필요가 없으며, 남편을 위해서 그것을 요리해야 하는 것을 싫어한다는 뜻일까?

"아침 식사 준비를 하기 싫다면 왜 당신은 하녀를 두지 않소? 우리도 한 사람은 둘 만한 여유가 있지 않소. 그리고 내가 당신이 일하는 걸 보는 것을 얼마나 싫어하는지 당신도 알 거요. 우리가 이제까지 두었던 하녀들이 제대로 일을 못했고, 내 생활 방식을 완전히 뒤집어 놓았고, 내 제자를 데려올 수도 없도록 했다 해서 당신은 좋은 하녀를 구하는 것도 포기해 버렸지. 하녀를 가르친다는 것은 불가능한 일이 아니오—그렇지 않소? 그렇게 요령이 필요한 것은 아니잖소?"

"하지만 나는 내가 일하는 게 오히려 좋아요. 그렇게 하는 것이 집안을 더 평화롭게 만드니까요……. 얘, 애드리언, 빨리 학교에 갈 준비해."

"오, 아냐. 그게 아니지!"

레지널드는 웃는 것처럼 꾸몄다.

"당신은 어떤 특별한 이유 때문에 내게 굴욕을 주는 게 좋아서 당신 스스로 일하지. 당신 자신은 그것을 깨닫지 못하나 내 생각으로는 그렇소."

이 마지막 말은 그를 매우 즐겁게 했기 때문에 그는 마치 무대 위에 있는 것처럼 우아하게 편지 봉투를 뜯었다.

피콕 씨 앞

오늘 저녁 당신의 노래가 제게 준 그 굉장한 기쁨에 대해서 다시 한 번 감사 드리지 않고서는 잠을 이룰 수 없을 것 같습니다. 정말 잊을 수 없어요. 지금의 이 세상만이 전부라면, 저는 어려서부터 놀란 일이라곤 없었는데 당신은 저를 놀라게 했습니다. 이 평범한 세계가 전부라면, 하는 뜻이지요. 신성한 아름다움과 풍부한 것을 이해할 줄 아는 우리가 그것을 보려는 용기를 가졌을 때, 그것이 우리를 기다리지 않는다면 말입니다.

……이 집은 무척 조용합니다. 당신에게 직접 감사드릴 수 있도록 지금 이곳에 당신이 계셨으면 좋겠군요. 당신은 위대한 일을 하고 계십니다. 당신은 이 고달픈 인생으로부터 벗어날 수 있도록 세상 사람들을 가르치고 계십니다!

이노우니 펠로부터
'추신' 이 주일엔 매일 오후 집에 있습니다.

그 편지는 자기가 손수 만든 두툼한 종이에 보랏빛 잉크로 씌어 있었다. 허영이라는 화려한 새가 날개를 다시 들고 퍼덕여 그는 가슴이 터질 것만 같았다.

"아, 싸우지 맙시다."

그렇게 말하고 그는 한 손을 아내에게로 뻗었다.

그러나 아내는 그것을 받아 줄 만큼 너그럽지 못했다.

"난 빨리 하고 애드리언을 학교에 데려다 줘야 해요. 당신 방은 준비가 다 되어 있어요."

아내가 말했다.

그렇다면, 좋지, 좋고말고 — 우리 — 둘 사이에 전쟁이 일어나게 해라! 그러나 난 목이 잘리는 한이 있더라도 내가 먼저 화해의 손을 내밀지는 않을 테니까!

그는 자기 방에서 서성거리고 있었다. 그리고 애드리언과 그의 아내가 바깥문 닫는 소리를 듣고서야 다시 마음이 가라앉았다. 이 싸움 상태가 이어진다면 물론 그는 어떤 다른 소지를 취해야 될 것이다. 그것은 명백한 일이었다. 이처럼 속박당하고 제한되어 있으면 어떻게 이 고달픈 인생으로부터 벗어나도록 세상 사람들을 도울 수 있겠는가? 그는 피아노 뚜껑을 열고 오전 중에 올 그의 제자들을 생각해 보았다. 베티 브리틀 양, 윌코우스카 백작 부인, 그리고 마리안 모로우 양이었다. 그들 셋은 모두 매력적이었다.

10시 반 정각에 초인종이 울렸다. 그는 문으로 갔다. 하얀 옷을 입고 푸른 비단 케이스 속에 넣은 악보를 든 베티 브리틀 양이었다.

"제가 너무 일찍 왔나요?"

그녀는 얼굴을 붉히고 수줍어하면서 이렇게 말하고는 크고 푸른 눈을 더욱 크게 떴다.

"그렇죠?"

"천만에요, 그렇지 않습니다, 들어오십시오."

"오늘 아침은 무척 화창한 날씨예요."

브리틀 양이 말했다.

"전 공원을 지나 걸어왔어요. 꽃들이 말할 수 없이 아름다웠어요."

"그래요? 그러면 노래 연습을 할 동안 그 꽃들을 생각하십시오."

레지널드는 피아노 앞에 앉으면서 말했다.

"그것은 당신의 목소리에 빛깔과 힘을 주게 됩니다."

오, 얼마나 매혹적인 생각인가! 피콕 씨는 천재가 아닌가. 브리틀 양은 예쁜 입술을 열고 팬지꽃처럼 노래 부르기 시작했다.

"잘했어요. 정말 잘했어요."

레지널드는 얼어붙은 죄인의 마음도 천국으로 가볍게 날려 보내게 할 음계를 치면서 말했다.

"음성을 둥글게 내봐요. 겁내지 말고 길게 끌고 향수처럼 내뿜어요."

하얀 옷을 입고 조그만 금발머리를 기울이고는 우윳빛 목을 드러내고 거기 서 있는 브리틀 양은 꽤 아름답게 보였다.

"거울 앞에서 연습해 본 일이 있습니까?"

레지널드가 물었다.

"그렇게 해야 돼요. 입술을 더욱 보기 좋게 만들어 주지요. 이리 오십시오."

그들은 거울 있는 데로 가서 나란히 섰다.

"자, 불러 봐요—무—에—꾸—에—우—에—아!"

그러나 그 여자는 중간에서 그쳐 버리고 전보다 더 얼굴이 빨개졌다.

"오!"

그 여자는 소리쳤다.

"못하겠어요. 쑥스럽고 우스워져요. 너무 어리석게 보여요!"

"천만에. 그렇게 보이지 않아요. 쑥스러워 마세요."

레지널드는 그렇게 말했으나 자기도 웃어 버렸다. 그러고는 매우 상냥하게 말했다.

"자 다시 해봐요!"

연습 시간은 어느새 지나갔고 베티 브리틀은 마침내 수줍음을 이겨냈다.

"언제 또 올 수 있어요?"

그 여자는 악보를 푸른 비단 케이스 안에 다시 넣으면서 물었다.

"전 되도록 지금 연습 시간을 많이 가졌으면 하는데요. 오, 피콕 씨, 너무 즐거워요, 모레쯤 올까요?"

"아가씨, 매우 기쁠 따름입니다."

레지널드는 허리를 굽혀 인사하며 그녀를 보냈다. 아름다운 처녀! 그들이 거울 앞에 서 있을 때 그 여자의 흰 소매가 그의 검은 소매를 살짝 스쳤었다. 그는 느낄 수 있었다―그렇다. 그는 그 흰 소매가 스쳤을 때 따뜻하고 강렬했던 것을 실제로 느낄 수 있었다. 그래서 그는 그곳을 어루만졌다. 그 여자는 노래 연습을 좋아했다. 아내가 들어왔다.

"레지널드, 돈 좀 줄 수 있어요? 우유 판매점에 줘야 돼요. 그리고 오늘 저녁 식사는 집에서 하나요?"

"응, 9시 반에 팀벅 경(卿) 댁에서 노래 부르기로 돼 있지. 달걀 한 개 넣은 맑은 스프를 만들어 줄 수 있소?"

"네, 돈 줘요. 8실링 6펜스예요."

"너무 비싼데―안 그래?"

"아니에요. 꼭 적당해요. 그리고 애드리언은 우유를 마셔야 돼요."

아내는 또―딴길로 들어섰다. 이제 아내는 자기에게 맞서 애드리언을 옹호하고 있었다.

"난 내 아이에게 적당한 양의 우유를 주지 않을 생각은 조금도 없소."

그는 말했다.

"여기 10실링이오."

초인종이 울렸다. 레지널드는 문 쪽으로 갔다.

"오!"

윌코우스카 백작 부인은 말했다.

"계단 올라가기가 숨이 가빠요."

그 여자는 그렇게 말하고 레지널드를 따라 음악실로 들어가면서 한 손을 가슴에 갖다 댔다. 그 여자는 새까맣게 입고 너울너울 움직이는 베일이 달린 작고 까만 모자를 썼으며—가슴에는 제비꽃을 달고 있었다.

"오늘은 연습곡을 부르지 않게 해주세요."

백작 부인은 매혹적인 이국식 몸짓으로 두 손을 내저으면서 소리쳤다.

"오늘은 노래가 부르고 싶을 뿐이에요……. 저, 제비꽃을 빼놓아도 좋아요? 이 꽃은 무척 빨리 시들거든요."

"그 꽃은 퍽 쉬 시들지요—퍽 쉬 시들어요."

레지널드는 피아노를 쳤다.

"이 꽃을 여기 꽂아 둬도 괜찮죠?"

백작 부인은 그렇게 물으면서 레지널드의 사진 앞에 놓인 조그만 꽃병에 그 꽃을 꽂았다.

"감사합니다!"

백작 부인은 노래 부르기 시작했다.

"당신은 날 사랑해요. 그래요, 당신이 날 사랑한다는 걸…… 알고 있지요!"

이 구절에 올 때까지는 잘 불렀다. 레지널드는 치던 건반에서 손을 내리고 돌아앉아 백작 부인을 마주보았다.

"아닙니다. 그렇게 부르는 게 아니에요. 부인은 좀 더 잘 하실 수 있습니다."

레지널드는 열렬하게 소리 질렀다.

"마치 부인이 사랑을 하고 있는 것처럼 불러야 됩니다. 들어 보세요. 제가 해보겠습니다."

그렇게 말하며 그는 노래를 불렀다.

"오, 네, 네. 당신이 무슨 말씀을 하시는지 알겠어요."

조그만 백작 부인은 더듬으며 말했다.

"다시 해볼까요?"

"물론이지요. 겁내지 마세요. 감정을 충분히 쏟아 놓고 마음을 털어놓아요. 맘을 툭 털어놓고 애인에게 항복하십시오……."

그는 악보 위에서 말했다. 그리고 백작 부인은 노래 불렀다.

"됐습니다. 좀 나아졌어요. 하지만 부인은 아직 좀 더 잘할 수 있을 것 같은데요. 저와 함께 해봅시다. 그리고 환희에 넘쳐흐르는 감정도 지녀야 됩니다—그렇게 안 느끼십니까?"

그들은 함께 불렀다. 아! 이제 그 여자는 이해했다고 확신했다.

"다시 한 번 해볼까요?"

당신은 날 사랑해요. 그래요, 당신이 날 사랑한다는 걸, 난 알고 있지요.

연습은 그 구절이 아주 완전히 익숙해지기 전에 끝났다. 그 조그만 이국적인 손은 악보를 챙길 때 떨렸다.

"부인은 제비꽃을 잊으셨습니다."

레지널드가 조용히 말했다.

"네, 놓고 가겠어요."

백작 부인은 아랫입술을 깨물면서 말했다. 어쩌면 외국 여자들은 저토록 황홀한 태도를 취하는 것일까!

"일요일에 우리집에 오셔서 음악을 연주해 주시겠어요?"

백작 부인은 물었다.

"네, 기쁠 따름입니다."

더 울지 말려무나. 슬픈 분수(噴水)여
왜 그리 빨리 솟아 나와야 하느냐?

마리안 모로우 양은 노래 불렀다. 그러나 그녀의 두 눈엔 눈물이 가득히 고였고 턱은 떨렸다.

"지금 노래 부르지 마십시오. 그 곡을 쳐 드리지요."

레지널드는 매우 부드럽게 연주하고 나서 물었다.

"무슨 일이 있습니까? 당신은 오늘 아침엔 그리 즐겁지 못하시군요."

그녀는 즐겁기는커녕 지독하게 침울했다.

"왜 그러시는지, 제게 말씀해 주실 수 없습니까?"

사실은 그다지 특별한 일이 있는 것도 아니었다. 그녀는 가끔 인생이 견디어 내기 어려운 것같이 생각될 때는 이러한 기분이 되곤 했다.

"아, 알겠습니다. 도와 드릴 수 있으면 좋을 텐데!"

"하지만 당신을 돕고 있어요. 돕고 있어요! 오, 그 괴로움이 제 노래 연습 때문이 아니라면 더 살아나갈 수 없을 것 같아요."

"안락의자에 앉아서 제비꽃 향기를 맡으십시오. 그리고 제가 노래 불러 드리지요. 당신이 노래 부르는 것만큼 공부가 될 테니까요."

어째서 남자들은 모두 피콕 씨 같지 않을까?

"어제 저녁 음악회가 끝난 뒤, 시 한 편을 썼어요—제가 그저 느꼈던 점을. 물론 개인적인 것은 아니었어요. 그 시를 보내 드려도 괜찮아요?"

"아, 정말 기꺼이!"

저녁 무렵에 그는 지칠 대로 지쳐서 성대를 쉬게 하느라고 옷을 갈아입기 전에 긴 의자에 누워 있었다. 그의 방문은 열려 있었다. 식당에서 이야기하고 있는 애드리언과 아내의 목소리가 들려왔다.

"엄마, 저 커피 포트가 무엇을 생각나게 하는지 알아요? 그것은 웅크리고 앉은 조그만 새끼 고양이를 생각나게 해요."

"그래? 정말 그렇구나."

레지널드는 꾸벅꾸벅 졸았다. 전화 소리가 그를 깨웠다.

"이노우니 펠이에요. 피콕 씨, 당신이 오늘 저녁 팀벅 경 댁에서 노래하기로 되어 있다는 걸 이제 막 들었어요. 저와 함께 저녁 식사하고 그 뒤에도 함께 지낼 수 있으세요?"

레지널드의 대답은 수화기 위에 꽃송이처럼 떨어졌다.

"네, 기꺼이. 바라신다면."

얼마나 성공적인 저녁인가! 이노우니 펠과 둘이서 저녁 식사를 하고 그 여자의 흰 자동차를 타고 팀벅 경 집으로 갔다. 그때 그녀는 그 잊을 수 없다는 기쁨에 대해서 다시 한 번 감사를 했다. 거듭되는 승리의 기쁨! 그리고 팀벅 경의 샴페인은 넘쳐흐르도록 부어졌다.

"피콕, 샴페인 좀 더하지."

팀벅 경은 말했다. 피콕이라고 했다. 여길 주의해 들어요—피콕 씨가 아니라—팀벅 경의 친구들 가운데 한 사람인 것처럼 피콕이라고만 불렀던 것이다.

그러면 그는 그렇지 않단 말인가? 그는 예술가이다. 그는 거기 있는 사람들 모두의 마음을 자기 마음대로 노래로 다룰 수 있다. 그리고 그들 모두에게 고달픈 인생에서 벗어날 수 있도록 가르치고 있지 않은가? 그는 어떻게 노래를 불렀는가? 그가 노래를 부르면 그들은 깃털 장식이니 꽃이니 부채니 하는 것을 커다란 꽃다발처럼 그에게 바치거나 그의 앞에 놓는 것을 그는 꿈속에서처럼 보는 것이다.

"술 한 잔 더 하지, 피콕."

'손가락 한 개 올리는 것만으로 좋아하는 사람은 누구든지 손에 넣을 수 있구나.'

피콕은 몹시 휘청거리며 집으로 걸어오면서 생각했다.

그러나 어두운 현관으로 들어섰을 때, 그 의기양양했던 유쾌한 기분은 차츰 줄어들기 시작했다. 그는 침실의 불을 켰다. 아내는 침대의 자기 자리 쪽 끝을 꼭 쥐고 잠들어 있었다.

그가 밖에서 저녁 식사를 하게 되었다고 이야기했을 때 아내가 하던 말이 갑자기 생각났다.

"미리 알려 주면 좀 좋아요!"

그래서 그는 "그렇게 언짢은 기분을 하지 않고는 내게 말할 수 없소?" 대답하지 않았던가. 아내가 자기를 그렇게 소홀히 한다는 것은 믿을 수 없는 일이며—자기의 성공과 예술가로서의 생활에 대한 조금도 관심이 없다는 것은 믿을 수 없는 일이라고 그는 생각했다. 이런 아내 대신 많은 여성들이 나를 잘 보살펴 줄 수도 있을 텐데…… 나는 잘 알고 있다…… 왜 그것을 받아들이지 못하는가? …… 그리고 저기 아내는 잠 속에서도 내겐 적이 되어 누워 있다…… 영원히 이런 생활이어야만 하는가? 그는 아직도 술기운이 있다고 생각했다. 아, 우리 둘이 정다운 사이라면 나는 지금 아내에게 이야기할 것이 얼마나 많은가! 오늘 저녁 일에 대해서, 팀벅 경의 나에 대한 태도, 그리고 거기 모였던 사람들이 내게 한 말을 낱낱이 털어놓을 텐데. 집에 돌아가면 아내가 기다리고 있으려니, 기대라도 할 수 있다면—아내를 꼭 믿을 수가 있다면—그리고 또, 그리고…….

그러한 생각을 하며 그는 슬리퍼를 벗어서 한 구석에 내던졌다.

그 소리는 아내를 놀라 깨게 했다.

그녀는 머리칼을 뒤로 넘기면서 일어나 앉았다.

그때 그는 아내에게 다정하게 대하고 모든 것을 얘기해 들려주고 아내의 마음을 사도록 한 번만 더 시험해 보리라는 생각이 문득 들었다. 그는 침대 가장자리에 걸터앉아서 아내의 한 손을 잡았다.

그러나 그가 말하려 했던 그 모든 훌륭한 일 가운데 어느 것 한마디도 이야기하지 못했다.

어떤 곤란한 이유 때문에 그가 할 수 있었던 단 한마디는 이러했다.

"여보, 아주 즐거웠어—아주 즐거웠어!"

The Voyage
항해

픽턴으로 가는 배는 11시 반에 떠나도록 되어 있었다. 별이 반짝이는 부드럽고 아름다운 밤이었다. 그들이 마차에서 내려 항구 쪽으로 뻗어 나온 오래된 부두로 내려가기 시작했을 때 바다에서 불어오는 미풍이 페넬라의 모자 아래서 펄럭거려 페넬라는 한 손을 들어 모자를 눌렀다. 그 부두 위는 몹시 캄캄했다. 양털 창고, 가축 싣는 차, 높이 서 있는 기중기(起重機), 웅크리고 있는 조그만 기관차, 이러한 것들이 꼭 짜인 어둠을 베어내는 것처럼 보였다. 여기저기 둥글게 쌓아 놓은 나무 무더기 위에 등불이 걸려 있는 모습이 꼭 까맣고 큰 버섯 자루와 같았다. 그러나 그 불은 떨리는 빛을 어둠 속에 비추기를 두려워하는 듯 보였다. 그래서 마치 제 자신을 위해서인 듯 조용히 타고 있었다.

페넬라의 아버지는 빠르고 초조한 걸음으로 걷고 있었다. 그 옆에는 페넬라의 할머니가 검은 외투를 소리 내면서 걸음을 재촉하고 있었다. 그 둘은 지나치게 빨리 걸었기 때문에 페넬라는 그들과 발을 맞추려고 가끔 꼴사납게도 뛰어야 했다. 그는 암소 고기 소시지가 들은 짐 말고도 할머니의 우산을 꼭 잡고 있었는데, 백조 머리 모양이 장식되어 있는 우산 손잡이는 자기도 페넬라가 빨리 가기를 원한다는 듯이 페넬라의 어깨를 콕콕 눌러 댔다……. 남자들은 모자를 깊이 눌러쓴 채 옷깃을 세우고 몸을 흔들며 지나갔고, 서너 명의 여자들은 목도리를 둘둘 감고 서둘러 걸음을 옮겼다. 조그마한 사내아이가 흰 털의 숄에서 검은 팔과 다리를 드러내 놓고는 자기 어머니와 아버지 틈 사이에 끼어서 마치 크림 속에 빠진 파리처럼 골난 듯 끌려가고 있었다.

그때 한 줄기 자욱한 연기와 함께 가장 큰 양털 창고 뒤에서 뚜—우—우—우! 소리가 갑자기, 너무 갑작스레 났기 때문에 페넬라와 할머니는 펄쩍 뛰었다.

"첫 번째 고동 소리다."

아버지가 짤막하게 말했다. 그때 픽턴행 배가 보였다. 어두운 부둣가에 매인 채, 황금빛 둥근 등불을 구슬같이 나란히 단 이 픽턴행 배는, 넓은 바다뿐만 아니라 밤 바다 가운데로도 항해할 수 있는 준비가 충분히 돼 있는 듯이 보였다. 사람들은 현문(舷門)에 밀려들었다. 맨 처음에 할머니, 다음에 아버지, 그리고 페넬라가 갔다. 갑판으로 가는 높은 발판을 올라갈 때 거기 서 있었던 털셔츠를 입은 한 늙은 뱃사람이 그 바싹 마르고 딱딱한 손을 페넬라에게 빌려 주었다. 그들은 다 올라갔다. 그래서 급히 서두르는 사람들에게 방해가 되지 않도록, 상갑판으로 통하는 조그만 철계단 아래에 서서는 작별 인사를 하기 시작했다.

"자, 어머니, 저게 어머니 짐입니다!"

페넬라의 아버지는 말하고, 또 하나의 소시지 꾸러미를 할머니에게 넘겨 주었다.

"고맙다, 프랭크."

"그리고 선실표는 잘 가지고 계시겠지요?"

"그래, 여기 있다."

"그리고 또 다른 표들은요?"

할머니는 장갑 속을 손으로 더듬더니, 그 표 끝을 내 보였다.

"됐습니다."

그의 말소리는 엄숙하게 들렸다. 그러나 아버지를 열심히 지켜보던 페넬라에겐 피곤하고 슬픈 듯이 보였다. 먀—우—우—우! 두 번째 고동이 바로 그들의 머리 위에서 울렸다. 그리고 터질 듯이 외치는 목소리가 들렸다.

"아직 안 내린 분 계십니까?"

"아버님께 안부 전해 주세요."

페넬라는 그렇게 말하는 아버지의 입술을 바라보았다. 몹시 흥분한 할머니는 대답했다.

"아무렴, 이제 가거라. 잘못하단 못 내리겠다. 프랭크 이제 그만 가거라."

"괜찮아요, 어머니 아직 삼 분 동안은 괜찮아요."

페넬라는 아버지가 모자를 벗는 것을 보고 놀랐다. 아버지는 할머니를 두 팔로 껴안더니 자기 몸에 꼭 댔다.

"어머니, 안녕히 가십시오!"

페넬라는 아버지가 이렇게 말하는 것을 들었다.

할머니는 무명지가 나오도록 해진 까만 실로 짠 장갑 낀 손을 아버지의 볼에 대고는 흐느껴 울며 말했다.

"내 장한 아들아, 너도 잘 있거라!"

이 광경은 몹시 슬펐기 때문에 페넬라는 재빨리 뒤돌아서서 한 번 두 번 침을 꿀꺽 삼키고는, 돛대 꼭대기 위에 있는 조그만 파란 별에게 무섭게 얼굴을 찡그려 보였다. 그러나 그는 다시 돌아서야만 했다. 아버지는 떠나려 하고 있었다.

"잘 가거라, 페넬라. 착한 아이가 되어야 한다."

아버지의 차고 젖은 콧수염이 그녀의 볼을 스쳤다. 그러나 페넬라는 아버지의 옷깃을 꼭 잡았다.

"얼마 동안이나 있어야 해요?"

페넬라는 근심스러운 얼굴로 속삭였다.

아버지는 그녀를 보려 하지 않았다. 그러고는 부드럽게, 매우 부드럽게 페넬라를 떼어놓고는 말했다.

"이제 알게 된다. 자! 네 손은 어디 있니?"

아버지는 그의 손 안에 무엇인가를 쥐어 주었다.

"네가, 꼭 필요할 때 쓸, 1실링이 여기 있다."

1실링! 그는 영원히 떠나야만 한다!

"아버지!"

페넬라는 소리쳤다. 그러나 아버지는 이미 가고 없었다. 아버지가 그 배에서 내린 마지막 사람이었다. 뱃사람들은 어깨를 현문에 대고 있었다. 커다랗게 감은 검은 밧줄이 공중을 날아서 부두 위에 탁 하고 떨어졌다. 종이 치고 기적이 울렸다. 그 어두운 부두는 조용히 그들에게서 미끄러져 멀어져 나갔다. 배와 부두 사이에 바닷물이 왈칵 밀렸다. 페넬라는 온 힘을 다하여 긴장해서 보고 있었다.

"아버지는 돌아다보실까?"—손을 흔들까?—혼자 서 있을까?—혼자 가 버리지는 않나? 물줄기는 차츰 넓고 짙어졌다. 이제 픽턴행 배는 바다로 거침없이 내달리기 시작했다. 이보다 더 보고 있을 필요가 없었다. 공중에 매달린 것 같은 마을의 시계와, 어두운 언덕 위에 조각조각 붙어 있는 듯한 등불 몇 개를 제외하고는 보이는 것이라곤 없었다.

신선한 바람이 페넬라의 치마를 잡아당겼다. 그녀는 할머니한테로 돌아갔다. 할머니는 이제 슬퍼 보이지 않기 때문에 안심했다. 할머니는 두 개의 소시지 모양 짐 꾸러미를 한데 모아 포개 놓고 그 위에 앉아서 두 손을 마주 잡고, 머리를 한쪽으로 기울이고 있었다. 할머니의 얼굴에는 긴장했으면서도 명랑한 표정이 떠돌고 있었다. 그때 페넬라는 할머니의 입술이 움직이는 것을 보고 아마 기도를 드리고 있으리라 생각했다. 그러나 할머니는, 기도는 이제 다 끝나간다고 말하려는 듯이 명랑하게 고개를 까딱해 보였다. 그리고 마주잡았던 손을 풀고 한숨짓더니 또다시 두 손을 한데 모으고 앞으로 몸을 굽히고는 마침내 몸을 가볍게 떨었다.

"얘야!"

할머니는 보닛 끈의 매듭을 만지작거리면서 말했다.

"이제 그만 선실로 가봐야겠다. 나한테 바싹 붙어서 미끄러지지 않도록 조심해라."

"네! 할머니."

"그리고 우산이 계단 난간에 끼지 않도록 조심해. 여기 오는 길에 좋은 우산이 두 동강 난 것을 보았다."

"네, 할머니."

남자들의 검은 형체가 난간에 쭉 늘어져 기대고 있었다. 그들이 피우는 파이프 불빛에 코와 모자 꼭지, 놀란 듯이 보이는 두 눈썹 등이 비춰졌다. 페넬라는 올려다보았다. 키가 큰 것 같아 보였던 조그만 남자가 짧은 재킷 주머니에 두 손을 집어넣고 바다를 바라보고 서 있었다. 배가 언제나 조금씩 흔들거리기 때문에 별들도 흔들린다고 페넬라는 생각했다. 그때 린넨 윗옷을 입은 얼굴색이 창백한 급사가 손바닥 위로 쟁반을 높이 쳐들고는 불빛이 환한 출입구에서 걸어 나와 그들 옆을 스쳐 지나갔다. 그들도 그 출입구를 지나갔다. 놋쇠로 덮인 높은 발판을 조심스럽게 딛고, 고무 거적을 밟았다. 이번에는 계단을 내려가는데 꽤 힘들었기 때문에 할머니는 계단마다 두 발을 한데 모아야 했다. 페넬라는 그 습하고 찬 놋쇠 난간을 꼭 붙잡고 내려가느라 백조 장식이 달린 우산 같은 것은 까맣게 잊고 있었다.

계단을 다 내려온 다음에 할머니는 가만히 서 있어서 페넬라는 할머니가 또 기도를 올리지나 않나 생각했다. 그러나 그것은 선실표를 꺼내기 위해서였다. 그들은 휴게실로 들어가게 됐다. 그곳은 눈부시게 빛나며 숨막히는 듯했고, 페인트 냄새와 다 탄 고기 뼈, 인조 고무 탄 냄새가 나고 있었다. 페넬라는 할머니가 걸음을 빨리 옮기면 좋겠는데 할머니는 조금도 서두르는 기색이 없었다. 햄 샌드위치가 든 커다란 바구니가 눈에 띄었다. 할머니는 그곳으로 가서 위에 놓인 샌드위치 한 개를 손가락으로 살짝 만졌다.

"이 샌드위치는 얼만가요?"

"2펜스!"

무뚝뚝한 급사는 칼과 포크를 탁 던지면서 외쳤다. 할머니는 그 말을 믿을 수가 없었다.

"한 개에 2펜스인가요?"

할머니는 다시 물었다.

"그렇습니다."

급사는 그렇게 말하고 그의 동료에게 눈짓을 해보였다.

할머니는 조금 놀란 얼굴을 했다. 그리고 페넬라에게 점잔을 빼며 속삭였다.

"기가 막혀라!"

그리고 그들은 안쪽 문으로 걸어 나가 양쪽에 선실이 있는 복도로 갔다. 매우 상냥한 여승무원이 그들에게 다가와 인사했다. 그녀는 깃과 소매에 큰 놋쇠 단추가 달린 푸른 제복을 입고 있었다. 그녀는 할머니를 잘 아는 것 같았다.

"크레인 부인. 돌아가시는군요. 선실을 쓰시는 건 오랫만인데요."

세면대의 물을 틀면서 그녀는 말했다.

"그렇지요. 그러나 이번엔 내 아들이 마음을 써서—"

"그러셨군요—"

그녀는 말을 꺼내다가 돌아서서 할머니의 검은 옷차림과, 페넬라의 검은 윗옷과 스커트, 검은 블라우스, 그리고 상장(喪章) 장미를 단 모자를 슬픔에 찬 표정으로 오랫동안 바라보았다.

"하느님의 뜻이지요."

할머니는 머리를 숙이고 말했다.

그 여승무원은 입술을 다물고 깊은 숨을 쉬었다. 그녀의 가슴이 부풀어 오르는 것같이 보였다.

"제가 언제나 하는 말이지만"

그녀는 마치, 자기가 발견해 냈다는 듯이 말했다.

"이르게나 늦게나, 우리는 누구나 가야만 해요. 그것은 하늘의 이치이니까요."

그녀는 잠깐 말을 끊었다.

"크레인 부인, 무얼 좀 갖다 드릴까요? 차라도? 추위를 막고자 무엇을 권한다는 것이 소용이 없다는 것은 알지만—"

할머니는 머리를 흔들었다.

"고맙지만, 아무것도 필요 없어요. 우리는 와인 비스킷이 몇 개 있고 페넬라는 아주 맛있는 바나나를 가지고 있으니까요."

"그러면 나중에 또 들르지요."

그녀는 그렇게 말하고 문을 닫고 나갔다.

그것은 얼마나 작은 선실인가! 마치 할머니와 함께 상자에 갇혀 있는 것 같았다. 세면대 위에 있는 검고 둥근 유리창이 그들을 향해 희미하게 비치고 있었다. 페넬라는 무서워졌다. 그녀는 짐과 우산을 꼭 쥔 채로 문에 기대어 서 있었다. 이런 곳에서 옷을 벗어야 하는 것일까? 할머니는 벌써 보닛을 벗어서, 끈을 둘둘 말고, 핀으로 하나하나 보닛 안감에 꽂고는 높이 걸고 있었다. 할머니의 흰 머리카락은 실크처럼 빛났고, 뒤쪽 머리는 작게 틀어서 까만 망으로 감쌌다. 페넬라는 모자를 벗은 할머니의 머리를 본 일이 없으므로 이상하게 바라보았다.

"네 어머니가 떠 준 털 패시네이터*1를 둘러야 겠다."

할머니는 소시지 모양 꾸러미를 풀어 그것을 꺼내어 머리에 둘렀다. 할머니가 페넬라를 보고 정답게, 한편 슬프게 미소 지을 때, 패시네이터의 회색 술이 눈썹 있는 데서 춤을 추고 있었다. 할머니는 조끼를 벗고 그 안에 입은 것도, 또 그 안에 입은 것도 벗었다. 잠깐 격심한 싸움이라도 할 태세 같아서 할머니는 얼굴을 살짝 붉혔다. 딱! 딱! 코르셋 단추를 풀었다. 그리고 한시름 놓은 듯이 깊은 숨을 쉬고는, 긴 비로드 의자에 앉아서 천천히 조심스럽게 고무 구두를 벗어서 가지런히 놓았다.

페넬라가 윗옷과 치마를 벗고 플란넬 잠옷을 입었을 때 할머니는 이미 잘 준비가 다 되어 있었다.

"할머니, 부츠도 벗어야 하나요? 끈을 풀어야 하는데요."

할머니는 잠깐 깊이 생각하는 듯하더니 말했다.

"벗으면 기분이 꽤 좋아지지."

그러고는 페넬라에게 키스했다.

"기도 드리는 것을 잊지 마라. 하느님께선 우리가 육지에 있을 때보다 바다에 있을 때 더 함께 계셔 주시지. 그리고 나는 배를 많이 타봤으니까 내가 위 침대에서 자마."

---

*1 여성들이 머리에 두르는 천.

할머니는 빨리 말했다.

"하지만 할머니가 어떻게 저 위에까지 올라가세요?"

세 개의 조그만 거미줄 같은 계단이 페넬라가 본 전부였다. 할머니는 미소 지으며 재빨리 올라가서는 놀란 얼굴을 하고 있는 페넬라를 그 높은 침대에서 내려다보았다.

"너는 네 할머니가 이렇게 못할 줄 알았지?"

할머니가 그렇게 말하고, 드러누웠을 때 또 다시 경쾌하게 웃는 소리를 페넬라는 들었다.

네모진 딱딱한 갈색 비누는 거품이 일지 않았고, 병에 있는 물은 푸른 젤리와 같았다. 침대 시트도 뻣뻣해 들추기가 어려워서 속으로 쑤시고 들어가야만 했다. 만일 모든 조건이 달랐다면 페넬라도 낄낄 웃었을 것이다······. 마침내 침대 속으로 기어 들어가서 숨을 헐떡이며 누워 있으려니까 위 침대에서 조용히 길게 끄는 속삭임이, 마치 셀로판 종이 사이에서 무엇을 찾느라고 조용히 부스럭거리는 것 같은 소리가 들렸다. 그것은 할머니가 기도를 올리는 소리였다······.

오랜 시간이 흘렀다. 아까 그 여승무원이 들어와서 할머니가 있는 데로 조용히 걸어가 침상으로 손을 내밀었다.

"지금 해협으로 들어가고 있지요."

그녀가 말했다.

"오!"

"아름다운 밤이에요. 그러나 화물이 많지 않아서 좀 흔들릴 거예요."

과연 그 순간 픽턴행 배가 자꾸만 치솟더니, 공중에 떠서 한 번 흔들리고는 다시 내려앉았다. 그리고 배 옆구리에 무섭게 와서 부딪치는 물소리가 났다. 페넬라는 그 백조 머리 장식이 있는 우산을 조그만 긴 의자 위에 세워두었던 것이 생각났다. 만일 떨어져서 깨지지나 않을까? 그때 할머니 또한 그 생각이 났다.

"여봐요, 내 우산 좀 내려놔 주시겠어요?"

할머니는 작은 소리로 말했다.

"그러지요. 크레인 부인."

그녀는 다시 할머니한테로 와서 작은 소리로 말했다.

"손녀 따님이 귀엽게 잠들고 있군요."

"덕분에!"

"어머니를 잃은 불쌍한 아이!"

여승무원이 말했다.

할머니가 그녀에게 그동안 일어났던 일을 모두 이야기하는 사이에 페넬라는 잠이 들었다.

그러나 그녀가 꿈을 꿀 만큼 충분히 자지도 못하고 눈을 뜨니 그녀의 머리 위 공중에서 무엇이 흔들거리고 있는 것이 보였다. 무엇일까? 무엇이 있을 수 있을까? 그것은 조그맣고 하얀 발 한 짝이었다. 그리고 또 한 짝. 두 발은 무언가를 더듬어 찾는 것 같았고 한숨 소리가 들려왔다.

"할머니, 나 일어났어요."

페넬라가 말했다.

"오, 너냐, 사닥다리가 이 근처냐? 이쪽인 줄 알았는데."

"아녜요, 할머니. 저쪽 끝이에요. 제가 할머니 발을 그 위에 대 드릴게요. 우리는 다 왔나요?"

"항구에 들어왔어. 일어나야 해. 일어나기 전에 힘을 내게 과자라도 먹어 두는 게 낫겠다."

그러나 페넬라는 침대에서 나가고 싶었다. 등불은 아직 타고 있었지만 어둠은 걷혔고 추웠다. 둥근 유리창으로 내다보니 저 멀리 몇 개의 바위가 보였다. 지금 그 바위 위로 물거품이 뿌려지고 있었고, 그 옆은 갈매기 한 마리가 날고 있었다. 그리고 이젠 기다란, 정말 육지가 보였다.

"할머니, 육지예요."

페넬라는 마치 몇 주일 동안이나 함께 항해했던 것처럼 신기해하면서 말했다. 그녀는 몸을 오그리고 한쪽 다리로 버텨 서서는 다른 쪽 발가락으로 그 다리를 비벼대면서 떨고 있었다. 오, 요즘은 모든 것이 슬프기만 했다. 그러나 좀 나아지겠지. 그런데도 할머니는 이런 말만 했다.

"빨리 해라. 네가 그 맛있는 바나나를 먹지 않으니 저 여자에게 남겨 주겠다."

그래서 페넬라는 그 검은 옷을 다시 입었는데 장갑 단추 한 개가 떨어져서 손이 닿지 않는 곳으로 굴러가 버렸다. 그들은 갑판으로 올라갔다.

선실 안이 추웠다면 갑판 위는 얼음장이었다. 태양은 아직 솟지 않았고 별들만이 침침한 빛을 내고 있었다. 냉랭하고 어스름한 하늘은 차갑고 창백한 바다와 똑같은 색깔이었다. 육지에 뿌얀 안개가 꼈다 사라졌다 하고 있었다. 이젠 짙은 나무 숲들이 꽤 또렷하게 보였다. 그리고 우산 모양 양치류까지도 보였고 꼭 해골처럼 보이는 이상하게 은빛이 나는 시든 나무도 보였다……. 그리고 떠 있는 부두와 상자 뚜껑 위에 박힌 조가비처럼 한데 붙어 있는 조그만 집 몇 채가 희미하게 보였다. 다른 선객들은 여기저기 거닐고 있었는데 전날 밤보다 더 동작이 느렸고 우울한 표정을 하고 있었다.

부두가 그들을 맞으러 나왔다. 천천히 픽턴행 배를 향해 떠왔고 똘똘 말은 밧줄을 든 남자와 기운 없어 뵈는 조그만 말과 마차, 그리고 층계 위에 앉아 있는 또 한 명의 남자가 다가오고 있었다.

"페넬라, 펜레디 씨가 우리를 마중 나왔구나."

할머니의 목소리는 기쁜 듯이 들렸다. 할머니의 그 창백한 두 볼은 추워서 파랬고 턱은 떨리고 있었다. 그리고 눈과 빨개진 조그만 코를 내내 닦아내야만 했다.

"네가 가지고 있지, 내—"

"네, 할머니."

페넬라는 그것을 내보였다.

밧줄이 공중을 날아 갑판 위에 탁 하고 떨어졌다. 현문이 내려졌다. 또다시 페넬라는 할머니를 쫓아 부두로 내려가서 조그만 마차에 올라타고는 곧 달렸다. 조그만 말은 나무로 기초 공사를 해놓은 길에서 쿵쿵 말굽 소리를 내더니 모랫길을 퍽퍽 달렸다. 사람이라곤 보이지 않았고 한 줄기 연기조차 나는 곳이 없었다. 안개가 짙게 끼었다가 엷어지곤 했고 아직도 잠든 바다는 모래 사장에 이따금씩 파도치는 소리를 냈다.

"어제 크레인 씨를 뵀습죠. 좋아 보이시던데요. 지난주에는 집사람이 스콘 한 바구니를 가져다 드렸어요."

펜레디 씨가 말했다.

말이 조가비 같은 집 앞에서 멈추었다. 그들은 내렸다. 페넬라가 대문에 한 손을 대니까 파르르 떨던 커다란 이슬방울이 장갑 낀 손끝으로 굴러 스며들었다. 정원 양쪽의 이슬에 젖어 잠자고 있는 동그랗고 하얀 자갈이 깔린 조그만 길을 올라갔다. 할머니가 좋아하는 아름답고 하얀 카네이션은 이슬 때문에 무거워서 넘어져 있었다. 그러나 그 달콤한 향기는 이 추운 아침을 활짝 깨어나게 해주었다. 그 집엔 아직도 덧문이 내려져 있어서 그들은 베란다로 가는 계단을 올라갔다. 문 한쪽에는 한 켤레의 낡은 구식 반장화가, 그리고 다른 한쪽에는 크고 빨간 화초에 물을 주는 통이 놓여 있었다.

"쯧! 쯧! 네 할아버지 좀 보렴."

할머니는 그렇게 말하고 손잡이를 돌렸다. 아무 소리도 없었다. 할머니는 불렀다.

"월터!"

반쯤 숨막힌 듯이 들리는 굵고 낮은 목소리가 곧바로 대답했다.

"메리요?"

"잠깐만 기다려라. 거기 들어가 있어."

할머니는 페넬라를 어둠침침한 조그만 거실로 조용히 밀어 넣었다.

탁자 위에 낙타처럼 꼬부리고 앉아 있었던 하얀 고양이 한 마리가 기지개를 키며 하품을 하고는 페넬라의 발끝으로 뛰어 내렸다. 페넬라는 찬 손을 따뜻한 흰털에 파묻고 문질렀다. 그리고 가벼운 미소를 띠면서 할머니의 부드러운 목소리와 할아버지의 목에서 울려나오는 소리에 귀를 기울였다.

문이 삐걱거리며 열렸다.

"자! 들어와."

할머니가 손짓을 해서 페넬라는 따라갔다. 커다란 침대 한쪽에 할아버지가 누워 있었다. 하얀 머리카락과 불그스레한 얼굴, 긴 은빛 수염만이 이불 밖으로 보였다. 그는 마치 몹시 늙고 빈틈없는 새 같았다.

"아, 너구나! 이리 와 키스하렴!"

페넬라는 할아버지에게 입을 맞추었다.

"저런. 조그만 코가 단추처럼 차갑구나. 손에 들고 있는 것은 무어냐? 할머니 우산이냐?"

페넬라는 또다시 미소를 띠고는 백조 머리를 침상 난간에 걸었다. 침상 위쪽엔 굉장한 격언이 두텁고 검은 틀 안에 씌어 있었다.

잃었도다! 60개의 다이아몬드 분(分)으로
쌓아올린 황금 한 시간을.
어떤 보상(補償)도 없도다
영원히 사라지고 말았으니!

"네 할머니가 쓴 것이란다."

할아버지가 말했다.

그리고 흰 머리카락을 문지르면서 페넬라를 즐거운 듯이 바라보았으므로 페넬라는 할아버지가 자기에게 눈짓하는 것 같은 생각이 들었다.

An Ideal Family
이상적인 가족

여닫이 문을 밀고 보도로 난 세 개의 넓은 층계를 내려가면서 니브 노인은 그날 저녁 태어나 처음으로 자기는 봄을 맞이하기엔 너무 늙었다고 생각했다. 봄은—따뜻하고 열렬하고 마음 들뜬—모든 사람 앞에 달려들 태세를 하고, 또한 그의 흰 수염에 스며들며, 그의 팔에 정답게 이끌릴 준비를 하고 황금빛 광선속에서 그를 기다리고 있었다. 그런데 그는 봄을 맞이할 수가 없었다. 그는 한 번 더 젊은이처럼 어깨를 펴고, 활보하거나 의기양양해질 수가 없었다. 그는 피곤했고, 저녁 노을이 아직 비치고 있는데도 온몸이 얼어오는 것처럼 이상하게 추웠다.

정말 그는 갑자기 쇠약해져서 날쌔거나 힘찬 동작은 감당할 수가 없었다. 그래서 당황스러웠다. 그는 가만히 서서 자기의 쇠약함을 짧은 지팡이로 흔들어 쫓아 버리며, "사라져라!" 말하고 싶었다. 친구, 친지, 점원, 우체부, 운전기사 등 그가 알고 있는 사람들에게 언제나처럼 짧은 지팡이로 챙 넓은 중절모를 기울이며 인사하는 일조차 갑자기 굉장한 수고가 되고 말았다. 그러나 그러한 몸짓에 따르는 유쾌한 듯한 눈초리와 다정한 눈빛은 "나는 너희 누구와도 상대할 수 있으며 너희보다 낫다" 말하고 있는 것 같이 보였지만, 니브 노인은 몸을 전혀 마음대로 다룰 수가 없었다. 그는 마치 물처럼 묵직하고 꽉 짜인 공기 속을 걸어가는 것처럼 무릎을 높이 들어올리며 터벅터벅 걸었다. 집으로 돌아가는 사람들은 걸음을 재촉했다. 덜컥거리는 전차, 바삐 움직이는 가벼운 짐마차, 흔들거리는 커다란 마차는 우리가 꿈속에서나 해 보듯 아무 거리낌없이 대담하고도 날쌔게 달리고 있었다…….

사무실에는 여느 날과 다름이 없었다. 별다른 일이 일어나지 않았다. 헤롤 드는 점심 먹으러 나갔다가 4시 가까이까지 돌아오지 않았다. 어딜 가 있었 는지? 그때까지 무엇을 하는지? 자기 아버지에게 알리려 하지 않았다. 니브 노인이 마침 한 손님을 배웅하느라고 현관에 있을 때, 헤롤드는 언제나처럼 깨끗하게 차려입고는 여자들을 매혹시킨 그 웃을 듯 말 듯한 독특한 미소 를 지으며 들어왔다.

아, 헤롤드는 너무나 잘생겼다. 지나치리만큼 미남이어서 언제나 그것이 두통거리였다. 남자가 그런 눈이나, 눈꺼풀이나, 입술을 가져서는 안 되었다. 그것은 옳지 못한 일이었다. 그의 어머니나 누이들이나 하인들이 그를 젊은 하느님처럼 받든다 해도 지나친 말이 아니었다. 그들은 헤롤드를 숭배하다시 피 하여 그에겐 모든 것을 용서했다. 사실 그는 어머니의 지갑에서 몰래 돈 을 빼고, 그 지갑을 요리사의 침실에 감추어 놓은 적이 있었던 열세 살때부 터 용서라는 게 필요했다. 니브 노인은 지팡이로 포장도로를 날카롭게 두들 겼다. 그러나 헤롤드를 망쳐 놓은 것은 비단 그의 가족뿐만이 아니라 모든 사람이 다 그랬다고 그는 생각했다. 헤롤드는 사람들을 보고 미소만 지으면 그만이었다. 그러면 사람들은 그의 앞에 엎드리는 것이었다. 그래서 사무실 에서도 그런 습관이 계속된다는 것은 조금도 놀랄 만한 일이 아니었다. 흠, 흠! 그러나 그래선 안 되었다. 사업이란—훌륭하게 바탕이 잡히고 이익이 큰 사업이라 할지라도—노는 기분으로 할 수는 없는 것이다. 그 사업에 온갖 정 성을 기울여야지 그렇지 않으면 머지않아 파멸이 오고야 만다…….

그런데 아내와 딸들은 헤롤드에게 모든 일을 떠맡기고 뒤로 물러서서 자 신의 생활을 즐기지 않는다고 언제나 그를 책망했다. 즐겁게 지낸다! 니브 노인은 관청 밖에 심은 한 무리의 오래된 종려나무 아래 우뚝 섰다. 즐겁게 지낸다! 저녁 바람은 어디에선가 들려오는 가볍게 살랑대는 소리에 맞추어 짙은 잎사귀를 흔들었다. 자기 일생의 사업이 자기에게서 살짝 빠져나가, 차 츰 희미해지고, 헤롤드의 아름다운 손가락 사이로 사라져 버리는 것을, 집에 앉아서 엄지손가락을 만지작거리며 생각하노라면, 헤롤드는 웃으며 말한다.

"아버지, 어째서 아버지는 그렇게도 분별이 없으세요? 아버지가 사무실에 나가실 필요는 조금도 없어요. 사람들이 아버지가 무척 피곤해 보인다고들 할 때, 우리는 몹시 곤란하거든요. 여기 이렇게 큰 집과, 정원이 있지 않아요. 아버지는 그대신 이곳—이 집—에서 집과 정원을 즐기면 확실히 행복하실 수 있어요. 그렇지 않으면 어떤 취미 생활이라도 즐기세요."

그리고 막내딸 로라는 거만하게 맞장구쳤다.

"사람마다 취미를 가져야 해요. 취미가 없으면 인생은 견딜 수 없게 되지요."

좋아, 좋아! 그는 하코트 큰 거리로 접어 들어가는 언덕길을 고통스럽게 올라가면서 쓴웃음을 머금었다. 만약 그가 취미 생활에만 골몰한다면, 로라나 그 언니나 아내는 어디서 살게 될 것인지 걱정이었다. 시내에 있는 집, 해변에 있는 방갈로, 승마, 골프, 그리고 그들이 음악에 맞추어 춤출 수 있도록 음악실에 놓은 60기니짜리 전축 같은 것이 내 취미 생활의 전부를 지불해 줄 수는 없었다. 그들에게 이러한 것을 주기 싫어하는 것은 아니었다. 딸들은 영리하고 예쁜 처녀들이었으며, 샬럿은 비범한 아내여서 그들이 좋은 환경에 있는 것은 마땅한 일이었다. 사실, 시내에 있는 어느 집도 그들의 집처럼 훌륭하지 못했으며, 어느 가족도 그와 같이 환대할 수는 없었다. 니브 노인은 응접실 탁자 저쪽에 있는 손님들에게 담배 상자를 밀며 권할 때 상대가 그의 아내와 딸들과 또한 그 자신에 대해 들려주는 찬사의 말을 몇 번이나 들어왔는지 모른다.

"댁은 이상적인 가족입니다. 참으로 이상적인 가족이지요. 책에서나 무대에서 읽고 본 것과 똑같습니다."

"아, 그만해 두시오." 니브 노인은 이렇게 대답하곤 했다.

"이것을 한 개비 피워 보십시오. 좋을 겁니다. 그리고 정원에서 피우고 싶으시면, 거기에 딸들이 있을 겁니다."

그것이 바로 딸들이 결혼하지 않는 이유라고 사람들은 말했다. 그들은 누구와도 결혼할 수 없었다. 그들은 집에서 너무나 즐거웠던 것이다. 딸들과 아내는 서로 어울려 말할 수 없이 행복했다. 흠, 흠! 좋아, 좋아! 아마 그렇겠지……

이때, 그는 부유층이 모여 사는 하코트 큰 거리를 걷고 있었다. 모퉁이의 자기 집에 다다랐다. 마차 출입문은 떼밀려 닫혔고, 차도에는 지나간 마차 바퀴 자국이 있었다. 그리고 창문이 활짝 열려 있고, 망사 커튼이 창밖으로 나부끼고, 푸른 히아신스 꽃병이 넓은 창틀 위에 놓여 있는 하얀 칠을 한 큰 집 앞에 왔다. 마차용 대문 양옆으로는 수국이―그 동네에서도 유명했다 ―꽃을 피웠고, 연분홍 빛, 푸른 빛의 많은 꽃들이 잎사귀 사이에 등불처럼 피어 있었다. 어쨌든 그 집이나 꽃들이나 또한 차도의 마차 바퀴 자국까지도 "여기엔 젊은 생명이 있다. 소녀들이 있고―" 이렇게 말하는 것처럼 니브 노인에겐 생각되었다.

현관은 커다란 참나무 장 위에 외투니, 파라솔이니, 장갑 등이 잔뜩 쌓여 있어 언제나 어두컴컴했다. 음악실에서는 빠르고 열광적인 피아노 소리가 크게 들려왔다. 반쯤 열린 응접실 문으로 말소리가 새어나왔다.

"아이스크림이 있었다고?"

아내의 목소리였다. 흔들거리는 의자에서 삐걱삐걱 소리가 났다.

"아이스크림이에요!"

에덜이 소리쳤다.

"어머니, 어머니는 그런 아이스크림은 못 보셨을 거예요. 두 종류밖엔 없는데 하나는 녹아서 받침 종이가 흠뻑 젖은, 보통 상점에서 파는 딸기 아이스크림이에요."

"음식도 아주 지독하게 맛없었어요."

마리온의 목소리였다.

"아직 아이스크림을 먹기엔 이르지……."

샬럿이 천천히 말했다.

"그렇지만 아이스크림을 손님에게 내놓으려면……."

에덜이 말했다.

"아, 정말 그렇지."

샬럿이 나지막하게 말했다.

갑자기 응접실 문이 열리고, 로라가 뛰쳐나왔다. 그녀는 니브 노인을 보자 깜짝 놀라 소리를 지를 뻔했다.

"아이, 아버지두! 어쩌면 그렇게 놀라게 하세요! 이제 막 오셨어요? 찰스는 아버지 외투나 벗겨 드리지 어딜 갔을까?"

그녀의 두 볼은 피아노를 쳐서 발그스름했고, 두 눈은 반짝거리고 머리카락은 이마를 덮고 있었다. 그리고 마치 어둠 속을 달려 와서 놀란 것처럼 숨을 크게 쉬고 있었다. 니브 노인은 자기 막내딸을 바라보고 있자 그녀를 전에 본 일이 없었던 것처럼 여겨졌다. 딸도 그럴까? 그러나 딸은 벌써 아버지를 잊은 것 같았다. 딸이 그곳에서 기다리던 사람은 아버지가 아니었다. 지금 그 딸은 구겨진 손수건 끝을 입에 물고는 성난 듯이 잡아당겼다. 전화벨이 울렸다. 아하! 로라는 흐느끼는 듯한 소리를 내고 아버지 옆을 부딪칠 듯이 지나쳤다. 전화실 문이 꽝! 소리를 내며 닫혔고, 그와 동시에 방 안에서 말했다.

"당신이에요?"

"당신 또 피곤하군요."

아내는 책망하듯 말했다. 그리고 흔들의자를 움직이기를 멈추고는 그 따뜻한 자두빛 볼을 남편에게 내밀었다. 빛나는 머리카락을 가진 에덜은 아버지의 수염에 살짝 입을 대었고, 마리온의 입술은 귀를 스쳐갔다.

"당신 걸어서 돌아오셨나요?"

아내가 물었다.

"응, 걸어왔어."

니브 노인은 밀하면서 커다란 응접실 의자에 깊이 파묻혔나.

"아버지는 왜 마차를 타지 않으세요? 그 시간엔 마차가 얼마든지 있는데요."

에덜이 말했다.

"얘, 에덜. 아버지는 녹초가 되길 좋아하시는데 무엇 때문에 우리가 걱정해 드려야 할지 정말 모르겠어."

마리온이 소리 질렀다.

"얘들아!"

어머니가 달랬다.

그러나 마리온은 그만두려고 하지 않았다.

"아니에요, 어머니. 어머니는 아버지를 망치고 있어요. 그건 옳지 못해요. 어머니는 아버지에게 좀 더 엄격해야 해요. 아버지는 너무 고집이 세세요."

마리온은 격렬하고 명랑한 웃음을 짓고는 거울에 비친 머리카락을 가볍게 만졌다. 이상하다! 어렸을 때는 꽤 부드럽고 우물쭈물 말을 더듬기까지 했는데, 지금은 무슨 말을 하건—"아버지, 잼 좀 집어 주세요" 이런 짧은 말까지도—마치 무대 위에서 하는 것처럼 울려나왔다.

"여보, 헤롤드는 당신보다 먼저 사무실을 떠났나요?"

샬럿은 또다시 의자를 흔들거리기 시작하면서 물었다.

"잘 모르겠어. 잘 모르겠어. 난 그애를 4시 이후로는 보지 못했으니까."

"그애가 말하길—"

샬럿이 말을 시작했다.

그러나 그때 신문인지 뭔지 페이지를 넘기고 있었던 에덜이 어머니에게 달려와서 어머니 의자 옆에 앉아서 소리쳤다.

"이것봐요, 어머니! 이게 내가 말하는 거예요. 은빛이 도는 노랑색, 어때요?"

"이리 줘보렴."

어머니는 말했다. 그리고 손을 더듬어 거북의 등 무늬가 들어 있는 안경을 찾아 끼고는 몽톡하고 조그만 손가락으로 종이를 넘겨 보며 입술을 오므렸다.

"예쁜데!"

어머니는 낮은 목소리로 무심하게 말하며 안경 너머로 에덜을 바라보았다.

"그런데 아래 긴 꼬리는 달지 않는 게 좋겠다."

"꼬리를 달지 말라구요! 그렇지만 그 꼬리가 가장 중요한 걸요."

에덜은 슬픈 듯 고함쳤다.

"어머니, 내가 결정하게 해주세요."

마리온은 그 신문을 어머니에게 장난치듯이 빼앗았다. 그러고는 의기양양하게 소리 질렀다.

"난 어머니 의견에 찬성해. 그 꼬리는 옷보다 더 무거운 느낌을 줘."

니브 노인은 모두에게 잊힌 채 의자에 깊숙이 앉아서, 꾸벅꾸벅 졸며 그들의 이야기를 꿈꾸듯 듣고 있었다. 그가 피곤하다는 것은 틀림없었다. 그는 인생을 휘어잡는 힘을 잃은 것이었다. 아내나 딸들까지도 오늘 저녁은 그에게 너무 심했다. 그들은 너무…… 너무…… 그러나 그러나 그의 나른한 머릿속에 떠오르는 것은 자기에게는 그들이 너무 부자라는 생각뿐이었다.

그리고 어딘지 희미한 곳에서 기운이 초췌한 한 초라한 늙은 남자가 끝없는 계단을 올라가고 있는 것을 그는 지켜보고 있었다. 그가 누구일까?

"난 오늘 저녁엔 예복으로 갈아입지 않겠다."

그는 중얼거렸다.

"아버지, 뭐라고 말씀하셨어요?"

"음, 뭐 뭣이라고?"

니브 노인은 깜짝 놀라 깨고는 그들을 바라보았다.

"난 오늘 저녁엔 예복으로 갈아입지 않겠다."

그는 되풀이해서 말했다.

"그렇지만 아버지, 루실이 오기로 했는 데요. 그리고 헨리 대븐포트와 테디 워커 부인도."

"정말 어울리지 않게 보일 거예요."

"여보, 기분이 좋지 않은가요?"

"아버지는 조금도 수고하실 필요가 없어요. 찰스는 무엇 때문에 놀려 두는 거예요?"

"그렇지만 당신이 정말로 그럴 기분이 아니라면……."

샬럿은 말을 우물쭈물했다.

"괜찮다! 괜찮아!"

니브 노인은 일어서서 옷 갈아입는 방으로 갈 때까지만이라도, 계단을 올라가고 있는 그 초라한 늙은 남자처럼 되려고 했다…….

그 방에선 젊은 찰스가 기다리고 있었다. 수건을 뜨거운 물통 주위에 말리고 있었는데, 마치 모든 것이 그 일에 달렸다는 듯이 조심스럽게 하고 있었다. 이 찰스는 나이 어린 소년일 적에 이 집에 불 때는 일을 하러 들어왔을 때부터 줄곧 니브 노인 곁에서 일을 거들어 주었다. 니브 노인은 창가에 있는 등의자에 앉아서 두 다리를 쭉 뻗고는, 저녁이면 하는 농담을 시작했다.

"찰스, 예복을 입게 해다오!"

그러면 찰스는 찡그리며 거칠게 숨을 쉬면서 그의 넥타이에서 핀을 빼려고 앞으로 몸을 굽힌다.

흠, 흠! 좋아, 좋아! 창문이 열린 창가의 저녁 공기는 상쾌했다—고요하고 아름다운 저녁이었다. 일꾼들이 테니스장 아래쪽에서 풀을 베고 있어서 풀 베는 기계의 부드러운 소리가 쩍쩍 들려왔다. 얼마 안 있어 딸들은 테니스 모임을 다시 시작할 것이다. 그 생각을 하니 그는 마리온의 쩽쩽 울리는 목소리가 들려오는 것 같았다.

"우리편 잘한다…… 오, 우리편 잘 쳤어…… 야, 정말 근사해!"

그때 샬럿이 베란다에서 부르는 소리가 났다.

"헤롤드는 어디 있니?"

"어머니, 여기 없는 건 확실해요."

에덜에 뒤이어 샬럿의 무심한 목소리가 들린다.

"그애가 말하길—"

니브 노인은 한숨을 쉬고, 일어서서 한 손으로 수염을 살짝 접고는 찰스가 내어 주는 빗을 받아 조심스럽게 흰 수염을 빗어 내렸다. 찰스는 깨끗하게 접은 손수건과 시계, 도장과 안경갑을 내놓았다.

"이제 다 됐다."

문이 닫혔다. 그는 의자에 파묻혔다. 그는 혼자였다…….

지금 또 그 초라하고 늙은 남자가 화려하고 활기찬 식당으로 가는 끝없는 계단을 내려가고 있었다. 어쩌면 저런 다리를 하고 있을까! 거미 다리처럼—메마르고, 약하디 약한.

"댁은 이상적인 가족이에요. 참으로 이상적인 가족이지요."

그러나 만약 그것이 사실이라면 어째서 그의 아내나 딸들은 그를 응접실이나 식당에 혼자 가도록 내버려두는가? 왜 그는 늘 혼자서 계단을 올라가고 내려가고 해야 하는가? 헤롤드는 어디 있는가? 아, 헤롤드에게서 무엇을 기대한다는 것은 쓸데없는 일이다. 그 초라하고 늙은 남자는 한없이 내려가더니 놀랍게도 식당 앞을 지나쳐서 현관을 빠져나가, 어두운 차도의 마차 있는 곳을 지나 사무실로 가고 있는 것을 니브 노인은 보았다. 누가 좀 그를 붙잡아라, 그를 붙잡아!

니브 노인은 놀라 일어섰다. 그 방은 어두워지고 창문은 창백하게 빛나고 있었다. 얼마 동안이나 잠들어 있었는지? 귀를 기울였다. 바람이 부는 소리가 들리고 어두워진 이 큰 집 전체에 멀리서 나는 말소리와, 멀리서 나는 소음이 떠돌고 있었다. 그는 오랫동안 잠들었으리라 막연히 생각했다. 그는 가족에게 잊히고 있었다. 이 집이나 아내나, 딸들이나, 또는 헤롤드—이 모든 것이 그와 무슨 상관이 있는가—그들에 대해서 자기는 무엇을 알고 있단 말인가? 그들은 낯선 사람들이다. 인생은 지나가고 말았다. 샬럿은 그의 아내가 아니다. 그의 아내가!

……어두운 입구는 시계꽃으로 반은 가려졌는데, 그 꽃은 모든 것을 이해했다는 듯이 비통하게 슬픔에 잠겨 고개를 떨구고 있었다. 조그맣고 따뜻한 팔이 그의 목을 휘감았다. 작고 핏기 없는 얼굴이 그를 올려다보았다. 그리고 속삭였다.

"안녕, 나의 보배!"

나의 보배! "안녕, 나의 보배!" 그들 가운데 누가 그런 말을 했을까? 어떤 엄청난 착오가 있는 것이다. 저 조그마하고 핏기 없는 소녀, 그 여자가 바로 그의 아내였으며 그 밖의 그의 생활 전부는 한낱 꿈이었다.

그때 문이 열리고, 찰스가 밝은 데 서서 두 손을 허리에 대고는 젊은 군인처럼 소리쳤다.

"식사가 준비되었습니다!"

"간다, 지금 간다."

니브 노인은 말했다.

The Doll's House
인형의 집

 늙은 헤이 부인은 버넬네 가족들과 함께 며칠을 지내고 시내로 돌아가서
는 그 집 아이들에게 인형의 집을 보내 왔다. 그것은 꽤 커서 마차꾼과 패트
가 안뜰로 옮겨 급수실(給水室) 문 옆에 있는 두 개의 나무 상자 위에 괴어
놓았다. 여름이었기 때문에 파괴될 염려는 없었다. 그리고 페인트 냄새도 집
안으로 옮길 때까지는 날아가게 될 것이다. 왜냐하면 정말 그 인형의 집에서
나는 페인트 냄새는 (물론 늙은 헤이 부인은 친절하지. 친절하고 도량이 크고!)
─그러나 그 페인트 냄새는 베릴 아주머니의 말에 따르면 누구든지 중병에
걸리게 만든다고 한다. 푸대 포장을 벗기기 전에도 그렇게 나니 벗기면 얼마
나 날까······.
 그 인형의 집은 윤이 나는 녹색 바탕에 군데군데 선명한 노랑칠을 하고
있었다. 지붕에 아교로 붙인 속이 막힌 두 개의 조그마한 굴뚝은 빨강과 흰
색이었고 노란 니스를 칠해 번쩍이는 문은 조그맣고 얄팍하게 썬 사탕과
자 같았다. 진짜 유리를 붙인 네 개의 유리창은 넓고 푸른 색줄을 쳐서 창
살을 구분했다. 조그만 현관도 있는데 이것도 노랑칠을 했고, 그 가장자리에
는 커다랗게 칠 몽우리가 굳어 있었다.
 그러나 완벽한, 정말 완벽한 작은 집이었다! 냄새쯤이야 누가 꺼리겠는가.
그 또한 기쁨의 일부요, 새 것의 일부였다.
 "누가 좀 빨리 열어 봐!"

옆의 문고리는 꽉 붙어 있었다. 패트가 그것을 그의 주머니칼로 비틀어 여니 집의 정면 전체가 뒤로 흔들렸다. 그러고는—그곳에 응접실과 식당, 부엌과 두 개의 침실이 나란히 보였다. 집이란 열리게 마련이다! 왜 모든 집은 이렇게 열리지 않을까? 모자걸이와 두 개의 우산이 있는 초라하고 조그마한 현관이 문 틈으로 들여다보이는 것보다 얼마나 마음 설레는가! 우리가 어느 집 문을 두드릴 때 그 집에 대해서 알고 싶은 것은 바로 이런 방들이다. 그렇지 않은가? 아마 하느님이 한밤중에 천사와 함께 조용히 집들을 방문하실 때 이렇게 문을 여시리라……

"아, 아!"

버넬네 아이들은 놀란 듯이 소리를 질렀다. 그것은 매우 놀라웠으며, 그들에게는 말할 수 없이 훌륭한 것이었다. 그들은 이때까지 이런 것은 상상해 본 일도 없었다. 방마다 종이로 도배가 되어 있었다. 벽에는 그림이 붙어 있었는데 그것은 벽지에 칠한 것으로 금빛 틀이 모두 끼워져 있었다. 부엌을 빼놓고는 마루마다 빨간 융단이 깔려 있었다. 응접실에는 빨간 비로드 의자가, 식당에는 초록 의자가 있었고, 탁자, 진짜 침구가 있는 침대, 요람, 난로, 조그만 접시와 커다란 물병이 들어 있는 찬장 등이 있었다. 그러나 케지아가 무엇보다도 좋아했던 것, 굉장히 좋아했던 것은 램프였다. 그것은 식당 탁자 한가운데에 놓여 있는 흰 갓이 달린 아주 조그만 호박색 램프였다. 물론 불을 켤 수는 없지만 불이 켜지도록 마련되어 있었다. 그 안에 기름 같은 것이 들어 있어서 흔들면 움직였다.

응접실에 마치 기절한 듯 뻣뻣하게 앉아 있는 아버지, 어머니 인형과, 이층에서 잠든 두 어린이 인형은 이 집에는 정말 너무 컸다. 그들은 이 집 식구처럼 보이지 않았다. 그러나 램프만은 완전했다. 그것은 케지아에게 웃으며 "난 여기서 살고 있지요" 말하는 것 같았다. 램프는 진짜였다.

다음 날 아침, 학교에 가는 버넬네 아이들은 마음대로 빨리 걸어갈 수가 없었다. 그들은 학교 종이 치기 전에 모든 아이들에게 그 인형의 집에 대해서 말하고, 설명하고—또 자랑하고 싶어 견딜 수 없었다.

"내가 말할 거야."

이자벨이 말했다.

"내가 가장 크니까. 너희 둘도 나중엔 말참견을 해도 좋아. 그렇지만 내가 제일 먼저 말할 테야."

대꾸할 아무 말도 없었다. 이자벨은 두목 행세를 했지만 언제나 옳았다. 로티와 케지아는 맏딸에게 따르는 권력을 너무나 잘 알고 있었다. 그들은 길가의 무성한 잡초를 헤쳐 걸으며 말이 없었다.

"누가 가장 먼저 와서 볼지도 내가 고를 테야. 엄마가 그렇게 하라고 하셨으니까."

그들은 그 인형의 집이 안뜰에 놓여 있는 동안 학교 친구들을 한 번에 둘씩 데려와서 보여주어도 좋도록 허락 받았기 때문이다. 물론 차 마시는 시간까지 있지 말 것과, 집 안 여기저기를 돌아다니지 않을 것, 이자벨이 그 아름다운 곳을 여기저기 지적해 주고, 로티와 케지아는 친구들이 만족해하는 동안 그저 조용히 마당에 서 있을 것……

그들은 할 수 있는 한 빨리 걸었건만 소년 운동장의 타르 칠한 울타리까지 왔을 때 종은 땡그랑땡그랑 울리고 있었다. 출석을 부르기 전에 모자를 벗고 줄에 끼어 들어가는 게 고작이었다. 그래도 괜찮았다. 이자벨은 매우 신중하고 신비스러운 표정으로 입에 손을 대고는 가까이 있는 아이들에게 "놀이 시간에 이야기할 게 있어" 속삭임으로써 그것을 대신 메꿀 수 있었다.

놀이 시간이 되자 이자벨은 아이들에게 둘러싸였다. 그녀의 반 아이들은 그를 얼싸안거나 따라 다니거나 아첨하듯 웃곤 하며, 이자벨의 특별한 친구가 되려고 서로 다투다시피 했다. 그녀는 운동장 옆에 있는 큰 소나무 아래서 이른바 알현식(謁見式)을 치렀다. 아이들은 서로 팔꿈치로 찌르고 낄낄 웃으며 바짝 밀려들었다. 그런데 그 둘레 밖에 남아 있는 애들은 단 둘뿐으로 그 둘은 언제나 제외되는 켈뷔네 아이들이었다. 그들은 버넬네 아이들 가까이 가서는 안 된다는 것을 잘 알고 있었다.

사실인즉 버넬네 아이들이 다니는 학교는, 만일 선택의 여지가 있다면 그들의 부모가 고를 만한 그런 학교는 못되었다. 그러나 선택할 수가 없었다.

이 지방 서너 마일 사이에 있는 하나뿐인 학교였기 때문이다. 그래서 이웃 아이들은 모두 판사의 딸이건, 의사의 딸이건, 식료품 장사의 아이들이건, 우유 배달부의 아이들이건 할 것 없이 함께 공부해야만 했다. 사납고 난폭한 사내아이들이 또한 그만큼 있음은 말할 것도 없다. 그러나 어디서든 선은 그어져야만 했다. 그 선은 켈뷔네 아이들에게서 그어졌다. 버넬네 아이들을 포함한 많은 아이들은 그들에게 말하는 것조차 금지되어 있었다. 그들은 켈뷔네 아이들 옆은 삐기며 지나갔으며, 모든 행동에서 유행을 만드는 것은 그들이어서 켈뷔네 아이들은 모두에게서 따돌림당했다. 선생까지도 그들에게는 유별난 목소리를 내었고, 릴 켈뷔가 너무나도 초라한 꽃다발을 들고 교탁으로 와 설 때와 같은 때엔 다른 아이들은 독특한 미소를 지어 보이는 것이었다.

그들은 낮에는 이 집에서 저 집으로 다니는 기운 좋고 부지런하고 몸집이 자그마한 세탁부의 딸이었다. 이 사실은 몹시 불행한 일이었다. 더구나 켈뷔 씨는 어디에 있는지? 아무도 확실한 것은 몰랐다. 그러나 모두가 그는 형무소에 있다고 했다. 그러니까 그들은 어느 세탁부와 죄수의 딸들인 것이었다. 또 그들은 마치 어릿광대 같았다. 사실 그들은 그렇게 보였다. 켈뷔 씨 부인이 왜 아이들을 그렇게 눈에 띄게 해놓는지 이해하기 어려웠다. 그러나 사실은 어머니가 일해 준 사람들로부터 얻은 헝겊 조각으로 그들은 옷을 해입은 것이었다. 예를 들면 주근깨가 많고 키가 크며 얼굴이 못생긴 릴은 버넬네의 초록 아트 서지 식탁보와 로간네 빨간 벨벳 커튼을 뜯어 소매를 만들어 단 옷을 입고 학교에 다녔다. 그녀의 아주 넓은 이마 위에 얹힌 모자는 부인용 모자로서 전에는 우체국장 레이 양이 쓰고 다니던 것이다. 그것은 뒤쪽에서 꺾여졌으며 커다란 진홍빛 날개가 장식되어 있었다. 그녀가 얼마나 괴물로 보였겠는가! 웃지 않을 수 없었다. 그리고 그녀의 동생인 우리의 엘스는 잠옷 비슷한 긴 흰 옷을 입고 사내아이 신을 신고 있었다. 그러나 우리 엘스는 무엇을 입든지 괴상하게 보일 얼굴이었다. 그녀는 짧게 자른 머리와 무척 크고 엄숙한 눈을 한 메마른 조그만 아이—조그만 흰 올빼미였다. 누구도 그녀가 웃는 것을 본 적이 없으며, 거의 말이 없었다. 그녀는 릴의 치맛자락을 손에 감아 쥐고는 릴에게 붙어 다니며 살았다. 릴이 가는 곳엔 우리의 엘스가 따랐다. 운동장에서나 학교에 오고 가는 길에서나 릴이 앞으로 걸어가고 우리의 엘스가 뒤따라 붙어 다녔다. 엘스가 무엇을 원할 때 숨이 가쁠 때 릴을 잡아당길 것 같으면 릴은 멈추어서 뒤를 돌아보곤 했다. 켈뷔네 아이들은 서로 잘 이해하고 있었다.

지금 그들은 모여 있는 아이들 둘레 가장 자리에서 머뭇거리고 있었다. 그들에게 엿듣는 것까지 말릴 수는 없었다. 아이들이 뒤돌아보고 비웃으면 릴은 으레 수줍고 어리석은 미소를 짓지만 엘스는 바라다볼 뿐이었다.

이자벨은 매우 자랑스러운 목소리로 이야기를 이어갔다. 융단이 크게 인기를 끌었는데 진짜 침구가 있는 침대와 화덕 문이 달린 난로 또한 그랬다.

그녀가 말을 마쳤을 때, 케지아가 말참견을 했다.

"이자벨, 램프 이야긴 잊었어?"

"오, 참!"

이자벨이 말했다.

"그리고 거기엔 아주 조그만 램프가 있는데 모두 노랑유리로 만들어졌고, 흰 갓이 달려 가지곤 식당 탁자 위에 놓여 있단다. 누구도 진짜와 구별할 수 없어."

"램프가 가장 좋아."

케지아는 외쳤다. 그녀는 이자벨이 그 작은 램프에 대해서는 조금도 중요시 하지 않는다고 생각했다. 그러나 아무도 관심을 보이지 않았다. 이자벨은 그날 오후 자기들과 함께 가서 그것을 볼 아이 둘을 고르고 있었다. 그는 에미콜과 리나 로간을 택했다. 그러나 다른 아이들도 모두 기회가 있을 것을 알고 있기 때문에 그들은 이자벨에게 아무리 친절히 해도 모자란다는 듯이 굴었다. 하나씩 그들은 자기네 팔을 이자벨의 허리에 두르고는 따라 다녔다. 그들은 그녀에게 속삭일 말이 있었는데 그것은 비밀이었다.

"이자벨은 내 친구야."

그 가련한 켈뷔네 아이들만이 모두에게 잊힌 채 걸어갔다. 그들에겐 이제 더 들을 것이 없었다.

며칠이 지나갔고 인형의 집을 본 아이들이 많아짐에 따라 그 소문도 번져 갔다. 그것은 하나뿐인 이야깃거리가 되고, 큰 유행이 되었다. 질문은, 한결 같았다.

"버넬네 인형의 집 보았니? 참 예쁘더라!"

"넌 그걸 못 봤어? 어머, 저런!"

점심시간까지도 그 이야기로 채워졌다. 소녀들은 소나무 아래에 앉아서 두터운 양고기 샌드위치와 버터 바른 큰 밀빵 조각을 먹고 있었다. 한편 켈 뷔네 아이들은 늘 그렇듯이 될 수 있는 한, 그들 가까이 앉으며, 엘스는 릴에 게 붙어 앉아서 크고 붉은 얼룩이 밴 신문지에서 잼 샌드위치를 꺼내어 씹 으면서 엿듣고 있었다.

"어머니! 켈뷔들을 꼭 한 번만 부를 수 없을까요?"

케지아가 말했다.

"안 된다, 케지아."

"왜 안돼요?"

"저리 가, 왜 안 되는지 너도 잘 알 텐데."

마침내 그들 말고는 모든 아이들이 인형의 집을 보고 말았다. 그날부터 그 화제는 좀 흥미가 사라졌다. 점심시간의 일이었다. 소나무 아래 모여 서 있던 아이들은, 켈뷔네 아이들이 오늘도 언제나처럼 저희끼리만, 그리고 전 과같이 자기들의 이야길 들으면서 신문지에서 꺼내어 먹고 있는 샌드위치를 바라보자 갑자기 그들을 굻려 주고 싶어졌다. 에미 콜이 먼저 속삭였다.

"릴 켈뷔는 크면 하녀가 된대."

"어머, 정말?"

이자벨 버넬은 그렇게 말하고 에미에게 눈을 깜빡해 보였다.

에미는 그의 어머니가 이런 경우에 하는 것을 보아 두었던 대로 매우 뜻 깊은 듯이 침을 한 번 삼키고는 이자벨에게 고개를 끄덕였다.

"정말이야—정말이야—정말이야."

그랬더니 리나 로간의 조그만 눈이 반짝 빛났다.

"내가 물어볼까?"

리나가 속삭였다.

"절대 못 할걸."

제시 메이가 말했다.

"피, 무섭지 않아."

리나는 이렇게 말하고 갑자기 꺅꺅 소리를 내더니, 다른 아이들 앞으로 뛰어나왔다.

"봐라! 날 봐, 자, 날 봐!"

그러고는 한쪽 발을 미끄러지듯 끌며 손을 입에 대고 킬킬거리며 켈뷔네 아이들에게 갔다.

릴은 먹던 것을 멈추고 얼굴을 들었다. 그녀는 나머지를 얼른 싸 버렸다. 엘스는 씹는 것을 멈추었다. 이제 어찌될 것인가?

"릴 켈뷔, 너는 커서 하녀가 된다는 게 정말이니?"

리나는 날카로운 소리를 냈다.

무거운 침묵. 대답 대신 릴은 어리석고 수줍은 듯한 미소를 지을 뿐이었다. 그녀는 그 질문을 조금도 신경 쓰지 않는 것 같았다. 리나에겐 얼마나 실망인가? 아이들은 킥킥 웃기 시작했다.

리나는 참을 수 없었다. 그녀는 두 손을 허리에 대고 앞으로 튀어나갔다.

"쳇, 너의 아버지는 형무소에 있대지!"

그녀는 독살스럽게 말했다.

니무도 놀라운 밀을 했기 때문에 아이들은 몹시 흥분하고 기쁨으로 비칠 듯이 한 뭉치가 되어 달아나 버렸다. 한 아이가 긴 줄을 가지고 와서 그들은 줄넘기를 시작했다. 그런데 그날 아침처럼 아이들이 그렇게 높이 뛰어오르고 재빨리 움직이며 줄넘기를 한 적은 없었다.

오후에 패트가 이륜 마차로 버넬네 아이들을 데리러 와서 그들은 그것을 타고 집으로 갔다. 집에는 손님이 있었다. 손님이 온 것을 기뻐한 이자벨과 로티는 에이프런을 갈아입으러 이층으로 올라갔다. 그러나 케지아는 뒤뜰로 살짝 빠져나갔다. 주위엔 아무도 없었다. 그녀는 마당에 있는 커다란 흰 문에 매달려 흔들거리기 시작했다. 길 건너편을 바라보고 있으려니 얼마 안 있어 작은 두 점이 보였다. 그 점은 점점 커지며 자기 쪽으로 오고 있었다. 이제 하나는 앞서고, 하나는 바로 뒤따라오는 것을 볼 수 있었다. 그리고 그 점은 켈뷔네 아이들이라는 것을 알 수 있었다. 케지아는 흔들거리던 것을 멈추었다. 케지아는 도망치듯 문을 빠져나갔다. 그러나 주춤했다. 켈뷔네 아이들은 점점 더 가까이 왔고, 그들 옆을 따르는 그림자는 매우 길어서 그들의 머리는 길 건너 풀밭까지 뻗고 있었다. 케지아는 다시 문 위로 기어 올라갔다. 결심한 바가 있었다. 그녀는 문을 밖으로 밀어냈다.

"얘들아."

그는 지나가고 있는 켈뷔네 아이들에게 말했다. 그들은 깜짝 놀라 걸음을 멈추었다. 릴은 그 어리석은 미소를 지었고 엘스는 빤히 쳐다보았다.

"우리 인형의 집 보고 싶으면 와서 봐도 괜찮아."

케지아는 그렇게 말하고 한쪽 발끝을 땅에 끌었다. 그러나 그 말에 릴은 얼굴이 빨개져 가지고는 얼른 머리를 흔들었다.

"왜, 싫어?"

케지아가 묻자 릴은 헐떡거리며 말했다.

"니네 엄마가 우리 엄마한테, 너희는 우리하고 사귀면 안 된다고 했대."

"아냐, 저"

케지아는 말했다. 그는 뭐라고 대답해야 좋을지를 몰랐다.

"괜찮아. 너희도 우리 인형의 집을 보러 와도 괜찮아. 이리 와, 아무도 안 보고 있으니까."

그러나 릴은 더욱 세게 머리를 흔들었다.

"보기 싫으니?"

케지아는 물었다.

갑자기 릴의 치마가 잡아당겨졌다. 그녀는 돌아보았다. 우리의 엘스가 크고 애원하는 눈빛으로 릴을 바라보고 있었다. 릴은 얼굴을 찡그렸다. 가고 싶었던 것이다. 잠깐 동안 릴은 엘스를 매우 의심스럽게 바라보았다. 그러나 엘스는 또다시 치맛자락을 잡아당겼다. 그녀는 앞으로 발을 움직였다. 케지아가 안내를 했다. 두 마리의 조그만 길 잃은 고양이처럼 그들은 뜰 안 쪽을 가로질러 인형의 집이 서 있는 곳까지 따라갔다.

"저기 저거야."

케지아가 말했다.

잠시 시간이 흘렀다. 릴은 매우 헐떡거리며 크게 호흡을 했고, 우리의 엘스는 돌처럼 움직이지 않았다.

"내가 열어 줄게."

케지아는 다정하게 말했다. 그가 문고리를 벗기자 모두 안을 들여다보았다.

"저기 응접실과 식당이 있고, 또 저것은—"

"케지아!"

오, 그들은 얼마나 놀랐는지!

"케지아!"

그것은 베릴아주머니의 목소리였다. 그들은 돌아다보았다. 베릴아주머니는 눈앞에 보이는 광경을 믿을 수 없다는 듯이 눈을 크게 뜨고 뒷문에 서 있었다.

"어쩌자구 너는 저 끔찍한 켈뷔네 아이들을 뜰 안으로 불러 들였단 말이냐?"

그녀는 차갑고 성난 목소리로 말했다.

"너는 저애들한테 말을 해선 안 된다는 걸 나만큼 잘 알고 있을 텐데. 나가, 애들아. 어서 나가, 그리고 다시는 와선 안돼."

베릴아주머니는 말했다. 그러고는 마당으로 걸어와 병아리 쫓듯 쉬이쉬이 소리쳐서 쫓아냈다.

"냉큼 나가거라!"

냉혹하게, 그리고 거만하게 소리를 질렀다.

그들은 거듭 말을 들을 필요도 없었다. 부끄러움으로 얼굴이 화끈거렸다. 릴은 그의 어머니처럼 몸을 둥글게 구부리고 엘스는 얼빠져서 그러나 이력

저럭 그 큰 뜰을 지나서 뒷문을 빠져나갔다.

"말 안 듣는 몹쓸 계집애!"

베릴아주머니는 케지아에게 혹독하게 말하고는 인형의 집을 탁 닫아 버렸다.

베릴아주머니에게 그날 오후는 끔찍했다. 윌리 브렌트한테서 편지가 왔는데, 만일 그녀가 풀먼즈 부시에서 그날 저녁 자기를 만나 주지 않으면 현관까지 와서 그 이유를 물어보겠다는 무시무시하고 위협적인 내용이었다. 그러나 이제 그녀는 켈뷔네의 고약한 조그만 애들을 위협하고 케지아를 호되게 꾸짖고 나니 마음이 조금 후련해졌다. 그 무겁게 짓누르던 부담도 사라졌다. 그녀는 콧노래를 부르며 집 안으로 들어갔다.

켈뷔네 아이들은 버넬네 집이 아주 안 보이게 됐을 때야 길 옆에 있는 크고 빨간 배수관 위에 쉬려고 앉았다. 릴의 두 볼은 아직도 화끈거렸다. 그녀는 날개 달린 모자를 벗어서 무릎 위에 놓았다. 꿈꾸는 듯 그들은 낙농장 너머 골짜기 저쪽, 아카시아 나무 아래에서 로간네 젖소가 젖짜기를 기다리고 서 있는 곳을 바라보았다. 그들은 무슨 생각을 할까?

얼마 안 있어 엘스가 언니 곁으로 슬쩍 다가왔다. 이제 그녀는 그 심술궂은 부인은 어느새 잊어버렸다. 그녀는 손가락 한 개를 뻗쳐 언니의 모자 날개를 쓰다듬고는 좀처럼 보기 드문 미소를 지었다.

"난 조그만 램프를 봤어."

그녀는 나지막하게 말했다.

그러고나서 둘은 다시 아무 말도 하지 않았다.

Mr. and Mrs. Dove

비둘기 씨와 비둘기 부인

물론 그는—누구보다도 잘—그 일이 눈곱만큼의 가망도 없으며, 도저히 바라지도 못할 일이라는 것을 잘 알고 있었다. 그렇게 생각한다는 것 자체가 부질없었다. 너무도 터무니없는 일이었기 때문에 만일 그녀의 아버지가 — 뭐 그녀의 아버지가 어떻게 결정을 내리더라도 그는 완전히 이해할 수 있었다. 사실 절망적인 기분과 오늘이 영국에서의 마지막 날로서 몇 년이나 이 곳을 떠나 있게 될지 아무도 모른다는 사실이 그로 하여금 감히 결혼 신청을 하도록 용기를 준 것이었다. 그래서 지금까지도⋯⋯. 그는 옷장에서 푸른빛과 크림빛 체크 무늬가 있는 넥타이를 꺼내고는 침대 한쪽에 앉았다. 그녀가 "아이, 무례해요!" 대답한다면 자기는 놀랄 것인가? 그는 부드러운 셔츠 깃을 걷어 올리고 넥타이를 덮어 내리면서 조금도 놀라지 않을 것이라고 생각했다. 그는 그녀가 그런 말을 하리라 예상하고 있었다. 이 문제를 진지하게 검토해 볼 때 그녀가 그 말 말고는 어떤 말을 할지 자기도 모를 일이었다.

이제 다 됐다! 그는 거울 앞에서 흥분한 채 넥타이를 나비꼴로 매고 두 손으로 머리를 매만지고는 재킷 주머니에 붙은 뚜껑을 끄집어냈다. 로디지아 *1 —하고 많은 장소 중에 하필이면—에 있는 과일 농장에서 일년에 500에서 600파운드의 수입이 있었다. 그러나 자본금이 없었다. 한 푼도 자기에겐 올 것이 없었다. 적어도 4년 동안은 수입이 불어날 가망이 없었다. 외모나 그

---

*1 남아프리카의 영국 식민지.

런 여러 조건에서, 그는 도저히 경쟁에 이길 자신이 없었다. 또한 건강이 꽤 좋다고 자랑할 수도 없는 것이, 동아프리카에서의 일이 그를 완전히 지쳐 버리게 해서 6개월간의 휴가를 얻어야 했기 때문이다. 그는 아직도 얼굴빛이 무섭도록 창백했고—오늘 오후엔 유달리 더 나쁘다고 그는 허리를 굽혀 거울을 들여다보며 생각했다. 야단났구나! 어찌된 일인가? 그의 머리카락은 밝은 초록색으로 보였다. 제기랄, 그는 어쨌든 초록색 머리카락은 아니었다. 그건 너무 지나친 일이었다. 그때 초록빛이 거울 속에서 떨고 있었다. 그것은 바깥에 있는 나무의 그림자였다. 레지는 돌아서서 담뱃갑을 꺼냈다. 그러나 침실에서 담배를 피우는 것을 어머니가 싫어하신다는 것을 생각해 내고는 담배를 도로 넣고 옷장 있는 데로 휘청휘청 걸어갔다. 한 가지만 자기에게서 장점을 찾아낼 수 있어도 기운이 날 텐데, 그런데 그 여자는…… 아아!…… 그는 팔짱을 끼고는 옷장에 기대섰다.

그녀의 지위와 그녀 아버지의 재산, 또 그녀가 외동딸이며 인근 지역에서 아주 인기 있는 처녀라는 사실, 또한 그녀가 아름답고 지혜롭다는—그녀는 참으로 영특했다!—것만으로는 설명이 부족했다. 그녀가 할 수 없는 일이라곤 정말 이 세상에 없으리라. 만약 필요하다면 그녀는 무슨 일에나 천재가 될 수 있으리라고 그는 굳게 믿었다. 그녀의 부모는 딸을 더할 수 없이 사랑하며 그녀 또한 부모를 사랑하는데 딸을 그토록 먼 곳으로 곧 시집을 보내느니…… 이런 모든 상황을 헤아려봐도 그의 사랑은 너무도 맹렬하여서 희망을 품지 않을 수 없었다. 글쎄 그것이 희망일까? 그렇지 않으면 그녀를 돌봐 주고 그녀가 바라는 것은 무엇이든지 해주고 훌륭한 것이 아니면 그녀 가까이에 얼씬도 못하게 하는 것을 자기의 임무로 생각할 가능성을 가지려고 애쓰는 이 야릇하고 소심한 마음이—곧 사랑이라는 것일까? 그는 그녀를 얼마나 사랑하는가! 그는 팔을 벌려 옷장을 껴안고는 중얼거렸다.

"그녀를 사랑해. 그녀를 사랑해!"

그리고 잠깐 동안 그는 움탈리*2로 그녀와 함께 가는 것이었다. 밤이었다.

---

*2 아프리카 동남부.

그녀는 한구석에 잠들어 있었다. 그녀의 보드라운 턱은 부드러운 옷깃에 파묻혀 있었고, 황금빛 도는 갈색 속눈썹은 두 뺨을 향해 있다. 그는 그녀의 섬세하고 조그만 코와 아름다운 입술, 앙증맞은 귀와 그 귀를 반은 덮은 황금빛 도는 갈색 고수머리털을 유난히 사랑했다. 그들은 밀림 지대를 지나가고 있었다. 따뜻하고 어두운 먼 곳이었다. 이윽고 그녀는 잠이 깨어 말했다.

"제가 잠들었나요?"

그래서 그는 대답했다.

"네, 괜찮아요? 자, 내게—"

그렇게 말하고, 그는 앞으로 몸을 굽혔다……. 그는 그녀에게 얼굴을 가까이 가져갔다. 이것은 그가 더 이상 꿈꿀 수 없는 굉장한 행복이었다. 그러나 이는 그에게, 아래층으로 뛰어 내려가 현관에 있는 밀짚모자를 움켜쥐고는 현관문을 닫으면서 중얼거렸다. "괜찮아, 내 운을 시험해 볼 뿐이지. 그뿐이야"

그러나 그의 운은 곧바로 어머니와 불쾌한 충돌을 일으켰다. 어머니는 늙은 발바리 치니와 비디를 데리고 천천히 정원을 거닐고 있었다. 물론 레지날드는 어머니와 또 그 밖의 여러 가지를 좋아했다. 어머니는—어머니는 친절했고 심술궂지도 않았다. 그러나 좀 엄격하다는 것은 부정할 수 없었다.

그리고 레지의 생활에서, 앨릭아저씨가 돌아가시고 그에게 과일 농장을 물려주기 전에는 과부의 외아들이란 세상에서 가장 나쁜 형벌이라고 확신했던 때가 많았다. 더욱 견디기 어려웠던 점은 어머니 이외에 친척이라곤 하나도 없다는 것이었다. 어머니는 말하자면 아버지와 어머니를 하나로 합친 존재였고, 레지가 철이 들기도 전에 친정 쪽 식구들과 시댁 식구들 모두와 싸움을 해버렸다. 그래도 레지가 그곳 로디지아에서 향수에 젖어 별빛만 반짝이는 어두운 베란다에 앉아서 전축에서 들려오는 노래 〈사랑 없는 인생이란 어떤 것일까?〉를 듣노라면 그의 유일한 환상은 치니와 비디를 데리고 정원을 여기저기 거닐고 있는 키가 크고 건강한 어머니의 모습이었다…….

어머니는 시든 꽃송이를 잘라 버리려고 가위를 폈다가, 레지를 보고 손을 멈추었다.

"레지날드, 너는 외출하는 건 아니겠지?"

어머니는 아들이 외출하는 것을 뻔히 보면서도 그렇게 물었다.

"저녁 식사 때까지는 돌아올게요, 어머니."

레지는 그의 두 손을 재킷 주머니에 집어넣으면서 힘없이 말했다.

싹뚝. 꽃송이가 떨어졌다. 레지는 놀라서 펄쩍 뛸 뻔했다.

"네가 떠나기 전날 오후는 나를 위해서 보내리라고 생각했는데."

어머니는 말했다.

침묵이 흘렀다. 발바리들이 두 사람을 쳐다보았다. 그 개들은 어머니의 말은 모두 알아들었다. 비디는 혀를 내밀고 누워 있었는데, 너무 살이 찌고 번들번들 윤이 나서 반쯤 녹은 사탕과자 덩어리처럼 보였다. 그러나 치니의 섬세하고 고운 눈은 레지날드를 보고 흐려졌다. 그리고 그는 마치 온 세상이 불쾌한 냄새로 싸인 것처럼 맥없이 킁킁 냄새를 맡았다. 싹뚝, 또다시 가위 소리가 났다. 가엾은 꽃들, 그들이 나 대신 벌을 받는구나!

"내가 물어봐도 괜찮다면, 그래 넌 어딜 가는 거냐?"

마침내, 어머니의 질문은 끝났다. 그러나 레지는 집이 보이지 않게 되고 프록터 대령의 집까지 거의 절반쯤 왔을 때까지 걸음을 늦추지 않았다. 그는 날씨가 매우 좋은 오후라는 것만을 알 수 있었다. 아침나절에 줄곧 내리던 여름비가 그치자 훈훈하고 음산하고 쓸쓸하더니, 이제 하늘은 긴 꼬리를 단 오리 새끼들처럼 숲 너머로 떠나는 작은 구름들 말고는 맑게 개어 있었다. 마침 나무에 달린 마지막 물방울을 흔들어 버리기에 알맞은 바람이 불어와 따뜻한 별모양 물방울이 그의 손 위에 튀겼다. 뚝!—또 하나의 물방울이 그의 모자 위에 떨어졌다. 텅 빈 길은 반짝거렸고, 울타리에서는 찔레꽃 냄새가 풍겼고, 크고 아름다운 접시꽃들이 오두막집 정원에서 빛나고 있었다. 그리고 이제 프록터 대령 집이다—벌써 다 왔다. 대문에 한 손을 얹고 팔꿈치로 산매화나무와 꽃잎을 치니까 꽃가루가 외투 소매 위로 흩어졌다.

조금만 기다리자, 너무 빨리 왔다. 그는 모든 일을 다시 한 번 생각해 볼 작정이었다. 자, 침착하게, 그러나 그는 어느새 큰 장미꽃들이 양쪽에 늘어선 길을 걸어가고 있었다. 이런 식은 아니었다. 그의 손은 초인종을 움켜쥐

고, 눌렀다. 초인종은 마치 그 집에 불이 난 것을 알리듯이 요란하게 울리기
시작했다. 하녀가 마침 현관에 있었는지 현관문이 활짝 열렸다. 그래서 레지
는 그 주책없이 울려대는 종소리가 그치기도 전에 아무도 없는 응접실로 들
어가게 되었다. 그 종소리가 그쳤을 때, 그랜드 피아노 위에 누군가의 양산
이 놓여 있는 그 크고 어두운 방이 그를 격려해 주었고—아니 도리어 흥분
시켰다는 점은 참으로 기묘했다. 주위는 매우 조용했다. 그러나 이윽고 문이
열리고 그의 운명은 결정될 것이다. 이 감정은 치과 의사한테 갔을 때의 기
분과 꼭 같았다. 그는 거의 정신을 가다듬을 수가 없었다. 그러나 그와 더불
어 또한 크게 놀랐다.

"주여, 당신께서는 알고 계십니다—당신께서 제게 베풀어 주신 게 그다지
없습니다······."

이렇게 말하는 자신의 음성을 들었다. 그것은 그를 긴장하게 만들었다. 그
리고 그 일이 얼마나 신중한가를 그에게 다시 한 번 깨닫게 했다. 그러나 너
무 늦었다. 문 손잡이가 돌아갔다. 앤이 들어와서 그들 사이의 어두운 곳을
지나서 그에게 손을 내밀고는, 작고 부드러운 목소리로 말했다.

"미안해요. 아버지는 나가셨는데요. 그리고 어머니는 모자를 사러 가셨으
니 하루 내내 시내에 계시겠지요. 레지, 당신을 대접할 사람은 저밖에 없군
요."

레지는 숨을 헐떡거리며 모자를 재킷 단추에 힘껏 갖다 대고는 더듬거
렸다.

"사실 저는 그저······ 작별 인사를 하러 왔어요."

"오!"

앤은 부드럽게 소리쳤다—그 여자는 레지에게서 뒷걸음질치며 그녀의 회
색 눈동자를 바쁘게 움직였다.

"벌써 떠나시나요!"

그녀는 레지를 바라보다가 고개를 돌리더니 부드러운 웃음소리를 내며
가볍게 웃었다. 그러고는 피아노 쪽으로 걸어가 기대고는 양산의 술을 만지
작거렸다.

"미안해요."

그녀는 말했다.

"이렇게 웃어서. 왜 웃는지 저도 모르겠어요. 나쁜 버릇이지요." 그리고 갑자기 그녀는 회색 구둣발을 구르더니 흰털 재킷 주머니에 넣어 둔 손수건을 꺼냈다.

"꼭 이 버릇을 고쳐야겠어요. 어리석은 짓이지요."

"천만에요, 앤."

레지는 큰 소리로 말했다.

"당신의 웃음소리가 얼마나 듣기 좋은데요. 그보다 더 즐거울 수 있을까요 ―"

그러나 사실은 둘 다 알고 있듯이 그녀가 잘 웃는 것은 아니었다. 정말로 그게 버릇은 아니었다. 다만 그들이 만나게 된 그날 그 순간 이래로 어떤 이상한 이유 때문에 앤은 그를 보면 웃곤 했는데, 그 이유를 레지는 알고 싶어 견딜 수가 없었다.

무슨 까닭일까? 지금 어디에 그들이 있고 무엇을 이야기하는지는 중요하지 않았다. 처음에 그들은 가능한 한 진지하게, 매우 진지하게 이야기하려고 했다―어쨌든 그에 관한 한―그러나 말하는 도중에 갑자기 그를 뚫어지게 바라보는 앤의 얼굴에 잔잔한 떨림이 재빨리 스쳐 지나갔다. 그녀의 입술이 열리고 눈은 빨리 움직이고 그리고 웃기 시작하는 것이었다.

그 웃음에 또 하나 이상한 점, 레지는 그녀가 왜 웃는지 그녀 자신도 모른다는 생각을 하는 것이었다. 그는 그녀가 얼굴을 찡그리고 입을 오므리고, 두 손을 마주 꼭 쥐고는 돌아서 버리는 것을 보는 것이었다. 그러나 아무 소용도 없다. 길고 부드러운 웃음소리가 울려나온다.

"왜 웃는지 저도 모르겠어요."

이렇게 소리 지르는 동안에도 그 웃음소리는 끊임없이 이어졌다. 알 수 없는 일이었다…….

이제 그녀는 손수건을 치우며 말했다.

"앉아요. 담배 피울래요? 네. 당신 옆에 있는 그 조그만 상자에 담배가 들어 있어요. 저도 피울게요.”

그는 그녀 담배에 성냥불을 켜주었다. 그리고 그녀가 앞으로 숙였을 때 손가락에 낀 진주 반지에서 반짝 빛이 나는 것을 보았다.

“내일 떠나지요?”

앤이 말했다.

“네, 내일입니다.”

레지는 그렇게 말하고는 한 줄기 담배 연기를 내뿜었다. 도대체 왜 그는 이토록 초조할까? 초조하다는 말로는 지금의 이 기분을 표현할 수 없다.

“도—도무지 믿을 수 없어요.”

그는 덧붙여 말했다.

“그래요?”

앤은 조용히 말하고는 몸을 굽혀 담배 끝을 푸른빛 재떨이에 대고 굴렸다. 그렇게 하는 그녀는 얼마나 아름답게 보이는가!—꾸밈없는 아름다움—커다란 의자에 앉아 있는 그녀는 꽤 작게 보였다. 레지날드의 가슴은 애틋함으로 부풀었지만 정작 그를 떨리게 한 것은 그녀의 목소리, 그 부드러운 목소리였다.

“당신이 이곳에 여러 해 동안 머물렀던 것 같아요.”

레지날드는 담배를 깊이 빨아들였다.

“돌아간다고 생각하면 끔찍해집니다.”

“꾸, 르, 꾸, 꾸, 꾸.”

적막을 뚫고 이런 소리가 들려왔다.

“하지만 당신은 그곳에 가는 걸 좋아하잖아요?”

그녀는 자기의 진주 목걸이에 손가락 한 개를 걸었다.

“아버지는 요전날 밤만 해도 당신이 자신만의 삶이 있어 얼마나 행운인지 모른다고 말씀하셨어요.”

그녀는 그렇게 말하며 그를 쳐다보았다. 레지날드의 미소는 조금 어두웠다.

“전 그렇게 운이 좋다고 생각하지 않아요.”

그는 간단히 말했다.

"루, 꾸, 꾸, 꾸."

또다시 들려왔다. 앤이 중얼거렸다.

"외롭다는 말이겠지요."

"아, 제 걱정은 외롭다는 것이 아니에요."

레지날드는 그렇게 말하고는 담배를 푸른빛 재떨이 위에 거칠게 비벼댔다.

"외로움은 얼마든지 참을 수 있어요. 오히려 즐기는 편이지요. 다만 이런 생각이—"

갑자기, 무섭게 얼굴이 화끈거리는 것을 느꼈다.

"루, 꾸, 꾸, 꾸! 루, 꾸, 꾸, 꾸!"

앤이 벌떡 일어났다.

"제 비둘기에게 작별 인사하러 가요. 비둘기를 옆 베란다로 옮겨 놓았어요. 레지, 당신은 비둘기를 무척 좋아하죠, 네?"

"그럼요!"

레지는 너무나 열렬히 말했기 때문에 그가 그녀에게 이중문을 열어 주려고 한편에 서 있을 때 앤은 재빨리 뛰어가서 대신 비둘기를 보고 웃어 버렸다.

비둘기집 마루 위에 깔린 빨갛고 아름다운 모래 위를 이쪽 저쪽으로 오가며 비둘기 두 마리가 걸어 다녔다. 한 마리는 언제나 다른 한 마리의 앞장을 섰다. 한 마리가 조그만 소리를 내면서 앞으로 달려가면 다른 한 마리가 엄숙하게 절을 꾸벅꾸벅하며 뒤쫓았다.

"보이쇼'!"

앤이 설명했다.

"앞에 가는 게 비둘기 부인이에요. 저 비둘기 부인이 비둘기 씨를 보고 저렇게 웃으며 앞으로 달려가니까 비둘기 씨는 절을 꾸벅꾸벅하면서 쫓아가죠. 그러면 그게 우스워서 비둘기 부인은 또 웃지요. 비둘기 부인은 도망가고, 불쌍한 비둘기 씨는."

앤은 쪼리리고 앉았다.

"절을 꾸벅꾸벅하면서 따라다니고…… 그것이 그들의 생활 전부지요. 그들은 다른 일이라곤 통 없어요."

앤은 일어서서 비둘기집 지붕 위에 있는 주머니에서 노란 곡식을 조금 집었다.

"레지, 당신이 로디지아에서 비둘기 생각이 나더라도, 그들이 할 일이란 저것이라는 걸 알 수 있지요……."

레지는 비둘기를 보았다거나, 또 그녀의 말을 듣고 있다는 것에 아무런 반응도 보이지 않았다. 잠시 동안 그는 자기 마음속의 비밀을 꺼내어 앤에게 청혼하는 데 드는 그 큰 노력만을 의식했다.

"앤, 혹시, 저를 언젠가는 돌봐 줄 수 있다고 생각해요?"

기어이 그 말을 했다. 그 말을 하고야 말았다. 이야기가 잠깐 끊긴 동안 레지날드는 햇빛을 충분히 받고 있는 정원, 구름이 흐르는 푸른 하늘, 베란다 위에서 나부끼는 잎사귀, 그리고 옥수수 낟알을 한 손가락으로 뒤적거리고 있는 앤을 지켜보았다. 그녀가 천천히 손을 접고 "아뇨, 그렇게 생각해 본 적은 없어요" 이렇게 천천히 중얼거렸을 때 온 세상이 갑자기 시들어 버리는 것 같았다. 그러나 그는 그녀가 재빨리 걸어가 버리기 전에 무엇을 생각할 여유도 없었다. 그래서 그는 그녀를 따라 층계를 내려가서 잔디를 지나 아치형으로 가꾼 분홍 장미꽃나무 아래의 정원 길을 따라 걸어갔다. 꽃이 흐드러진 화단 앞에서 앤은 레지날드와 마주 섰다.

"제가 당신을 싫어한다는 뜻은 아니에요. 당신이 좋아요, 하지만"—그녀의 눈은 커졌다—"결혼할 사람을 사랑하듯이"—그녀의 얼굴은 가늘게 떨렸다.—"그렇게 좋아하지는 않아요."

그녀의 입술이 벌어지고 그녀는 좀처럼 입을 다물 수가 없었다. 그녀가 크게 웃기 시작했다.

"저, 저."

그녀는 소리 질렀다.

"당신의 체크무늬 넥타이 말예요. 정말로 진지해야 된다고 생각하는 이 순간에도 당신의 넥타이는 사진 속 고양이가 맨 나비꼴 넥타이를 떠올리게 해요! 이렇게 불쾌한 소리를 하는 날 제발 용서해 줘요, 제발!"

레지는 그녀의 따뜻하고 조그만 손을 꼭 쥐었다.

"당신을 용서하라니, 말도 안 돼요."

그는 빨리 말했다.

"용서라니요? 제가 당신을 웃게 만드는 이유를 알 것 같습니다. 당신은 모든 면에서 저보다 훌륭하니까 저는 왠지 우습게 보이겠죠. 앤, 저도 알고 있어요. 하지만 만일 제가—"

"아니에요, 아니에요."

앤은 레지의 손을 힘 있게 쥐었다.

"그렇지 않아요. 모두 틀렸어요. 저는 조금도 당신보다 낫지 않아요. 당신이 저보다 훨씬 훌륭해요. 당신은 놀랄 만큼 너그러워요. 그리고…… 그리고 친절하고, 순진하고, 그런데 저는 그렇지가 못해요. 당신은 저를 몰라요. 저는 아주 못된 성격을 가졌어요. 제발, 말을 막지 말아요. 더구나 그게 중요한 점도 아니죠. 사실은"—그녀는 머리를 흔들었다—"보기만 해도 웃음이 나오는 사람과는 도저히 결혼할 수 없어요. 당신도 분명히 알 거예요. 내가 결혼할 사람은—"

앤은 조용히 숨을 쉬었다. 그녀는 말을 끊었다. 그녀는 자기 손을 빼고 레지를 바라보고는 이상하게 꿈꾸듯 웃었다.

"내가 결혼할 사람은—"

레지는 키 크고 잘생기고 훌륭한 한 낯선 사람이 그 앞으로 걸어와서 자기 자리를 뺏는 것처럼 생각했다. 앤과 레지가 극장에서 가끔 본 그런 부류의 남자로서, 허공으로부터 무대로 걸어 나와 말 한마디 없이 여주인공을 팔에 끼고 오랫동안 무서운 표정을 하고는 그 여자를 어디론가 데리고 가 버리는…….

레지는 그 환상에 굴복했다.

"네, 알겠어요."

그는 가라앉은 목소리로 말했다.

"그래요? 오, 당신이 알았으면 해요. 전 그에 대해서 꽤 미안하게 생각해요. 설명하기가 아주 어렵군요. 당신은 알 거예요. 저는 결코—"

그녀는 말을 끊었다. 레지는 그녀를 바라보았다. 그녀는 미소를 띠고 있었다.

"웃기지 않아요?"

그녀는 말했다.

"저는 무엇이든지 당신에겐 말할 수 있어요. 저는 당신을 알게 된 처음부터 늘 그랬어요."

"기쁩니다."

그는 애써 웃으며 말했다. 그녀는 말을 이었다.

"당신만큼 좋아하는 사람은 없어요. 저는 누구와도 행복하다고 느낀 일이 없어요. 하지만 사람들이 사랑에 대해서 이야기할 때 이런 의미는 아니었다고 생각해요. 알죠? 오, 제가 얼마나 미안하게 생각하는지 당신이 알아주면 좋겠어요. 우리는 마치 저 비둘기 씨와 비둘기 부인 같아요."

그것으로 끝이 났다. 그것이 레지날드에게는 마지막 선언이었고 너무나 가혹한 진실이기 때문에 그는 견딜 수가 없었다.

"이제 그만해요."

그는 그렇게 말하고는 앤에게서 돌아서서 잔디 너머를 바라보았다. 그곳에는 정원지기의 오막집이 사철나무 옆에 있었다. 습하고 푸른, 가늘고 투명한 연기가 그 집 굴뚝에서 피어올랐다. 도무지 현실처럼 보이지 않았다. 그의 목구멍은 얼마나 쓰렸는지! 그가 말할 수 있을까? 그는 큰 충격을 받았다.

"집에 돌아가야겠습니다."

그는 쉰 목소리로 그렇게 말하고는 잔디를 가로질러 걸어가기 시작했다. 그러나 앤은 그를 뒤따라 달려왔다.

"안 돼요, 가지 마요. 아직 가서는 안 돼요."

그녀는 애원하듯 말했다.

"당신은 도저히 그런 기분으로 가서는 안 돼요."

그녀는 그렇게 말하면서 입술을 깨물고, 얼굴을 찡그리며 그를 뚫어지게 바라보았다.

"아, 괜찮습니다."

레지가 떨면서 말했다.

"저는…… 저는—"

그리고 그는 "이겨내야지요" 이렇게 말하려는 듯이 손을 흔들었다.

"하지만, 이건 정말 지독해요."

앤이 말했다. 그녀는 두 손을 꼭 쥐고 그의 앞에 서 있었다.

"우리가 결혼하는 게 얼마나 치명적인지 분명히 알겠죠?"

"아, 그래요, 그래요."

레지는 수척한 눈으로 그녀를 바라보았다.

"지금과 같은 심정으로 결혼한다는 것은 옳지 못한 일이지요. 비둘기 씨와 비둘기 부인에게는 그것도 괜찮다고 생각해요. 하지만 현실 생활에서 그런다고 상상해 봐요!"

"아, 물론이죠."

레지는 그렇게 말하고는 걷기 시작했다. 그러나 또다시 앤이 그를 막았다. 그녀는 레지의 소매를 힘껏 잡아당겼다. 놀랍게도 그녀는 이번엔 웃는 대신 울음을 터뜨리려고 하는 소녀와 같은 표정을 지었다.

"만일 당신이 이해했다면 어째서 그렇게도 슬픈 얼굴이죠?"

그녀가 소리쳤다.

"당신은 어째서 그렇게도 지독히 신경 쓰는 거예요? 왜 그렇게 언짢은 표정이에요?"

레지는 꾹 참았다. 그리고 또 한 번 몸에서 그 무엇을 흔들어 떨쳐 버렸다.

"어쩔 수 없어요. 큰 충격을 받았으니까요. 지금 그만두면 나는—"

"어떻게 당신은 지금 그만두겠다고 할 수 있어요?"

앤은 경멸하듯 말했다. 그녀는 레지에게 발을 구르고 얼굴을 붉혔다.

"어쩜 그리 잔인할 수 있어요? 당신이 내게 청혼하기 전만큼 행복하다고 확신할 때까지는 당신을 보낼 수 없어요. 그건 당신도 잘 알 거예요. 매우 단순하니까요."

그러나 레지날드에게는 조금도 단순하지 않았다. 엄청나게 어려웠다.

"비록 제가 당신과 결혼할 수 없다 해도, 그렇게 먼 곳에서 당신이 받아볼 것이라곤 그 지독한 어머니의 편지뿐이며, 그리고 당신은 비참한데 어째 그게 모두 제 잘못이라고 생각하지 않을 수 있겠어요?"

"당신의 잘못이 아니에요. 그렇게 생각지 마십시오. 그저 운명일 뿐이죠."

레지는 자기 옷 소매를 붙잡고 있는 그녀의 손에 입을 맞췄다.

"제게 동정은 말아요, 앤."

그는 조용히 말했다. 그리고 그는 이번에는 뛰다시피 하여 분홍 장미꽃 아치 밑으로 정원을 걸어 나갔다.

"루, 꾸, 꾸, 꾸! 루, 꾸, 꾸, 꾸!"

비둘기 소리가 베란다에서 들려왔다.

"레지, 레지!"

정원에서 부르는 소리가 났다.

그는 발을 멈추고 돌아보았다. 그녀는 레지의 그 소심하고 당황한 표정을 보고 조금 웃었다.

"돌아와요, 비둘기 씨."

앤이 말했다. 그리고 레지날드는 잔디를 가로질러 천천히 걸어왔다.

Marriage à la Mode
현대풍 결혼

윌리암은 역으로 돌아오는 길에서야 아이들에게 줄 아무것도 사가지고 오지 않았다는 생각이 나서 가슴이 아팠다. 불쌍한 아이들! 아무것도 사 오지 않았다는 것은 그들에겐 절망이었다. 그들이 아버지한테 인사하러 달려 나올 때의 첫마디는 언제나 "아빠 뭘 갖고 왔어요?" 묻는 것인데 아무것도 안 사 가지고 온 것이다. 역에서 과자라도 살 수밖에 없었다. 그러나 이미 지난 토요일마다 잇따라 네 번을 사다 주었기 때문에, 지난번에는 또 그 낯익은 같은 상자가 나오는 것을 보고 아이들은 크게 실망했다.

"요전엔 내 것에는 빨간 리본이 달렸는데!"

"내 거에는 언제나 분홍색이야. 난 분홍색이 싫어."

패디와 죠니가 이러는 것이었다.

그렇다고 이제 어떻게 한단 말인가? 곤란하게 되었다. 그전 같으면 택시를 타고 웬만한 장난감 가게에 가서 5분 안에 무엇이든 사면 되었다. 그러나 아이들은 요즈음 러시아 장난감, 프랑스 장난감, 세르비아 장난감—아무도 어디 것인지 모르는 그런 장난감까지도 가지고 있었다. 멋진 당나귀나 기관차 같은 것은 '끔찍하게 감상적'이며 '어린이들의 형태 관념에 해'를 준다고 이자벨이 부수어 버린 일이 일 년이 넘는다.

"아이들은 아주 어려서부터 옳은 것을 좋아하도록 하는 게 꽤 중요해. 그래야 커서도 많은 도움이 되거든. 어린 시절부터 이렇게 끔찍한 물건을 보면서 자라난 아이들은 커선 틀림없이 왕립 미술원에 데려가 달라고 할 거야."

현대적인 이자벨은 이렇게 설명했다.

그녀는 마치 왕립 미술원에 가는 사람은 누구나 곧바로 죽는 것처럼 말했다…….

"글쎄, 난 모르겠는데."

윌리암은 천천히 말을 이었다.

"내가 저애들 나이 때는 헌 수건에 매듭진 것을 가슴에 안고 잠자러 가곤 했으니까."

현대적인 이자벨은 눈을 가늘게 하고 입을 반쯤 열고는 남편을 바라보았다.

"여보, 윌리암! 당신은 그렇게 했을 거야!"

그녀는 새로운 방식으로 크게 웃었다.

윌리암은 택시 운전기사에게 줄 돈을 주머니에서 꺼내며, 그래도 과자로 해야 될 거라고 생각하고는 우울해했다. 그러자 그에겐 아이들이 과자 상자를 친구들에게 나누어 주고 있는 모습이 보였다—정말 마음 착한 아이들이었다—한편 이자벨의 그 귀한 친구들은 그렇게 하도록 만드는 데 서슴지 않았고…….

과일은 어떨까? 윌리암은 역 입구에 있는 매점 앞을 걷고 있었다. 멜론을 하나씩 줄까? 그렇잖으면 패디에겐 파인애플을, 죠니에겐 멜론을 줄까? 설마 이자벨 친구들이 아이들 식사 시간에 아이들 방에까지 살금살금 들어오지야 않겠지. 그러나 그가 멜론을 샀을 때 윌리암은 웬일인지 이자벨의 친구인 젊은 시인이 아이들 방문 뒤에서 한 조각을 핥고 있는 불쾌한 장면이 떠올랐다.

두 개의 꾸러미를 매우 어색하게 들고 기차가 있는 곳으로 큰 걸음으로 걸어갔다. 플랫폼은 혼잡했고 기차는 들어와 있었다. 문이 열리고 닫히곤 했다. 기관차에서 슈웃! 크게 소리를 내자 여기저기 사람들이 종종걸음을 치며 서둘러 걸었다. 윌리암은 곧장 일등 흡연차로 가서 옷가방과 꾸러미를 올려 넣은 뒤 안주머니에서 큰 종이 묶음을 꺼내어 구석에 앉아서 읽기 시작했다.

'우리 소송 의뢰인은 좀 더 적극적이고…… 우리는 다시 고려코자…… 이

사건에서―'

아! 이것은 좀 나은 편이었다. 윌리암은 흘러내린 머리를 다시 치켜올리고는 기차 바닥으로 다리를 쭉 뻗었다. 고질병인 가슴앓이도 진정되었다.

'우리의 결정에 관해서는―'

그는 파란 색연필을 꺼내 한 단락을 천천히 표시했다.

두 남자가 들어오더니 그의 옆을 지나 저쪽 구석에 자리 잡았다. 한 청년이 골프채를 그물 선반 위에 던져 올리고는 윌리암 맞은편에 앉았다. 기차가 잠시 흔들리더니 떠나기 시작했다. 윌리암은 그 무덥고 밝은 역이 멀리 미끄러져 가는 것을 바라보고 있었다. 얼굴이 빨개진 소녀가 기차를 따라 달리고 있었다. 손을 흔들고 부르짖는 방식에는 흥분과 거의 절망적인 데가 있었다.

'히스테리구나!'

윌리암은 멍하니 생각했다. 또 기름투성이 얼굴을 한 노동자가 플랫폼 끝쪽에서 지나가는 기차를 보며 이를 드러내고 웃고 있었다.

'불결한 삶이구나!'

윌리암은 이렇게 생각하고는 다시 서류로 눈을 돌렸다.

그가 다시 눈을 들었을 때, 창밖에는 들이 보이고 무성한 나무 아래에 가축들이 서 있었다. 벌거벗은 아이들이 물을 튀기며 놀고 있는 시냇물이 보이더니 이내 스쳐 사라졌다. 맑게 빛나는 푸른 하늘에 새 한 마리가 높이 떠오르고 있는 것이 파란 보석 속의 검은 티와도 같았다.

'우리 소송 의뢰인의 통신 문서를 조사했는데……'

마지막 문장을 마음속으로 다시 읽어봤다. '조사했는데……' 윌리암은 이 문장에서 막혀 버렸다. 이것도 신통치는 않았는데 그조차 중간에서 툭 끊어지고, 들도 하늘도 나는 새도 시냇물도 할 것 없이, 모든 것이 "이자벨" 부르는 것 같았다. 똑같은 일이 토요일 오후마다 일어났다. 그가 이자벨을 만나러 갈 때면 늘 이러한 상상에서의 만남이 몇 번이나 되풀이 되었다. 역에서 이자벨은 모든 사람들에게서 조금 떨어진 곳에 서 있다. 또는 바깥에서 문이 열린 택시 안에 앉아 있다. 정원에도 있었고, 빛바랜 풀밭을 가로질러 걸어가기도 했고, 문에도, 복도에도 있는 것이었다.

그리고 그 맑고 명랑한 목소리로 "아아, 윌리암", "여보! 윌리암" 또는 "윌리암이 왔어!" 하는 것이었다. 그러면 그는 아내의 차디찬 손과 차디찬 볼을 만진다.

이자벨이 얼마나 아름답고 신선한지! 윌리암은 어렸을 때 소나기가 지나간 뒤 정원으로 뛰어가서 장미 덩굴을 머리 위에서 흔드는 것이 좋았다. 이자벨이 바로 그런 장미 덩굴이었다. 꽃잎처럼 부드럽고 반짝반짝 빛나고 그러면서 시원스러웠다. 그리고 자기는 그 어린 소년 그대로였다. 그러나 정원으로 달려갈 수도, 크게 웃거나 장미 덩굴을 흔들 수도 없었다.

그에게 그 가슴을 죄는 듯한 둔하고 완강한 가슴앓이가 다시 일어났다. 다리를 위로 올리고 서류를 옆에 던져 버리고는 눈을 감았다.

"뭐야, 이자벨? 응 무엇이야?"

그는 부드럽게 물었다. 그들은 새로운 집 침실에 있었다. 이자벨은 까맣고 파란 조그만 상자가 몇 개 흩어져 있는 화장대 앞 색칠한 의자에 앉아 있었다.

"뭐 말이야?"

이자벨이 앞으로 몸을 구부리니 아름답고 부드러운 머리카락이 뺨에 와 닿았다.

"아, 당신도 알 텐데!"

이 낯설은 방 한가운데 서 있는 자기는 그녀와는 아무런 상관이 없는 것처럼 느껴졌다. 그 말에 이자벨은 돌아앉아 그를 마주보았다.

"오, 윌리암!"

그녀는 애원하듯 소리 지르고는 헤어 브러시를 높이 들었다.

"제발! 제발 그렇게 무섭도록 성난, 그리고—비장한 얼굴은 하지 마. 내가 뭘 좀 바꿔 놓기만 하면 당신은 으레 뭐라고 한마디 하는가 뚫어지게 보든가 그렇잖으면 비꼬아 말하더라. 내가 정말 마음 맞는 사람과 사귀게 되고 좀 더 나다니고 여러 가지 일에 아주 열심일 것 같으면 당신은 마치 내가"—이자벨은 머리를 뒤로 젖혀 넘기고 웃으면서—"우리의 애정 같은 것은 죽어

버린 것처럼 행동하잖아. 그건 너무 터무니없는 짓이야."—그녀는 입술을 깨물고—"정말 미친 짓이야, 윌리암. 당신은 이 새 집이나 하인들에 대해서 나한테 불평하고 있어."

"이자벨!"

"그래, 그래, 어떤 면에서는 사실이야."

이자벨은 빨리 말했다.

"당신은 이 집이나 하인들 또한 나쁜 징조라고 생각하지? 오! 난 당신이 그런다는 걸 다 알아."

그녀는 나지막하게 말했다.

"나는 당신이 계단을 올라올 때마다 그걸 느껴. 하지만 그 초라하고 비좁은 동굴 같은 집에서야 살아갈 수 없잖아? 윌리암, 제발 현실적으로 굴어! 그곳은 아이들 방조차도 넉넉지 못하잖아?"

사실이었다. 그가 매일 아침 변호사 사무실에서 돌아오면 이자벨과 아이들이 안쪽에 있는 응접실에 있는 것을 보게 된다. 아이들은 긴 의자 등에 걸쳐 놓은 표범 가죽 위에 앉아 있거나, 이자벨의 책상을 계산대로 만들어 가게 놀이를 했다. 패디는 난로 앞 양탄자 위에 앉아서 조그만 놋쇠로 만든 부삽으로 물에 빠진 사람의 귀한 생명을 구하기 위하여 노를 젓는 시늉을 하는가 하면, 죠니는 부젓가락으로 해적을 쏘는 시늉을 하기도 한다. 그리고 매일 저녁 그들은 늙고 뚱뚱한 유모에게 업혀서 좁은 계단을 올라가곤 했다.

정말 그곳은 초라하고 비좁은 집이었다고 그는 생각했다. 푸른 커튼과 암사색의 페튜니아 화분이 놓여 있는 하얗고 조그만 집. 윌리암은 문에서 친구를 만나면 이렇게 말하곤 했다.

"우리집 페튜니아를 봤나? 런던치고 꽤 근사하지 안 그런가?"

그러나 이자벨이 자기만큼 행복하지 않다고는 꿈에도 생각지 않았으니 어리석고도 이상한 일이었다. 그렇게도 몰랐던가! 그는 아내가 그 불편하고 조그만 집을 몹시 싫어하고, 뚱뚱한 유모가 아이들 버릇을 망치고 있다고 생각했으며 또 몹시 쓸쓸해 하며 새로운 친구나 음악이나 그림 같은 것을 갈

망하고 있다는 것을 그 무렵엔 조금도 몰랐다. 비록 그들이 모이라 모리슨의 스튜디오에서 열린 파티에 가지 않았더라도—비록 모이라 모리슨이 자기네가 돌아올 때, "이기적인 분, 내가 당신의 아내를 구출할 거예요. 당신 아내는 작은 티타니아 여왕 같거든요" 이 말만이라도 하지 않았더라도—비록 이자벨이 모이라와 같이 파리에 가지 않았더라도—비록—비록……

기차는 다음 역에서 멈추었다. 베팅포드이다. 어쩌면! 10분만 있으면 도착이다. 윌리암은 서류를 주머니에 찔러넣었다. 맞은 편에 앉았던 청년은 벌써 오래 전에 사라졌다. 나머지 다른 두 사람도 이제 내렸다. 저녁 노을이 무명 옷을 입은 여인들과 햇볕에 까맣게 탄 맨발 벗은 아이들 위로 비치고 있었으며, 돌둑 위로 뻗은, 결이 거친 잎사귀를 가진 보드라운 노랑빛 꽃 위에도 찬란히 빛나고 있었다. 창문으로 살랑살랑 들어오는 바람에는 바다냄새가 풍겼다. 이자벨은 이 주말에도 같은 무리와 지낼까 하고 윌리암은 생각했다.

그는 식구 넷과 아이들을 봐주는 농장 소녀 로즈가 함께 보냈던 지난 휴일들을 회상하고 있었다. 이자벨은 운동할 때 입던 스웨터를 입고 머리는 하나로 묶어서 열네 살 소녀로 보였다. 그리고 그의 코는 곧잘 얇은 살껍질이 벗겨져 있었지! 그들은 실컷 먹어댔고 그 폭신한 새털 이불 속에서 발을 서로 엉킨 채 오랫동안 잠을 잤고……. 윌리암은 만일 이자벨이 자기의 이 굉장한 정열을 알면 무서워하리라 생각하고는 쓴웃음을 지었다.

"안녕, 윌리암!"

그녀는 그가 상상했던 그대로 역에 나와 다른 사람들로부터 조금 떨어져서 있었다. 윌리암의 가슴은 뛰었다. 그녀는 혼자 있었다.

"안녕, 이자벨!"

윌리암은 뚫어지게 보았다. 무척 아름답게 보였기 때문에 뭐라고 한마디 해야 되겠다고 생각했다.

"꽤 좋아 보이는데."

"그래? 뭐 그렇지도 않아, 이리 와. 당신이 타고 온 기차는 지긋지긋하게 연착했어. 밖에 자동차가 와 있어."

개찰구를 지날 때 이자벨은 자기 손을 남편의 팔에 가볍게 얹었다.

"다들 당신을 마중 나왔어. 바비 케인은 사탕 가게에 있으니까 데리러 가야 해."

"오!"

윌리암은 말했다. 그 순간 그가 말할 수 있었던 전부였다.

눈부시게 빛나는 자동차가 기다리고 있었고, 한편에는 빌 헌트와 데니스 그린이 모자를 얼굴 깊숙이 눌러쓰고는 웅크리고 있고, 또 다른 편에는 큰 딸기 모양의 보닛을 쓴 모이라 모리슨이 팔딱팔딱 뛰면서 쾌활하게 소리 지르고 있었다.

"얼음이 없어! 얼음이 없어! 얼음이 없어!"

데니스가 모자 아래서 맞장구를 쳤다.

"생선 가게에서 얻어올 수밖에 없지."

빌 헌트가 말참견을 했다.

"얼음에 생선 냄새가 배어 있겠지."

"아이, 진절머리 나!"

이자벨이 비명을 질렀다. 그녀는 윌리암에게 자기가 그를 기다리는 동안 그들은 얼음을 구하러 온 시내를 돌아다녔다는 것을 설명했다.

"버터부터 시작해서 모든 것이 절벽에서 바다로 흘러내리는데, 버터가 가장 빨라."

"우리는 버터로 세례를 받아야 되겠어. 윌리암, 당신 머리 위에 기름 붓는 걸 잊지 말게."

데니스가 말했다.

"자아, 이제 올라 타지'? 난 기사 옆이 좋겠군."

윌리암이 말했다.

"아니, 바비 케인이 기사 옆에 앉을 거야. 당신은 모이라와 내 사이에 앉아."

이자벨이 말했다. 자동차는 떠났다.

"그 괴상한 꾸러미에는 무엇이 들었어요?"

"잘린 목이!"

빌 헌트가 모자 아래서 떨며 말했다.

"오, 과일!"

이자벨의 목소리는 몹시 기쁘게 들렸다.

"똑똑한 윌리암! 멜론과 파인애플이네. 아이 좋아!"

"아냐, 좀 기다려."

윌리암은 웃으며 말했다. 그러나 그는 실제로는 걱정이 되었다.

"아이들 주려고 가지고 온 것인데."

"아이, 당신두!"

이자벨은 웃으며 남편의 팔에 자기의 손을 슬며시 밀어 넣었다.

"아이들이 그런 것을 먹었다간 배가 아파서 동동 구르게 될 거야. 안 돼."
—그녀는 남편의 손을 가볍게 두드리며—"아이들에겐 다음에 무엇이든 사다 줘. 이 파인애플은 주고 싶지는 않은데."

"잔인한 이자벨! 나도 냄새 좀 맡게 해주렴!"

모이라가 말했다. 그리고 윌리암 너머로 호소하듯 팔을 내밀었다.

"오우!"

딸기 보닛이 앞으로 떨어졌다. 그녀는 정말 기절할 것 같은 소리를 냈다.

"파인애플과 연애하는 여인."

데니스가 말했다. 그리고 그때 자동차가 줄무늬 덧문이 달린 조그만 가게 앞에 서자 바비 케인이 조그맣게 싼 꾸러밀 한 아름 안고 나왔다.

"맛이 좋길 바라. 난 색깔 때문에 골랐거든. 그중엔 정말로 아주 훌륭하게 보이는 동그란 것도 있어. 그리고 이 누가를 좀 봐요."

그는 크게 소리쳤다.

"좀 봐! 완전하고 작은 발레단이지."

그러나 그때 점원이 나타났다.

"오, 잊었군, 돈 내는 것을 깜빡 잊었단 말야."

바비는 놀란 얼굴로 말했다. 이자벨이 점원에게 지폐 한 장을 주자, 바비는 다시 기운을 냈다.

"아참, 윌리암인가! 난 기사 옆에 앉겠네."

모자도 쓰지 않고 소매는 어깨까지 걸어 올린 흰 옷을 입은 그는 그렇게 말하고는 기사 옆자리로 뛰어들었다. 그러고는 "갑시다!" 소리 질렀다…….

차를 마신 뒤 모두 수영하러 나갔는데 윌리암만 남아서 아이들과 함께 조용히 지냈다. 죠니와 패디는 잠들었고, 장미처럼 붉던 노을도 사라지고 박쥐들이 날고 있는데도 헤엄치러 간 사람들은 여전히 돌아오지 않았다. 윌리암이 아래층에서 서성거리고 있는데 하녀가 램프를 들고 현관 마루를 지나갔다. 그는 하녀를 따라 거실로 들어갔다. 그것은 긴 노란빛 방이었다. 맞은편 벽에는 윌리암인지 누군가가 그린 그림이 걸려 있었는데, 그것은 실물과 같은 크기로 그린 키가 큰 청년이 다리를 떨면서, 한쪽은 꽤 짧고 다른 한쪽은 무척 긴 팔을 가진 가냘픈 젊은 여인에게 활짝 핀 실국화를 바치고 있는 그림이었다. 안락의자와 긴 의자 위에는 깨진 달걀과 같은 큰 얼룩점이 있는 검은 천 조각이 늘어져 있고 담배 꽁초로 가득 찬 재떨이가 여기저기 있는 것을 볼 수 있었다. 윌리암은 안락의자에 앉았다. 요즘은 한 손으로 의자 옆구리를 훑어도 세 발 달린 양이나, 뿔 하나를 잃은 암소나 '노아'의 방주에서 나왔다는, 바로 그 살찐 비둘기는 나오지 않는다. 그 대신 종이로 포장한 더러워 보이는 조그만 시집(詩集)을 낚을 수 있지…… 그는 주머니에 들어 있는 서류 뭉치 생각이 났지만 너무 배가 고프고 피곤해서 읽을 수가 없었다. 문이 열려 있어 부엌에서 나는 소리가 빠짐없이 들려왔다. 하인들은 집 안에 자기네끼리만 있는 듯 크게 떠들고 있었다. 갑자기 웃음소리가 크게 터져나오더니 또한 그 소리만큼 크게 "쉿" 하는 소리가 들려왔다. 윌리암이 집에 있다는 게 생각난 모양이다. 그는 일어나 이중으로 된 유리문으로 해서 정원으로 나가 그늘진 곳에 서 있었다. 수영하러 나갔던 사람들이 모랫길을 걸어오는 소리가 들리고, 그들의 목소리가 적막을 뚫고 울려왔다.

"기술이나 수단을 쓰는 것은 모이라에게 달렸다고 생각해."

모이라는 슬픈 신음소리를 냈다.

"우리는 주말에 저 '산의 처녀'를 틀려면 축음기가 필요해."

"오, 안돼! 안돼!"

이자벨이 큰 소리로 외쳤다.

"그건 윌리암에게 미안한 짓이야. 모두 그에게 친절하게 해줘요! 그이는 내일 저녁이면 다시 떠나니까."

"그를 내게 맡겨."

바비 케인이 소리 질렀다.

"난 사람들 돌보는 건 끝내주거든."

문이 밀려 열리고 곧 닫혔다. 윌리암이 테라스에서 움직이고 있는 것이 그들에게 보였다.

"여, 윌리암!"

바비 케인은 수건을 펄럭이면서 빛바랜 잔디 위에서 빙글빙글 돌기 시작했다.

"윌리암, 자네랑 같이 못 가서 유감이야. 물이 아주 깨끗하더군. 나중에 우린 조그만 술집에 들러서 슬로진*¹을 한잔했지."

나머지 사람들도 집에 도착했다.

"저, 이자벨."

바비가 말했다.

"오늘밤 내가 니진스키*² 드레스를 입으면 어떨까?"

"아무도 차려입지는 않을 거야. 우린 모두 배가 고파 죽을 지경이니까. 윌리암도 배고플 거야. 친구들, 다 이리 와서 정어리부터 먹기 시작합시다."

이자벨이 말했다.

"난 벌써 정어리를 발견해 놓았지."

모이라는 말하고, 상자 하나를 높이 쳐들고 현관으로 달려갔다.

"정어리 상자를 든 여인."

데니스가 진지하게 말했다.

"그런데 윌리암, 런던은 어떤가?"

빌 헌트는 위스키 병 마개를 빼면서 물었다.

"오, 런던은 그다지 변한 게 없지."

윌리암이 대답했다.

---

*1 오얏나무의 열매로 만든 술.
*2 러시아의 발레 무용가.

"그리운 런던."

바비가 칼로 정어리를 자르면서 진정어린 목소리로 말했다.

그러나 곧 윌리암은 모두에게 잊혔다. 모이라 모리슨이 사람의 다리가 물속에서는 어떤 색깔이 되느냐고 물어보기 시작했다.

"내 발은 꽤 파래서 새파란 버섯 색이지."

빌과 데니스는 게걸스럽게 먹어댔다. 이자벨은 행복에 넘쳐 미소 지으면서 유리잔을 채우고 접시를 바꾸면서 말상대를 하고 있었다. 갑자기 그녀는 말했다.

"빌, 당신이 그렸으면 좋겠어요."

"뭘 그리라고?"

빌은 빵을 입에 가득히 넣으면서 크게 말했다.

"우리를. 식탁을 둘러싼 우리 모습을. 20년 뒤엔 꽤 재미있는 그림이 될 거야."

빌은 눈을 가늘게 뜨고는 빵을 씹었다.

"빛이 좋지 않아."

그는 무례하게 말했다.

"노랑이 너무 강해."

그러고는 계속 먹어댔다. 그런데 그런 태도까지 이자벨의 마음을 끌게 한 것 같았다.

저녁 식사 뒤에는 모두가 너무 피곤했는지 잠자러 갈 시간이 될 때까지 하품만 하고 있었다……

윌리암은 다음 날 오후 자동차를 기다리는 동안에야 비로소 이자벨과 단둘만이 있을 수 있었다. 그가 여행 가방을 현관으로 가져오자 이자벨은 다른 사람들 곁을 떠나서 그에게로 왔다. 그녀는 허리를 굽혀 가방을 들었다.

"아이, 무거워!"

그녀는 그렇게 말하고는 조금 어색한 웃음을 지었다.

"내가 들어줄게! 문까지."

"아냐, 왜 당신이? 내가 들지, 내게 줘."

"오, 제발 내게 맡겨. 들고 싶어서 그래, 정말로."

그들은 말없이 함께 걸어갔다. 윌리암은 이제 와서 할 말이 없다고 생각했다.

"자아."

이자벨은 여행 가방을 내려놓으면서 쾌활하게 말했다. 그러고는 잠시 모랫길을 걱정스럽게 바라보았다.

"이번에는 당신 얼굴도 제대로 보지 못한 것 같아."

그녀는 숨가쁘게 말했다.

"너무 짧았어. 그렇잖아? 난 당신이 방금 온 것만 같아. 다음에는—"

택시가 오는 게 보였다.

"런던에서 사람들이 모두 당신을 잘 배려해 주길 바랄게. 아이들이 종일 밖에 나가 있어서 미안해. 하지만 네일 양이 그렇게 만든 거야. 아이들은 당신이 떠난 걸 섭섭해 할 거야. 불쌍한 윌리암. 런던으로 돌아가야 한다니."

택시가 방향을 돌렸다.

"안녕!"

그녀는 재빨리 가벼운 키스를 했다. 그리고 가버렸다.

들, 나무, 울타리가 지나갔다. 윌리암과 택시 기사는 텅 비고 공허해 보이는 그 조그만 마을을 흔들거리며 지나서 역까지의 서둘러 경사진 언덕을 기어 올라갔다. 기차는 들어와 있었다. 윌리암은 곧장 일등 흡연차로 가서 구석에 자리 잡았다. 그러나 이번에는 서류를 버려두었다. 그는 그 둔하고 완강한 가슴앓이에 맞서느라고 팔짱을 꼈다. 그러고는 마음속으로 이자벨에게 편지를 쓰기 시작했다.

우편물은 여느 때처럼 늦었다. 그들은 집 밖에 오색 찬란한 파라솔을 펼쳐놓고 그 아래 긴 의자에 앉아 있었다. 바비 케인만이 이자벨의 발 아래 잔디 위에 누워 있었다. 지루하고 답답한 시간이었다. 날씨는 깃발과 같이 축 늘어져 있었다.

"천국에도 월요일이 있다고 생각해?"

바비가 어린애처럼 물었다. 그랬더니 데니스가 중얼거렸다.

"천국에는 영원한 월요일뿐일 거야."

그러나 이자벨은 어제 저녁 식사로 먹은 정어리가 어찌되었는지 궁금했다. 점심엔 마요네즈로 요리한 생선을 먹을 예정이고, 그리고…….

모이라는 잠들어 있었다. 잠자는 즐거움을 그녀는 최근 발견했다.

"참 좋아. 그저 눈을 감기만 하면 그만이니까. 참, 감미로워."

얼굴이 불그스레하고 늙은 우편 배달부가 삼륜 자전거를 타고 모랫길을 오고 있을 때 사람들은 그 자전거 핸들이 틀림없이 노(櫓)일 것이라고 생각했다.

빌 헌트는 책을 놓았다.

"편지다."

그는 흐뭇해서 말했다. 그들은 모두 기다렸다. 그러나 무정한 우편 배달부 —오, 악의에 가득 찬 세상! 이자벨에게 온 두툼한 편지, 오직 그것뿐이었다. 신문조차 없었다.

"내 것도 윌리암한테서뿐이야."

이자벨은 슬프게 말했다.

"윌리암한테서라고? 벌써?"

"그는 점잖게 확인시키려고 결혼 증명서를 보낸 거야."

"아무나 다 결혼 증명서를 갖고 있나? 그런 것은 하인들에게나 필요한 줄 알았는데."

"한두 장이 아니잖아! 저 여자를 보시오! 편지를 읽는 여인."

데니스가 말했다.

'나의 사랑스럽고 소중한 이자벨' 편지가 계속 이어졌다. 이자벨은 읽어감에 따라 놀라움이 숨 막힐 듯한 기분으로 변해 갔다. 도대체 윌리암은 왜 이런 편지를 썼을까?…… 얼마나 이상한 일인가…… 무엇이 그를 그렇게 만들었을까?…… 그녀는 혼란스러워지고 더욱더 흥분하여 두렵기까지 했다. 정말 윌리암다웠다. 그렇지 않은가? 물론, 터무니없고 불합리하고 어리석은 일이다.

"호, 호, 호아! 어쩌면!"

어떻게 해야 좋을지? 이자벨은 의자에 주저앉고는 웃음을 멈출 수 없었다.

"자아, 말해 줘. 꼭 말해 줘야 해."

다른 사람들이 말했다.

"나도 그러고 싶어."

이자벨은 침을 한 번 꿀꺽 삼키며 말했다. 그녀는 똑바로 앉아서 편지를 한데 모아 그들에게 흔들어 보였다.

"자, 모여봐. 들어봐, 정말 대단해. 연애 편지야!"

"연애 편지라! 아주 멋진걸!"

'사랑스럽고 소중한 이자벨' 하고 읽기 시작하자 그들의 웃음소리가 방해를 했다.

"계속해, 이자벨, 거 굉장한데."

"가장 놀라운 발견인데."

"오, 제발 계속해, 이자벨."

'귀여운 이여, 내가 당신 행복의 걸림돌이 돼야 한다니. 하느님도 허락하지 않으시겠지.'

"오! 오! 오!"

"쉬! 쉬! 쉬!"

이자벨은 계속 읽었다. 끝까지 읽었을 때 그들은 거의 제정신이 아니었다. 바비는 잔디 위에서 구르며 거의 흐느꼈다.

"내 새 책에 쓰게 그것을 그대로 모두 내게 줘."

데니스는 힘주어 말했다.

"그걸로 첫장 전체를 써내야 하겠어요."

"오, 이자벨. 당신이 그의 팔에 안겨 있는 그 멋진 광경!"

모이라가 신음했다.

"이혼할 경우에 이런 편지는 다 꾸며낸 것이라고 언제나 생각했어. 그런데 그런 것도 이 편지 앞에선 무색하겠는데.”

“어디 좀 줘 봐. 내가 한번 읽어 보게.”

바비 케인이 말했다.

이자벨이 편지를 손에서 구겨 버리자 다들 놀랐다. 그녀는 이제 웃지 않았다. 그들 하나하나를 바라보았다. 그녀는 지친 것처럼 보였다.

“안 돼, 지금은 안 돼, 지금은 안 돼.”

그녀는 말을 더듬었다.

그러고는 어느 틈엔가 집으로 뛰어 들어가더니 현관을 지나 이층의 자기 침실로 들어갔다. 그리고 침대 한쪽에 걸터앉았다.

“비열하고 혐오스럽고 천박해.”

이자벨은 중얼거렸다. 그녀는 손가락 관절로 눈을 누르고는 몸을 앞뒤로 흔들었다. 그녀는 또다시 그들을 보았다. 윌리암의 편지를 읽는 동안 그들이 웃고 조롱하고 희롱하고 손을 흔들고 하던 모습이 넷뿐만 아니라 마흔 명도 더 되는 것처럼 느껴졌다. 오, 어쩌면 그런 몸서리나는 일을 했을까. 어떻게 그런 짓을 저질렀을까! 말도 안돼. 여보, 내가 당신 행복에 걸림돌이 되다니. 윌리암! 이자벨은 베개 속에 얼굴을 파묻었다. 그러나 이 엄숙한 침실조차도 그녀가 천박하고 겉만 번지르르하고 허영심 많다는 것을 안다고 느꼈다……

바로 그때 정원에서 부르는 목소리가 들려왔다.

“이자벨, 우리는 수영하러 갈 거야. 너도 와!”

“오너라, 그대 윌리암의 아내여!”

“가기 전에 한 번 더 불러봐. 한 번만!”

이자벨은 고쳐 앉았다. 지금이다. 지금 결정해야 한다. 그들과 함께 갈 것인지, 아니면 이곳에 남아 윌리암에게 편지를 쓸 것인지. 어느 쪽이 좋을까?

‘마음을 결정해야 해.’

오, 그러나 무슨 의문이 있을 수 있단 말인가? 물론 그녀는 이곳에 남아 편지를 쓸 것이다.

“티타니아!”

모이라가 고함쳐 불렀다.

"이자벨?"

아니다, 너무 어려운 일이다.

'나는—나는 그들과 함께 나갈 거야, 월리암에게는 나중에 쓰지 뭐. 조금 있다가, 뒤에. 지금은 아니야. 하지만 쓰긴 '꼭' 쓸 거야.'

이자벨은 재빨리 이렇게 생각했다.

그러고는, 새로운 기분으로 웃으며 계단을 뛰어 내려갔다.

The Tiredness of Rosabel
피곤한 로사벨

로사벨은 옥스퍼드 서커스 모퉁이에서 제비꽃 한 다발을 샀다. 간단하게 식사를 끝낸 것은 이 꽃을 사기 위해서였다. 사실 모자 가게 일을 마치고 라이온스 가게에서 산 스콘 하나, 삶은 계란 하나, 코코아 한 잔으로 배를 채울 순 없었다. 아틀라스 통근 버스 계단에 한 손으로는 치마를 잡고 한 손으로는 난간을 잡고 올라섰을 때였다. 그녀는 완두콩을 곁들인 구운 오리와 밤 요리, 브랜디 소스를 넣은 향기롭고 따끈한 요리들로 푸짐하게 저녁 식사를 할 수 있다면 영혼이라도 팔 것 같았다. 그녀는 자신과 비슷한 또래의 여자 옆에 앉았다. 그 여자는 싸구려 종이재질에 비에 젖어 책장이 찢겨진 《애나 롬바르드》(소설 제목)를 읽고 있었다. 로사벨은 창문 밖을 바라보았다. 거리는 뿌옇게 안개가 끼어 있었다. 하지만 거리의 등불은 부옇게 된 창문에 우윳빛과 은빛으로 변해 창문으로 보이는 보석가게는 동화 속 궁전 같았다. 로사벨의 발은 젖어있었다. 치맛자락에는 기름 섞인 진흙이 묻어 있으리라. 버스 안은 타고 있는 모든 사람들이 뿜어낸 뜨거운 열기로 꽉 찬 듯했다. 누구나 다 똑같은 표정으로 앉아 앞을 보며 변함없이 같은 광고를 읽고 있었다. '시간과 노동력을 덜어주는 비누', '하인즈 토마토소스' 등등……. 램플로우 회사 해열제의 효능에 대해 의사와 감정가가 시끄럽게 떠들고 있었다. 그녀는 옆자리 여자가 열심히 읽고 있는 책을 힐끗 넘겨다봤다. 그 여자는 로사벨이 정말 싫어하는 방식으로 책을 읽었다. 읽고 있는 단어를 입속으로 낮게 중얼거리며 책장을 넘길 때마다 엄지와 검지에 침을 묻혔다. 책 내용은 잘 보이지 않지만 뭔가 관능적인 밤, 밴드가 음악을 연주했으며 아름다운 흰 어깨를 지닌 여자의 이야기인 것 같았다. 로사벨은 갑자기 감정이 고조되어서 윗옷 단추 두 개를 풀었다. 숨이 막힐 듯했다. 그녀 맞은편에 앉은 사람들은 실체 없이 눈만 번뜩이는 하나의 얼굴로 변해가는 듯 했다.

버스가 도착해 그녀는 내리려고 하다가 비틀거리며 옆자리 여자에게 살짝 부딪쳤다. "미안해요" 말했지만 그 여자는 얼굴도 들지 않았다. 그 여자는 책을 읽으면서 웃고 있었다.

웨스트번 그로브 거리는 그녀가 언제나 상상하는 베니스의 밤처럼 어둡고 신비롭게 보였다. 이륜마차들조차 강을 따라 내려가는 곤돌라 같았다. 어쩐지 무섭게 이어지는 마차 등불의 행렬은 대운하에서 헤엄치는 아름다운 물고기와도 닮았다. 그녀는 리치몬드 거리에 도착했을 때만 해도 말할 수 없는 행복에 휩싸였다. 그러나 거리에서 26번지까지 걸어가면서 그 5층까지 이어진 계단이 생각났다. 아, 4층이나 되는 계단, 그렇게 높은 곳에 사람이 살다니! 단순하고 저렴한 것으로 엘리베이터가 어느 집에나 있었으면! 아니면 에스컬레이터라도! 현관에 선 그녀는, 계단 밑 홀의 유령 같은 박제가 빨간 불빛 속에 어른거리는 것을 보고 울고 싶어졌다. 이 계단은 가파른 언덕을 자전거로 올라가는 것과 마찬가지였다. 그렇다고 내리막을 전속력으로 내려가는 만족감이 있는 것도 아니었다.

마침내 자기 방에 들어왔다. 그녀는 문을 닫고 불을 켠 뒤 모자와 옷을 벗고 신발 끈을 풀었다. 양말은 갈아 신을 만큼 젖지는 않았다. 그녀는 세면대로 갔다. 물병 안에는 겨우 스펀지를 적실 만큼의 물만 남아 있었다. 세면기의 에나멜은 반쯤 벗겨져 있었다. 그녀는 턱을 두 번째로 긁적였다.

7시가 다 되었다. 커튼을 열고 가스등을 끄면 기분이 좋아질지도 모른다. 어쨌든 책은 읽고 싶지 않다. 그녀는 마루에 무릎을 꿇고 창문턱에 팔을 괴었다. 자신과 흠뻑 젖은 커다란 바깥세상 사이를 단 하나의 작은 유리가 가로막고 있다……

그녀는 오늘 하루 있었던 일들을 생각하기 시작했다. 회색 비옷을 입은 여자, 장식 달린 모자를 사러 와서 "한쪽은 자주빛이고 한쪽은 복숭아빛 같은 모자……" 이렇게 말하던 끔찍한 여자, 가게 안의 모자를 모두 써 보고 "내일 사러 올게요" 하던 여자. 너무나 뻔한 변명이라서 로사벨은 웃을 수밖에 없었다.

하지만 한 아가씨는 달랐다. 아름다운 붉은 머리, 새하얀 피부, 지난주에 파리에서 들여온 금색 실을 섞은 초록 리본 같은 눈을 가지고 있었던 그녀. 로사벨은 그녀가 대형 자동차를 타고 와서 한 청년과 함께 들어오는 모습을 보았다. 매우 젊고 잘 차려입은 청년이었다.

그녀가 말했다.

"해리, 정말 어울릴까?"

로사벨은 그녀 모자의 핀을 떼고 베일을 벗기며 손거울을 건넸다.

"당신은 검은 모자가 어울려."

청년은 이렇게 대답하고는 덧붙여 말했다.

"검은 모자. 깃털 장식이 목덜미에 걸쳐 내려와 턱 아래에서 나비매듭으로 묶인, 끝자락이 벨트에 닿을 만큼 꽤 큰 나비 장식 말이야."

아가씨는 웃으면서 로사벨을 흘끗 보고 물었다.

"그런 모자 있어요?"

청년은 불가능한 것을 요구하고 있었다. 이 두 사람을 만족시키는 일은 어려워 로사벨은 그만두려고 했다. 그런데 그때 아직 열어 보지 않은 큰 상자가 2층에 있다는 것이 떠올랐다.

"잠시 기다려 주세요. 혹시 마음에 들지도 모르겠네요."

그녀는 올라가 상자 끈을 풀고 종이를 풀어헤쳤다. 그들이 바라던 크고 부드러운 깃털 장식과 검은 벨벳 장미가 달린 모자였다. 두 사람은 무척 마음에 들어했다. 아가씨는 모자를 써 보더니 로사벨에게 건넸다. 그러고는 눈살을 찌푸리며 진지하게 말했다.

"당신이 한 번 써 봐요."

로사벨은 거울을 보고 그 모자를 쓴 뒤 두 사람을 바라보았다.

아가씨는 큰 소리로 말했다.

"멋지지 않아?"

그녀는 그걸 사겠다고 하더니 로사벨을 향해 웃으면서 말했다.

"당신에게 참 잘 어울리네요."

로사벨은 갑자기 분노가 치밀어 올랐다. 모자를 아가씨 얼굴에 내던지고 싶을 정도였다. 그녀는 붉어진 얼굴을 감추며 사무적으로 말했다.

"안쪽도 잘 만들어진 제품입니다."

아가씨는 조용히 나가고 청년이 남아 돈을 치른 뒤 상자를 가지고 갔다.

"당신과 함께 점심 먹으러 다시 나오기 전에 집으로 가서 바로 모자를 써 봐야지."

아가씨의 말소리가 들려왔다.

청년은 로사벨이 영수증을 쓰는 사이 돈을 건네며 물었다.

"화장해 본 적 있어요?"

로사벨은 퉁명스럽게 말했다.

"아니요."

그의 목소리가 순간 변했다. 으스대면서도 친한 척하는 목소리였다.

"아, 화장해 보셔야지. 이렇게 예쁜 외모를 가지셨는데."

로사벨은 그 말에는 관심 없는 척했다. 그녀는 그저 하루 내내 그 청년만 생각했다. 아름다운 눈썹, 이마에서 흘러내리는 곱슬머리, 웃는 듯한 입 등 등. 그녀에게 돈을 건네던 손까지 생각났다. 로사벨은 얼굴 위로 흩어져내린 머리카락을 이마 뒤로 넘겼다. 마치 얼굴이 달아오르는 것 같았다. 그 아가 씨는 얼마나 행복할까!

만약 그 아가씨와 내가 바뀐다면……. 나는 그와 함께 차를 타고 집으로 돌아가겠지. 물론 그들은 서로 사랑하지만 아직 약혼은 하지 않은 상태일 것이다. 하지만 곧 하겠지. 로사벨은 언제나 이렇게 말하리라.

"나, 시간이 좀 걸릴 거야."

그는 자동차 안에서 기다리고 나는 모자 상자를 든 하녀를 따라 2층으로 올라간다. 하얀색과 복숭아색의 큰 침실이 나온다. 은빛 화병에 꽂힌 장미 가 곳곳에 있다. 나는 거울 앞에 앉는다. 귀여운 프랑스인 하녀가 모자를 묶어 주고, 얇고 예쁜 베일과 하얀 장갑을 찾아 준다. 그날 아침 장갑 단추가 하나 떨어졌기 때문이다. 나는 모피 코트와 장갑과 손수건에 향수를 뿌리고 큰 머프를 들고는 계단을 내려간다. 집사가 문을 열면 그곳에서 해리가 기다리고 있다. 이제 우리는 둘이서 자동차를 타고 간다. 정말 멋진 인생이 아닌가! 음식점에 가는 길에 그가 꽃집에 들러 꽃을 한 다발 사 준다. 두 팔 가득 안겨 준다.

"정말 예뻐요."

나는 얼굴을 꽃 가까이 가져간다.

"당신에게 늘 어울리는 모습이지. 두 손 넘치도록 제비꽃을 안고 있는 거 말이야."

(로사벨은 무릎이 아파 오는 것을 느꼈다. 마루에 주저앉아 머리를 벽에 기댄다.)

멋진 식사! 식탁에는 꽃으로 한아름 장식되어 있다. 나무 그늘 아래에서 밴드가 포도주처럼 감정을 북돋워 주는 음악을 연주한다. 수프, 굴, 비둘기 요리, 크림이 들어간 감자, 물론 샴페인도 있다. 그 뒤에는 커피와 담배. 한 손에는 유리잔을 들고 즐거운 듯 이야기한다. 그런 다음 '별장'에 가서 차를 마신다.

"설탕? 우유? 크림?" 같은 이런 저런 질문이 우리의 즐거움과 친밀함을 보여 주는 듯하다. 해질 무렵 우리는 집으로 돌아온다. 주위가 꽃향기로 가득하다.

헤어질 때 그는 말한다.

"9시에 전화 할게."

불이 켜진 방에는 커튼이 쳐 있다. 편지가 산더미다. 오페라, 만찬, 춤, 주말 뱃놀이, 드라이브 여행 초대 등등. 2층에 옷을 갈아입으러 가면서 그것들을 대충 훑어본다. 침실에도 불이 켜져 있다. 불빛에 아름답게 비치는 드레스가 침대 위에 펼쳐 있다. 은빛 구두와 스카프, 은빛 부채 위에 하얀 비단 레이스가 걸려 있다. 밤 무도회에서 내가 가장 인기 있다는 것은 나도 잘 알고 있다. 남자들이 자신에게 경의를 표하고, 어느 외국 왕자가 이 영국 미인과 친구가 되길 원한다. 정말 감각적이고 화려한 밤이다. 밴드가 음악을 연주하고 그녀의 사랑스러운 흰 어깨가 드러난⋯⋯.

하지만 곧 피곤해진다. 해리가 자신을 집까지 데려다 준다. 응접실에는 불이 꺼져 있다. 하지만 하녀는 일어나 있다. 외투를 벗고 벽난로 쪽으로 가서 선 채 장갑을 벗는다. 벽난로 불빛이 자신의 머리카락을 비추고 해리가 다가와 그녀를 끌어안는다.

"로사벨, 로사벨, 로사벨⋯⋯."

그의 품 안에서 편안함을 느낀다. 정말 피곤하다.

(실제로 로사벨은 어두운 마루 위에 웅크려 크게 소리내어 웃는다. 그녀의 얼굴이 달아오른다.)

물론 다음 날 두 사람은 공원을 드라이브한다. 약혼 발표를 하고 모든 사람들에게 축하의 박수를 받는다.

곧바로 하노버 광장의 성 조지 교회에서 결혼식을 올리고 해리의 유서 깊은 본가가 있는 지역으로 신혼여행을 떠난다. 마을 농부들이 두 사람에게 인사를 건네고 해리가 나의 손을 세게 잡는다. 그날 밤 파티에서 나는 다시 은백색 드레스를 입는다. 여행의 피로에 젖은 나는 2층 침실로 간다.

실제 로사벨은 마루에서 일어나 천천히 옷을 벗어서 의자 등받이에 걸친다. 싸구려 잠옷을 입고 머리의 핀을 빼서 다갈색 머리카락을 어깨 주변에 늘어뜨린다. 촛불을 끄고 더듬더듬하여 침대 쪽으로 가 담요를 젖히고 조금 더러워진 이불을 똑바로 덮고 몸을 웅크린 채 어둠 속으로 빠져들었다.

로사벨은 꿈속에서 미소 짓는다. 한번은 꿈을 꾸는 도중에 팔을 뻗어서 실제로는 거기에 없는 무언가를 만지려 하기도 했다.

날이 밝았다. 이제는 새벽의 차가운 손가락들이 이불 밖으로 삐져나온 그녀의 드러난 손 위로 다가온다. 희미한 회색 빛이 어둠침침한 방에 흘러 들어온다. 로사벨은 몸을 부르르 떨며 괴로운 듯 일어난다. 잠에서 덜 깬 그녀의 입 주변으로 불안한 경련이 엷게 피어오른다. 로사벨이 지닌 유산은 오직 비극적인 낙천주의뿐이었고, 어쩌면 그것은 젊음이 유일하게 상속받은 유산이기도 했다.

The Singing Lesson
노래 수업

차디차고 날카로운 절망을 악의 담긴 칼처럼 가슴속 깊이 묻고 메도우즈 양은, 모자와 가운 차림으로 작은 지휘봉을 든 채 음악실로 통하는 썰렁한 복도를 걸어간다. 가을날 아침의 바깥 공기에 뺨이 장밋빛이 된 몇몇 소녀들이 떠들면서 학교를 향해 종종걸음 치거나 달려 지나간다. 텅 빈 교실에서는 빠른 북소리 같은 것이 흘러나온다. 벨이 울리고 작은 새소리 같은 목소리가 '뮤리엘' 하고 외친다. 그러자 계단에서 쿵 하는 소리가 난다. 누군가가 철 아령을 떨어뜨린 것이다.

과학 선생이 메도우즈를 불러 세운다.

"안녕하세요. 겨울처럼 춥네요."

그는 평소처럼 나른하고 꾸민 듯한 어투로 길게 끌며 말한다.

그녀는 절망이라는 칼을 가슴에 품고 증오하는 눈길로 과학 선생을 바라본다. 그녀 주변은 모두 벌꿀처럼 달고 연하다. 꿀벌이 저 곱슬거리는 금발 머리에 엉켜 있다 해도 전혀 놀랍지 않다.

그녀는 가시 돋힌 목소리로 대답한다.

"그러게요."

과학 선생은 언제나 정다운 미소를 짓는다.

"선생님은, 추워서 꽁꽁 얼어붙은 것 같아요."

그의 파란 눈은 커졌다. 마치 사람을 비웃는 듯하다.

'그녀가 뭔가 알아차린 건가?'

메도우즈가 말했다.

"아니요, 그렇게 심하진 않아요."

과학 선생의 미소에 짧게 찡그리며 답하고는 계속 걸어갔다.

4학년, 5학년, 6학년 학생이 음악실에 모였다. 귀가 먹먹해질 정도로 소란스럽다. 교단 위 피아노 옆에 반주자인 메리 비즐리가 서 있다. 그녀는 피아노 의자를 빙빙 돌리고 있다. 그 모습을 보고 메도우즈 양은 큰 목소리로 주의를 주었다.

"여러분 조용히 해요."

그녀는 팔짱을 끼고 지휘봉을 겨드랑이에 끼고 중앙 통로를 성큼성큼 걸어가 층층대를 올랐다. 그리고 방향을 바꾸어 악보대를 잡아 자신의 앞에 두고 지휘봉을 두 번 쳤다.

"조용히!"

그녀는 누구도 보지 않았다. 그저 나비 리본을 하고 펼친 악보를 든, 분홍빛 얼굴들과 손들을 먼눈으로 훑었다. 그녀는 그들이 무슨 생각을 하는지 정확히 알았다. '선생님이 화가 났어.' 음, 아무렇게나 생각하라지! 그녀의 눈꺼풀이 떨렸다. 그녀는 머리를 힘껏 올렸다. 그런 편지를 받고 심장, 심장을 찔리고 죽을 만큼 피를 흘리며 서 있는 사람에게 그들이 무슨 생각을 하는지가 무엇이 중요하겠는가.

"우리가 결혼한다는 것이 실수라는 생각이 드는군요. 당신을 사랑하지 않는 것은 아닙니다. 나는 어느 여성보다 당신을 사랑합니다. 하지만 솔직히 말해 나는 결혼할 유형의 남자는 아니라는 결론에 이르렀습니다. 결혼해서 안정되면 가슴이 꽉 차오를 것입니다. 그저……."

이 다음에는 '혐오로'라는 글자가 지워지고 그 위에 '회환으로'라는 글자가 쓰여 있었다.

그녀는 피아노 쪽으로 천천히 걸어갔다. 그러자 메리 비즐리가 기다렸다는 듯이 몸을 앞으로 숙였다. 그녀는 머리칼을 뺨에 늘어뜨리며 속삭이듯

말했다.

"안녕하세요. 메도우즈 선생님."

그러더니 아름다운 국화를 선생에게 건네기보다는 받으라는 듯한 태도를 보였다. 이 꽃을 바치는 조촐한 의식은 한 학기 반이나 이어졌다. 이것은 수업의 일부가 되었다. 하지만 오늘 아침 메도우즈 양은 꽃을 받아 들고 벨트에 꽂으면서 목례를 하며 "고맙다. 참 예쁘구나. 32쪽 펴요"라고 말하지 않았다. 그 대신 국화꽃을 완전히 무시하고 메리의 인사에도 응하지 않고 차가운 목소리로 이렇게 말했다.

"14쪽, 악센트 기호에 신경 쓰도록."

메리는 몹시 당황했다. 어안이 벙벙해진 순간이었다! 메리는 얼굴이 붉어지고 눈에는 눈물이 맺혔지만 메도우즈 양은 이미 악보대로 돌아가 있었다. 그 목소리가 음악실에 울려 퍼졌다.

"14쪽. 14쪽부터 시작합니다. 〈슬픈 노래〉는 이미 여러분이 잘 알고 있는 노래죠. 함께 불러 보죠. 저음부와 고음부로 나누지 말고 함께 부르겠어요.

왼손으로 박자를 맞추면서 불러 보죠."

그녀는 지휘봉을 들고 악보대를 두 번 쳤다. 그러고는 손을 내리고 화음을 냈다. 학생들의 왼손이 박자를 맞추면서 슬픈 목소리가 합쳐졌다.

빨리, 너무나 빨리 시드는 기쁨의 장—미—
곧 가을이 지나 쓸쓸한 겨—울—이 오겠지.
빠르게, 너무나 빠르게 음—악—의 즐거운 가락이
사라져 가네. 음악에 젖은 귀를 떠나서.

이 슬픈 노래만큼 비극적인 것은 없다! 두렵고 슬프고 흐느끼고 신음하는 소리로 꽉 찬 노래다. 그녀는 천천히 두 손을 들고 지휘하기 시작했다.

"우리가 결혼한다는 것이 실수라는 생각이 드는군요."

그녀는 박자를 맞췄다. 그는 무언가에 사로잡힌 것인가, 이런 편지를 쓰다니! 이 결말은 도대체 뭐란 말인가! 바로 전의 편지는 '우리'의 책을 위해 산 검게 그을린 떡갈나무 책장과 아담하고 작은 현관용 스탠드와 가로대 위에 올빼미 조각이 있고 그 발톱에 모자 솔이 걸린 보기 좋은 물건 등에 대한 내용이 쓰여 있었다. 그 편지를 보고 어떻게 미소 짓지 않을 수 있었겠는가!

"다시 한 번. 이번에는 저음과 고음으로 나누어서. 아직 감정은 싣지 말고."

빨리, 너무나 빨리! 콘트랄토의 우울함이 더해지자 몸서리치지 않을 수 없었다. 요전에 만났을 때 바질은 단춧구멍에 장미를 꽂고 그녀를 찾아왔다. 밝은 푸른색 옷에 짙은 다홍색 장미를 달아 참으로 잘생겨 보였다. 그도 알고 있었다. 모를 수가 없었겠지. 그는 머리를 만지다가 콧수염을 어루만졌다. 그가 웃을 때마다 그의 치아가 빛났다.

"교장 부인이 저녁 식사를 같이하자고 계속 부탁하네요. 귀찮다니까요. 그곳에서는 저녁 식사도 혼자 할 수가 없어요."

"거절하면 안 되나요?"

"그렇죠. 저 같은 남자가 높은 사람의 기분을 상하게 할 수는 없죠."

노랫소리가 울려 퍼진다.

"음악의 즐거운 가락이……"

창밖의 키 큰 버드나무가 나무에 나부낀다. 잎은 반쯤 떨어져 버렸다. 아직 달라붙어 있는 작은 잎은 낚싯줄에 걸린 물고기처럼 매달려 있다.

"나는 결혼할 유형의 남자는 아닙니다."

목소리가 조용해지고 피아노 소리는 멈췄다.

메도우즈 양은 잘 불렀다고 말했지만, 그녀의 돌처럼 차가운 태도에 다들 무서워졌다.

"그러면 노래는 잘 알고 있으니까 감정을 실어 보죠. 되도록 감정을 풍부하게 실어요. 여러분, 가사를 생각해요. 상상해요. '빠르게, 더욱 빠르게!'"

메도우즈 양은 고함을 질렀다.

"여기서는 터뜨려야 해요. 크고 강하게 부르세요. 아주 슬픈 노래예요. 두 번째 작은 마디에서는 차가운 겨울바람이 지나가듯 노래해요."

그녀가 너무 무서운 목소리를 하고 있어서 메리 비즐리는 등이 오싹해졌다.

"세 번째 작은 마디는 크레셴도예요. 점점 세게 부르세요. '빠르게! 너무나 빠르게 음악의 즐거운 가락이.' 마지막 작은 마디는 '사라'를 강하게, '져 가네'를 약하게. 정말 사라지듯이 부릅니다. 마지막은 속삭이듯이. 자신이 좋아하는 만큼 천천히 불러요. 그럼 해 보죠."

다시 울리는 가벼운 피아노 소리. 그녀는 두 손을 든다.

"결혼해 안정되면 가슴이 꽉 차오를 거예요. 그저 혐오로."

'혐오'는 저 사람이 쓴 말이다. 두 사람의 약혼이 결정적으로 취소됐음을 뜻한다. 두 사람의 약혼이 취소됐다! 다른 사람들은 그녀가 약혼한 사실에 놀랐다. 과학 선생은 믿으려고도 하지 않았다. 하지만 그녀 자신이 놀란 만큼은 아니었다. 그녀는 서른 살. 바질은 스물다섯 살. 기적이었다. 어두운 밤 둘이 함께 교회에서 걸어 돌아올 때, 그는 그녀가 좋아졌다고 말했다. 기적일 따름이었다. 그는 그녀가 두른 타조 깃털 목도리 끝을 붙잡았다. 사라져 가겠지.

메도우즈 양은 말했다.

"자 다시 한 번! 반복해서! 감정을 더 넣어요, 다시 한 번!"

빠르게! 더욱 빠르게! 고학년 학생들은 얼굴을 붉히고 어린 학생들은 울기도 했다. 큰 빗방울이 바람에 날려 창문에 부딪힌다. 버드나무가 속삭이는 듯하다.

"당신을 사랑하지 않는 것은 아닙니다."

'하지만 당신이 나를 사랑해 주신다면 아무것도 상관없어요.'

그녀는 그렇게 생각했지만, 그가 그녀를 사랑하지 않는다는 것을 알고 있었다. '혐오'라는 말을 내가 읽지 못하도록 깨끗이 지워 버릴 만큼 배려해 주지 않았다는 것을! 아아, 곧 가을이 지나 쓸쓸한 겨울이 오겠지.

학교를 그만두어야 했다. 이 일이 알려지면 과학 선생이나 학생들에게도 얼굴을 들 수 없을 것이다. 어딘가로 사라지고 싶다. 사라져 간다. 노랫소리는 차츰 약해지더니 속삭임으로 변해 사라져 간다.

갑자기 문이 열렸다. 푸른 옷을 입은 어린 소녀가 바쁘게 통로를 걸어와 메도우즈 양 앞에 섰다.

"음, 모니카. 무슨 일이지?"

소녀는 숨을 헐떡이며 말했다.

"실례합니다. 와이엇 선생님이 교장실에서 뵙자고 합니다."

"알겠어."

그녀는 학생들에게 조용히 하라고 했다. 하지만 학생들 대부분은 기가 죽어서 아무것도 하지 못했다.

복도는 조용하고 몹시 추웠다. 메도우즈 양의 발소리가 울렸다. 교장은 자리에 앉아 있었고 얼굴은 들지 않았다. 교장은 낯익은 레이스 넥타이를 한 채 안경을 빼며 말했다. 전보가 와서 급히 불렀다며 분홍빛 봉투를 집어 들었다.

"제게 온 전보인가요?"

바질이 자살한 거다! 그녀는 진심으로 그렇게 생각했다. 그녀는 손을 얼른 내밀었다. 그러나 교장은 전보를 든 손을 뒤로 빼면서 말했다.

"나쁜 소식이 아니면 좋겠군요."

그의 친절한 말을 들으면서 그녀는 봉투를 뜯었다.

'편지는 신경 쓰지 마. 정신이 나갔나 봐. 오늘 모자걸이 샀어. 바질.'

그녀는 전보에서 눈을 뗄 수 없었다. 교장은 그녀 쪽으로 몸을 기울이며 물었다.

"설마 나쁜 소식은 아니겠지요?"

"아, 아닙니다. 감사합니다, 교장 선생님."

메도우즈 양은 붉게 달아오른 얼굴로 대답하더니 변명하듯이 웃음 지었다.

"나쁜 소식이 아니에요. 약혼자에게서 온 거랍니다. 내용은, 내용은……."

그녀가 말을 맺지 못하자 교장은 그러냐고 고개를 끄덕였다. 둘 사이에 잠시 침묵이 흘렀다. 그때 교장이 입을 열었다.

"메도우즈 선생, 수업이 끝나려면 아직 15분이나 남았는데요."

"아, 네! 교장 선생님."

그녀는 벌떡 일어나서 문 쪽으로 달려갔다. 그러자 교장이 말을 걸었다.

"아, 잠깐만요. 메도우즈 선생. 이건 말해 둬야겠는데…… 사실 수업시간에 전보를 주고받는 건 금지입니다. 정말로 나쁜 일, 그러니까 누가 돌아가셨다든가 큰 사고가 났다면 예외지만요. 좋은 일에 관한 전보라면 수업 중에는 삼가세요."

교장실을 나온 그녀는 희망과 사랑과 즐거움의 날개를 퍼덕이며 음악실로 돌아왔다. 그리고 중앙 통로를 지나 피아노 쪽으로 갔다.

"32쪽. 메리."

그녀는 웃는 얼굴을 가리려고 국화꽃을 들어서 입술에 댔다. 그리고 학생들에게 고개를 돌려 지휘봉을 두드렸다.

"여러분, 32쪽이에요."

오늘 여기에 흐드러지게 핀 꽃을 들고 왔네.
과일바구니에 리본을 장식해
기쁨의 노래를 바치네.

메도우즈 양은 멈추라고 소리쳤다. 그리고 학생들을 바라보며 밝게 웃으면서 그렇게 불러선 안 된다고 말했다.

"자, 다들 정신 차려요. 노래 내용을 생각해 봐요. 상상해 보라고요. 흐드러지게 핀 꽃과, 과일바구니에 리본을 꾸미는 거예요. 그리고 기쁨의 노래를 바치는 거예요."

메도우즈 양은 힘주어 말했다.

"이렇게 축 늘어져서는 안 돼요. 따뜻하고 기쁘게 열정적으로 불러야죠. 자, 기쁨의 노래를 바치네! 다시 한 번. 빠르게 가요. 다함께…… 시―작!"

메도우즈 양의 노래는 모든 학생들의 노랫소리보다도 더 크고 강하게 울려 퍼졌다. 깊고 감정이 충만한, 빛나는 목소리였다.

Her First Ball
첫 무도회

무도회가 시작된 시각이 정확히 언제냐고 물어도 레일라는 대답하기 어려웠을 것이다. 그녀의 첫 파트너는 사실 마차였는지도 모른다. 셰리던 가(家)의 딸들 및 그녀들의 남동생과 함께 마차를 탔던 것은 아무 문제도 아니었다. 레일라는 차 한쪽 구석에 작게 마련된 자기 자리에 기대어 앉았다. 그녀가 한 손을 얹은 쿠션은 낯선 청년의 야회복 소매처럼 느껴졌다. 마차가 굴러갈 때 가로등과 집, 울타리, 나무들이 왈츠를 추듯 지나갔다.

"레일라, 너 정말로 지금까지 한 번도 무도회에 갔던 적이 없니? 정말 신기하구나."

셰리던 가의 딸들이 큰 소리로 말했다.

"가장 가까운 이웃이라 해도 15마일이나 떨어져 있는걸."

레일라는 작은 목소리로 말하며 부채를 살그머니 폈다가 접었다.

아아, 정말이지 다른 사람들처럼 대수롭지 않게 굴기란 얼마나 어려운가! 그녀는 그다지 웃는 얼굴을 보이지 않으려고 애썼다. 아무것도 신경 쓰지 않는 척했다. 하지만 모든 것이 하나하나 너무나도 새롭고 흥미로웠……메그의 월하향(月下香),[1] 조스의 길고 둥글게 감아올린 호박빛깔 머리, 눈 속에 핀 꽃처럼 하얀 모피 사이로 살짝 보이는 로라의 작고 검은 머리. 언제까

---

[1] 다른 이름으로 네덜란드 수선화라고 하는 꽃 모양으로 땋은 머리.

지고 잊지 말아야지. 사촌인 로리가 새 장갑의 단추에서 얇은 종잇조각을 빼내 던져 버리는 것을 보자, 가슴이 죄어드는 느낌마저 들었다. 저 종잇조각을 기념 삼아 추억으로 간직해 두고 싶었다.

로리는 앞으로 몸을 기울여 로라의 무릎 위에 손을 올려놓으며 말했다.

"있지, 로라. 언제나처럼 세 번째랑 아홉 번째야. 알았지?"

아아, 남자형제가 있다는 건 얼마나 멋진 일인가! 흥분한 나머지 레일라는 시간 여유만 있다면, 할 수만 있다면 울고 싶을 정도였다. 나는 외동딸이라 오빠한테 "알았지?" 이런 말을 들어 본 적도 없고, 마침 지금 메그가 조스에게 말하듯이 언니한테서 "네 머리가 오늘밤처럼 깨끗하게 올라간 건 처음 봐." 같은 말을 들은 적도 없다!

물론 울 시간은 없다. 마차는 어느새 무도장에 도착했으니까. 앞에도 뒤에도 온통 마차였다. 거리 양쪽은 흔들흔들 춤추는 부채 같은 등불로 밝게 빛났고, 보도에서는 화려한 커플들이 공기 중을 떠가는 것 같다. 작은 공단 구두들이 새처럼 서로를 뒤쫓고 있다.

"날 붙잡아, 레일라. 이러다 잃어버리겠어."

로라가 말했다.

"자, 다들 서둘러 가자."

로리가 말했다. 레일라는 로라의 분홍빛 벨벳 외투를 두 손가락으로 잡았다. 무언가 생각하는 사이에 금빛 등불 곁을 두둥실 떠가듯 지나고, 통로를 따라 끌려가 '숙녀용'이라고 표시된 작은 방으로 밀려 들어갔다. 이곳에는 사람들이 너무 많아서 옷을 벗을 만한 공간도 없었다. 소음 때문에 귀가 먹먹했다. 양쪽에 놓인 두 개의 벤치 위에는 목도리와 외투 같은 것들이 높게 쌓여 있었다. 하얀 앞치마 차림의 나이 든 여자 둘이 여기저기 바쁘게 돌아다니며, 잇달아 건네지는 옷들을 두 팔 가득 안아다가 던져 올리고 있었다. 사람들은 모두 방 한구석의 작은 화장대와 거울을 차지하려고 서로 밀쳐댔다.

크게 흔들리며 내뿜는 가스등 불빛이 숙녀들의 방을 비추고 있었다. 가스등 불빛은 더 이상 기다릴 수 없다며 벌써 춤추고 있었다. 문이 다시 열리고 무도장 쪽에서부터 악기 맞춰 보는 소리가 왁자그르르 들려오자, 가스등 불

빛은 천장으로 마구 솟아올랐다.

검은 머리칼과 금발 소녀들이 머리를 가볍게 매만지며, 리본을 다시 묶고, 가슴 앞부분에 손수건을 끼워 넣고, 하얀 대리석 빛깔 장갑을 쓰다듬고 있었다. 그들은 모두 웃고 있었다. 레일라에게는 그들이 모두 아름답게 보였다.

"실핀 없어?"

누군가가 소리쳤다.

"어머나, 말도 안 돼! 실핀이 하나도 안 보여."

"내 등에 누가 분 좀 발라줘, 응?"

누군가 또 다른 사람에게 소리친다.

"근데 나 바늘이랑 실이 필요해. 프릴이 찢어졌거든. 말도 안 될 만큼 길게."

누군가 한탄하는 소리도 들린다.

"이것 좀 나눠 주세요, 나눠 주세요!"

프로그램이 담긴 바구니가 손에서 손으로 휙휙 건네졌다. 귀엽고 작은 분홍빛과 은빛 프로그램마다 분홍빛 연필과 솜털 장식 술이 달려 있었다. 바구니에서 프로그램을 한 장 꺼내는 레일라의 손가락이 떨렸다. 누군가에게 묻고 싶었다.

'나도 하나 집어도 될까요?'

그러나 레일라가 프로그램 앞부분의 '왈츠 셋, 카누를 타고 둘이서만. 폴카 넷, 떠들썩하게'까지 읽었을 때 메그의 큰 목소리가 들렸다.

"레일라, 준비 다 됐니?"

그들은 통로의 인파를 헤치며 무도장의 커다란 이중문 쪽으로 다가갔다.

춤은 아직 시작되지 않았다. 하지만 악단은 음 조율을 이미 끝낸 상태였다. 지나치게 떠들썩해서 악단이 연주를 시작해도, 도저히 음악이 들리지 않을 성싶었다. 레일라는 메그에게 딱 붙어서, 메그의 어깨너머로 주위를 둘러보았다. 천장에 걸린 채 흔들리는 가지각색의 작은 깃발까지 이야기를 나누고 있는 듯한 기분이 들었다. 부끄러움 따윈 깨끗이 잊었다. 한창 옷을 차려 입다가 한쪽 구두는 벗고 다른 한쪽은 신은 채 침대에 앉아 사촌들에게 전화해서 아무래도 못 가겠다고 말해 달라고 엄마에게 부탁했던 것조차 잊었다. 마을에서 떨어져 외롭게 서 있는 집의 베란다에 앉아, 달빛 속에서 '모어 포크'*2 라고 우는 아기 부엉이의 울음소리를 들었을 때 기대감이 얼마나 몰려왔던가. 기다림은 달빛 아래서 물밀 듯 밀려오는 기쁨으로 변했다. 너무나도 달콤해서 혼자 견디기 힘들 만큼의 기쁨으로. 그녀는 부채를 꼭 쥐고, 눈부신 금빛 바닥과 진달래꽃, 조명등을 바라보았다. 그리고 붉은 카펫이 깔려 있고, 금빛으로 칠한 의자가 놓였으며, 그 한구석에 악단이 있는 안쪽 무대를 보면서 숨을 죽이고 생각했다.

"천국 같아, 정말 천국 같아!"

여자들은 출입구 문 한쪽에 무리지어 모여 있고, 남자들은 그 반대편에 서 있었다. 시녀를 거느린 부인들은 검은빛 옷을 입고 왠지 멍청해 보이는 미소를 띠며, 잘 닦인 바닥 위를 조금씩 주의 깊게 걸어 무대로 향했다.

"이 애는 시골에 사는 내 귀여운 사촌 레일라. 잘 대해 줘. 파트너도 찾아

---

*2 '돼지를 좀 더'라는 의미인데, 이 경우는 울음소리를 의성한 소리.

주고. 내가 돌보고 있으니까."

메그는 젊은 여자들에게 잇달아 다가가 그렇게 말했다. 낯선 여자들은 레일라를 보며 미소지었다. 상냥하고도 모호한 미소를.

"그래, 좋아."

하지만 레일라가 느끼기에 여자들은 자기를 보고 있는 것 같지 않았다. 모두 남자들에게 눈길이 쏠려 있었다. 왜 남자들은 움직이지 않는 걸까? 뭘 기다리는 거지? 남자들은 저쪽에 서 있다. 장갑을 문지르거나, 윤기 있는 머리칼을 매만지거나 자기들끼리 웃거나 하면서. 그러더니 갑자기 이걸 해야겠다고 지금 막 결심한 듯이, 남자들은 색을 맞춘 나무가 깔린 바닥 위를 미끄러지듯이 다가왔다. 소녀들 사이에서는 기쁨에 찬 웅성거림이 일었다. 키가 큰 금발 남자가 메그 곁으로 달려와, 프로그램을 가져가 뭔가를 빠르게 적었다. 메그는 그 남자를 레일라 쪽으로 넘겼다.

"부탁해도 될까요?"

그는 까딱하고 고개를 숙이더니 미소 지었다. 모노클*3을 쓴 피부가 검은 남자가 다가왔다. 그러고 나서 사촌 로리가 친구를 한 명 데려왔고, 로라도 넥타이를 삐딱하게 맨 주근깨가 난 키 작은 남자와 함께 왔다. 다음으로 꽤 나이를 먹은 뚱뚱하고, 머리가 많이 벗겨진 남자가 그녀의 프로그램을 손에 들고 중얼거렸다.

"음, 봅시다. 어디 좀 봐요!"

그러더니 그는, 이름이 까맣게 적힌 자기 프로그램과 레일라의 프로그램을 비교해 보는데 오랜 시간을 들였다. 그 남자가 매우 성가셔 하는 듯 보여 레일라는 부끄러워졌다.

"어머, 신경 쓰지 마세요."

그녀는 진지하게 말했다. 그러나 뚱뚱한 남자는 대꾸도 없이 무언가를 적더니 그녀를 흘끗 다시 보았다.

"이렇게 밝고 귀여운 얼굴을 기억할 수 있으려나?"

---

*3 외알 안경.

그는 다정하게 물었다.

"예전에 내가 알았던 얼굴인가?"

그 순간 악단의 연주가 시작되고 뚱뚱한 남자는 모습을 감추었다. 그는 커다란 음악의 파도에 휩쓸려 사라졌다. 그 음악의 파도는 빛나는 바닥 위를 날아와 남녀 무리를 흩뜨려서 여러 커플로 만들더니, 그 커플들을 흩어놓고, 빙글빙글 돌리며 움직여 갔다······.

레일라는 기숙학교에서 춤을 배운 적이 있었다. 매주 토요일 오후, 기숙사 학생들은 골이 파인 함석지붕으로 된 작은 예배당으로 서둘러 모였다. 런던 출신인 에클즈 양이 그곳에서 특별 강좌를 열었다. 하지만 벽에는 성구를 적은 옥양목이 붙어 있고, 긴 귀가 달린 갈색 벨벳 토크 모자*4를 쓴 몸집 작은 여자가 안쓰럽게 벌벌 떨면서 차가운 피아노를 두드리면, 에클즈 양이 길고 하얀 봉으로 여학생들의 다리를 찔러대는 먼지 많은 그 홀과 이곳의 차이는 너무나도 컸다. 그래서 레일라는 만약 파트너가 오지 않아서, 멋진 음악을 들으며 다른 사람들이 금빛 바닥 위를 매끄럽게 미끄러지듯이 움직이는 것을 그저 바라보기만 해야 하는 처지가 되면 자기는 죽거나 기절하거나 두 손을 쳐들고 별이 보이는 저 어두운 창 밖으로 날아가는 편이 낫겠다고 생각했다.

"우리 차례군요."

누군가가 머리를 숙이고 미소 지으며 팔을 내밀었다. 아무래도 죽지 않아도 될 듯하다. 누군가의 손이 그녀의 허리를 붙잡고, 그녀는 웅덩이에 던져진 꽃처럼 둥실둥실 떠다녔다.

"바닥이 참 좋지 않나요?"

그녀의 귓가에서 희미한 소리가 천천히 말했다.

"뭐라고 할 수 없을 만큼 잘 미끄러지는 것 같아요."

레일라는 대답했다.

"네?"

---

*4 차양이 좁고 정수리 부분이 불룩한 부인용 모자.

희미한 소리가 놀란 듯이 울렸다. 레일라는 같은 말을 되풀이했다. 그러자 그 목소리는 뜸을 들이다가 대답했다.

"아, 정말 그렇네요!"

그리고 그녀의 몸은 다시 빙글 돌려졌다.

그는 정말 훌륭한 솜씨로 춤을 이끌었다. 여자아이들끼리 추는 것과 남자와 추는 것의 가장 큰 차이가 바로 이것이라고 레일라는 느꼈다. 여자아이들끼리는 서로 부딪히고 발을 밟는다. 그리고 신사 역할을 맡은 여자아이는 늘 파트너를 너무 힘껏 잡는다.

진달래는 더 이상 한 송이 한 송이 떨어진 꽃이 아니다. 분홍이나 하얀 깃발이 되어 펄럭이며 흐르듯이 곁을 지나간다.

"지난주 벨의 무도회에 오셨나요?"

그 목소리가 다시 귀에 들어왔다. 조금 지친 듯했다. 레일라는 '쉬고 싶으신 게 아닌가요?' 물어볼까 말까 망설였다.

"아니요, 이게 제 첫 무도회예요."

그러자 상대는 조금 숨이 넘어가게 웃었다.

"네? 설마요."

"아니요, 정말이에요. 태어나서 첫 무도회예요."

레일라는 굉장히 흥분한 듯했다. 누군가에게 고백한다는 것은 정말로 마음이 편해지는 일이었다.

"그렇죠, 저는 어릴 때부터 쭉 시골에 있었는걸요. 앞으로는……."

그 순간 음악이 멈추고 두 사람은 벽 쪽으로 걸어가 두 개의 의자에 앉았다. 레일라는 분홍빛 공단 구두를 신은 발을 치마 밑에 감추고 부채질을 하면서, 다른 커플들이 차례차례 회전문을 빠져나가 사라져 가는 것을 기쁜 듯이 바라보았다.

"레일라, 재밌니?"

조스가 금발 머리를 살짝 숙이며 물었다.

로라가 지나쳐 가면서 눈치 채기 힘들 정도로 가벼운 윙크를 그녀에게 보냈다. 레일라는 드디어 나도 어엿한 어른이 되었는지도 모른다고 문득 생각했다. 확실히 그녀의 파트너는 지나치게 말수가 적었다. 그는 헛기침을 하며 손수건을 넣은 뒤 조끼를 끌어 내리고, 소맷자락에서 자잘한 실 부스러기를 뗐다. 하지만 그런 것은 아무래도 좋았다. 악단이 연주를 시작하자 거의 동시에 두 번째 파트너가 천장에서 튀어나온 것처럼 나타났다.

"바닥은 나쁘지 않네요."

새로운 목소리가 말했다. 바닥 이야기부터 시작하는 게 상식인가? 그러더니 그는 물었다.

"화요일에 니브 무도회에 오셨나요?"

그래서 레일라는 다시 이유를 이야기했다. 왠지 그녀의 파트너들이 심드렁해 보이는 것을 이해할 수 없었다. 나는 이렇게나 설레는데. 나의 첫 무도회! 모든 것이 정말이지 처음이건만. 밤이라는 것이 정녕 무엇인지 예전에는 전혀 몰랐던 것 같다. 지금까지 밤은 어둡고, 조용하고, 때로 아름다운 것이었다. 아아, 그렇다. 왠지 모르게 서글펐다. 침울했다. 하지만 이제 밤은 두 번 다시 그런 것이 될 수 없으리라. 눈부시게 환한 밤이 열렸다.

"아이스크림 어때요?"

파트너의 목소리가 들렸다. 두 사람은 회전문을 빠져나가 복도를 내려가서, 가벼운 음식이 있는 식당으로 들어갔다. 그녀의 뺨은 불타는 듯했고 목이 심하게 말랐다. 작은 유리 접시에 놓인 아이스크림은 정말 맛있어 보였다. 얼어서 반짝임이 사라진 스푼도 얼마나 시원해 보이던지! 그런 뒤에 두 사람이 무도장으로 돌아가자, 문 옆에 그 뚱뚱한 남자가 그녀를 기다리고 있었다. 그가 꽤 나이 들었단 사실을 새삼 확인한 그녀는 또 다시 충격을 받았다. 부모님들과 함께 무대에 올라가 있는 편이 어울릴 나이건만. 게다가 다른 파트너들과 비교해 차림새가 끔찍했다. 조끼는 구겨지고 장갑 단추는 하나 떨어졌으며, 외투는 마치 초크*5 가루가 잔뜩 묻은 듯 지저분해 보였다.

"자, 춤추죠. 귀여운 아가씨."

뚱뚱한 남자가 말했다. 그는 가볍게 그녀를 안았고, 두 사람은 조용히 움

―――――――――

*5 옷감에 선을 그을 때 쓰는 활석으로 된 도구.

직여 갔다. 춤춘다기보다 걷는 것 같았다. 하지만 그는 바닥에 대해서는 한 마디도 하지 않았다.

"무도회가 처음이지요?"

그가 중얼거렸다.

"어떻게 아세요?"

레일라가 묻자 뚱뚱한 남자는 말했다.

"나이를 먹으면 경험이 풍부해져서 알 수 있지요."

그는 어색한 커플을 비켜 그녀를 이끌면서 살짝 숨차하며 말했다.

"나는 이런 일을 벌써 30년이나 하고 있으니까 말이에요."

"30년이라고요?"

레일라는 놀라 소리쳤다. 내가 태어나기 12년 전이다!

"좀 상상하기 어렵지요?"

뚱뚱한 남자는 음울하게 말했다. 레일라는 상대의 벗겨진 머리를 바라보며 진심으로 안됐다고 생각했다.

"아직도 계속하고 계시다니 정말 훌륭하시네요."

그녀는 다정하게 말했다.

"다정하고 귀여운 아가씨군요."

뚱뚱한 남자는 이렇게 말하더니, 그녀를 전보다 조금 강하게 끌어당겨 왈츠 한 소절을 코로 흥얼거렸다.

"당연한 소리지만, 어떤 일이건 그리 길게 이어질 거라고 바랄 수는 없어요. 아니, 하면 안 돼요."

뚱뚱한 남자는 말했다.

"곧 당신도 멋들어진 검은 벨벳 드레스 차림으로 저 무대 위에 앉아서 남들을 바라보게 될 거예요. 이 아름다운 팔도 작고 짧은 뚱뚱한 팔로 변하는 거죠. 그리고 이 부채와는 전혀 다른 흑단 부채로 박자를 맞추게 되겠지요."

뚱뚱한 남자는 몸서리를 치는 듯했다.

"그리고 말이죠. 저기 있는 불쌍한 늙은이들처럼 웃으며 자기 딸을 가리키고, 옆에 앉은 꽤나 나이 들어 보이는 부인에게 몹쓸 남자가 클럽 무도회에서 딸에게 키스하려 했다고 이야기하겠지요. 그리고 당신은 몇 번이고 가슴 아파하는 겁니다."

뚱뚱한 남자는 레일라를 더 세게 끌어안았다. 마치 가슴 아플 일이 정말로 안됐다는 듯이.

"그게 그렇지 않습니까? 이제 아무도 당신에게 키스하려 하지 않을테니까요. 그리고 잘 닦인 바닥은 걷기 불편하다, 위험하다 같은 소리만 하는 거죠. 어떻습니까, 춤추기 좋아하는 아가씨?"

뚱뚱한 남자는 살며시 말했다.

레일라는 가벼운 웃음소리를 냈다. 하지만 웃을 기분이 들지 않았다. 모두 사실일까, 그런 것일까? 겁이 날 만큼 그 말이 사실처럼 들렸다. 이 첫 무도회가 결국 마지막 무도회의 시작인 걸까? 그렇게 생각하자 음악도 달리 들리는 것 같았다. 쓸쓸하고 구슬프게 울리는 소리가 차츰 높아져서 커다란 한숨소리가 된다. 아아, 모든 것은 얼마나 빠르게 변하는지! 행복은 어째서 영원히 이어지지 않는 것일까? 영원이 그렇게 긴 시간도 아닌데.

"좀 쉴게요."

그녀는 금세라도 숨이 끊어질 듯이 말했다. 뚱뚱한 남자는 문 쪽으로 그녀를 데려갔다.

"아니요, 밖으로 나가고 싶지 않아요. 앉고 싶지도 않아요. 그냥 여기 서 있을게요. 감사해요."

그녀는 벽에 기대어 한쪽 발을 동동 구르며 장갑을 벗고는 미소를 지으려고 애썼다. 하지만 그녀 내부의 깊은 곳에서는 작은 여자아이가 앞치마를 머리에서부터 뒤집어쓰고 훌쩍거리며 울고 있었다. 왜 그 남자는 모든 것을 엉망으로 만들어 버린 걸까?

"이봐요, 아가씨."

뚱뚱한 남자가 말했다.

"내 말을 너무 진지하게 받아들여서는 안 돼요, 아가씨."

"그만해요!"

레일라는 작고 검은 머리를 휙 돌리며 아랫입술을 꼭 깨물었다.

다시 한 번 커플들이 몇 개나 되는 무리를 이루었다. 회전문이 열렸다 닫혔다 했다. 이번에는 악단 지휘자가 새로운 곡을 선보였다. 그러나 레일라는 더는 춤추고 싶지 않았다. 집에 돌아가고 싶어, 베란다에 앉아서 그 아기 부엉이의 울음소리를 듣고 싶어. 어두운 창을 통해 별을 바라보면, 별들에게는 날개와 같은 긴 빛의 꼬리가 달려 있을 텐데…….

그러나 이윽고 부드럽고 달콤하며 매혹적인 선율이 시작되고, 곱슬머리에 숱 많은 청년이 그녀에게 다가와 인사했다. 메그를 찾아낼 때까지는 의례적으로라도 춤을 춰야만 했다. 그녀는 매우 뻣뻣하게 한가운데로 걸어가서 대단히 거만하게 상대의 소맷자락에 손을 내려놓았다. 1분이 지나고, 한 번 돌고 나자 그녀의 발은 미끄러지듯이 경쾌하고 또 경쾌하게 움직였다. 불빛과 진달래, 드레스, 발그레해진 얼굴들, 벨벳 의자, 모든 것이 이리저리 뛰노는 하나의 아름다운 수레바퀴가 되었다. 다음 파트너와 춤을 추다가 그 뚱뚱한 남자와 부딪치자 그가 "미안합니다."라고 했다. 그때 그녀는 이제까지보다 더 상냥하게 뚱뚱한 남자에게 웃어 보였다. 그녀는 이제 그가 누구인지도 모를 정도였다.

수녀가 되어

이토록 아름다운 아침에 불행한 사람이 있을 리는 없다. 에드나는 자신은 물론 모두가 행복하다고 믿었다. 어느 집 창문이나 열려 있었다. 피아노 소리가 들려온다. 작은 손이 빠르게 움직인다. 음계수업을 하고 있는 것이다. 봄 꽃이 만발한, 아름다운 볕이 잘 드는 정원에서는 나무들이 뻗어 나가고 있다. 길을 걸어가는 아이들은 휘파람을 불고 강아지들은 멍멍 짖는다. 사람들은 발걸음도 가벼이 빠르게 걸어간다. 금세라도 뛰쳐나가고 싶은 것처럼. 복숭아빛 양산이 보인다. 올해 처음으로 보는 것이다.

에드나 자신은 불행해 보이지 않는다. 18세로 매우 아름답고 더할 나위 없이 건강한 뺨과 입술, 빛나는 눈을 가진 그녀가 슬퍼 보일 리 없다. 게다가 푸른 드레스에 국화 장식이 달린 새 봄 모자를 쓰고 있어 더욱 그럴 것이다. 겨드랑이에는 검은 가죽 표지의 책 한 권을 끼고 있다. 어쩌면 이 책이 어두운 느낌을 줄지도 모른다. 그저 우연일 뿐이다. 이 책은 보통 도서관 책이다. 사실 에드나는 도서관에 간다는 핑계로 집을 나섰다. 그녀는 이번 일을 곰곰이 생각하고 어떻게 할지를 궁리했다.

두려운 일이 갑자기 일어났다. 어젯밤 극장에서 지미와 함께 2층 자리에 앉았을 때 어떤 예고도 없이 사건이 일어났다. 아몬드 초콜릿을 하나 먹고 상자를 지미에게 건넸을 때, 그녀는 한 배우에게 사랑을 느껴 버렸다.

그 감정은 그녀가 이제까지 상상했던 것과는 아주 달랐다. 전혀 즐겁지 않았다. 설레지도 않았다. 바라지 않던 참담함, 절망, 고통, 비참한 기분뿐이었다. 만일 지미가 마차를 부르러 간 사이에 그 배우와 만났다면, 그녀는 지미도, 부모도, 행복한 가정도, 수많은 친구들도 거들떠보지 않고 그를 따라갔으리라.

연극은 처음에는 꽤 밝은 내용이었다. 그러나 아몬드 초콜릿을 먹었을 때 주인공이 눈이 멀어 버렸다. 에드나는 너무 울어서 짐에게 부드러운 손수건을 빌려야 했다. 다른 사람들도 울고 있었다. 남자들까지도 큰 소리를 내며 울고, 코를 풀며, 무대를 보지 않고 프로그램만 보려 했다. 지미는 다행스럽게도 울지 않았다. 혹시 그가 울어 그의 손수건을 빌리지 못했다면 정말 곤란했을 것이다. 그는 그녀의 손을 꼭 잡고 작은 소리로 기운 내라고 말했다. 그녀는 그의 기분을 배려해서 마지막 아몬드 초콜릿을 집은 뒤 상자를 그에게 건네주었다. 그때 문제의 장면이 시작되었다. 주인공은 조금 어둡고 인기척 없는 방에 남겨졌다. 앞에서는 악단 연주가 들려오고 통로에서는 박수 소리가 들려왔다. 주인공은 손으로 더듬으며 창문 쪽으로 나아갔다. 너무나 가엽고 애처롭게. 겨우 도착한 그는 커튼을 잡고 일어섰다. 한줄기 빛이 위를 바라보던 그의 얼굴을 비추고 연주 소리가 멀리 사라져 간다…….

그 순간 에드나는 인생이 지금까지와는 달라졌다는 것을 절실히 깨달았다. 그녀는 지미의 손을 놓고 뒤에 기댔다. 초콜릿 상자는 열지 않기로 했다. 이것이 사랑이다!

에드나와 지미는 약혼했다. 1년 전에 약혼 발표를 했다. 그러나 두 사람은 유모를 따라 식물원에 가고 잔디밭에 앉아 와인과 비스킷과 설탕과자를 먹던 시절부터 서로 결혼한다는 것을 알고 있었다. 모두가 인정하는 사실이었다. 에드나는 학생 때부터 크래커에 들어있는 잘 만들어진 장난감 약혼반지를 끼고 다녔을 정도다. 그들은 지금껏 서로 사랑했다.

하지만 이제 모두 끝나 버렸다. 이제 어떤 감정도 지미에게 느낄 수 없었다. 그녀는 사려 깊으면서도 쓸쓸한 미소를 지으면서 수도원 정원을 가로질러 거리를 지나 비탈길을 걸어갔다. 두 사람이 결혼해 버릴 때까지 내버려

두기보다는 지금 깨달은 것이 차라리 다행이다. 지금이라면 지미는 이겨낼 수 있으리라. 아니, 자신을 속이면 안 되겠지. 그는 이겨내지 못할 것이다! 그의 삶이 엉망이 되고 파괴되는 것은 피할 수 없으리라. 하지만 그는 아직 어리다. 세상 사람들이 자주 말하듯 시간이 지나면 그도 변할 것이다. 40년이 흘러 그가 노인이 되면, 내 일을 냉정히 생각해 줄 것이다. 하지만 나의 미래는 어떻게 되는 것일까?

에드나는 비탈길 꼭대기까지 왔다. 그녀는 하얀 꽃송이가 달린 푸른 나무 그늘의 벤치에 앉아 수도원 화단을 바라보았다. 가장 가까운 화단에는 스톡 꽃이 피어 있고 주위에는 파란 조가비 모양의 팬지가 피어 있었다. 화단 한 구석에는 크림색 프리지어 한 무더기 위를 밝은 초록 잎이 엇갈려 덮고 있었다. 수도원의 비둘기가 하늘 높이 날아올랐다. 아그네스 수녀가 노래를 가르치는 소리가 들려왔다. 이 목소리가 울리면 모두 똑같이 대답한다.

지미와 결혼하지 않는다면 물론 다른 누구와도 결혼하지 않을 것이다. 상식적으로도 내가 그 배우와 맺어질 수 없다는 것을 안다. 바라지도 않는다. 이것은 처음부터 힘든 사랑이다. 참고 견디고 인내해야 한다. 자신을 괴롭혀서는 안 된다.

"하지만 에드나!"

지미가 외친다.

"생각을 달리 할 수는 없어? 나에겐 이제 희망이 없는 거야?"

그녀는 말할 수 없을 정도로 슬펐지만 바꿀 수 없다고 말하며 고개를 떨구었다. 그러자 작은 꽃 한 송이가 그녀의 무릎 위에 떨어졌다. 갑자기 아그네스 수녀의 소리가 크게 들려온다. 거기에 대답하는 소리도……

그 순간 미래의 모습이 눈앞에 비쳤다. 그녀는 모든 것을 보고 놀라고 말았다. 처음에는 숨이 막힐 듯했다. 하지만 매우 자연스러운 결과였다.

미래의 자신은 수도원에 있었다. 부모님은 자신을 설득하려고 모든 방법을 써 봤지만 끝내 실패했다. 지미는 어떤가 하면, 그의 정신 상태로는 어느 것도 만족스럽게 생각할 수 없었다. 어째서 모두가 나를 이해해 주지 않는 걸까. 왜 모두가 나를 더 고통스럽게 하는 것일까. 이 세계는 너무나도 잔혹

하다. 마침내 나는 모두가 슬퍼하는 가운데 차분하게 내 보석들을 나누어 주고 수도원으로 갔다. 내가 수도원에 간 날 밤이 그 배우가 포트윌린 극장에서 공연하는 마지막 날이다. 그는 알지 못하는 심부름꾼으로부터 상자를 하나 받는다. 안에는 하얀 꽃이 가득 들어 있다. 하지만 이름은 없고 명함도 없다. 아무것도 없을까? 아니다. 장미꽃 아래 하얀 수건에 싸인 에드나의 최근 사진이 있다. 그 아래에 이렇게 쓰여 있다.

세상을 잊고 세상에서 잊히고

그녀는 나무 그늘에 줄곧 앉아 있다. 검은 책을 미사 책이라도 되는 양 꽉 잡고 있다. 그녀는 안젤라 수녀로 불린다. 싹둑, 싹둑! 아름다운 머리칼을 잘라 낸다. 그 머리칼 한 움큼을 지미에게 보내도 될까? 아마 괜찮으리라. 안젤라 수녀는 하얀 덮개가 달린 가운을 입고 수도원에서 예배당으로, 예배당에서 수도원으로 간다. 그 얼굴, 슬픈 눈빛, 달려오는 아이들을 맞이하는 부드러운 미소에 세상에서 벗어난 분위기가 어려 있다. 성자! 차갑고 밀 냄새가 나는 회랑을 걷노라면 속삭이는 소리가 들려온다. 성자! 예배당에 예배드리러 오는 사람들은 좀 더 높게 들려오는 기도 소리의 주인인 수녀, 그녀의 젊음, 아름다움, 슬픔, 슬픈 사랑 이야기를 듣게 된다.
"이 마을에는 자신의 삶을 망친 한 남자가 있다……"
금색 털의 커다란 꿀벌이 프리지어 안으로 들어갔다. 연약한 꽃은 휘어지고 흔들리며 몸을 떤다. 꿀벌이 날아간 뒤에도 아직 웃는 것처럼 몸을 떤다. 행복하고 무심한 꽃!
안젤라 수녀는 그 모습을 보더니 말한다.
"곧 겨울이 오겠네요."
어느 밤, 그녀가 차가운 암실에서 자고 있는데 어디선가 우는 소리가 들려온다. 길을 헤매는 동물이 정원에 온 것이다. 작은 고양인가 작은 양인가. 잠 못 이루던 수녀는 일어나 온통 하얀 차림으로 밖에 나가 동물을 안으로 데려왔다. 하지만 다음 날 아침 기도 종소리가 울릴 즈음, 사람들은 고열에 몸

부림치고 헛소리를 하는 그녀를 발견한다. 셋째 날 그녀는 마침내 숨을 거두었다. 예배당에서 식이 거행되고 수녀에게 어울리는 나무 십자가가 늘어선 묘지 한 모퉁이에서 장례를 치른다. 편안히 잠드세요. 안젤라 수녀…….

땅거미가 지고 있다. 두 노인이 서로 바싹 달라붙어 조용히 묘지 쪽으로 와 흐느껴 울며 무릎 꿇는다.

"내 딸, 내 하나뿐인 딸아!"

한 남자가 다가온다. 온통 검정색 옷을 입고 천천히 걸어온다. 그가 검은 모자를 벗자 새하얀 머리칼이 드러났다. 에드나는 그 머리칼을 보고 오싹했다. 지미다! 늦었다! 이미 늦었다. 그의 볼에 눈물이 흐른다. 정말 울고 있다. 늦었다. 너무 늦었다. 바람이 묘지의 잎이 떨어진 나무들을 흔든다. 그는 아주 격하게 운다.

에드나의 검은 책이 털썩 소리를 내며 정원 길가에 떨어졌다. 그녀는 벌떡 일어났다. 가슴의 고동소리가 커졌다. 지미! 지금이라도 늦지 않았다. 모두 내 실수였다. 무서운 꿈이었다! 하얗게 센 머리! 어떻게 그런 것이 가능할까. 아직 아무것도 하지 않았다. 다행이다! 나는 자유롭고 젊고 게다가 누구도 나의 비밀을 알지 못한다. 지미와 나 사이는 아직 그대로다. 둘이 함께 계획한 집도 이제부터 세울 수 있다. 둘이서 아름다운 장미를 심자. 남자아이가 태어날지도 모른다. 아이에까지 생각이 미치자 그 귀여운 아이가 하늘에서 자신한테 내려오는 것처럼 느껴졌다. 나는 두 손을 펼친다. 하늘에서 날고 있는 귀여운 푸른 비둘기를, 길쭉길쭉한 창문이 달린 수도원을 바라보며 태어나서 처음으로 사랑을 느꼈다. 이런 감정은 꿈에서도 느껴 본 적이 없다. 사랑이라는 것을 절실히 알게 되었다.

At the Bay
만에서

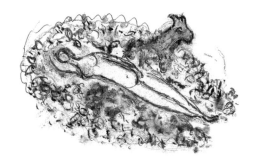

1

아주 이른 아침이었다. 태양은 아직 떠오르지 않았고 크레센트만에는 하얀 바다 안개가 무겁게 내려앉아 있었다. 만 뒤 펼쳐진, 나무로 무성한 크고 작은 언덕들도 안개에 휩싸였다. 어디까지가 언덕이고 어디부터 목초지고 방갈로인지 구분하기 어렵다. 모랫길도 사라지고 건너 목초지와 방갈로도 보이지 않는다. 그 너머 붉은 풀들이 무성한 하얀 모래언덕도 보이지 않았다. 어디가 해변이고 어디가 바다인지 구분할 만한 표지가 아무것도 없다. 몹시 짙은 안개였다. 이슬이 무겁게 내려앉아 풀이 파랗게 변했다. 나무에는 금방이라도 떨어질 듯 커다란 물방울이 맺혔다. 은빛으로 빛나던 토이토이*1 꽃은 긴 줄기 끝에서 고개를 숙이고, 방갈로 앞 정원에 핀 금잔화와 패랭이꽃은 모두 이슬의 무게를 이기지 못하고 땅에 머리를 숙였다. 바늘꽃들은 흠뻑 젖어 추워 보인다. 금련화의 평평한 잎사귀는 굵은 이슬 진주가 방울방울 자리를 잡고 있다. 바다가 어둠을 틈타 소리도 없이 침략해 온 듯, 자못 거대한 파도가 밀려온 듯 철썩철썩, 철썩철썩……. 어디까지지? 한밤중에 눈을 떴다면 창밖에서 물고기들이 힘차게 솟구쳐올랐다 사라지는 것을 틀림없이 보았으리라…….

아아, 아아! 졸린 듯한 바닷소리. 숲속에서 들려오는 시냇물 소리, 졸졸졸

---

*1 뉴질랜드 갈대류, 마오리어.

가볍게 매끄러운 돌 사이를 빠져나와 양치식물로 뒤덮인 웅덩이로 흘러들었다가 다시 흘러나오는 소리. 커다란 물방울들이 넓은 나뭇잎 위로 떨어지는 소리, 그것 말고도……. 뭐지?

가볍게 떨며 흔들거리는 작은 나뭇가지가 똑 부러지는 소리가 났다가 누군가가 몰래 엿듣기라도 하는 것처럼 침묵이 찾아왔다.

크레센트만 모퉁이를 돌아 바위 조각들이 쌓인 틈을 지나, 양 떼가 발소리도 요란하게 달려왔다. 서로 밀고 당기며 작지만 잠시도 가만 있지 못하는 털 무더기로 변한 그들은, 추위와 한적함에 놀라기라도 한 듯 지팡이처럼 가는 다리를 버둥거리며 종종걸음을 쳤다. 그 뒤로 늙은 양치기개가 젖은 발끝에 모래를 잔뜩 묻힌 채 땅에 코를 처박아가면서 무슨 생각이라도 하는 듯 무관심한 모습으로 달려온다.

이윽고 바위틈에서 양치기가 모습을 드러냈다. 그는 바짝 마르고 허리가 곧은 노인으로 작은 물방울이 망처럼 뒤덮인 모직 외투에, 무릎 아래를 끈으로 묶은 벨벳 바지, 거기에 잘 접은 파란 손수건을 차양이 넓은 중절모에 둘러 묶어 썼다. 한 손은 허리띠에 찔러 넣고 다른 한 손은 반들반들한 노란 지팡이를 짚고 있다. 그는 천천히 발을 옮기며 감미롭고 가볍게 휘파람을 불었다. 그 슬프고도 아름답게 울려 퍼지는 꿈결처럼 아득한 선율. 늙은 개는 한두 번 뛰어 오르더니 자신의 경박함을 부끄러워하듯 얼른 주인보다 두세 걸음 뒤에서 점잖게 걸었다.

양들은 잰걸음을 바삐 움직이며 서둘러 앞으로 달려 나갔다. 양들이 울어대자 바닷속에서 유령 같은 무리가 답해 왔다.

"메에! 메에!"

이 양떼들은 매일 이곳에서 한참을 머무는 것 같았다. 앞쪽에는 얕은 물웅덩이가 있는 모랫길이 이어지고 길 양쪽으로는 축축한 미개간지와 울타리가 이어진다. 그러다가 크고 거대한 것이 문득 눈에 들어온다. 두 팔을 쫙 펴고 헝클어진 머리를 한 큰 거인. 그것은 스텁스 부인 가게 바깥쪽에 서 있

는 거대한 유칼리나무[*2]였다. 양들이 그 옆을 지나갈 때 유칼리 향이 짙게 났다.

이윽고 안개 속에서 커다란 빛의 반점이 비치기 시작했다. 양치기는 휘파람을 멈추고 젖은 옷소매로 붉어진 코와 축축한 턱수염을 닦더니 눈을 가늘게 떠 바다 쪽을 바라보았다.

해가 뜨기 시작했다. 안개가 차츰 옅어지더니 이내 사라졌다. 그 속도는 놀라울 정도였다. 안개는 낮은 평지에서부터 옅어지기 시작하더니 나무가 무성한 곳에서는 말려 올라가 서둘러 도망가듯 미개간지에서 사라졌다. 은색 빛줄기가 넓어짐에 따라 서로 뒤엉키고 소용돌이치며 밀치고 당긴다. 밝고 순수한 파란색의 아득한 하늘이 물웅덩이에 비치고, 전신주를 타고 흐르는 이슬방울들이 햇볕으로 인해 반짝였다. 춤을 추며 빛을 내는 바다는 너무나 환해서 보고 있노라면 눈이 아플 정도다.

양치기는 도토리만 한 대통이 달린 파이프를 주머니에서 꺼내, 주섬주섬 담배를 찾아 두세 번 손가락으로 집어 파이프를 채웠다. 잘생기고 근엄한 노인이었다. 담배에 불을 붙이자 파란 연기가 얼굴을 감싼다. 개가 자랑스러운 듯 양치기를 바라본다.

"메에! 메에!"

양들이 달리기 시작했다. 별장지를 이제 막 지나쳤다. 일찍 잠들었던 사람이 겨우 몸을 뒤척이며 잠이 덜 깬 얼굴을 들기도 전에, 양들의 울음소리는 어린아이들의 꿈속에서 울려 퍼진다. 아이들은 두 팔을 들어 귀엽다며 푹신푹신한 털을 두른 꿈속의 어린 양들을 끌어안으려 한다. 그때 첫 번째 주민이 나타났다. 바넬 씨네 고양이 플로리다. 플로리는 여느 때와 다름없이 이렇게 일찍부터 문기둥 위에 웅크린 채 우유배달 소녀가 오기를 기다리고 있었다. 늙은 양치기개를 보자마자 벌떡 일어나더니 등을 구부리며 줄무늬진 얼굴을 쑥 집어넣고는 조금 기분 나쁘다는 듯 몸을 떨며 말했다.

"어쩜 저렇게 거칠고 역겨운 녀석일까!"

[*2] 높이는 100미터 이상이며 오스트레일리아가 원산지이다. 잎은 비누 향료로 사용됨. 원산지의 통칭은 gum tree.

그러나 늙은 양치기 개는 올려다보지도 않고 꼬리를 흔들며 지나친다. 다리를 좌우로 뻗으면서. 다만 그는 플로리를 보며, 멍청하고 어린 암컷이라고 생각한다는 듯 한쪽 귀를 쫑긋한다.

미개간지에서 불어오는 아침 산들바람에 나뭇잎과 젖은 흙냄새와 강한 바다내음이 한데 뒤섞였다. 수많은 새들이 울고 있다. 황금방울새 한 마리가 양치기 머리 위를 스치고 지나 작은 나뭇가지 위에 앉아 작은 가슴 털을 흔들더니 해를 향해 날아간다. 이제 양 떼는 어부의 오두막을 지나, 우유배달 소녀 레일라가 할아버지와 함께 살고 있는 검게 그을린 듯한 작은 집을 지난다. 양들이 노란 습지 쪽으로 흩어지자 양치기 개 워그가 쫓아가 주위를 한 바퀴 돌아 양들을 한데 모았다. 그리고 크레센트만에서 데일라이트만으로 빠지는 좀 더 험하고 좁은, 바위투성이인 험한 산길로 양들을 몰아갔다.

"메에! 메에!"

양떼가 메마른 길을 나아갈수록 울음소리가 희미해졌다. 양치기는 파이프를 작은 대롱이 보이도록 가슴팍 주머니에 넣는다. 감미롭고 꿈꾸는 듯한 휘파람을 다시 불기 시작했다. 워그가 뭔가 냄새라도 맡았는지 튀어나온 바위 쪽으로 달려갔다가 기분 잡쳤다는 듯 되돌아왔다. 이윽고 양들이 밀고 당기며 서둘러 모퉁이를 돌았고 양치기도 그 뒤를 따라 시야에서 사라졌다.

2

얼마 뒤 어느 방갈로의 뒷문이 열리더니 큰 줄무늬 수영복을 입은 남자가 울타리를 훌쩍 넘어 회전식 나무문을 열고 덤불을 지나 공터로 나왔다. 그는 비틀거리며 모래언덕을 올라가 구멍이 잔뜩 난 돌 위를 힘겹게 지나 차갑게 젖은 자갈 너머 기름처럼 빛나는 단단한 모래사장 쪽으로 달려갔다. 철썩철썩! 철썩철썩! 스탠리 바넬이 의기양양하게 바다에 들어가자 바닷물이 다리에 부딪쳐 부서지며 거품을 일으켰다. 언제나처럼 1등이다! 오늘 아침도 모두를 이겼다. 그는 허리를 구부려 머리와 목을 물에 담갔다.

"아, 형님! 어서 와요. 정말 힘 좋으시네."

부드럽고 낮은 목소리가 물을 타고 울렸다.

쳇! 빌어먹을! 스탠리가 허리를 펴고 보니 멀리에서 검은 머리가 물 위로 떠오르며 한 팔을 들어올렸다. 조나단 트라우트가 나보다 먼저 왔군!

"눈부신 아침이죠?"

노래하는 듯한 저 목소리.

"응, 좋은 아침이군!"

스탠리는 무뚝뚝하게 말했다. 도대체 저 녀석은 왜 내 구역에서 어슬렁거리는 거야? 다른 곳도 있는데 왜 하필 여기까지 헤엄쳐 온 거야? 스탠리는 발로 땅을 힘껏 차고 들어가 수영을 하기 시작했다. 그러나 조나단도 지지 않았다. 조나단이 옆에 다가왔을 때 그의 이마에 달라붙은 검은 머리칼에서 윤기가 흘렀고 짧은 턱수염도 빛이 났다.

"어제 엄청난 꿈을 꿨어요!"

그가 소리쳤다.

어쩌라는 거야? 이 녀석. 말하고 싶어서 안달이 난 조나단은 스탠리를 말할 수 없을 만큼 짜증나게 했다. 언제나 똑같다. 자기가 꾼 꿈에 관한 실없는 소리, 머리에 떠오른 즉흥적인 생각, 책에서 읽은 시덥지 않은 이야기……. 늘 그렇다. 스탠리는 위를 보고 누워 발을 부지런히 움직이면서 빙글빙글 돌았다. 그러나…….

"아찔하게 높은 절벽에 매달려 아래에 있는 누군가에게 외치는 꿈이었어요."

거참 고소하다! 스탠리는 그렇게 생각했다. 더는 참을 수 없다. 그는 헤엄치기를 멈추었다.

"어이, 트라우트. 내가 오늘 아침 좀 바쁘거든."

"네?"

조나단은 깜짝 놀랐는지, 아니면 놀란 척한 것인지 물속에 잠겼다가 다시 떠오르더니 숨을 몰아쉬었다.

스탠리는 말했다.

"내 말은, 시간이 없는데 그렇게 시덥지 않은 소리를 들어야 하느냐는 거야. 바빠서 수영도 빨리 끝내고 싶어. 오늘 아침에 꼭 해야 하는 일이거든.

괜찮지?"

스탠리의 말이 끝나기도 전에 조나단은 몸을 돌렸다.

"먼저 갈게요."

조나단은 낮은 목소리로 부드럽게 말하고는 물속으로 들어가더니 헤엄쳐 가 버렸다. 잔물결 하나 일으키지 않고……. 나쁜 놈! 내 아침을 망치다니. 어째 저렇게 바보처럼 현실을 모를까! 스탠리는 다시 바다를 향해 헤엄치기 시작하더니 이윽고 빠르게 물가로 돌아왔다. 한 방 먹은 것 같은 기분이었다.

조나단은 조금 더 물속에 있었다. 두 손을 지느러미처럼 부드럽게 움직이면서 바다가 그의 길고 야윈 몸을 흔들어 대는 대로 그냥 떠 있었다. 신기하게도 그는 이 모든 상황에도 스탠리 바넬을 좋아했다. 때로 악마 같은 욕망에 사로잡혀 스탠리를 놀림감으로 만들고 장난을 치고 싶어지기도 하지만 마음속으로는 그 남자를 동정했다. 뭐든 진지하게 받아들이는 그의 방식에는 뭔가 비장한 구석이 있다. 언젠가는 그도 낙오할 날이 있으리라는 생각이 들었다. 그러면 그는 처참한 패배자가 되겠지. 그 순간 거대한 파도가 조나단을 들어 올렸다가 그를 지나쳐 즐거운 비명을 질러 대며 밀려가다가 물가에서 부서졌다. 정말 아름답다! 자, 또 온다. 이것이야말로 살아가는 방식이다. 부주의하고 무모하게 나를 소진하는 삶. 그는 발을 딛어 해안을 향해 걸었다. 작은 무늬들로 얼룩진 단단한 모래 위를 발가락에 힘을 주며 걸었다. 무슨 일이든 서두르지 말고, 인생의 파도에 맞서지 말고 살아가야 한다. 살아가야 한다! 게다가 이 완벽한 아침, 햇살 아래 싱그럽고 아름다운 몸을 드러내며, 자신의 아름다움을 비웃으며 이렇게 속삭이는 듯하다.

"그러면 어때서?"

그러나 물에서 올라온 지금, 조나단은 추위로 창백해졌다. 팔다리가 다 쑤시고 뭔가가 그의 몸에서 피를 짜내는 듯했다. 근육이란 근육이 모두 뻣뻣해졌다. 몸을 떨면서 성큼성큼 물가로 올라갔다. 그도 아침 수영을 잡쳤다고 생각했다. 너무나 오랫동안 물에 있었던 것이다.

3

스탠리가 파란 서지 정장에 칼라가 빳빳한 셔츠, 물방울무늬 넥타이 차림으로 나타났을 때 거실에는 베릴밖에 없었다. 기분 나쁠 정도로 깔끔한 모습이었다. 그는 일을 처리하려고 시내로 나가는 길이었다. 그는 의자에 앉으면서 회중시계를 꺼내 접시 옆에 놓으며 말했다.

"정확히 25분 남았군. 죽이 남았는지 보고 오겠니, 베릴?"

"어머니께서 지금 막 가지러 갔어요."

베릴은 식탁에 앉아 그에게 차를 따랐다.

스탠리는 고맙다며 한 모금 마셨다. 그러다가 놀란 목소리로 말했다.

"설탕을 잊었구나?"

"아, 미안해요."

그래도 베릴은 설탕을 넣어 주지 않았다. 설탕 그릇을 밀어 주었을 뿐이다. 이건 대체 무슨 뜻이지? 스탠리는 설탕을 넣으며 파란 눈을 동그랗게 떴다. 그 눈은 떨리는 듯 보였다. 곁눈질로 처제를 슬쩍 보고는 뒤로 몸을 기댔다.

"무슨 문제가 있는 건 아니지?"

옷깃을 만지며 그가 무뚝뚝하게 물었다. 베릴이 고개를 숙였다. 손가락으로 접시를 빙글빙글 돌렸다.

"아무것도."

그녀는 가볍게 대답했다. 그리고 머리를 들어 스탠리를 보며 살짝 웃었다.

"왜 그런 걸 물어요?"

"아, 아니! 나도 따로 이유는 없어. 그냥 생각했을 뿐이야. 처제가 좀……."

마침 그때 문이 열리고 작은 여자아이 세 명이 저마다 죽 그릇을 들고 나타났다. 세 명 모두 같은 파란 운동복에 반바지 차림이었다. 황갈색으로 그을린 다리를 드러내고 머리는 모두 뒤로 묶어 땋아 핀으로 묶었다. 그 뒤로 페어필드 부인이 쟁반을 들고 들어왔다.

그녀가 다들 조심하라고 주의를 주었다. 그러나 아이들은 더 이상 주의할 수 없을 만큼 조심하고 있었다. 아이들은 물건을 옮기도록 허락받은 것이 너무나 기쁜 것이다.

"아빠에게 아침 인사 했어요?"

"네, 할머니!"

아이들은 스탠리와 베릴이 앉은 건너편 긴 의자에 자리를 잡았다.

"잘 잤니, 스탠리?"

페어필드 부인은 그에게 죽 그릇을 건넸다.

"안녕히 주무셨어요, 엄마! 아버지는 어때요?"

"아주 좋아! 어젯밤에는 한 번밖에 깨지 않았어. 정말 멋진 아침이구나!"

노부인은 빵을 집다가 그대로 멈추고 열린 창으로 밖을 바라봤다. 파도 소리가 들려왔다. 커다란 창을 통해 햇빛이 들어와 노랗게 칠한 벽과 마루를 비추었다. 식탁 위의 물건들이 모두 반짝였다. 한가운데에는 노랑과 빨강의 금련화가 그려진 낡은 샐러드 그릇이 있다. 그녀는 만족감에 눈을 빛내며 미소 지었다.

"빵을 조금만 잘라주세요, 어머니."

스탠리가 말했다.

"마차가 오기까지 앞으로 12분 30초밖에 남지 않았어요. 구두는 하녀에게 줬나요?"

"잘 닦아 뒀어."

페어필드 부인이 차분하게 대답했다.

"케지아, 너는 왜 그렇게 말썽을 부리니!"

베릴이 질렸다는 듯 소리를 높였다.

"저요? 베릴 이모?"

케지아는 그녀를 바라보았다. 내가 어쨌다고 그러는 거예요? 죽 한가운데에 강을 파고 거기를 가득 채운 뒤 지금 옆에 쌓아올린 둑부터 먹고 있는 참인데요. 매일 아침 이렇게 하는데, 지금까지 아무도 나한테 뭐라고 한 적 없어요.

"왜 이자벨이나 로티처럼 먹지 못하니?"

어른들은 왜 이렇게 편애를 할까! 케지아는 그 말에 대꾸했다.

"로티도 언제나 섬을 만든단 말이에요. 그렇지, 로티?"

"나는 안 그래."

이자벨은 재빨리 말한 뒤 덧붙였다.

"저는 설탕을 뿌리고 우유를 부어서 바로 먹어요. 음식으로 장난치는 것은 아이들이나 할 짓이야."

스탠리는 의자를 뒤로 밀며 일어섰다.

"구두를 가져다 주세요, 어머니. 베릴, 식사를 마쳤으면 밖에 나가서 마차를 좀 잡아 줬으면 좋겠어. 이자벨 너는 엄마한테 가서 모자 어디에 두었는지 물어보고 오너라……. 잠깐만! 너희, 아빠 지팡이로 장난쳤니?"

"안 만졌어요, 아빠!"

"그래도 나는 여기에 두었는데."

스탠리는 고래고래 소리치기 시작했다.

"분명히 기억하고 있어. 이 구석에 두었단 말이야. 누가 가져갔어? 어물거릴 시간 없어, 빨리빨리 찾아봐! 지팡이 못 찾으면 가만 두지 않을 거다."

하녀 앨리스까지 지팡이를 찾는 데 동참했다. 스탠리는 그녀에게 물었다.

"설마 불쏘시개로 쓴 것은 아니겠지?"

스탠리는 린다가 누워 있는 침실로 뛰어 들어갔다.

"도대체 어쩌라는 건지! 내 것은 하나도 제자리에 있는 법이 없어. 이번에는 지팡이를 누가 치워 버렸어!"

"지팡이? 당신, 무슨 지팡이요?"

이럴 때마다 린다가 짓는 멍한 표정은 아무래도 일부러 그러는 것 같았다. 스탠리는 그렇게 생각하기로 했다. 왜 아무도 나와 공감하지 않는 것일까?

"마차요! 마차, 스탠리!"

베릴의 목소리가 밖에서 들려왔다.

스탠리는 린다를 향해 팔을 내저으며 소리쳤다.

"외출 인사를 할 여유도 없어!"

그녀에 대한 징벌인 셈이다.

그는 모자를 낚아채고는 집을 뛰쳐나와 정원에 난 작은 길을 달렸다. 정말 마차가 거기에서 기다리고 있었다. 베릴은 열린 문에 기대어 아무 일도 없었다는 듯 마차 위의 누군가를 보며 웃고 있었다. 생각 없는 여자들이란! 자기들을 위해 몸이 부서지도록 일하는 것을 그의 역할이라고 생각한다. 그 것을 당연하게 여긴다. 그럼에도 그의 지팡이 하나 제대로 간수하지 못한다.

켈리가 말에 채찍을 가했다.

"다녀오세요 스탠리!"

베릴은 상냥하고 명랑하게 외쳤다. 다녀오세요, 이 얼마나 쉬운 말인가! 그녀는 한가로이 서서 한 손을 뻗어 햇빛을 가리며 서 있었다. 몹시 꺼림칙 하지만 예의상 어쩔 수 없이, 스탠리도 다녀오겠다고 외쳤다. 이윽고 베릴이 몸을 돌려 깡충거리며 집으로 들어가는 모습이 스탠리 눈에 보였다. 성가신 내가 나가니 기쁜 것이겠지!

그렇다. 베릴은 기뻤다. 응접실로 달려가 외쳤다.

"갔어!"

린다는 자기 방에서 외쳤다.

"베릴! 스탠리 갔어?"

페어필드 노부인이 작은 플란넬 옷을 입힌 아기를 안고 나왔다.

"갔니?"

"갔어!"

아아, 이 편안한 기분. 남자를 밖으로 내보내고 난 뒤의 뭐라 말할 수 없는 이 기분. 서로를 부르는 목소리까지 달라졌다. 그 울림은 따뜻하고 다정해 서로의 비밀까지도 모조리 알고 있는 듯이 들렸다. 베릴은 식탁 가까이로 갔다.

"차 한 잔 더 하시겠어요, 어머니? 아직 따뜻해요."

그녀는 왠지 자기들이 좋아하는 일을 할 수 있다는 사실을 축복하고 싶어졌다. 그들을 방해하는 남자가 사라진 것이다. 멋진 하루는 온전히 자신들의 것이다.

"됐다. 고맙구나, 얘야."

페어필드 부인이 말했다. 그녀는 아기를 갑자기 들어올리며 얼렀다.

"우리 아가, 우리 강아지. 까꿍."

그 몸짓은 그녀도 실은 똑같이 생각하고 있음을 알려 주고 있었다. 작은 여자아이들은 오두막에서 풀려나온 병아리들처럼 초원으로 달려 나갔다.

부엌에서 설거지하던 하녀 앨리스까지 이 분위기에 전염되어 귀중한 물을 거침없이 마구 퍼 썼다.

"정말 남자들이란!"

그녀는 그렇게 말하며 찻주전자를 설거지통에 푹 집어넣고 더 이상 거품이 나지 않을 때까지 물속에 그냥 두었다. 마치 그 찻주전자가 남자이고 물에 익사시키는 정도로는 성이 차지 않는다는 듯이.

4

"기다려, 이자벨! 케지아! 기다려!"

불쌍하게도 어린 로티가 뒤에 처졌다. 로티 혼자서 울타리를 넘기는 너무나 힘들었기 때문이다. 첫째 단을 올라서자 무릎이 후들거리기 시작했다. 기둥을 꽉 잡았다. 이제 한쪽 다리를 올려놓아야 한다. 하지만 어느 쪽 다리? 도저히 정할 수가 없다. 로티는 다리를 들어 올렸다 내렸다 하다가 될 대로 되라는 심정으로 한쪽 다리를 올려놓았다. 그런데 참으로 난감해졌다. 그 기분이란! 몸의 반은 목초지에 있고 반은 풀숲에 있다. 로티는 정신없이 기둥에 매달려 소리를 질렀다.

"기다려!"

"안 돼, 기다리지 마, 케지아!"

이자벨이 말했다.

"로티는 정말로 바보야. 만날 소란만 피우고. 그냥 빨리 와!"

이자벨은 케지아의 옷을 잡아끌었다.

"같이 가면 내 양동이를 쓰게 해 줄게. 네 것보다 커."

이자벨은 친절하게 말했다. 하지만 케지아는 로티를 혼자 내버려 둘 수 없었다. 그녀는 로티가 있는 곳으로 돌아갔다. 그때 이미 로티는 얼굴이 새빨개져서 숨을 헐떡이고 있었다.

"여기에 다른 한쪽 다리를 걸쳐놓는 거야."

"어디?"

로티는 마치 산꼭대기에라도 올라간 것처럼 케지아를 내려다보았다.

"여기야, 내 손이 있는 곳."

케지아가 그곳을 두드렸다.

"아, 거기?"

로티는 크게 한숨을 내쉬며 다른 쪽 다리를 걸쳐놓았다.

"자, 몸을 조금 돌려서 앉은 상태로 미끄러져 내려와."

"앉을 곳이 없잖아, 케지아!"

로티는 어찌어찌 겨우 울타리를 넘을 수 있었다. 그 일을 다 마치고 난 로티는 환한 표정을 지으며 온몸으로 웃기 시작했다.

"나 울타리 넘는 거 이제 잘하지? 그렇지, 케지아?"

로티는 성격이 매우 낙천적이었다.

분홍 모자와 파란 모자가 이자벨의 선명한 붉은 모자 뒤를 쫓아 울퉁불퉁하면서도 미끄러운 모래언덕을 올라갔다. 정상에 오른 세 사람은 어디로 가면 좋을지 정하기 위해, 또 누가 먼저 와 있지는 않는지 살피려고 잠시 멈춰 섰다. 지평선을 등지고 모종삽을 든 손을 휘두르는 아이들의 모습은, 마치 당황한 탐험가들 같았다.

해변에는 벌써 사무엘 죠셉 씨네 아이들이 가정부와 함께 나와 있었다. 가정부는 접이식 의자에 앉아 목에 건 호루라기로 순서를 정하거나, 작은 봉으로 아이들을 지도하고 있었다. 사무엘 죠셉 씨네 아이들은 자기들끼리만 놀거나 자기들이 하는 게임을 끝까지 해낸 예가 없었다. 자기들끼리만 놀게 두면 남자아이가 여자아이의 목에 물을 붓거나, 여자아이가 남자아이들 주머니에 작고 검은 게를 넣는 것으로 끝났다. 그래서 사무엘 죠셉 부인과 불쌍한 가정부는 매일 아침 부인이 '브로그램'(프로그램. 이 부인은 코맹맹이 소리를 냈다)이라고 부르는 것을 만들어, 그것으로 아이들을 재미있게 놀게 하고 장난치지 않게 해야만 했다.

대부분은 시합이나 달리기처럼 승부를 겨뤄 순위를 정하는 놀이들이었다.

모든 놀이는 가정부가 부는 귀를 찌르는 듯한 호루라기 소리로 시작해 또다시 호루라기를 부는 것으로 끝났다. 이런 놀이에는 상품도 있었다. 크고 왠지 지저분해 보이는 종이꾸러미였다. 가정부는 쓴웃음을 지으며 잔뜩 부풀어 오른 바구니에서 그것을 꺼냈다. 사무엘 죠셉의 아이들은 상품을 받으려고 서로 경쟁하며 꾀를 부리고 팔을 꼬집곤 했다. 그들은 모두 꼬집기 대장이었다.

바넬 씨네 아이들은 그들과 딱 한 번 논 적이 있다. 그때 케지아는 상품을 받았다. 세 겹으로 싼 종이꾸러미 안에서 아주 작고 녹슨 단추걸이[*3]가 나왔다. 케지아는 왜 저 아이들이 상품에 저렇게 열을 올리는지 이해할 수 없었다.

그러나 세 아이는 더 이상 사무엘 죠셉 씨네 아이들과는 놀지 않았다. 파티가 있어도 가지 않았다. 사무엘 죠셉 씨는 언제나 바닷가에서 아이들을 위한 파티를 열었다. 그리고 늘 똑같은 음식을 준비했다. 세숫대야처럼 커다란 그릇에 준비한 갈색 과일 샐러드, 네 조각으로 자른 과자빵 등등. 거기에 세면용 물을 담는 물병에 가정부가 '리모나디아(레모네이드)'라고 부르는 음료가 가득 들어 있다. 게다가 저녁이 되면 윗옷의 장식 테이프를 반쯤 뜯기거나 엉성한 앞치마에 뭔가를 잔뜩 묻히고 돌아가게 되었다. 나중에는 사무엘 죠셉 씨네 아이들만 남아 자기네 잔디밭 위에서 왁자지껄 뛰어논다. 저 아이들은 너무 심해서 안 되겠어!

해변의 한쪽 물가에서는 작은 사내아이 둘이 반바지를 걷어올리고 거미처럼 빠르게 움직이고 있다. 한 아이는 모래를 파고 있었고 다른 아이는 종종걸음을 치며 물속에 들어갔다 나왔다 하며 작은 양동이로 물을 뜨고 있었다. 트라우트네 아이인 핍와 라그즈였다. 핍은 열심히 모래를 파고 있었고 라그즈는 열심히 거들었다. 그래서 그들은 그녀들이 가까이 다가올 때까지, 어린 사촌들을 알아채지 못했다.

"봐! 내가 찾은 거 봐봐."

---

*3 구두 등 단추를 잠글 때 이용하는 열쇠모양의 기구.

핍이 물에 젖어 흐물흐물해진 낡은 장화 한쪽을 보여 주었다. 세 사람이 눈을 동그랗게 뜨고 쳐다봤다.

"그거 어떻게 할 건데?"

케지아가 물었다.

"잘 챙겨 둬야지, 당연한 거 아냐!"

핍이 몹시 바보취급을 하며 덧붙여 말했다.

"애써 찾은 거란 말이야. 알았어?"

그래, 케지아도 그건 알고 있다. 그래도 왠지……

"모래를 파면 많은 것이 나와. 난파선에서 버린 거야. 보물 말이야. 그래, 어쩌면 찾을지도 몰라."

핍이 모두에게 가르쳐 주었다.

"그런데 왜 라그즈는 물을 부어?"

로티가 물었다.

"응, 물을 적시는 거야. 일하기 쉽게 하려고. 계속해, 라그즈."

핍이 말하자 말 잘 듣는 어린 라그즈는 바다를 오가며 물을 부었다. 웅덩이의 물은 어느새 코코아 색이 되었다.

"자, 내가 어제 찾은 것을 보여 줄까?"

핍은 의미심장하게 말하며 모종삽을 모래에 푹 쑤셔 넣었다.

"다른 사람에게 말하지 않겠다고 약속해."

세 사람은 약속했다.

"가슴에 십자가를 긋고 맹세합니다, 그렇게 말해."

어린 소녀들은 그렇게 했다.

핍은 주머니에서 뭔가를 꺼내 셔츠 앞자락으로 오랫동안 문지르더니 거기에 입김을 불었다. 그리고 다시 문질렀다.

"자 뒤로 돌아!"

핍이 명령했다.

세 사람은 뒤로 돌았다.

"모두 여기를 봐! 움직이지 마! 좋아!"

손을 폈다. 핍은 뭔가를 햇살에 비추었다. 그것은 반짝반짝 초록으로 빛났다. 너무나 아름다웠다.

"이건 에메랄드야."

핍이 진지하게 말했다.

"정말이야, 핍?"

이자벨까지 감동했다.

초록빛으로 아름답게 빛나는 그것은 핍의 손 위에서 춤을 추는 것 같았다. 베릴 이모에게도 에메랄드 반지가 있지만, 이 에메랄드는 별만큼 컸고 훨씬 더 아름다웠다.

5

아침 시간이 지나면서 사람들이 삼삼오오 무리를 지어 속속 모래언덕을 넘어 수영하려고 해변으로 내려왔다. 11시부터는 별장지에 숙박하고 있는 여자와 아이들이 바다를 독점한다는 사실을 다들 알고 있었다. 여자들이 먼저 수영복으로 갈아입고 방수용 스폰지 가방처럼 묘하게 생긴 모자를 머리에 쓴다. 그리고 아이들이 단추를 풀면 그녀들이 옷을 벗겨주었다. 해변 여기저기에 옷가지나 신발들로 작은 산이 생긴다. 큰 밀짚모자는 바람에 날아가지 않도록 돌을 얹어 둔다. 거대한 조개껍데기 같다. 이상하게도 여자나 아이들이 뛰거나 큰 소리로 웃으며 파도를 향해 달려갈 때에는 바다 소리까지도 다르게 들렸다.

연보라색 면 드레스를 입고 검은 모자 끈을 턱 밑으로 묶은 페어필드 노부인은 아이들을 불러 모아 물에 들어갈 준비를 시켰다. 트라우트네 아이들이 머리 위에서 낚아채듯 셔츠를 집어던지자 다섯 명 모두가 달리기 시작한다. 뒤에 남은 할머니는 그 자리에 앉아 아이들이 아무 탈 없이 물에 들어간 것을 확인하고, 털실을 꺼내려고 편직물이 들어 있는 주머니 안에 한 손을 집어넣고 앉아 있었다.

튼튼하고 야무진 여자아이들은, 마르고 섬세해 보이는 사내아이들의 반만큼의 용기도 없었다. 핍과 라그즈는 무서워 몸을 떨거나 웅크려 앉거나 물을 치거나 바다를 무서워하는 법이 없었다. 하지만 12스트로크나 수영할 줄 아는 이자벨도, 8스트로크쯤 수영할 줄 아는 케지아도, 절대로 서로에게 물을 튀기지 않기로 굳게 약속을 나눈 뒤에야 겨우 남자아이들 뒤를 따라갔다. 로티는 절대 그들 뒤를 따라가지 않았다. 로티는 뒤에 혼자 남아서 놀기를 좋아했다. 혼자 노는 것이란, 물가에 앉아서 발을 쭉 펴고 무릎을 모아 바닷물에 떠밀려 가기를 기다리면서 두 손으로는 뭔가 애매한 동작을 하는 것이다. 그러나 좀 큰 하얀 수염 같은 파도가 자기 쪽으로 천천히 밀려오면, 로티는 보통 겁에 질려 엉금엉금 네발로 기어 일어나 물가 쪽으로 달려 올라가곤 했다.

"어머니, 이것 좀 잘 가지고 계셔 주세요."

베릴이 반지 두 개와 가는 금 목걸이 하나를 페어필드 부인의 무릎 위에 올려놓았다.

"그래, 좋아. 그런데 넌 여기서 수영하지 않을 거니?"

베릴은 아니라고 뒤를 길게 끌며 대답했다. 목소리가 애매하게 울렸다.

"저기 건너편에서 옷 갈아입을 거예요. 해리 켐버 부인과 함께 수영할 거거든요."

"아아, 그래."

페어필드 부인이 입술을 삐죽거렸다.

노부인은 해리 켐버 부인을 그다지 좋아하지 않았다. 베릴은 이런 어머니 마음을 알고 있었다.

불쌍한 늙은 어머니, 베릴은 미소 지으며 돌 위를 스치듯 걸어갔다. 불쌍한 노인네 늙은 어머니! 노인네! 아아, 이 얼마나 기쁘고 행복한가, 젊음이란......

"기분 좋아 보이네."

해리 켐버 부인이 말했다. 부인은 돌 위에 웅크리고 앉아 두 팔로 무릎을 감싸 안은 채 담배를 피우고 있었다.

"정말 아름다운 날씨잖아요."

베릴은 부인에게 웃어보였다.

"아, 그렇죠."

해리 켐버 부인의 목소리는 '그것만이 아니지, 난 다 알고 있어요' 말하는 듯했다. 뿐만 아니라 부인 목소리는 '당신에 대한 모든 것을 당신보다 내가 더 잘 알고 있어요' 이렇게 말하는 것처럼 들려왔다.

그녀는 손발이 가늘고 몸이 홀쭉하고 긴 기묘한 모습이었다. 얼굴도 가늘고 길며 까칠한 느낌이 들었다. 말아 올린 갈색 앞머리는 타들어 가고 시든 것 같았다. 바닷가 여자들 가운데 그녀만이 담배를 피웠다. 게다가 끊이지 않고 피워 대면서 담배를 입에 문 채로 말했다. 그녀는 담뱃재가 너무 길어져서 왜 떨어지지 않을까 사람들이 의아하게 생각할 때쯤이 되어서야 겨우 털곤 했다. 그녀는 평생 카드놀이를 했고, 그걸 하지 않을 때에는 해가 쨍쨍 쬐는 곳에 누워 시간을 보냈다. 그녀는 햇볕이 아무리 강해도 참을 수 있었으나 늘 햇볕이 부족했다. 그래도 따뜻해 보이지는 않았지만. 그녀는 깡마른 모습으로 힘없고 차갑게, 파도에 밀려온 나무토막처럼 돌 위에 길게 누워 있는 것이었다.

바닷가에 사는 여자들의 소문에 따르면 그녀는 품행이 매우 나쁜 여자였다.

"저 사람은 볼품도 없고 남들을 전혀 의식하지 않아. 더구나 말투도 천하지, 남자를 대할 때는 꼭 남자처럼 군다니까. 집은 전혀 신경도 안 쓰고 게다가 하녀 글래디스를 '글래드 아이스(추파)'라고 부르기까지……."

하나같이 낯부끄러운 행동들뿐이다. 베란다에 선 켐버 부인이 무뚝뚝하고 지친 목소리로 말한다.

"저기, 글래드 아이스, 손수건 있으면 던져 줘."

그 손수건으로 빨간 리본을 만들어 모자에 달지 않고 머리를 묶는다. 흰 구두를 신은 글래드 아이스가 거리낌 없이 미소를 지으며 달려온다. 뭐랄까, 정말로 부끄러움을 모른다! 그 사람에게는 아이가 없다, 게다가 남편은……. 이 부분에서 여자들의 목소리가 더 높아지고 열을 낸다. 어떻게 그런 남자가 저런 여자와 결혼할 수 있었을까? 어째서일까? 왜일까? 돈이 목적이었을 거야, 물론. 하지만 그래도!

켐버 부인의 남편은 적어도 그녀보다 열 살은 어렸다. 더구나 뭐라 말할 수 없을 만큼 잘생겼고, 현실 속 남자라고 하기보다는 미국 소설의 삽화에 나옴직한 흠잡을 데 없이 완벽한 사람이다. 검은 머리, 짙고 푸른 눈, 붉은 입술, 어딘지 슬퍼 보이고 졸린 듯한 미소, 능숙한 테니스 솜씨와 멋진 춤 솜씨, 거기에 신비스러운 구석까지 있다. 해리 켐버는 꿈을 꾸며 걷는 사람 같다. 남자들은 그를 견뎌내지 못했다. 그래서 다들 쑥덕거린다. 저 사람은 말을 시켜도 좀처럼 말을 하지 않아서 싫다. 그는 아내를 무시한다, 아내가 그를 무시하는 것처럼. 저 남자는 어떤 생활을 하는 것일까? 물론 소문은 무성했지만 그런 이야기들이란 좀처럼 들어줄 수 없는 것들이었다. 어떤 여자와 함께 있었다거나 어디에 있는 것을 봤다거나……. 하지만 무엇 하나 확실하고 분명한 것이 없었다. 바닷가 여자들은 그가 당장이라도 살인을 저지를 거라 막연하게 생각했다. 그렇다. 그녀들은 켐버 부인에게 말을 걸 때도, 저 무섭도록 현란한 옷차림을 물끄러미 바라볼 때도 그녀가 길게 축 처져 있는 모습을 떠올리는 것이다. 해변에 누워있을 때와 같은 모습으로 차갑게 피투성이가 된 모습을 더구나 입가에는 여전히 담배를 문 채로……

켐버 부인은 일어나 하품을 하면서 허리띠를 풀고 블라우스의 리본을 잡아당겼다. 베릴도 치마에서 발을 빼고 윗옷을 벗었다. 그녀는 짧고 하얀 페티코트에, 어깨에 리본이 달린 캐미솔 차림이 되었다.

그 모습을 본 켐버 부인이 말했다.

"오, 정말 귀엽고 예쁜데!"

"어머, 무슨 말씀이세요."

베릴은 부드럽게 말했다. 하지만 한쪽 스타킹을 벗고 다른 쪽도 마저 벗은 뒤에는 스스로도 귀엽고 예쁘다고 느꼈다.

"당신 말이야. 얌전 뺄 필요 없어."

해리 켐버 부인이 자기 속치마를 밟으며 말했다. 그녀의 속옷은 가관이었다. 헐렁한 파란 면 팬티에 베게 커버를 떠올리게 하는 리넨 상의.

"코르셋은 안 입었네?"

그녀가 베릴의 허리를 만지자 베릴이 놀란 척 작은 비명을 지르며 물러섰다. 그러고는 딱 잘라 말했다.

"절대 안 입죠!"

"행복한 아가씨네."

켐버 부인이 한숨을 쉬며 코르셋을 벗었다.

베릴은 등을 돌렸다. 그녀는 옷 벗기와 수영복 입기를 한꺼번에 하려다 보니 동작이 이상해졌다.

"아, 나한테 신경 쓸 거 없어."

켐버 부인이 말했다.

"뭐가 부끄럽다고 그래? 안 잡아먹어. 나는 다른 바보들처럼 놀리지 않아."

그리고 말이 히힝 거리듯이 기묘한 소리를 내며 웃더니 다른 여자들을 바라보며 경멸하듯 얼굴을 찡그렸다.

그러나 베릴은 부끄러웠다. 다른 사람 앞에서 옷을 벗어 본 적이 없었다. 부끄러워하는 것은 어리석은 일일까? 해리 켐버 부인은 그런 행동은 어리석은 짓이며 심지어 부끄러워할 일이라고 느끼게 만들었다. 왜 창피해야 하는 거야! 베릴은 해어진 슈미즈를 입은 채 대담하게 똑바로 서서 담배에 불을 붙이는 부인을 슬쩍 봤다. 그러자 그녀의 가슴속에도 금세 대담하고 사악한 감정이 솟구쳤다. 나도 이제 상관하지 않겠다고 말이라도 하듯, 베릴은 웃으며 모래가 다 털리지도 않은 축축한 수영복을 당겨 입고는 꼬여 있는 단추를 채웠다.

"좋아, 잘했어."

켐버 부인은 말했다. 둘은 함께 해변으로 달리기 시작했다.

"당신 같은 사람이 옷을 입다니! 정말이지 이건 죄야. 누군가 그것을 당신에게 가르쳐 줘야 해."

물은 정말로 따뜻했다. 더없이 멋지고 투명한 푸른빛을 띤 물에는 은빛 점들이 점점이 떠있었다. 물밑의 모래는 금 같았다. 발끝으로 차면 황금모래가 작게 일었다. 이윽고 파도가 베릴의 가슴께까지 왔다. 베릴은 먼 곳을 응시하며 두 팔을 쭉 펴고 서서, 파도가 올 때마다 가볍게 뛰어올랐다. 그리고 그녀를 그렇게 부드럽게 들어 올리는 것은 파도라고 생각했다.

"아름다운 아가씨는 즐겨야 해."

해리 켐버 부인이 말했다.

"그렇지 않아? 때를 놓치면 안 돼. 당신은 즐겨야 해."

그리고 갑자기 몸을 빙글 돌리더니 사라졌다. 그녀는 쥐처럼 재빠르게 헤엄쳐 가 버렸다. 그리고 다시 몸을 돌려 헤엄쳐 오기 시작했다. 또 뭔가 말하고 싶은 것이다. 베릴은 이 차가운 여자에게 독살당하고 있다고 느끼면서도 그녀의 말을 더 듣고 싶었다. 이 얼마나 이상하고 끔찍한 일인가! 해리 켐버 부인이 졸린 듯한 표정으로 물 위로 턱만 살짝 대고 떠 있는 모습은 그녀의 남편을 끔찍하게 희화화한 듯했다.

6

집 앞 정원 한가운데에 서 있는 마누카*4 나무 그늘에서, 린다 바넬은 의

---

*4 뉴질랜드 원산의 차나무. 옛날에는 잎을 차로 썼음.

자에 기대어 앉아 깜빡깜빡 졸며 아침의 한때를 보내고 있었다. 그녀는 아무것도 하지 않았다. 그저 마누카의 무성하고도 건조한 잎들 사이로 반짝이는 푸른 하늘을 올려다보고 있었다. 때때로 작은 노란 꽃이 그녀 위로 떨어졌다. 아름답다……, 꽃송이 하나를 손바닥 위에 올려놓고 찬찬히 살펴보았다. 뭐라 말할 수 없을 만큼 아름다운 꽃잎이었다. 엷은 노랑 꽃잎 하나하나가 공들여 만든 작품처럼 빛을 내고 있다. 한가운데에 작은 혀 같은 꽃술이 있고, 꽃 전체는 은방울 모양을 하고 있다. 꽃을 돌려보면 바깥쪽은 짙은 청동색이었다. 그러나 꽃은 피자마자 곧 떨어져 버린다. 사람들은 서로 이야기를 나누며 윗옷에서 꽃을 털어 낸다. 잘 떨어지지 않는 작은 것들은 털어도 머리카락에 붙는다. 도대체 꽃은 왜 피는 것일까? 누가 일부러, 더구나 기뻐하면서까지 이런 짓을 한 것일까. 덧없이, 덧없이 가 버릴 것을? 참 이상도 했다.

그녀 옆에는 풀밭에 놓인 두 베개 사이에 사내아이가 잠들었다. 푹 잠들었다, 제 엄마를 등진 채로. 그 부드럽고 검은 머리카락은 진짜 머리카락이라기보다는 그림자처럼 보인다. 하지만 귀는 밝고 짙은 산호색이다. 린다는 두 손을 머리 위에서 깍지 끼고 다리를 꼬았다. 모두가 해변으로 가서 그런지 방갈로는 텅 비어 있다. 아무도 보이지 않는다. 아무 소리도 들리지 않는다. 그런 생각이 들자 기분이 좋아졌다. 정원은 그녀가 독차지했다. 그녀 말고는 아무도 없다.

피코티*5는 눈이 부실 만큼 하얗게 빛나고, 황금빛 눈을 가진 금잔화가 반짝반짝 거렸다. 논냉이는 초록색과 금색의 불꽃처럼 베란다 기둥을 휘감고 있다. 이런 꽃들을 여유롭게 바라볼 시간이 있다면, 신비롭고 아름답다는 느낌이 들지 않을 때까지 천천히 즐길 수 있는 여유가 있다면! 하지만 멈춰 서서 꽃잎을 펼쳐 보고 이파리 뒷면이 어떻게 생겼는지 보고 있노라면 어느 새 '인생'이라는 파도가 밀려와 그녀를 삼켜 버린다. 등나무 의자에 앉은 린다는 자기 몸이 아주 가볍다고 느꼈다. 이파리 하나 같은 느낌이 들었

---

*5 카네이션의 일종.

다. '인생'이 바람처럼 다가오면 그녀는 그것에 휩쓸리고 흔들리게 된다. 그렇지만 정말로 늘 그렇게 되는 것일까? 피할 방법은 없을까?

이제 그녀는 태즈메이니아[*6]의 집 베란다에 앉아 아버지 무릎에 기대 앉아 있다. 아버지가 약속한다.

"린다, 네가 크고 나도 나이를 먹으면 어딘가로 떠나 버리자. 남자아이 둘도 함께 중국에 있는 강을 배로 거슬러 올라가고 싶구나."

린다는 그 강을 떠올린다. 넓디넓은 그곳에는 작은 뗏목과 배들이 가득하다. 선원들의 노란 두건이 보이고, 뭔가 날카롭게 외치는 소리가 들려온다.

"네, 아빠."

그러나 그때 밝은 빨간색 머리칼의 건장한 청년이 천천히 집 앞을 지나다가 엄숙하다 싶을 정도로 느리게 모자를 벗는다. 린다 아버지는 여느 때처럼 장난삼아 그녀의 귀를 잡아당기며 속삭인다.

"린다의 낭군님이구나."

"어머, 아빠도 참. 내가 스탠리 바넬과 결혼할 리가요!"

하지만 린다는 그와 결혼했다. 그를 사랑한 것이다. 그녀는 누구나가 알고 있는 일상의 평범한 스탠리가 아니라, 매일 밤 무릎을 꿇고 선량한 사람이 되도록 기도하는 소심하고 상처를 잘 받는 순수한 스탠리를 사랑했다. 스탠리는 단순했다. 사람을 믿으면, 예를 들어 그녀를 믿을 때 그는 온 마음을 다해 믿는다. 그는 사람을 배신하거나 거짓말을 하지 못했다. 그리고 만일 누군가—그녀가—그에게 조금이라도 정직하지 못하거나 성실하지 않게 대하면 얼마나 괴로워하는지!

"나는 아부래도 그 기분을 이해 못하겠어!"

그렇게 말하면서 부들부들 떨며 고민으로 얼굴을 일그러뜨리는 그의 모습은 마치 덫에 걸린 짐승같다.

하지만 문제는 따로 있다. 그걸 생각하면 린다는 웃음을 터트리고 싶었다. 웃으면 안 되는 상황인데도 왜인지……. 문제는 '그녀가 사랑하는 스탠리'가

[*6] 오스트레일리아 남부 섬.

그녀 앞에 좀처럼 드러내지 않는다는 것이다. 아주 잠깐 숨을 돌릴 수 있을 만큼 평온한 때도 있지만 그 밖에는 분란을 일으키는 습관을 고치지 못하는 집안에서 생활하는 것처럼, 날마다 난파하는 배 위에서 사는 것 같다. 그리고 그 위험 한가운데 있는 사람은 언제나 스탠리였다. 그녀의 시간은 그를 구조하거나 정신을 차리도록 하거나 안정시키거나 그가 말하는 것을 들어주거나 하는 일들로 모두 뭉개져 버렸다. 그리고 남은 시간은 아이가 생길까 두려워하며 보냈다.

린다는 얼굴을 찡그렸다. 재빨리 의자에서 몸을 세워 발목을 잡았다. 그렇다, 그 점이야말로 인생에 대한 진심 어린 고뇌였고 도저히 이해할 수 없는 부분이었다. 그녀는 몇 번이나 묻고 공허하게 대답을 기다리며 지쳐 갔다. 아이를 낳는 것은 모든 여성의 공통된 운명이라고 할 수도 있다. 하지만 그것은 진실이 아니다. 다른 사람은 어떻든 그녀는 그것이 잘못이라는 것을 증명할 수 있다. 그녀는 아이를 낳고 몸이 망가졌으며 약해졌고 힘을 잃었다. 게다가 더욱 참기 어려운 것은 아이에 대한 애정이 없다는 사실이었다. 무슨 짓을 해도 소용이 없다. 아무리 기운이 있어도 여자아이들을 돌보며 함께 놀아 줄 기분이 나지 않았다. 아니, 안 돼. 그 무서운 출산을 겪을 때마다 차가운 바람이 그녀의 뼛속까지 차갑게 만들어 버렸다. 그녀에겐 더 이상 아이들에게 나누어 줄 따뜻함은 남아 있지 않다. 아이는……. 고맙게도 아이 할머니가 데리고 가 버렸다. 아이는 할머니 것이다. 베릴의 것이고 아이를 바라는 사람들의 것이기도 하다. 그녀는 아이를 안아 준 적이 없을 정도다. 아이에게 관심이 없었다. 게다가 누워 있어도……. 린다는 슬쩍 아래에 눈길을 주었다.

아이가 몸을 뒤척였다. 잠에서 완전히 깨어난 아이가 돌아 누우며 그녀를 마주 보았다. 그 짙은 파란 눈을 갓난아이처럼 뜨고 엄마를 보는 것 같았다. 갑자기 그 얼굴이 일렁이더니, 아이가 아직 이빨도 없는 입을 크게 벌리며 웃기 시작한다. 뭐라 말로 표현할 수 없이 빛나는 미소였다.

"나 여기에 있어요."

상쾌하게 미소를 지으며 그렇게 말하는 듯했다.

"왜 나를 안 좋아하죠?"

그 미소에는 뭔가 너무나 이상한, 생각지도 못한 구석이 있었기 때문에 그녀도 무심코 웃었다. 그러나 그녀는 자신을 억누르며 아이를 향해 차갑게 말했다.

"나는 아이가 싫어."

아이가 싫다고? 아이는 그녀가 말하는 것이 믿어지지 않았다. 내가 싫다니? 바보처럼 엄마를 보며 팔을 흔들었다.

린다는 의자에서 일어나 풀밭에 섰다.

"왜 그렇게 웃고 있어?"

그녀는 엄한 어조로 말했다.

"내가 어떤 생각을 하는지 알면 절대 웃지 못할 텐데."

그러나 아이는 그저 뻔뻔스러운 웃음을 온 얼굴에 지으며 베게 위에서 머리를 흔들었다. 아이는 그녀의 말을 하나도 믿지 않는 것이다.

아이는 뭐든 다 안다는 듯 웃었다.

린다는 이 작은 생명체의 강한 자신감에 놀랐다⋯⋯. 아아, 안 돼. 냉정해야 해. 아니, 그녀가 느낀 것은 뭔가 다른 것이다. 아주 새롭고 너무나⋯⋯. 그녀의 눈에 눈물이 고였다. 그녀는 아이를 보며 작게 속삭였다.

"안녕, 요 귀여운 아가야!"

그러나 아이는 벌써 엄마를 잊어버렸다. 다시 진지한 얼굴을 하고 있다. 분홍색의 부드러운 뭔가가 그 앞에서 팔랑거렸다. 아이가 그것을 잡으려고 손을 내밀자 금세 사라져 버렸다. 하지만 위를 보고 눕자 다시 나타났다. 이번에야말로 붙잡아야겠다고 생각했다. 아이는 엄청난 노력으로 몸을 뒤집었다.

7

물이 빠졌다. 해변에는 사람 그림자 하나 찾아 볼 수 없다. 따뜻한 바다가 쓸쓸하게 너울거리며 움직였다. 태양은 지글지글 불타듯 자잘한 모래 위로 내리꽂히며 회색, 청색, 검은색 돌들과 하얀 줄무늬의 작은 돌을 달궜다. 구불구불한 조개껍질 속에 고인 물을 빨아올리면서 모래언덕 여기저기에 퍼져 있는 분홍색 메꽃을 햇살이 하얗게 내리쬐고 있다. 모든 것이 멈춘 가운데, 단지 작은 물벼룩만이 움직였다.

저 너머 해초가 늘어붙어 있는 바위들은 간조 때 물을 마시러 오는 털북숭이 동물처럼 보였다. 그 위에서 햇빛은 바위의 작은 물웅덩이 하나하나에 떨어진 은화처럼 빙글빙글 돌았다. 그것들은 춤추고 떨면서 구멍이 난 해안에 잔물결들을 남겼다. 웅크려 앉아 들여다보면, 물웅덩이 하나하나가 주변이 분홍색과 파란색 집들로 가득한 호수 같다. 그리고 그 집 뒤로 광대한 산지도 보인다. 협곡, 고개, 그리고 위험한 계류와 물가로 통하는 험한 길까지 있다. 아래쪽에서 흔들리는 것은 바닷속 숲이다. 분홍빛 실 같은 나무들, 비단 같은 말미잘, 오렌지빛의 우둘투둘한 해초. 물밑의 돌이 움직이면서 검은 촉수가 살짝 나타난다. 이번에는 실 같은 생물이 꾸물거리더니 눈앞에서 사라진다. 저 분홍빛으로 하늘거리는 숲에서 무언가가 일어난다.

그들은 차가운 파란 달빛으로 변한다. 희미하게, 아주 희미하게 '퐁' 하는 소리가 난다. 누가 그런 소리를 내는 것일까. 저 아래쪽에서 무슨 일이 벌어지는 것일까? 뜨거운 태양 아래에서 해초들의 냄새는 얼마나 강렬하고 축축한지…….

별장지의 방갈로에는 모두 초록색 블라인드가 내려져 있었다. 베란다 위에 펼쳐 있거나 잔디에 놓였거나 울타리 위에 걸쳐 있는, 축 처져 피곤해 보이는 수영복과 큰 줄무늬 수건들이 보인다. 모든 방갈로의 뒤쪽 창문과 문턱 위에는 모래가 묻은 신발들이 올려져 있고, 돌덩이나 양동이 및 주워 모은 전복껍질 같은 것들이 놓여 있다. 키 작은 나무들은 뭉게뭉게 피어오르는 아지랑이 속에서 흔들리고 있다. 길 위에는 아무도 없고 단지 트라우트네 개 스누카가 길 한가운데에 길게 누워 있을 뿐이다. 개는 파란 눈을 치켜뜨고 다리를 뻣뻣하게 내민 채 가끔 후유, 하고 절망스런 숨을 내쉬었다. 더는 이렇게 있지 말자고 결심하듯이, 그저 자기를 동정하는 수레라도 오지 않을까 기다리는 것이라고 말하듯이.

"뭘 보고 있어, 할머니? 왜 가만히 벽만 쳐다보는 거야?"

　케지아와 할머니는 함께 낮잠을 자고 있었다. 여자아이는 짧은 팬티와 속옷만을 입은 채 팔다리를 내놓고 할머니 침대의 푹신한 베개 위에 누워 있었다. 노부인은 하얀 프릴이 달린 가운을 걸치고 창가의 흔들의자에 앉아 무릎 위에 긴 분홍빛 뜨개질감을 얹어 놓고 있었다. 두 사람이 함께 있는 이 방은 다른 방갈로와 마찬가지로 가볍게 니스를 칠한 나무와 맨바닥으로 이루어졌다. 가구는 무척 소박하고 단순했다. 화장대는 작은 나뭇가지 무늬의 옥양목 페티코트로 감싼 포장용 상자이고, 그 위의 거울도 너무나 묘하게 생긴 것이었다. 작은 세 갈래 번개가 안에 박혀 있는 것 같은 모양새였다. 테이블 위에는 아르메리아를 꽂아 둔 항아리 하나가 있었는데, 너무나 촘촘하게 담아서 벨벳 바늘꽂이 같았다. 그 옆에는 케지아가 바늘꽂이로 쓰라고 할머니에게 준 특이하게 생긴 조개껍질과 그보다 더 이상하게 생긴 조개껍질이 하나 더 있었다. 케지아는 회중시계를 그 안에 넣어 두면 너무나 멋질 거라고 생각했다.

　"할머니, 할머니. 가르쳐 주세요."

노부인은 한숨을 쉬며 털실을 엄지손가락으로 빙글빙글 두 번 말아 뜨개질바늘로 실을 잡아 빼 코를 만들었다.

"네 외삼촌 윌리엄을 생각하고 있었단다."

그녀는 조용히 말했다.

"오스트레일리아의 윌리엄 외삼촌?"

케지아가 물었다. 외삼촌이 한 명 더 있었던 것이다.

"응, 그래."

"내가 본 적이 없는 외삼촌?"

"그래."

"그래서 그 외삼촌이 어떻게 됐는데?"

케지아는 다 알고 있으면서도 이야기를 더 듣고 싶었다.

"광산에 갔다가 거기에서 일사병으로 죽었대."

페어필드 노부인이 말했다.

케지아는 눈을 깜빡거리며 그 모습을 머릿속에서 그려 보았다. 검고 큰 굴 옆에 납으로 만들어진 병사처럼 쓰러져 있는 작은 남자.

"외삼촌을 생각하면 할머니는 슬퍼져?"

케지아는 할머니가 슬퍼하는 것이 싫었다.

이번에는 노부인이 생각할 차례다. 슬퍼지는 걸까? 옛날 일을 생각하고 또 생각한다. 지나간 세월을 되돌아보며 물끄러미 바라본다. 조금 전 케지아에게 들켰을 때처럼. 모든 여자들이 그러듯이 지난 세월을 되돌아보았다. 더 이상 보이지 않게 되어 버렸음에도. 그래서 슬퍼진 건가? 아니, 인생이란 그런 것이다.

"안 슬퍼져, 케지아."

"왜?"

케지아가 물었다. 드러낸 한쪽 팔을 들어 올려 공중에 뭔가를 그리기 시작했다.

"왜 윌리엄 외삼촌은 죽은 거야? 늙지도 않았는데."

페어필드 부인은 코를 세 개씩 세는 데 몰두한 채 대답했다.

"그냥 그렇게 된 거야."

"누구든 모두 죽는 거야?"

케지아가 물었다.

"그래, 누구든!"

"나도?"

케지아가 몹시 의아하다는 듯 말했다.

"언젠가는."

"그래도 할머니."

케지아는 왼쪽 다리를 흔들며 발가락을 꼼지락거렸다. 모래로 자글자글
했다.

"내가 정말로 싫다면 어떻게 돼?"

노부인은 다시 한숨을 쉬며 털실뭉치에서 실을 잡아 당겼다. 그녀는 슬프
게 말했다.

"싫다거나 좋다고 할 수 없단다, 케지아. 언젠가는 모두가 그렇게 되는 거
야."

케지아는 가만히 누운 채 그 생각을 계속했다. 죽고 싶지 않아. 죽어 버리
면 여기에서 멀어지게 돼. 모든 곳과 멀어져서 두 번 다시 돌아올 수 없게
돼……. 할머니와도 멀어지고. 케지아가 재빨리 몸을 돌려 누웠다.

그녀는 깜짝 놀란 듯한 소리로 불렀다.

"할머니!"

"왜? 우리 강아지!"

"할머니는 안 죽어."

케지아가 똑 부러지는 소리로 말했다.

"아이고, 케지아!"

할머니는 눈을 치켜뜨고 미소 지으며 머리를 흔들었다.

"그런 얘기는 그만두자."

"안 죽는단 말이야. 나를 두고 갈 리 없어. 여기에서 없어질 리 없어!"

참을 수 없는 일이다. 케지아는 떼를 썼다.

"약속해, 절대 그렇게 하지 않겠다고, 할머니!"

노부인은 뜨개질을 계속했다.

"약속해! 절대 안 그러겠다고 말해!"

하지만 여전히 할머니는 말이 없었다.

케지아는 침대에서 미끄러지듯 내려왔다. 도저히 참을 수 없었다. 가볍게 할머니 무릎에 올라가 노부인의 목을 두 팔로 감싸 안았다. 그리고 턱 밑과 귀 뒤에 입을 맞추며 목덜미에 대고 숨을 토해냈다.

"절대 안 그러겠다고 말해. 안 그러겠다고 말해. 안 그러겠다고 말해……."

입을 맞추면서 가쁘게 숨을 쉬었다. 그리고 부드럽고 가볍게 할머니를 간질이기 시작했다.

"케지아!"

노부인은 뜨개질감을 떨어뜨렸다. 그녀도 흔들의자 뒤로 몸을 젖히며 케지아를 간질이기 시작했다.

"절대 안 그러겠다고 말해, 절대 안 그러겠다고 말해, 절대 안 그러겠다고 말해!"

케지아는 꽥꽥거리며 말했다. 두 사람은 거기에 누워 서로를 끌어안고 웃었다.

"자, 이제 그만. 우리 다람쥐야! 이제 됐으니까, 우리 망아지!"

페어필드 노부인은 그렇게 말하며 머리를 다듬었다.

"뜨개질감 좀 주워 줄래?"

두 사람 모두 '절대 안 그러겠다'는 것이 무엇이었는지 까맣게 잊어버렸다.

8

햇빛은 아직 정원 가득히 넘쳐 나고 있었다. 바넬 씨네 뒷문이 탁 하고 닫혔다. 무척 화려한 옷차림을 한 누군가가 뒷문에서 대문 쪽으로 난 좁은 길을 걸었다. 오후 외출을 위해 잔뜩 멋을 부린 하녀 앨리스였다. 그녀는 하얀 천에 크고 빨간 물방울무늬가 박힌 면 드레스를 입었는데, 물방울이 지나치게 많아 오싹할 정도였다. 거기에 하얀 구두를 신고, 차양 끝이 말려 올라간

양귀비꽃 무늬 밀짚모자를 썼다. 물론 장갑도 잊지 않았다. 하얀색 장갑으로 지퍼 부분이 살짝 녹슬어 있다. 그리고 한 손에는 그녀가 '나의 페리샬'이라고 부르는 초라한 양산이 들려 있다.

창 안쪽에 앉아서 막 감은 머리를 부채질하면서 말리고 있던 베릴은, 저렇게 우스꽝스러운 모습은 본 적이 없다고 생각했다. 앨리스가 외출하기 전에 코르크 먹으로 얼굴을 검게 칠했다면 더욱 완벽했을 텐데. 그런데 저런 차림으로 어디를 가는 것일까? 하트 모양의 피지산 부채는 그녀를 경멸이라도 하듯 아름답고 환한 머리칼에 탁탁 하고 닿았다. 앨리스는 그저 그런 동네 불량배와 사이가 좋아져 둘이서만 숲에라도 가려는 것일까. 베릴은 추측했다. 불쌍하게도, 저렇게 눈에 띄는 모습을 하고. 옷차림이 저래서야 두 사람이 어디로 숨기도 어려울 것이다.

그러나 베릴의 상상은 빗나갔다. 앨리스는 스텁스 부인 댁에 차를 마시러 가는 중이었다. 부인이 하인을 시켜 "초대"를 한 것이다. 앨리스는 모기를 쫓기 위해 필요한 걸 사려고 처음 부인의 가게에 들렀다가 부인에게 푹 빠져 버렸다.

그때 스텁스 부인은 한 손으로 어깨를 툭 치며 말했다.

"어서 와요!"

그러고는 이렇게 덧붙였다.

"이렇게 모기에 물린 사람은 처음 보네. 혹시 식인종에게라도 당한 거 아녜요?"

앨리스는 그래도 거리에 누군가 한 사람이라도 있었으면 했다. 뒤에 아무도 없으면 이상한 기분이 들었다. 몸 안에서 힘이 빠져나가 버린다. 뒤에 아무도 없을 리는 없었다. 그래, 하지만 바보처럼 뒤돌아보지는 말자. 마음속을 모조리 읽히고 말 거야. 앨리스는 장갑을 끌어 올리고 콧노래를 부르며 멀리 유칼리나무를 향해 말했다.

"지금 곧 가요."

그래도 저런 나무와는 대화할 수 없을 것 같다.

스텁스 부인의 가게는 길에서 조금 들어간 작은 언덕 위에 자리하고 있었다. 두 개의 큰 창문이 눈 역할을 하고 있고 폭이 넓은 베란다가 모자처럼 붙어 있다. 그리고 지붕 위에 있는 '스텁스 부인 가게'라고 대충 갈겨 쓴 간판은, 모자 끝에 조금 멋스럽게 꽂은 작은 카드 같았다.

베란다 위에는 수영복의 긴 행렬이 축 늘어져 매달려 있다. 이제부터 바다에 들어가기를 기다린다기보다는 바다에서 막 구조되어 나온 듯한 모양새다. 그 옆으로는 샌들들이 무리지어 매달려 있다. 그러나 심하게 얽혀 있기 때문에 한 켤레 찾는 데 족히 5분쯤 헤집다가 억지로 뽑아 내야 할 정도였다. 그럼에도 좀처럼 좌우가 딱 맞는 것은 찾을 수 없었다. 그래서 사람들은 대부분 짜증을 내며 한쪽 발만 맞고 다른 쪽은 조금 큰 것이라도 손에 쥐고 뛰어나간다.

스텁스 부인은 무엇이든 가게에 들여놓았다. 아주 조금씩이라도 말이다. 가게에 없는 것이 없다는 것이 그녀의 자랑이라면 자랑이었다. 두 개의 창문 앞에 피라미드 모양으로 위태롭게 쌓여 있는 물건들은 무너지지 않게 하려면 마술이라도 부려야 할 지경이었다. 한쪽 창문 구석에는 마름모꼴 젤라틴 종이가 유리에 붙어 있었다. 언제 붙였는지 알 수 없을 만큼 오래 된 광고였다.

분실! 아름다운 순금 브로치
해변 또는 그 부근에서 잃어버림.
신고해 주신 분께는 사례함

앨리스가 문을 밀어젖혔다. 벨이 날카롭게 울리고 빨간색 서지 커튼이 걷히며 스텁스 부인이 나타났다. 온 얼굴에 웃음을 지으며 긴 베이컨 칼을 손에 든 그녀의 모습은 다정한 산적 같았다. 앨리스는 그녀의 지나치게 살가운 마중에, '예의범절'을 계속해서 지켜 나가기는 어렵겠다고 생각했다. 그녀가 아는 '예의범절'은 끊임없이 작은 헛기침을 하거나 장갑을 끌어올리거나 치마를 잡거나, 앞에 놓인 물건이나 상대의 말을 자주 모르는 척하는 것이었다.

응접실 테이블 위에 다과가 준비되었다. 햄에 정어리에 버터 1파운드, 베이킹파우더 광고에 어울리는 큼직하게 구운 케이크도 있었다. 하지만 스토브가 너무나 큰 소리를 내고 있었기 때문에 그에 지지 않을 만한 소리로 말해도 소용이 없었다. 앨리스는 등나무 의자에 살짝 걸터앉았다. 스텁스 부인은 펌프로 스토브에 공기를 넣어 더욱 그 소리를 키웠다. 갑자기 스텁스 부인은 의자에서 쿠션을 치우고 큰 갈색 종이 꾸러미를 내밀었다.

"새로 사진을 찍었어, 앨리스!"

그녀는 기쁜 듯 앨리스를 보며 소리쳤다.

"어떻게 생각하는지 말해 줘."

앨리스는 아주 우아하고 기품 있는 태도로 손가락을 핥아 얇은 종이로 된 맨 첫 번째 사진을 넘겼다. 어쩜! 많기도 하네! 서른 장도 넘겠다. 그녀는 손에 든 것을 밝은 쪽으로 비췄다.

사진 속에서 스텁스 부인은 안락의자에 앉아 몸을 옆으로 기대고 있었다. 그녀의 커다란 얼굴에는 잔뜩 흥분한 마음이 고스란히 드러났다. 그것도 무리가 아니었다. 왜냐하면 안락의자는 양탄자 위에 있었지만 그 왼쪽에는 신기하게도, 양탄자 가장자리를 따라 솟구쳤다 떨어지는 폭포가 있었던 것이다. 부인 오른쪽에는 거대한 양치식물에 둘러싸인 그리스풍 원기둥이 서 있고, 등 뒤로는 눈으로 하얗게 뒤덮인 기분 나쁘게 생긴 산이 솟아 있다.

"참 멋지지?"

스텁스 부인이 소리를 질렀다. 앨리스가 정말로 그렇다고 외치자, 곧 스토브의 웅웅거리던 소리가 뚝 그치더니 쉭! 꺼져 버렸다. 앨리스는 깜짝 놀랄 만큼 고요한 가운데 말했다.

"아름답네요."

"의자를 당겨 앉아, 앨리스."

스텁스 부인은 차를 따르기 시작했다.

"어, 맞다!"

스텁스 부인은 차를 내밀면서 문득 생각난 듯 말했다.

"그런데 크기가 마음에 안 들어. 확대해 달라고 부탁할 참이야. 크리스마스 카드로는 잘 어울리는데, 나는 작은 사진이 마음에 안 들거든. 작으면 즐겁지가 않아. 작은 것은 실망스러워."

앨리스는 부인의 생각을 잘 알았다.

"큰 거!"

스텁스 부인은 말했다.

"죽은 남편은 큰 걸 달라고 자주 말했어. 남편은 무엇이든 작은 것을 참지 못했지. 끔찍할 정도로 싫어했어. 그래서 말인데, 좀 묘한 일이지만 말이야, 앨리스."

여기에서 스텁스 부인은 말을 끊었다. 그녀는 의자를 삐걱거리며 추억에 잠기는 모습이었다.

"마지막에 그이의 생명을 앗아간 것은 수종이었어. 몇 번이고 병원에서 수술했어. 남편 몸에서 1파인트 반*⁷이나 빼냈지……. 천벌 같은 거랄까."

앨리스는 그에게서 빼낸 것이 무엇이었는지 알고 싶어 견딜 수 없었다. 그녀는 용기를 내 물었다.

"그거, 물인 거죠?"

그러나 스텁스 부인은 앨리스를 물끄러미 바라보며 의미심장하게 대답했다.

"액체에요, 앨리스."

액체! 앨리스는 그 말에 고양이처럼 벌떡 일어나 물러서더니 다시 돌아왔다. 코를 킁킁거리며 조심스럽게.

"저게 남편이야."

스텁스 부인은 연극을 하는 사람처럼 실물 크기의 늠름한 남자의 얼굴과 어깨까지 나온 사진을 가리키며 말했다. 그 남자는 외투 단춧구멍에, 한 덩어리의 차가운 비계가 떠오르는 시들은 하얀 장미를 꽂고 있었다. 그 초상 바로 아래에는 붉은 종이에 은색 글자로 이렇게 쓰여 있었다.

"안심하라. 나니 두려워 말라."(마태복음 14장 27절)

---

*7 약 0.9리터.

"얼굴이 아주 멋지시네요."

앨리스는 작은 소리로 말했다. 스텁스 부인의 금색 곱슬머리 위에 붙은 연한 푸른색 나비리본이 떨렸다. 부인이 살찐 목을 뒤로 젖혔다. 그 목줄이라니! 처음에는 밝은 분홍색이었던 것이 따뜻한 살구색으로 변하더니 옅은 달걀색으로 바뀌었다가 짙은 크림색이 되었다.

"어쨌든 자유가 제일이야!"

부인이 갑자기 말했다. 부드럽고 얼빠진 듯한 웃음소리가 만족스럽게 울렸다.

"자유가 최고지."

스텁스 부인은 되풀이했다. 자유! 앨리스는 크게, 이유도 없이 큭큭 웃었다. 그녀는 왠지 어색해졌다. 마음은 자기만의 부엌으로 돌아가 있었다. 정말 묘한 일이다! 그녀는 거기로 돌아가고 싶었다.

9

오후의 차 마시는 시간 뒤에 바넬 씨네 세탁실에서 기묘한 모임이 있었다. 테이블을 둘러싸고 앉은 것은 소와 수탉과 당나귀—그는 언제나 자기가 당나귀라는 것을 잊었다—거기에 양과 꿀벌까지 있었다. 세탁실은 이런 모임에 딱 알맞은 장소였다. 아무리 큰 소리를 내도 참견하는 사람이 없다. 방갈로에서 멀리 떨어진, 함석지붕을 인 작은 오두막으로, 벽 쪽에는 깊은 물통이 있으며, 구석에는 세탁용 큰 가마가 있고 그 위로 세탁용 바구니가 올려져 있다. 작은 창에는 거미집이 잔뜩 처 있고, 먼지가 수북이 쌓인 창틀에는 촛농과 쥐덫이 놓여 있다. 머리 위로는 세탁물을 널기 위한 철사가 처 있고 벽에는 크고 녹슨 말굽이 못에 걸려 있다. 오두막 한가운데에 탁자가 있고 양쪽으로 긴 의자가 하나씩 놓여 있다.

"꿀벌이라니 안 돼. 케지아, 꿀벌은 동물이 아니잖아. 곤충이라고."

"하지만 난 정말로 꿀벌이 되고 싶단 말이야."

케지아가 고함쳤다. ……귀여운 꿀벌, 노란 솜털이 잔뜩 나고 줄무늬 다리를 가진 꿀벌. 그녀는 두 다리를 몸 아래로 움츠리고는 탁자에 기댔다. 꿀벌

이 된 것처럼.

"곤충은 분명히 동물이야. 소리를 내잖아. 물고기 같지 않아."

케지아는 똑 부러지게 말했다.

"나는 소다. 나는 소다."

핍이 외쳤다. 그리고 큰 소리로 음매 하고 울었기 때문에 로티는 아주 깜짝 놀란 얼굴을 했다. 어떻게 저런 소리를 내지?

"나는 양이야."

어린 라그즈가 말하고는 덧붙였다.

"오늘 아침에 양이 많이 지나갔어."

"어떻게 알아?"

"아빠가 들었대. 메에에!"

라그즈는 새끼 양 같은 소리를 냈다. 뒤에서 종종걸음 치면서 누군가가 안아 주기를 기다리는 새끼 양.

"꼬끼오!"

이자벨이 소리를 냈다. 뺨이 발그스레하고 눈이 반짝이는 그녀는 꼭 수탉 같았다.

"나는 뭘 하지?"

로티는 모두에게 묻고는 싱글싱글 웃으며 다른 사람들이 정해 주기를 앉아 기다렸다. 쉬운 것이어야 한다.

"당나귀 해, 로티."

케지아의 생각이었다.

"히힝! 이거 잊어버리면 안 돼."

"히힝!"

로티가 진지하게 울음소리를 냈다. 그러고는 언제 그렇게 하냐고 물었다.

"가르쳐 줄게, 내가 가르쳐 줄게."

소가 말했다. 그가 카드를 가지고 있었다. 그는 머리께에서 카드를 빙빙 돌렸다.

"모두 조용히 해! 잘 들어봐!"

그렇게 말하며 잠시 기다렸다.

"봐, 로티."

그는 카드를 한 장 뒤집었다.

"별 두 개가 있지, 그렇지? 이제 네가 그 패를 한가운데에 두고, 누군가 다른 사람이 그것과 같은 별 두 개짜리 패를 가지고 있으면 네가 '히힝'이라고 해. 그러면 그 패는 네 것이 되는 거야."

"내 거라고? 그럼 가져도 돼?"

로티는 눈을 동그랗게 떴다.

"아니, 바보, 이건 그냥 놀이야. 알았어? 놀이를 하는 동안만이야."

그녀를 몹시 다그치듯 소가 말했다.

"아, 로티, 넌 바보구나."

거만하게 수탉이 말했다.

로티는 두 사람 얼굴을 물끄러미 바라봤고 고개를 푹 수그렸다. 입술이 떨렸다.

"나 놀고 싶지 않아."

로티가 작게 말했다. 다른 아이들이 공모자라도 된 듯 서로의 얼굴을 쳐다봤다. 모두 어떤 일이 일어날지 안다. 로티는 가버릴 것이다. 그리고 찾아보면 그녀는 앞치마를 머리에 뒤집어쓰고 어딘가에 서 있는 것이다. 구석이나 벽 옆에 아니면 의자 뒤에······.

"우리 같이 놀자, 로티. 쉬운 놀이야."

케지아가 말했다.

그러자 이자벨도 미안한 생각이 들었는지 어른 같은 투로 말했다.

"내가 하는 것을 잘 봐, 로티. 그러면 금방 알 수 있어."

"기운 내, 로티."

핍이 격려하더니 덧붙였다.

"그럼 이렇게 하자. 맨 처음 것을 널 줄게. 사실은 내 거지만 너에게 주는 거야, 자!"

그는 로티 앞에 그 패를 탁 내려놓았다.

로티는 그것을 보고 기운이 났다. 하지만 또 다른 곤란한 일이 생겼다.

"나 손수건 없어, 지금 있어야 돼."

"자, 로티. 내 걸 써."

라그즈는 세일러복 윗옷에 손을 넣어 매듭이 지어진 축축한 손수건을 꺼냈다. 그는 조심하라고 주의를 주었다.

"끄트머리만 써. 매듭은 풀면 안 돼. 안에 작은 불가사리가 들어 있거든. 키워 보려고."

"자, 시작한다."

소가 말했다.

"알겠지? 자기 카드를 보면 안 돼. 내가 '시작'할 때까지는 손을 테이블 밑에 두는 거야."

한 장 한 장 테이블 위에 카드가 놓였다. 모두 열심히 보려고 했지만 핍이 너무나 빨리 돌렸기 때문에 볼 틈이 없었다. 세탁실 안에 있으면 뭐라 말로 표현할 수 없을 만큼 가슴이 설렌다. 모두가 흥분을 참지 못하고 와 하며 귀여운 동물들의 합창을 시작하는 것은 아닌가 생각한 순간, 핍이 카드를 다 돌렸다.

"자, 로티. 너부터 시작해."

로티가 한 손을 뻗어 자기 패 중 가장 위에 있는 한 장을 집어 그것을 가만히 봤다. 뻔한 동작이었다. 그녀는 다 알고 있다. 별을 세는 것이었다. 잠시 뒤 로티는 카드를 놓았다.

"안 돼, 로티. 그렇게 먼저 보면 안 돼. 바로 뒤집어야 해."

"그렇게 하면 모두가 다 보잖아!"

로티가 말했다.

게임이 진행되었다. 메에! 소의 기세는 대단했다. 테이블 위로 뛰어 올라가 카드를 먹어 치울 것 같다. 붕! 꿀벌이 말했다.

꼬끼오! 이자벨은 흥분한 나머지 일어서서 팔을 날개처럼 움직였다.

메에! 어린 라그즈는 다이아몬드 킹을 내고 로티는 모두가 "스페인 킹"이라고 부르는 패를 냈다. 로티의 패는 거의 남아 있지 않았다.

"왜 안 집어가 로티?"

"나 뭐였는지 잊어버렸어."

당나귀는 슬프게 말했다.

"그럼 바꿔! 강아지 해! 멍멍!"

"응, 그게 훨씬 쉽네!"

로티는 다시 웃는 얼굴이 되었다. 하지만 로티와 케지아가 똑같이 별 하나를 냈을 때 케지아는 일부러 기다렸다. 다른 아이들은 로티에게 신호를 보내며 손가락질을 했다. 로티는 얼굴이 빨개지며 당황한 모습으로 겨우 말했다.

"히힝! 케지아."

"쉿! 잠깐 기다려."

모두 그것에 빠져 있었는데 소가 갑자기 손을 들어 모두를 멈추게 했다.

"이게 뭐야? 이 소리는 뭐지?"

"무슨 소리? 뭐 말야?"

수탉이 물었다.

"쉿! 조용히 해! 잘 들어 봐!"

다들 조용해졌다.

"뭔가 콕콕 하는 소리가 났어."

소가 말했다.

"어떤 소리였는데?"

양이 작은 소리로 물었다.

대답이 없다. 꿀벌은 부들부들 몸을 떨었다.

"우리가 왜 문을 잠갔지?"

그녀는 조심스럽게 말했다. 정말 왜 문을 잠갔을까?

모두가 노는 동안 해가 저물어 버렸다. 멋진 붉은 노을은 하늘을 빨갛게 태우다 사라졌다. 이제 어둠이 바다를 건너 모래언덕을 넘고 목초지까지 다가와 있었다. 세탁실의 구석을 보는 것은 무서웠지만 그래도 힘주어 쳐다보고 있어야만 한다. 멀리에서 할머니가 램프를 켜고 있다. 블라인드는 내려지고 부엌에서 피운 불이 벽난로 위의 주석 용기에 비쳐서 하늘하늘 춤을 추었다.

문득 소가 말했다.

"지금 거미가 천장에서 테이블로 떨어지면 무섭겠지?"

"거미는 천장에서 떨어지지 않아."

"아니야, 떨어져. 우리 민이 말했어. 접시만한 거미를 봤대, 몸에 구스베리처럼 긴 털이 나 있었대."

금세 작은 머리들이 잡아끌리듯 한곳에 모여들더니 곧 작은 몸들이 서로 바짝 붙어대기 시작했다.

"왜 아무도 우리를 부르러 오지 않는 거야?"

수탉이 외쳤다.

정말로 어른들이란! 자기들끼리 램프 불빛이 있는 곳에서 기분 좋게 웃고 차를 마시고 여유롭게 시간을 보내면서! 우리를 잊어버렸어. 아니, 실은 잊어버린 것이 아니야. 그래, 어른들의 웃는 얼굴이 말해 주고 있잖아? 그들은 아이들을 내버려 두었을 뿐이야.

갑자기 로티가 찢어질 듯한 비명을 질렀다. 모두가 의자에서 뛰어 내려와 함께 비명을 질렀다.

"얼굴이……. 얼굴이 우리를 보고 있어!"

로티가 날카롭게 소리쳤다.

정말이다. 거짓말이 아니다. 창으로 보이는 창백한 얼굴, 검은 눈동자, 검은 수염.

"할머니! 엄마! 누가 좀!"

그러나 아이들이 서로 밀어 대며 넘어지느라 문을 열지 못하는 사이에 문이 열리면서 조나단 아저씨가 들어왔다. 그는 남자아이들을 데리러 온 것이었다.

10

조나단은 더 일찍 여기에 올 생각이었다. 그러나 집 앞 정원에서 린다와 딱 마주치고 말았다. 린다는 풀 위를 서성이고 있었다. 멈춰 서서 시들은 패랭이꽃을 뜯거나 머리가 무거워진 카네이션에 버팀목을 대주거나 향기를 깊이 들이마시고는, 멍한 모습으로 다시 걷고 있었다. 그녀는 하얀 드레스에 중국인 가게에서 산 분홍색과 초록색이 섞인 숄을 둘렀다.

"안녕, 조나단!"

린다가 불렀다. 그러자 조나단은 낡은 파나마모자를 가볍게 벗어 가슴에 대고 한쪽 무릎을 꿇더니 린다의 손에 입을 맞추었다.

"나의 아름다운 당신! 신비로운 복사꽃 같은 당신!"

낮은 목소리가 부드럽게 울려 퍼졌다.

"다른 할 일 없는 부인들은 어디에?"

"베릴은 카드게임하러 갔고 엄마는 아기를 씻기고 있는 중이에요. 뭘 빌리러 왔어요?"

트라우트네는 자주 뭔가가 떨어졌다. 그들은 정 필요하면 바넬 씨네 집으로 달려 오곤 했다.

"작은 사랑, 작은 친절."

조나단은 그저 이렇게만 대답하고 처형을 따라 걸었다.

린다는 마누카 나무 아래에 있는 베릴의 그물침대에 앉고, 조나단은 그 옆 풀밭에 길게 드러누워 긴 풀줄기를 뜯어 씹기 시작했다. 두 사람은 서로를 잘 이해했다. 아이들의 고함소리가 다른 집 정원에서 들려왔다. 어부의 가벼운 수레가 터덜터덜 흔들리며 모랫길을 지나가고, 이윽고 멀리서 개 짖는 소리가 났다. 마치 개가 머리에 두건을 뒤집어쓰고 짖는 듯한 둔한 소리였다. 귀를 기울이자 만조의 바다가 쏴쏴 하며 부드럽게 모래를 씻어내는 소리가 들려왔다. 해가 지려 하고 있다.

"월요일에는 사무실로 돌아가는 거네요, 조나단?"

린다가 물었다.

"월요일에는 감옥 문이 열리고, 희생자는 다시 11개월하고 일주일 동안 갇혀 버리는 거지."

조나단이 대답했다.

린다는 그물침대를 가볍게 흔들었다.

"끔찍하겠어요."

그녀가 천천히 말했다.

"나의 사랑하는 누이여. 나를 웃게 하려는 겁니까? 아니면 울리려는 것입니까?"

린다는 조나단의 이런 말투에 익숙해졌기 때문에 조금도 신경 쓰지 않았다. 그녀는 애매하게 말했다.

"종종 생각하곤 해요. 사람은 그런 일에 익숙해지지 않나 하고. 무슨 일이든 익숙해지는 거예요."

"그럴까? 흠!"

"흠" 소리가 너무 낮아서 땅속에서 울리는 것 같았다.

"나는 모르겠어, 어떻게 그렇게 익숙해지는지."

조나단은 생각에 잠겼다.

"나는 한 번도 그래 본 적이 없어."

그렇게 누워 있는 조나단을 본 린다는, 그가 정말 매력적이라고 새삼 생각했다. 그는 평범한 사무원일 뿐이다. 스탠리가 월급도 두 배나 많이 받는다. 그런 생각을 하자 기분이 묘해졌다. 왜 그럴까, 조나단은? 야심이 없어서지. 분명 그것 때문이라고 그녀는 생각했다. 그래도 그에게는 재능이 있고 평범하지 않은 데가 있다. 누구나 그렇게 느꼈다. 그는 열렬한 음악 애호가이며 돈이 생기면 모두 책에 쏟아 부었다. 그의 머릿속은 언제나 새로운 아이디어와 기획, 계획으로 가득했다. 그러나 그 속에서 탄생하는 것은 아무것도 없다. 새로운 불이 조나단의 가슴속에서 타오른다. 새로운 것에 관해 그가 설명하거나 떠들어 대거나 조금이라도 깊이 파고 들어가 이야기할 때에는, 그 불이 조용히 소리 내는 것이 들리는 듯했다. 그러나 그 순간이 지나면 그 불은 꺼지고 재만 남았다. 그러면 조나단은 굶주린 듯 눈을 검게 빛내며 서성인다. 그런 때는 조금 전에 보았듯 이상하게 잔뜩 과장한 말투를 쓴다. 또 교회에서 노래할 때도—그는 성가대 리더다—더없이 극적으로 감정을 넣어 부르기 때문에, 아무리 평범한 찬송가도 왠지 장엄하게 들렸다.

"월요일에는 사무실로 돌아가야 하다니, 나에게는 언제나 마찬가지로 어리석고 꺼림칙한 일이야. 지금까지도 그랬고 앞으로도 그럴 거야. 9시부터 5시까지 의자에 앉아, 누구 것인지도 모르는 장부에 숫자를 써넣으면서 인생의 가장 멋진 시기를 보내다니! 단 한 번 뿐인 인생을 이용하기에는 참으로 기묘한 방법이 아닌가, 그렇지? 아니면 내가 그저 정신도 못 차리고 꿈만 꾸는 건가?"

그는 풀 위에서 빙글 몸을 돌려 린다를 올려다봤다.

"있잖아, 내 인생과 평범한 죄인의 인생 사이에 어떤 차이가 있다고 생각해? 차이라면 내가 보기에 나는 스스로 자신을 감옥에 밀어 넣고, 밖으로 꺼내 줄 사람이 아무도 없다는 것뿐이야. 이 경우가 더 괴로워. 왜냐하면 만일 내가 내 의지와 반대로 갇히게 되었다면, 그러니까 반항하면서 갇혔다 해도 말이지. 일단 입구의 자물쇠가 잠기고 하여튼 4, 5년 지나면, 나는 그 사실을 받아들여, 파리가 나는 모습이나 간수가 복도를 걷는 소리에 따른 걸음걸이의 차이에 특별한 주의를 기울이는 것에 흥미를 느낄지도 몰라. 그러나 현실적으로 보자면, 나는 스스로 방에 날아든 벌레와 같아. 벽에 부딪히고 창에 부딪히고 천장에서 발버둥치는 등, 할 수 있는 모든 것을 하는 거야. 정말로 밖으로 뛰쳐나오는 것만 빼고 말이야. 그래서 그동안 내내 나는 생각했지. 저 나방이나 나비처럼, 나는 그런 것과 마찬가지로 "인생은 짧다! 인생은 짧다!" 하며 살아가는 존재라고. 나에게 허락된 것은 단 하룻밤 아니면 하루뿐이지. 그런데도 이처럼 모험심을 자아내는 넓디넓은 정원이, 바로 밖에서 기다리고 있는 거야. 아직 내가 탐험하지 못한 미지의 세계가."

"하지만 그렇게 느낀다면 왜⋯⋯."

린다가 얼른 말하기 시작했다.

"아아!"

조나단은 외쳤다. 이 "아아!"는 뭔가 환희에 가까운 외침이었다.

"그래, 그거야. 왜? 정말 왜? 사람을 미치게 만드는 수수께끼로 가득 찬 물음이야. 왜 나는 밖으로 나가지 않는 걸까? 내가 들어온 창이나 문, 뭔가가 있지 않은가. 절대 열리지 않을 리가 없어…… 그렇지? 왜 나는 그것을 찾아 밖으로 나가지 않는 거지? 대답해 줘, 나의 누이여."

그러나 그는 대답할 여유를 주지 않았다.

"나는 아무래도 그 벌레와 똑같아. 왜인지는 모르겠지만."

조나단은 잠깐 그대로 있다가 말을 이었다.

"그건 허용되지 않고 금지됐어. 잠시라도 부딪히기를 멈추고 유리창을 기어 올라가는 건 곤충법에 어긋나는 거야. 왜 나는 사무실을 나와 버리지 않는 거지? 왜 진지하게 생각하지 않는 걸까? 지금 내가 자유로워지는 일을 방해하는 것이 대체 무엇인지. 내가 어쩌지도 못할 만큼 매여 있는 것도 아닌데. 키워야 할 애들이 둘 있지만 어차피 그 애들은 남자애들이야. 바다에 뛰어들겠다고 생각하면 못할 것도 없지. 멀리 떠나 직장을 잡거나, 아니면……"

갑자기 그가 린다를 보고 웃으며 지금과는 전혀 다른 목소리로 말했다. 마치 비밀을 다 고백하고 난 것처럼.

"너무나 약해, 끈기가 없어. 자신감이 없어. 신념이 없어. 뭐 그런 이유라고 말해 둘까."

그러나 이윽고 차분하고 부드러운 노랫소리가 흐르기 시작했다.

그 이야기 좀 들어볼래요
어떻게 펼쳐지는지……

그리고 두 사람은 조용해졌다.

해는 이미 기울었다. 서쪽 하늘에는 뭉개진 장밋빛 구름 덩어리가 몇 개나 떠 있다. 구름 위에서, 또 구름 사이에서 새어 나오는 넓은 띠의 빛이 마치 온 하늘을 뒤덮을 듯하다. 머리 위 파란 하늘은 빛을 잃고 옅은 금색으로 변했으며 윤곽이 더욱 뚜렷해진 나무들은 금속처럼 어둡게 빛났다. 이러한 빛의 띠가 하늘에 보이면 때로는 몹시 두려운 느낌이 든다. 그 위에 신이, 그 질투심 많고 전능한 신이 앉아서 그 눈을 잠시도 늦추지 않고 지상을 내

려다보는 듯한 느낌이 든다.

이런 장면도 떠오른다. 신의 재림과 함께 온 땅이 흔들려 하나의 황폐한 묘지로 변한다. 빛을 두른 냉혹한 천사들이 사람들을 여기저기 쫓아다닌다. 그들은 변명할 틈도 주지 않는다. 참으로 간단하게 변명할 수 있는데도……. 그러나 오늘밤 린다에게는 저 은색 띠에 한량없이 기쁘고 아름다운 무언가가 있는 것처럼 느껴졌다. 바다에서는 이제 아무런 소리도 들려오지 않았다. 바다는 그 다정하고 기쁜 아름다움을 자기의 가슴속에 새겨 넣기라도 하듯 부드럽게 숨 쉬고 있다.

"모두 틀렸어. 다 틀렸다고."

조나단의 공허한 목소리가 들렸다.

"내게 어울리는 무대가 아니야. 도구도 안 어울리고. 의자 세 개에 책상 세 개, 잉크병 세 개에 철제 덧창뿐이라니."

린다는 그가 결코 달라지지 않을 거라는 사실을 알면서도 물었다.

"이제부터라도 너무 늦은 건 아니잖아요?"

"나는 늙었어……. 나는 늙었어."

조나단이 읊조렸다. 린다 쪽으로 머리를 숙이고 손을 머리에 가져갔다.

"봐!"

그 검은 머리에는 검은 새 가슴 깃털처럼 전체적으로 새치가 나 있었다.

린다는 깜짝 놀랐다. 이 사람에게 흰머리라니, 생각지도 못했다. 그러나 그가 옆에서 일어나 후! 숨을 쉬며 기지개를 켰을 때, 그녀는 비로소 그가 단호하지도 용감하지도 걱정이 없지도 않으며 나이에 쫓기고 있다는 사실을 알아차렸다. 어둑해져 가는 잔디밭에서는 그가 꽤 커보였다.

'이 사람은 꼭 잡초 같아.'

그런 생각이 문득 그녀의 마음을 스쳤다.

조나단은 다시 몸을 숙여 그녀의 손가락에 입을 맞추었다.

"당신의 아름다움과 인내에 보답이 있으라, 나의 숙녀여."

그가 중얼거렸다.

"내 명성과 부를 이을 이들을 찾으러 가야지……."

그는 일어섰다.

11

방갈로 창문마다 등이 환하게 빛난다. 네모난 황금 조각 두 개가 패랭이꽃과 지친 금잔화 위에 얼룩지며 떨어졌다. 고양이 플로리가 베란다 맨 위에서 하얀 다리를 가지런히 모으고 꼬리를 둥글게 만 채 앉아 있었다. 만족스러운 얼굴이었다. 마치 이 시간을 아침부터 쭉 기다렸다는 듯.

"고마운 일이야, 어두워져서. 고마운 일이야, 긴 하루가 끝나서."

플로리가 말했다. 그 연두빛 살구 같은 눈이 바짝 열렸다.

이윽고 마차가 덜컹덜컹 흔들리는 소리, 찰싹 하는 켈리의 채찍 소리가 들려왔다. 마차가 가까워지자 마을에서 돌아오는 사람들의 왁자지껄 떠드는 소리가 들릴 정도가 되었다. 마차가 바넬 씨네 집 문 앞에 멈춰 섰다.

스탠리는 통로를 반쯤 걷다가 린다를 봤다.

"당신이야, 린다?"

"예, 그래요. 스탠리."

그는 화단을 뛰어넘어 두 팔로 그녀를 안았다. 그녀는 여느 때처럼 열정적이며 강한 포옹에 사로잡혔다.

"용서해 줘, 여보. 용서해줘."

스탠리는 중얼거리며 린다의 턱 아래를 잡아 자기 쪽으로 그녀의 얼굴을 들어올렸다.

"용서라니? 무엇을?"

린다가 웃으며 말했다.

"아니, 당신 잊을 리가 없잖아."

스탠리 바넬이 외쳤다.

"난 종일 그것만 생각했다고. 지옥 같은 하루였어. 전보를 치러 뛰쳐나가려고까지 생각했었어. 하지만 내가 집에 돌아올 때까지 전보가 도착하지 않을 것 같아 생각을 고쳐먹었지. 너무나 괴로웠어, 린다."

"그런데 스탠리, 내가 뭘 용서해야 하죠?"

"린다!"

스탠리는 마음에 상처를 입은 것 같았다.

"…… 당신 몰랐어? 눈치 챘을 텐데……. 오늘 아침 출근할 때 내가 인사도 없이 나갔잖아? 왜 그런 짓을 했는지 도무지 모르겠어. 나도 물론 화가 나서 말이야. 하지만 어쨌든……."

그렇게 말하며 그는 한숨을 쉬면서 다시 그녀를 안았다.

"오늘은 그 일로 너무나 괴로웠어."

"당신 손에 들고 있는 건 뭐예요? 새 장갑? 보여 줘요."

린다가 부탁하자 스탠리가 겸손하게 말했다.

"응, 가죽이지만 아주 싼 거야. 오늘 아침 차 안에서 벨이 장갑을 낀 것을 봤지. 지나가는 길에 가게에 들러서 산 거야. 당신, 왜 웃어? 마음에 안 든다는 것은 아니지?"

"그게 아니라, 마음 써 줘서 고마워."

그녀는 크고 옅은 색의 장갑 한 쪽을 자기 손에 끼고는 그 손을 이리저리 돌려보였다. 한껏 미소를 지으며.

스탠리는 이렇게 말하고 싶었다. 장갑을 사는 내내, 쭉 당신 생각을 했다고. 그건 사실이었지만 왠지 말할 수 없었다.

"안으로 들어갑시다."

그가 말했다.

12

밤이 되면 왜 이토록 기분이 달라질까? 모두가 잠들고 혼자만 눈을 뜨고 있으면 왜 이다지도 가슴이 뛰는 것일까? 밤이 깊었다. 아주 늦은 시각이다! 그럼에도 매순간 깨어있음을 느끼게 되고 숨을 쉴 때마다 새롭고 멋지며 낮보다 훨씬 긴장감 넘치고 가슴 두근거리는 세계로 눈을 떠가는 것 같다. 게다가 마치 음모를 꾸미고 있는 듯한 이 기묘한 기분은 무엇일까? 아무도 모르게 방 안을 돌아다닌다. 화장대에서 뭔가를 집었다가 다시 조용해 내려놓는다. 모든 것, 침대 기둥까지도 내 마음을 알고 고개를 끄덕이며 나와 비

밀을 함께한다.

　낮 동안은 자기 방을 별로 좋아하지 않는다. 방에 대해 조금도 생각하지 않는다. 들어갔다 나왔다, 문을 닫았다 열었다 할 뿐이다. 때로는 선반이 삐걱거리기도 하고 침대 귀퉁이에 앉아 신발을 바꿔 신고 다시 뛰어나간다. 거울을 살짝 들여다보고 머리에 핀을 두 개 꽂고 코에 분을 바른 뒤 나가 버린다. 그러나 이제 방은 갑자기 너무나 소중해진다. 귀엽고 작고 재미있는 방. 나의 것. 아아, 뭔가를 소유한다는 것은 얼마나 기쁜 일인가! 내 것…… 나만의 것!

　"나만을 위한 것 맞지? 언제까지나?"

　"그래."

　그들의 입술이 만난다.

　물론 이것과는 아무 관계도 없다. 모두 쓸데없는 헛소리이다. 그렇게 생각하면서도, 베릴은 두 사람이 자기 방 한가운데에 서 있는 것을 또렷하게 보았다. 그녀의 팔이 그의 목을 감고 그는 그녀를 안았다. 그리고 그는 속삭였다.

"내 아름다운 사람, 내 귀엽고 아름다운 사람!"

그녀는 침대에서 나와 창문으로 다가가 창가 의자에 무릎을 꿇고 앉아 팔꿈치를 창틀에 올려놓았다. 아름다운 밤, 정원, 모든 나무, 모든 잎, 하얀 울타리와 별까지도 모두 공모자였다. 달이 너무나도 밝았기 때문에 꽃들은 낮처럼 잘 보였다. 금련화의 백합을 닮은 잎과 크게 벌어진 꽃 그림자가 은빛 베란다에 길게 펼쳐졌다. 마누카 나무는 남풍에 구부러져, 새가 한쪽 다리로 서서 날개를 펴고 있는 것 같다.

그러나 베릴이 나무를 보았을 때 어쩐지 슬퍼 보였다.

"우리는 멍청한 나무야. 밤이면 무엇인가 알지도 못하는 것을 슬퍼하며 높이 올라가지."

슬픔에 가득 찬 나무가 말했다. 혼자 있을 때 인생을 생각하면 언제나 슬픈 법이다. 모든 웅성거림과 무엇인가가 왜 그런지 갑작스럽게 나를 떠나가고, 그 뒤의 고요 속에서 누군가가 내 이름을 부른다. 그러면 그 이름을 처음 듣는 듯한 기분이 된다.

"베릴!"

"예, 여기 있어요. 나 베릴이에요. 누가 날 찾는 거죠?"

"베릴!"

"가요."

혼자 살아가는 것은 외로운 일이다. 물론 친척이나 친구는 많다. 그러나 그녀가 바라는 것은 그런 것이 아니다. 그들이 모르는 베릴, 늘 그런 베릴이기를 기대하는 그런 사람을 원한다. 그녀는 연인을 원한다.

"이런 사람들로부터 멀리 떨어진 곳으로 데리고 가 줘요. 저 멀리 가요. 우리를 위한 생활을 해요. 모든 것이 새롭고, 모든 것이 우리 것인 생활을요. 완전히 처음부터. 우리의 불을 불태우는 거예요. 함께 앉아서 식사를 하고. 밤이 되면 서로 이야기를 나누는 거예요."

그 생각은 "나를 구해 줘 내 사랑, 나를 구해 줘!"까지 나아갔다.

"자, 계속해! 도도하게 굴면 안 돼. 젊을 때 즐기는 거야. 그게 내 충고야."

즐겁게 웃는 웃음소리와 켐버 부인의 크고 무관심한 말 울음 소리가 하나로 합쳐졌다.

곁에 아무도 없다는 것은 두려울 정도로 성가신 일이다. 지나치게 사물의 지배를 받는다. 마냥 무례하게 굴 수도 없다. 만에 사는 다른 여자들처럼 경험도 없고 고지식하게 보일지 모른다는 두려움이 늘 따라다닌다. 게다가 내게 다른 사람을 통제할 힘이 있다는 것을 아는 것은 뭐라 말로 할 수 없는 기분 좋은 일이야. 그래, 정말 매혹적이다.

아아, 왜! 어째서 그는 바로 오지 않는 것일까?

베릴은 생각했다. 이곳에서 이런 생활을 계속 하고 있으면 어떻게 돼버릴지도 모른다.

"하지만 그 사람이 올지 네가 어떻게 아는데?"

그녀 안의 작은 소리가 비웃었다.

베릴은 그 소리를 물리쳤다. 혼자 남을 리가 없어. 다른 사람들은 그럴지 몰라도 나는 아니야. 베릴 페어필드가 결혼하지 않는다니 생각할 수 없어, 그렇게 아름답고 매력 있는 여자가.

"베릴 페어필드를 기억해?"

"기억하냐고? 내가 그녀를 잊었을까 봐! 바닷가에서의 어느 여름날이었지. 그 사람을 본 것은. 그녀는 해변에 서 있었어. 파란……."

"아니, 분홍이야."

"옥양목 드레스를 입고 손에 큰 녹색……."

"아니, 검정이야."

"밀집모자를 들고 서 있었지. 꽤 오래전 일이네."

"그 사람은 여전히 아름다울 거야. 분명 당신보다 아름다울 정도로."

베릴은 웃으며 입술을 깨물고 정원을 바라봤다. 한 남자가 도로를 벗어나 목초지를 따라 울타리 옆을 걷고 있는 것이 눈에 들어왔다. 마치 그녀 쪽으로 똑바로 오듯이. 그녀의 심장이 두근두근했다. 누구일까, 저 사람은? 도대체 누구일까? 도둑은 아닐 거야. 분명 도둑은 아니다. 그는 담배를 피우며 가볍게 걷고 있다. 베릴의 심장이 뛰었다. 돌아서 오른쪽으로 가는가 싶었는데 멈춰 섰다. 그가 누군지 알아보았다.

"베릴, 오늘밤은."

그 목소리가 부드럽게 말했다.

"오늘밤은."

"잠깐 같이 산책해도 될까요?"

차분한 말투였다.

"산책이라니……. 이런 늦은 시간에! 안 돼요. 모두 잠자리에 들었어요. 다들 잔다고요."

"아아."

그 소리가 가볍게 말했다. 달콤한 담배 연기가 그녀에게까지 날아왔다.

"모두가 어떻든 상관없지 않습니까? 이리 와요! 이렇게 멋진 밤이잖아요. 주위에 아무도 없어요."

베릴은 머리를 흔들었다. 그러나 이미 뭔가가 그녀 안에서 움직이고, 무언가가 머리를 쳐들었다.

그 소리가 말했다.

"두렵나요?"

그 소리는 비웃었다.

"가여운 어린 소녀!"

"천만에요."

그녀가 말했다. 그렇게 말하는 동안 그녀 안의 그 미약한 것이 굴레에서 벗어나 갑자기 강하게 변했다. 그녀는 나가고 싶었다!

그녀의 마음을 헤아리기라도 한듯 그 소리는 다정하고 부드러우면서도 단호하게 말했다.

"따라와요!"

베릴은 낮은 창문을 넘어 베란다를 건너 목초지를 지나 대문이 있는 곳으로 달려갔다. 그곳에, 바로 그녀 앞에 그가 서 있었다.

"좋아요."

그 목소리는 속삭이며 장난이라도 치듯 말했다.

"두려운 건 아니죠, 무섭지 않죠?"

그녀는 두려웠다. 여기까지 나와 보니 무서워졌다. 모든 것이 다르게 느껴졌다. 달빛이 그녀를 물끄러미 바라보며 빛났다. 사물의 그림자는 쇠로 된 막대 같았다. 그가 그녀의 손을 잡았다.

"하나도 안 무서워요."

그녀가 작게 말했다.

그녀의 손이 다정하게 이끌려 가다가 강하게 끌어당겨졌다. 그녀는 손을 뺐다.

"아니요, 여기서부터는 안 가요."

베릴은 말했다.

"아니, 이런!"

해리 켐버는 그녀의 말에 상관하지 않았다.

"와요! 잠깐, 저기 바늘꽃 덤불이 있는 곳까지만 가요. 이리 와요!"

바늘꽃 덤불은 키가 컸지만 소나기를 맞아 울타리에 쓰러져 있다. 덤불 아래로 작은 구멍 같이 어두운 곳이 보였다.

"아니요, 정말 가고 싶지 않아요!"

베릴이 말했다.

잠깐 동안 해리 켐버는 대답이 없었다. 그러다가 그녀에게 가까이 다가오더니 그녀의 얼굴을 보며 살짝 웃으며 다그치듯이 말했다.

"바보 같이 그러지 마요! 바보 같이 그러지 말라고!"

그의 웃음은 지금껏 본 적이 없는 것이었다. 이 사람 술에 취한 건가? 맹목적이며 무시무시한 미소는 그녀를 두려움으로 얼어붙게 했다. 그녀는 무엇을 하고 있는 것일까? 왜 이런 곳까지 나와 버린 것일까? 마음속 법정에서 그런 심문이 펼쳐지는 동안 문이 열렸다. 해리 켐버는 고양이처럼 재빨리 문 사이로 들어와 그녀를 낚아챘다.

"차가운 악마군! 차가운 악마야!"

분노에 찬 목소리가 말했다.

그러나 베릴은 강했다. 그의 손을 뿌리치고 살짝 머리를 숙이면서 몸을 비틀어 그에게서 벗어났다.

"당신은 지독해요. 나쁜 사람이야!"

그녀는 말했다.

"그럼 도대체 왜 따라온 거죠?"

해리 켐버는 어찌할 바를 몰랐다.

아무도 그에게 대답하지 않았다.

조그만 구름이 조용히 달에 걸쳐 있다. 그 한순간의 어둠 속에서 바다는 불안한 듯 크고 낮은 소리를 냈다. 구름이 미끄러지며 사라지자 바다는 어두운 꿈에서 깨어나기라도 한 듯 희미하게 웅웅거렸다. 모든 것이 고요했다.

New Dresses
새 옷

카스필드 부인과 그녀 어머니는 식당 탁자에 앉아 있었다. 두 사람은 초록색 캐시미어 드레스를 거의 다 완성해 가는 참이었다. 내일이면 카스필드 가(家)의 두 어린 딸들이 이 옷을 입고 교회에 갈 것이다. 두 자매가 밝은 초록빛 허리끈, 뒤쪽으로 리본을 길게 늘어뜨린 밀짚모자를 쓸 예정이다.

카스필드 부인은 전부터 딸들에게 그런 옷을 입히고 싶었다. 그래서 오늘밤 '정치연맹' 모임에 나간 헨리가 늦게 돌아오는 틈을 타, 나이 든 어머니와 함께 식당을 차지하고 '평화로이 마구 어질러 댈 수 있는 기회'—그녀의 표현에 따르자면—를 잡은 것이다.

그녀는 탁자 위의 붉은 식탁보를 치운 뒤, 결혼할 때 선물 받은 재봉틀이며 갈색 반짇고리며 천이며 오려 모아 놓은 패션잡지 등을 잔뜩 벌여 놓았다. 그리고 재봉틀로 매우 천천히 옷을 지었다. 초록색 캐시미어실이 도중에 동이 날까 걱정한 부인이, 실을 조금씩 신중하게 사용하면 오래 쓸 수 있을 거라는 묘한 기대를 품었기 때문이었다.

노부인은 흔들의자에 앉아 있었다. 펠트 슬리퍼를 신은 발은 무릎방석[*1] 위에 올려놓고 치마는 뒤로 돌아가 있었다. 그녀는 재봉실을 잇거나 옷깃 또는 소매에 폭이 좁다란 레이스를 달고 있었다. 이따금 노부인은 가스등을

---

*1 무릎 꿇고 기도할 때 쓰는 도구.

올려다보면서 입을 열었다.

"배관에 물이 찼어, 앤. 그래서 상태가 안 좋은 거야."

그러고는 한동안 입을 다물었다가 또 불쑥 말했다.

"저 배관 안에 물이 차 있다고. 아마 그럴 거야, 앤."

잠시 뒤 그녀는 더욱 확신에 찬 목소리로 말했다.

"정말로 물이 찼다니까. 틀림없어."

앤은 재봉틀에 시선을 고정한 채 얼굴을 찌푸렸다. 우리 어머니는 왜 저렇게 끊임없이 중얼거리실까? 정말 짜증나. 게다가 아무 소용없는 말씀만 하신다니까. ……벌써 노망이 나셨나? 그래도 어지간해야 참지. 그녀는 속으로 이런 생각을 하면서 소리 내어 말했다.

"어머니, 로즈 옷은 밑단을 넉넉히 만들어 두세요. 그 아이, 요즘 키가 많이 컸거든요. 헬렌 드레스 소매에는 레이스 달지 마시고요. 그래야 옷을 구별하기 편하죠. 게다가 헬렌은 더러운 물건도 조심성 없이 마구 만지니까요."

"아니, 레이스가 이렇게나 많은데? 그냥 달아주자꾸나. 조금 위에 달아 주면 되잖니."

어째서 앤은 헬렌을 구박하는 걸까? 실은 헨리도 마찬가지였다. 이 부부는 헬렌에게 상처 주려고 작정한 사람들 같았다. 옷을 구별하기 편하다는 말은 핑계에 지나지 않았다.

"저기, 어머니."

카스필드 부인은 노부인에게 말했다.

"아까 헬렌 옷을 벗길 때 어머니가 그 꼴을 못 봐서 그래요. 일주일 만에 옷이 위에서부터 아래까지 온통 새까매졌다고요. 로즈 옷이랑 비교하면서 대놓고 혼냈더니 그 애는, 어깨만 들썩이고 말지 뭐겠어요. 그게 그 아이의 버릇이라니까요. 그러고는 더듬더듬 웅얼거리는데…… 정말이지 그 말 더듬는 버릇은 말컴 의사 선생님께 보여 드려야 해요. 그러면 그 애도 정신 좀 차리겠죠. 그 못된 버릇은 학교에서 배워 와서 관심 받으려고 일부러 하는 게 틀림없어요. 마음만 먹으면 안 더듬을 수 있으면서."

"앤, 그 아이는 늘 말을 더듬잖니. 너도 알지? 너도 그만할 때는 말을 더듬었단다. 그리고 헬렌도 성격이 예민해서 그러는 거야."

노부인은 안경을 벗어 입김을 호호 분 뒤 앞치마로 닦았다.

"그렇게 말씀해도……. 헬렌이 그런 식으로 자신을 합리화하게 봐주는 건, 그 아이를 위해서도 좋지 않아요."

앤은 대답하면서 초록색 옷 가운데 하나를 넓게 펼치더니 옷 주름을 잡으며 바늘을 꽂았다.

"난 걔를 로즈와 다름없이 키우고 있어요. 그리고 우리 꼬마 도련님도 얼마나 순한데요. 오늘 막내를 흔들목마에 처음으로 태워 줬는데, 그 모습 봤어요? '아아, 아아' 하고 정말로 좋아하던걸요. 애가 날이 갈수록 제 아버지랑 닮아 간다니까요."

"그렇지. 그 애는 분명 카스필드 집안의 자손이더라."

노부인은 고개를 끄덕였다. 앤이 말을 이었다.

"문제는 헬렌이에요. 그 애는 뭔가 다르다고요. 걔는 막내를 이상한 태도로 대해요. 애를 빤히 보고만 있지를 않나, 위협하지를 않나. 기억하죠? 우리 아들이 갓난아기일 때, 헬렌이 자주 젖병을 빼앗아 든 채 아기가 어떻게 반응하나 가만히 지켜보곤 했잖아요. 로즈는 동생을 정말 잘 돌봤지요. 하지만 헬렌은……."

노부인은 바느질감을 테이블 위에 내려놓았다. 두 사람 사이에는 침묵이 감돌았다. 식당 벽에 걸린 시계 소리만이 째깍째깍 울렸다. 노부인은 앤에게 솔직히 말하고 싶었다. 앤과 헨리 부부가 헬렌을 대하는 태도, 헬렌을 망치고 있는 그 태도에 대해서. 그러나 신경에 거슬리는 시계 소리가 노부인의 집중력을 흩트려 놓았다. 그녀는 적당한 말을 떠올릴 수 없었다. 그저 멍하니 의자에 앉아 있을 뿐. 머릿속은 식당의 시계 소리에 맞춰 째깍째깍 울리기만 했다. 끝내 그녀는 이렇게 말할 수밖에 없었다.

"시계 소리가 정말 크구나."

그 말에 앤은 속으로 중얼거렸다. 어머니도 참. 또 엉뚱한 얘기로 빠져 나가시는군. 나한테 위로나 격려 좀 해 주면 덧나나. 그녀는 시계를 흘끗 보면서 입을 열었다.

"어머니. 그 옷 완성하시거든 부엌에 가셔서 커피 좀 끓여 줄래요? 햄도 한 접시 잘라 주고요. 헨리가 곧 돌아올 테니까요. 나머지 옷은 저 혼자서도 금방 완성할 수 있어요."

그녀는 드레스를 들어 올려 보면서 말했다.

"어때요? 참 예쁘죠? 2년은 넉넉히 입을 수 있을 거예요. 학교 갈 때도 입을 수 있겠고. 기장 좀 늘리고 다른 색으로 물들여서 입으면 괜찮겠지요."

"그래. 비싼 천으로 만든 보람이 있구나."

노부인은 대답한 뒤 부엌으로 갔다. 식당에 홀로 남은 앤은 미간을 찡그리며 입을 불만스럽게 꾹 다물었다. 코에서 턱까지 이어지는 굵은 주름이 그녀의 얼굴에 또렷하게 드러났다. 그녀는 깊은 한숨을 내쉰 다음 머리카락을 뒤로 쓸어 넘겼다. 방 안의 공기란 공기는 다 바닥났는지 숨이 막혔다. 헬렌을 위해 애써서 옷을 짓는 일이 쓸데없이 느껴졌다. 세상 부모라면 누구나 자식 때문에 고생하다가 어느 날 문득 진저리를 낼 것이다. 그렇게 애써도 자식에게 감사조차 못 받지 않는가. 아, 로즈는 그렇지 않지만. 그 아이는 예외다.

그나저나 어머니는 확실히 나이를 드신 모양이다. 헬렌에 대한 어머니의 어리석은 생각만 봐도 그렇다. 어머니는 그 애 문제에 지나치게 너그럽다.

카스필드 부인은 딱 하나만 확실히 해 두자고 마음먹었다. 헬렌이 아들에게 절대 가까이 가지 못하도록 할 것이다. 우리 막내는 제 아버지를 쏙 빼닮아서, 나쁜 대접을 받으면 쉽게 화내는 성미니까. 딸들이 낮에는 학교에 가 있어서 정말 다행이다!

그녀는 겨우 완성한 옷을 잘 개서 의자 등받이에 걸쳐 놓았다. 그리고 재봉틀을 선반에 옮겨놓은 뒤 식탁보를 제대로 펼치고 창가로 걸어갔다. 블라인드가 올려져 있어서 창 너머로 정원이 훤히 보였다. 오늘은 달이 뜬 모양이다. 밖을 바라보던 그녀는 정원 의자 위에 반짝이는 무언가가 놓여 있음을 깨달았다. 혹시 책인가? 맞아, 책인 것 같다. 책은 이슬에 젖어 있었다.

그녀는 현관으로 가 방수용 덧신을 신고 치맛자락을 살짝 든 채 정원을 가로질러 뛰었다. 틀림없는 책이었다. 그녀는 조심스런 손길로 책을 집어 들었다. 이미 꽤 젖어서 표지가 불룩해져 있었다. 그녀는 헬렌이 자기 흉내를 널 때처럼 어깨를 으쓱했다. 풀과 장미 냄새가 감도는 그늘진 정원에서 그녀는 속이 부글부글 끓어오르는 기분을 느꼈다. 그때 찰칵, 하고 나무문의 금속 자물쇠가 열리는 소리가 들렸다. 돌아보니 큰 걸음으로 현관으로 이어지는 길을 걸어가는 헨리의 모습이 보였다.

"헨리!"

그녀는 큰 소리로 그를 불렀다.

"오, 앤! 대체 거기서 뭐 해? 달구경이라도 하는 건가?"

앤은 그에게 달려와 키스를 했다.

"저기, 이 책 좀 봐요. 헬렌이 또 밖에다 그냥 놔두고 왔어요. 어머, 당신……. 담배 냄새가 고약하네요!"

헨리가 대답했다.

"그런 녀석들이랑 한자리에 있으려면 좋은 담배를 피워야 하거든. 안 그러면 체면이 안 서. 하여튼 안으로 들어가자고, 앤. 겉옷도 하나 안 걸치고 나오다니. 책 따위는 아무래도 상관없잖아? 춥지? 봐, 당신 덜덜 떨고 있잖아."

그는 그녀의 어깨를 감싸 안으며 말했다.

"저기 굴뚝 옆으로 숨은 달 보여? 참 멋진 밤이지! 오늘 난 친구들을 잔뜩 웃겨 주고 왔다고. 엄청난 농담을 마구 연발해서. 한 녀석이 그러더군. 인생은 카드게임과 똑같다고. 그 말을 내가 바로 맞받아쳐서……."

헨리는 현관 앞에 멈춰 서더니 집게손가락을 번쩍 치켜들었다.

"이렇게 말했지…… 그게, 뭐라고 했더라? 그러니까 기억은 잘 안 나지만. 하여튼 내 말 듣고 다들 박장대소했다고. 진짜 뒤집어지도록 웃었다니까. 응, 정확히 뭐라고 얘기했는지는 오늘밤 침대 안에서 기억해 낼게. 늘 그랬잖아?"

"이 책은 부엌 난로 위에 올려놔야겠어요. 그래야 마르지."

앤은 그렇게 말한 뒤 책장을 휘리릭 넘기면서 생각에 잠겼다. 헨리가 또 맥주를 마셨군. 내일이면 틀림없이 속이 안 좋다고 할 거야. 지금 헬렌 이야기를 꺼내 봤자 소용없겠지.

헨리는 저녁 식사를 마치고 이를 쑤시면서 의자에 깊숙이 앉았다. 그는 무릎을 두드리며 앤에게 여기 와서 앉으라고 했다. 그러고는 그녀를 부드럽게 흔들며 질문을 던졌다.

"이건 뭐지? 의자 등받이에 걸쳐 있는 이 초록색 천 말이야. 장모님과 함께 대체 뭘 한 거야?"

앤은 별일 아니라는 듯 태연한 얼굴로 초록색 드레스를 보면서 가볍게 대꾸했다.

"그냥 옷이에요. 애들 입을 옷. 떨이로 산 천으로 나들이옷 좀 만들어 봤어요."

노부인은 큰 접시와 커피잔을 쟁반에 모아서 치운 뒤 양초에 불을 붙였다. 그리고 밝은 목소리로 말했다.

"자, 나는 이만 자러 가야겠구나."

앤은 소리 없이 투덜거렸다. 우리 어머니는 어쩜 저렇게 눈치가 없을까! 어머니가 자리를 피해 버리면 헨리가 오히려 의심할 텐데. 어머니는 상황이 불리하게 돌아간다 싶으면 바로 자리를 피하는 버릇이 있다니까.

"아니, 장모님. 조금만 이따가 주무세요. 이거나 같이 구경합시다."

헨리가 유쾌한 목소리로 권하자 노부인은 어색한 미소를 지으며 그 옷을 헨리에게 건네주었다. 헨리는 손가락으로 옷을 문질러 보더니 입을 열었다.

"이게 떨이로 산 천이란 말이지? 응, 앤? 우리 어머니가 다림질할 때 쓰는 천으로 지어 주셨던 내 나들이용 바지랑은 감촉이 아주 다른데? 이거 1야드에 얼마나 하는 천이야, 앤?"

앤은 옷을 부드럽게 빼앗아 치우고는 헨리의 조끼 단추를 만지작거렸다.

"정확히 얼마였는지는 잊어버렸어요, 여보. 어머니와 함께 그냥 조금만 산 것 뿐이에요. 그것도 아주 싼 가격에요. 통 크신 남자분께서 여자애들의 옷 같은 것에 신경 쓸 필요는 전혀 없어요. 어때요, 람레 씨는 오늘 모임에 나오셨나요?"

"그래, 나왔지. 자기 아들이 우리 아들만한 나이일 때 안짱다리가 될 기미가 조금 있었다고 하던데. 나한테 어린이용 의자를 추천해 주더라고. 새로 살 거면 천 가게에서 이번에 들여 놓은 물건을 사라나. 다리를 곧게 펴고 앉을 수 있는 의자라더군. 그나저나 이번 달 천 가게 영수증은 어디 있어?"

그녀가 내내 피하고 싶던 순간이 마침내 왔다. 남편이 그렇게 나오리라 예상하고 있었다. 그녀는 그의 무릎에서 미끄러지듯이 내려오며 하품을 했다.

"어머, 나도 어머니랑 똑같은가 봐요. 침대가 너무 그립네요."

그녀는 몽롱한 눈빛으로 헨리를 바라보며 말을 이었다.

"영수증…… 영수증이요? 그야 물론. 내일 아침에 보여 줄게요."

"안 돼, 앤. 기다려 보라고."

헨리는 벌떡 일어나더니 장식장 쪽으로 걸어갔다. 그곳에는 영수증 묶음이 보관되어 있었다.

"내일은 안 돼. 일요일이잖아. 영수증을 확인하고 산뜻한 기분으로 잠자리에 들고 싶단 말이야. 거기 흔들의자에 앉아서 잠시 기다려 줘. 도와주지 않아도 되니까!"

그녀는 의자에 털썩 앉아 은은한 콧노래를 부르기 시작했다. 그녀는 마음을 가라앉히려 애쓰면서, 장식장 문을 열고 있는 남편의 널따란 등을 뚫어지게 바라보았다. 그는 영수증을 찾는답시고 한참이나 꾸물거렸다. 앤은 조용히 생각했다. 저 사람, 일부러 나를 애태우려는 거야.

"그걸 살 정도의 여유는 있어요. 여유가 없으면 내가 샀겠어요? 수입도 지출도 제대로 파악하고 있단 말이에요. 난 바보가 아니니까. 달이면 달마다 영수증, 영수증 노래를 하니 정말 진절머리 난다고요."

그녀는 문득 2층에 있는 침대를 떠올렸다. 당장 침대로 가고 싶었다. 이렇게 피곤한 적은 처음이었다.

"아, 여기 있군! 찾았어!"

헨리가 소리쳤다. 그는 영수증 묶음을 탁자 위에 쾅 소리가 나도록 내려놓았다.

"거기 의자 좀 당겨 봐. 어디 보자……. 클레이튼 가게, 녹색 캐시미어, 7야드, 1야드에 5실링. 총 35실링."

그는 영수증을 두 번 읽더니 손으로 구겨 버리고는 새빨간 얼굴을 앤에게 들이밀었다. 그에게서는 술 냄새가 물씬 풍겼다. 앤은 이럴 때 그가 어떤 식으로 행동하는지 잘 알았다. 그녀는 눈썹을 바짝 치켜세우면서 말없이 고개를 끄덕였다. 그러자 헨리가 버럭 고함쳤다.

"당신, 나한테 할 말은 있어? 저만 것에 무려 35실링이나 썼다고? 그야 당신이랑 장모님이야 애들 새 옷 지어 입힌다고 신이 나서 샀겠지! 정말 기가 막히는군! 다들 당신이 백만장자랑 결혼한 줄 알 거야. 35실링이면 당신 어머니가 혼수를 장만하고도 남았을 돈이야! 당신은 온 동네 웃음거리가 되려고 알아서 발버둥친 꼴이라고! 이래 가지고 우리 아들한테 좋은 의자를 사다 줄 수 있겠어? 당신이 이렇게 돈을 펑펑 쓰는데! 그러고 보면 당신, 헬렌이 제대로 행동하도록 만드는 게 얼마나 힘든지 나한테 자주 얘기했었지. 그런데 이게 뭐야? 그 입술에 침도 마르기 전에 35실링이나 되는 초록색 캐시미어 따위를 사서 그 애 꽃단장 시켜 주려고?"

성난 목소리는 끊임없이 이어졌다.

아침이 되면 괜찮아질 거야. 술도 깰 테니까. 앤은 속으로 이렇게 되뇌었다. 그리고 한참 뒤 피로에 지친 몸을 끌다시피 하며 침실로 올라갔다. 옷이 튼튼해서 오래 입을 수 있다는 걸 깨달으면 그도 나를 이해해 주겠지…….

다음 날은 화창한 일요일이었다. 이날 아침, 언제 싸웠냐는 듯 화해한 헨리와 앤은 식당에 나란히 앉아 있었다. 카스필드 2세는 아버지가 아침 식사 때 준 수프 스푼으로, 아기용 의자에 붙어 있는 조그마한 테이블을 땅땅 두드리고 있었다. 헨리와 앤은 그 소리를 들으면서 교회 갈 시간이 되길 기다리는 중이었다.

"이 녀석, 힘이 제법 세졌는데. 아까부터 시간 재 봤는데 벌써 5분이나 줄곧 두드리고 있어."

헨리가 자랑스럽다는 투로 말하자 앤이 장갑 단추를 채우면서 말했다.

"정말 놀랍죠. 저 스푼을 질리지도 않고 어찌나 오래 들고 있는지. 그렇죠? 저러다가 입에 집어넣을까 봐 걱정돼요."

"별 걱정을 다 하는군. 괜찮아, 내가 잘 지켜보고 있으니까."

헨리는 자리에서 일어나더니 어린 아들의 몸을 뒤덮는 모양새로 윗몸을 쑥 내밀었다.

"아들아, 제대로 해라. 자고로 남자애들은 소동 일으키는 걸 무척 좋아하지. 그 사실을 네 엄마한테 알려 드리렴."

앤은 입을 다물었다. 어쨌든 저러는 동안에는, 딸들이 캐시미어 옷을 입고 내려와도 남편은 신경 쓰지 않을 테니까. 그녀는 조용히 생각에 잠겼다. 딸들에게 주의 깊게 행동하라고, 그리고 예배가 끝나면 점심 식사 전에 꼭 옷을 갈아입어야 한다고 제대로 말해 뒀는지도 걱정이었다. 또 내가 매무새를 가다듬으려고 옷을 잡아당기면 헬렌은 왜 그렇게 몸을 꼬는지…… 이런저런 생각을 하는데 문이 열리면서 노부인과 두 딸이 나타났다. 딸들은 리본을 뒤로 늘어뜨린 밀짚모자까지 완벽하게 갖추고 있었다.

그녀는 황홀한 마음을 주체할 수 없었다. 두 딸은 그 만큼 아름다웠다. 로즈는 성경을 넣은, 분홍빛 양털로 십자가를 수놓은 흰 주머니를 손에 들고 있었다. 그러나 앤은 곧 마음을 다스리고 아무렇지 않은 척하면서 교회 갈 채비를 했다.

헨리는 어젯밤 일에 대해 한마디도 하지 않았다. 교회까지 가는 동안 내내, 35실링이나 들어간 옷을 입은 아이들이 손을 맞잡고 그의 눈앞에서 걸어가고 있었는데도 말이다. 앤은 자기 남편이 얼마나 너그럽고 훌륭한 사람인지 새삼 깨달았다. 그녀는 어깨를 활짝 편 채 걷고 있는 남편을 바라보았다. 검은색 긴 외투를 입고 흰색 실크 넥타이를 한 남편은 정말 멋있어 보였다! 그런 아버지의 피를 이어받은 자식들도 아주 훌륭했다. 교회에서 그녀는 남편의 손을 꼭 잡았다. 손을 통해 남편에게 이렇게 말하듯이.

'내가 애들 옷에 신경 쓴 것은 다 당신을 위해서예요. 물론 당신은 이해하지 못하겠지만요. 정말이에요, 헨리.'

그녀는 진심으로 그렇게 믿었다.

카스필드 가족은 집으로 돌아오던 길에 검은 개에게 나무 지팡이를 물린 채 걷고 있는 말컴 의사 선생님과 만났다. 말컴은 카스필드네 막내 아들 건강한지 매우 다정하게 물어보았다. 그러자 헨리는 그를 저녁 식사에 초대했다.

"우리 집에 오셔서 아들 좀 봐 주세요. 뭔가 걱정스러운 점이 있다면 알려

주시길 바랍니다."

말컴은 헨리의 초대를 받아들였다. 그는 헨리와 나란히 걸으면서 뒤쪽을 돌아보며 말했다.

"헬렌, 우리 개 좀 제대로 챙겨다오. 지팡이를 꿀꺽 삼켜 버리지 않게 잘 지켜보렴. 그걸 삼켰다가는 우리 개 입에서 나무가 쑥 자라날지도 모르잖니? 그게 잘못해서 꼬리까지 내려가 버리면 꼬리가 딱딱해지겠지. 그러면 이 아이가 휘두르는 꼬리에 맞자마자 우린 바로 천국행일 거야."

"하하, 의사 선생님도 참!"

헬렌은 웃으면서 개 쪽으로 몸을 구부렸다.

"자, 멍멍아! 얌전히 있어. 착하지."

"헬렌, 옷 조심해야지!"

앤이 주의를 주자 의사 선생님도 맞장구를 쳤다. 그리고 두 아가씨가 오늘 따라 특히 예뻐 보인다며 칭찬했다.

"네, 그야 로즈 얼굴빛이 예뻐서 그렇죠. 이 아이 얼굴빛은 헬렌보다 훨씬 생기가 넘치니까요."

로즈는 뺨을 붉혔다. 말컴은 눈을 빛냈다. 그는 로즈 얼굴이 양상추 샐러드에 든 토마토 같다고 말하려다 꾹 참았다. 그는 그녀의 높은 콧대를 꺾어 주고 싶었다.

'저 애는 응석 부리는 버릇하고 자만심을 좀 낮춰야겠는걸. 헬렌이 훨씬 나아. 헬렌은 언젠가 스스로 독립할 날이 오겠지. 그러고 나면 제 부모에게 그동안 참아 왔던 본때를 보여 줄 거야.'

모두가 집에 도착했을 무렵 막내는 한창 낮잠을 자고 있었다. 기다리는 동안 말컴은 헬렌에게 정원을 안내해 달라고 부탁했다. 헨리는 그를 괜히 집에 초대했다고 후회하면서도 웃으며 허락했다. 한편 앤은 하녀에게 지시를 내리려고 부엌으로 발걸음을 옮겼다.

"엄마, 나도 갈래요. 수프를 맛보고 싶어요."

로즈가 엄마를 따라가자 말컴은 입속으로 중얼거렸다. 혹이 스스로 떨어져 나가다니 잘됐군.

그는 정원 의자에 깊숙이 앉아서 다리를 꼰 뒤 모자를 벗었다. 그러면서 해님이 내 머리에서 다시 한 번 작물을 기르실 수 있도록 기회를 주는 중이라고 헬렌에게 설명했다. 그러자 헬렌은 진지한 목소리로 물었다.

"선생님, 내 옷 마음에 들어요?"

"물론 마음에 들지. 우리 귀여운 아가씨. 넌 어때?"

"정말 좋아요. 이 옷 입은 채로 태어났다가 죽고 싶을 만큼요. 하지만 이것 때문에 잔소리를 많이 들었어요. 가봉한 거니까 조심하라는 둥, 옷을 잡아당겨서 매무새를 가다듬으라는 둥, 게다가 하면 안 되는 일은 어찌나 많은지. 잘못하다가 옷이 찢어지기라도 하면 엄마가 날 죽일 거예요. 아까 예배 시간에도 고생했어요. 무릎방석이 먼지투성이라서 그냥 무릎 꿇지 못하고, 속치마를 아래로 끌어당겨서 무릎에 대고 앉았어요."

"그렇게까지 해야 해?"

말컴은 헬렌을 바라보며 눈을 휘둥그렇게 떴다.

"네. 실은 이보다 더 심해요."

어린애는 대답한 뒤 갑자기 웃음을 터뜨렸다.

"정말 지긋지긋해!"

아이가 소리를 질렀다. 잔디 위에서 춤을 추면서.

"조심해, 헬렌. 다들 들으시겠다."

"흥! 상관없어요. 뭐야, 이 더럽고 낡아 빠진 캐시미어는! ……아아, 기분 좋다. 어차피 보는 사람도 없는데 어때요. 난 괜찮아요. 내가 이상해지는 건 우리 식구들이랑 같이 있을 때뿐인걸."

"점심 식사 선에 그 화려한 옷을 벗어야 하지 않을까?"

"괜찮아요. 선생님이 있으니까."

"아아, 역시 그렇군!"

말컴 선생님은 감탄 섞인 소리를 냈다.

잠시 뒤 다 함께 정원에 모여 커피를 마셨다. 하녀가 등나무 의자를 몇 개 가져오고, 막내 아들을 위해 두꺼운 양탄자도 준비했다. 어른들은 아이들에게 다른 데 가서 놀라고 했다.

"말컴 선생님을 방해하면 안 돼, 헬렌. 손님 앞에서 시끄럽게 굴지 마라."

헨리가 이렇게 말하자, 헬렌은 입을 삐죽 내밀더니 발을 질질 끌면서 그네 쪽으로 갔다. 그녀는 그네를 타고 높이 오르면서, 말컴 선생님은 참 멋진 사람이란 생각을 했다. 그러다가 문득 그의 개를 떠올렸다. 개가 뒤뜰에서 뼈를 한 접시 해치웠을지도 몰라. 가서 확인해 봐야지. 그녀는 천천히 흔들리는 그네에서 폴짝 뛰어내렸다. 그 순간 치마가 못에 걸렸다. 찍! 찢어지는 소리가 났다. 깜짝 놀라 주위를 둘러보니 아무도 눈치 채지 못한 모양이다. 옷을 가만 내려다보니 손이 쑥 들어갈 만큼 커다란 구멍이 뚫려 있었다. 그녀는 당황하지도 않았고 큰일 났다고 생각하지도 않았다. 그저 옷을 갈아입으러 가야겠다고 생각했다.

"헬렌, 어디 가니?"

앤이 부르자 헬렌은 책 가지러 방에 간다고 대답했다.

노부인은 헬렌이 기묘한 동작으로 치마를 움켜쥐고 있단 사실을 알아차렸다. 속치마 고무줄이 끊어지기라도 한 걸까? 하지만 노부인은 아무 말도 하지 않았다.

침실에 도착한 헬렌은 단추를 끄르고 옷을 스르르 벗었다. 그러고는 이제 어떡하나 생각에 잠겼다. 어쨌든 이 옷은 숨겨 둬야지. 방 안을 빙그르르 둘러봤지만 식구들에게 들키지 않을 만한 장소는 없었다. 아, 장식장 위라면 괜찮을까? 그러나 의자 위에 올라서도 그렇게 높은 데까지 옷을 던질 재간은 없었다. 몇 번이나 까치발을 해 봐도 계속 실패할 뿐이었다. 정말이지 징그럽게 귀찮은 옷이다! 그러던 중 침대 기둥에 걸려 있는 책가방이 눈에 들어왔다. 그녀는 학교에서 쓰는 앞치마로 옷을 둘둘 말아 책가방 밑바닥에 쑤셔 넣은 뒤, 그 위에 필통을 올려놓았다. 이러면 절대 안 들키겠지.

그녀는 평상복으로 갈아입고 정원으로 돌아왔다. 다만 책을 갖고 오는 걸 깜빡했다. 헬렌을 본 앤은 삐딱한 웃음을 지었다.

"어머나. 의사 선생님이 계시니까 평소에 안 하던 짓을 하네요? 어머니, 헬렌 좀 보세요. 누가 시키지도 않았는데 옷을 갈아입고 왔어요."

그러고는 헬렌을 보며 말했다.

"헬렌, 이리 오렴. 옷 제대로 입자. 그런데 그 드레스는 어디다 뒀니?"

"침대 옆에요. 벗은 채 놔뒀어."

헬렌은 노래하듯 대답했다.

이때 말컴은 상인의 아들이 공립학교에 다니면서 얻는 이익에 대해 헨리와 이야기를 나누고 있었다. 그는 곁눈으로 헬렌과 앤의 모습을 보며 뭔가 이상한 낌새를 느꼈다. 뭔가 미심쩍은데. 미심쩍어, 그것도 아주. 아무래도 심상치 않은 일이 터질 듯한데.

혼란과 경악으로 가득 찬 소동이 벌어졌다. 초록색 캐시미어 옷이 한 벌 사라진 것이다. 귀신이 곡할 노릇이었다. 헬렌이 옷을 벗은 뒤부터 애들끼리 차 마시는 시간이 시작되기 전 사이에, 옷 한 벌이 감쪽같이 사라진 것이다.

"대체 어디에 벗어 뒀는지 확실히 말해 봐!"

카스필드 부인은 벌써 스무 번째 이러고 있었다.

"헬렌, 솔직히 말하렴."

"엄마, 맹세할게요. 난 정말 바닥 위에 놔뒀어요."

"소용없어. 옷이 거기 없는데 네가 맹세해 봤자 무슨 소용이니! 설마 누가 훔쳐 갔을 리도 없고!"

"하지만 난 봤어요. 옷 갈아입으러 올라갔을 때, 흰 모자를 쓴 이상한 아저씨가 앞길에서 왔다 갔다 했다고요. 게다가 그 아저씨, 창문으로 집 안을 훔쳐보기도 했는걸."

그러자 앤은 날카로운 눈으로 딸을 노려보았다.

"저런. 내 눈에는 훤히 보이는구나, 네 서릿말이."

앤은 노부인을 보며 어째서인지 만족감까지 묻어나는 기쁜 목소리로 의기양양하게 말했다.

"어머니, 들었죠? 이 말도 안되는 소리를!"

모두가 침대 근처에 모여들자 헬렌은 새빨개진 얼굴을 홱 돌려 버렸다. 순간 그녀는 소리 높여 외치고픈 충동을 느꼈다.

"내가 그랬어요! 내가 찢었다고요!"

이렇게 말했을 때 다들 어떤 표정을 지을까? 왠지 그 표정을 이미 보고 있는 기분이 들었다. 마치 이불 속에 누운 채로, 일어나서 옷을 입은 꿈을 꾸는 것처럼. 그러나 저녁 시간이 흘러감에 따라 그녀는 차츰 무감각해져 갔다. 다만 한 가지 희망적인 사실이 있었다. 시간이 지나면 다들 자러 가야 한다는 사실. 헬렌은 창밖에서 스며드는 태양이 방바닥에 커튼 모양을 그리는 모습을 뚱한 표정으로 내려다보고 있었다. 그러다가 로즈를 바라보았다. 어린이용 책상 앞에 앉아서 컵에 가득 든 물을 독차지한 채, 성경 글귀를 읽고 있는 로즈를…….

마지막으로 헨리가 아이들 방에 들어왔다. 헬렌은 아버지가 복도를 삐걱삐걱 울리며 방에 들어오는 소리를 듣고 이불 아래로 몸을 숨겼다. 그러나 로즈가 헬렌을 배신했다.

"헬렌, 아직 안 자요."

로즈가 새된 목소리로 말하자, 헨리는 입가의 콧수염을 비틀면서 침대 한 구석에 앉아 입을 열었다.

"헬렌, 오늘이 일요일만 아니었으면 널 때려 줬을 거다. 아쉽게도 오늘은 일요일이고, 내일은 아침 일찍 회사에 가야 하니까……. 내일 저녁 차 마신 뒤에 흠씬 때려 줄 테니 각오해라. 알았지?"

헬렌은 그저 우물거릴 수밖에 없었다.

"너, 엄마랑 아빠 사랑하는 거 맞니?"

대답이 없었다.

로즈는 발끝으로 헬렌을 쿡 찔렀다.

잠시 뒤 헨리는 다시 물었다. 깊은 한숨을 내쉬면서.

"그럼 예수님은 사랑하지?"

그러자 헬렌이 대답했다.

"로즈가 발톱으로 내 다릴 긁었어요."

헨리는 성큼성큼 아이들 방을 나와 버렸다. 그는 자기 방 침대에 몸을 던지더니 밖에서 신는 신발을 벗지도 않은 채 빳빳하게 풀을 먹인 베개 받침 위로 올려놓았다. 앤은 남편의 행동을 눈치 챘지만 아무 말도 하지 않았다. 남편의 상태가 영 심상치 않았기 때문이다. 노부인도 마침 한방에 있었는데, 그녀는 앤의 빗에 붙은 머리카락을 천천히 떼어 내던 중이었다. 헨리는 두 사람에게 방금 있었던 일을 모두 이야기했다. 그는 앤의 눈이 젖어 드는 모습을 보며 만족감을 느꼈다.

그 옆에서 노부인이 한마디했다.

"이번 토요일에 로즈 발톱 좀 잘라 주렴. 목욕한 뒤에."

밤이 깊었다. 헨리는 갑자기 팔꿈치로 카스필드 부인을 쿡 찔렀다.

"문득 떠오른 생각인데, 혹시 말컴이 모든 일을 꾸민 게 아닐까?"

"설마……. 어떻게……, 왜? 어디에서…… 무엇 때문에요?"

"초록색 옷 때문이지. 그 징그러운 옷."

잠시 뒤 앤은 간신히 대답했다.

"그럴지도 모르겠네요."

그녀는 속으로 생각했다. 무슨 바보 같은 소리람. 만일 내가 이런 이유로 자기를 깨웠으면, 분노로 길길이 날뛰었을 거면서!

"카스필드 부인, 계십니까?"

말컴이 카스필드 저택을 방문했다. 그러자 하녀가 나와 부인은 외출하셨다고 대답했다.

"그럼 카스필드 씨는 계시는지? 잠깐 외출하신 건가?"

"아니요, 주인님은 낮에는 늘 집을 비우십니다."

"그럼 응접실로 안내해 주겠소?"

하녀는 응접실 문을 열면서 말컴의 가방을 가만히 바라보았다. 현관에 두고 오면 좋을 텐데. 안은 구경하지 못해도 상관없으니, 그냥 겉이라도 만져보고 싶은데……. 하지만 말컴은 가방에서 손을 떼지 않았다.

응접실에는 노부인이 앉아 있었다. 그녀는 털실 뭉치를 무릎에 올려놓은 채 고개를 뒤로 젖히고 입을 헤벌린 모습으로 잠들어 있었다. 가볍게 코까지 골면서. 그녀는 말컴의 발소리에 화들짝 놀라 눈을 떴다. 그리고 비뚤어진 모자를 고쳐 쓰며 말했다.

"아, 의사 선생님. 깜짝 놀랐어요. 한창 꿈을 꾸고 있었거든요. 헨리가 자그마한 카나리아 다섯 마리를 사서 앤에게 선물하는 꿈이었어요. 자, 어서 이쪽에 앉으세요!"

"아니, 괜찮습니다. 일부러 부인 혼자 계실 시간에 맞춰서 온 거거든요. 그나저나 이 가방, 뭔지 아시겠습니까?"

노부인은 고개를 끄덕였다.

"그럼 열 줄도 아세요?"

"그럼요. 여행가방도 잘 여는걸요. 우리 남편이 여행을 얼마나 좋아했다고요. 밤기차를 타고 여행한 적도 있어요."

"그럼 이것 좀 열어 주시겠어요?"

노부인은 바닥에 무릎을 꿇고 앉았다. 그녀의 손가락은 가늘게 떨렸다.

"깜짝 놀랄 만한 물건이 들어 있는 건 아니겠죠?"

"걱정 마세요. 물지는 않을 테니까요."

금속음이 딱 하고 울려 퍼지면서 가방이 열렸다. 가방은 이빨 없는 입을 큼직하게 벌렸다. 그 안에서 노부인은 무언가를 발견했다. 밑바닥에 둘둘 말린 채 놓여 있는 초록색 캐시미어를. 옷깃과 소매에 가는 레이스를 덧댄 그 드레스를.

"어머, 이게 웬일일까요!"

노부인은 온화한 목소리로 말했다. 그리고 꺼내 봐도 되겠냐며 말컴에게 양해를 구했다. 그녀는 놀라움이나 기쁨 따위는 하나도 드러내지 않았다. 그 모습을 본 말컴은 실망했다. 그는 노부인 쪽으로 몸을 기울이며 큰 소리로 말했다.

"헬렌의 옷입니다! 그 말괄량이 꼬마의 나들이옷이라고요!"

"전 귀먹지 않았어요. 선생님."

노부인은 태평스레 대답했다.

"그래요. 이렇게 될 줄 알았어요. 아침에 앤에게도 이야기했는걸요. 어딘가에서 틀림없이 나올 거라고."

그녀는 주름투성이가 된 옷을 펼치더니 죽 훑어보았다.

"모든 일이 그렇거든요. 시간이 지나면 해결되죠. 저도 그런 경험을 자주 해 봤답니다. 정말 고마운 일이지요."

말컴은 조용히 입을 열었다.

"린제……. 아시지요? 집배원 린제이. 그 사람이 위궤양을 앓거든요. 그래서 오늘 아침에 제게 전화를 했더군요. 레나가 이 옷을 들고 오는 걸 봤다고요. 학교 가던 길에 헬렌한테 받았답니다. 레나 말로는 헬렌이 책가방에서 앞치마에 둘둘 만 뭔가를 꺼내서 주더라더군요. '너한테는 크기가 안 맞으니까 남에게 주렴.' 어머니가 이렇게 말씀하셨다나요. 거기 찢어진 부분을 보니까 감이 잡히더군요. 어제 정원에서 카스필드 부인이 헬렌에게 '평소에 안 하던 짓'을 한다고 하셨지요. 왜 그런 말이 나왔는지 그제야 이해했습니다. 저는 한달음에 찾으러 갔습니다. 그 옷을 받아서 클레이튼 포목상에서 천 조각을 조금 사가지고 와서는 제 누이 버사에게 찢어진 부분을 수선해 달라고 부탁했답니다. 이러면 마지막에 무슨 사태가 벌어질지 뻔하지요. 참, 저는 또 한 가지 사실을 안답니다. 당신이 헨리에게 구박당하는 헬렌을 끝까지 보호해 주실 거란 사실을요."

"선생님은 아주 사려 깊은 분이시군요!"

노부인은 이렇게 말한 뒤 덧붙였다.

"이건 내 망토 밑에서 찾아냈다고 앤에게 말할게요."

"네, 부탁드립니다."

말컴은 고개를 끄덕이며 말했다. 그런데 노부인이 갑자기 아쉽다는 듯 중얼거렸다.

"하지만 헬렌은 매를 맞아도 내일 아침이면 깨끗이 잊어버릴 거예요. 틀림없이 그렇겠죠. 게다가 저, 그 애하고 약속했는걸요. 새 인형을 사 주겠다고……."

말컴은 가방을 탁 하고 닫으며 생각했다. 이 할머니와 더 이야기해 봤자 소용없겠군. 내 말 뜻을 반도 못 알아들었잖아? 그저 아이에게 인형을 못 사 주게 된 일만 안타까워하는 것처럼 보이니 말이야!

Something Childish But Very Natural
유치하지만 매우 자연스러운

1

헨리는 본디 그게 어떤 상태였는지 잊어버렸다. 혹시 그때도 맞지 않았던 걸까, 아니면 작년 여름 이후로 머리가 커지기라도 한 것일까. 헨리는 둘 중 무엇이 정답인지 알 수 없었다. 어쨌든 헨리는 머리에 꼭 끼는 밀짚모자 때문에 고통스러웠다. 마치 모자가 이마를 쿡쿡 찌르는 듯했다. 관자놀이 바로 윗부분의 뼈 사이에서 둔한 통증이 느껴졌다. 그래서 헨리는 삼등차 흡연석 구석 자리에 앉자마자 모자를 벗어 버렸다. 그는 검고 큰 서류철과, B숙모에게 크리스마스 선물로 받은 장갑과 함께 그 모자를 선반 위에 올려놓았다.

삼등칸 전체에서는 심한 고무 냄새와 그을음 냄새가 진동하고 있었다. 열차가 출발하기까지는 아직 10분쯤 시간이 있었다. 그래서 헨리는 매점에서 책이나 좀 구경하기로 했다. 햇살이 푸르른 금빛 선을 그리면서 유리천장을 지나 승강장 위로 쏟아져 내리고 있었다. 한 남자아이는 앵초꽃을 담은 커다란 바구니를 든 채 돌아다니고 있었다. 모든 사람들은 나른하면서도 한편으로 들떠 보였다. 특히 여자들이 그랬다. 바야흐로 1년 중 가장 설레는 계절, 봄으로 접어드는 이 따뜻하고 달콤하고 아름다운 계절이 런던에서도 막을 연 것이다. 이 계절에는 색깔이란 색깔은 모두 반짝반짝 빛나고, 소리란 소리는 하나같이 새로운 박자로 춤을 춘다. 느릿느릿 흐르던 혈액을 힘차게 밀어내는 진정 살아 있는 심장을 지닌 사람들이, 진정 살아 있는 몸을 옷으

로 감싼 채 거리를 걸었다.

헨리는 책을 매우 좋아하는 사람이다. 그리 많은 책을 읽지는 않았고 소장하고 있는 책도 몇 권 없었지만 그는 점심시간마다 채링크로스를 자주 산책했고 때로는 런던 시내 구석구석을 돌아다니며 책을 살펴봤다. 그가 '조금 아는 수준'의 책은 놀라울 정도로 많았다. 능숙하게 책을 다루는 모습이나 서점 주인들과 대화할 때 단어 고르는 기술을 보면, 그가 이유식을 먹던 어린 시절부터 유모의 가슴 사이에 책을 세워 놓지는 않았나 싶을 정도였다.

하지만 실상은 그렇지 않았다. 헨리는 손이나 입에 닿는 다른 모든 것들에 이러한 태도를 취했기 때문이다.

이날 오후 그가 손에 든 책은 영국 시(詩) 선집이었다. 책장을 넘기던 그의 시선이 문득 한 제목 위에 멈추었다. '유치하지만 매우 자연스러운!'[1]

---

[1] 'Something Childish But Very Natural.' 영국 시인 새뮤얼 테일러 콜리지(1772~1834)가 1800년에 발표한 시. 이 작품의 제목도 이 시에서 따왔다.

만일 나한테 날개가 있어
귀여운 작은 새가 될 수 있다면
날아가고 싶어. 네 곁으로
하지만 이룰 수 없는 꿈
나는 여기에 계속 머물러 있어.

그러나 잠들면 갈 수 있지. 네 곁으로
꿈속에서 우리 둘은 언제나 함께.
그곳은 내 자유로운 세계
하지만 눈을 뜬 나는
외톨이. 외톨이.

군주의 명령에도 잠은 쉽게 달아나 버려.
그러니까 나는 새벽빛에 눈 뜨는 게 좋아.
잠은 달아나 버리지만 그래도
희미한 어둠 속에서 눈을 감고
꿈을 계속 꿀 수 있으니까.

　　그는 이 짧은 시에서 좀처럼 헤어 나올 수 없었다. 단어 하나하나 뿐만 아
니라 시의 전체 분위기가 그를 사로잡았다. 시인은 이른 아침 침대에 누운
채로, 천장을 어루만지는 햇살을 바라보며 쓴 것이 틀림없어. 그래서 이 시
가 이토록 고요한 거야.
　　헨리는 이렇게 생각했다.
　　'분명 잠에서 완전히 깨어나기 전에 썼을 거야. 이 시에는 꿈의 미소가 깃
들어 있으니까.'
　　헨리는 그 시를 한동안 가만히 바라보았다. 그러고는 딴 곳을 보며 외우기
시작했다. 세 번째 연의 첫 단어가 기억이 안 나서 시를 한 번 보고 두 번
또 보던 중, 갑자기 사람들의 큰 목소리와 바쁜 발걸음이 귓가에 들려왔다.

고개를 드니 열차가 천천히 움직이는 모습이 보였다.

"큰일 났다!"

헨리는 뛰기 시작했다. 작은 깃발과 호루라기를 든 사람이 열차 문간에 서 있었다. 그가 잡아 준 덕분에 헨리는 겨우 열차에 탈 수 있었다. 헨리가 올라타자마자 그의 등 뒤로 문이 탁 닫혔다.

그가 탄 차는 처음에 탔던 흡연차가 아니었다. 선반에는 밀짚모자도 검은 서류철도 B숙모로부터 크리스마스 선물로 받은 장갑도 없었다. 맞은편 구석 자리에는 등받이에 등을 딱 붙인 한 젊은 여자가 앉아 있었다. 헨리는 그 여자를 마주 쳐다볼 용기는 없었지만 여자가 자신을 쳐다보고 있음은 확실히 느꼈다.

'날 이상한 사람이라고 생각할 거야. 모자도 쓰지 않고 허겁지겁 열차에 올라탔으니까. 그것도 저녁에……'

헨리는 이상한 기분에 휩싸였다. 어떻게 해야 할지 난감했다. 어쨌든 그는 두 손을 주머니에 찔러 넣은 채, 아무렇지 않은 척하면서 진지한 표정으로 객차 안에 걸린 볼턴 애비(Bolton Abbey)의 풍경 사진을 바라보았다. 그러나 그녀의 따가운 시선은 계속 느껴졌다. 결국 헨리는 여자 쪽을 흘끗 보았다. 그 순간 여자는 재빨리 창밖으로 시선을 돌렸다. 헨리는 그 사소한 동작조차 신경 쓰여서 그녀를 가만히 바라보았다.

그녀는 창가에 딱 붙어 앉아 있었다. 부드럽게 굽이치는 금잔화 빛깔의 탐스런 머리칼이 그녀의 뺨과 어깨를 반쯤 덮고 있었다. 그녀는 회색 무명 장갑을 꼈으며, 무릎 위에 놓인 가죽 가방을 한 손으로 붙잡고 있었다. 가방에는 머리글자 E.H.가 새겨 있었다. 그리고 다른 한 손으로는 창가에 붙어 있는 손잡이를 잡고 있었는데 그 손목에서는 은색 팔찌가 빛나고 있었다. 스위스 소가 목에 달고 다닐 법한 방울과, 부츠와 물고기 모양의 은장식이 달린 팔찌였다. 그녀는 초록색 웃옷을 입었으며 꽃으로 장식된 모자를 쓰고 있었다. 그 모습을 관찰하는 내내, 헨리는 '유치하지만 매우 자연스러운'이라는 시의 제목을 떠올렸다.

'런던의 학교에 다니는 학생일 거야. 어쩌면 직장 여성일지도 모르지. 아니,

그러기에는 너무 어린데. 게다가 직장을 다닌다면 머리를 묶었을 거야. 어깨 위로 늘어뜨릴 리 없겠지.'

헨리는 이런 생각을 했다. 그는 그녀의 아름답게 굽이치는 머리칼에서 시선을 뗄 수 없었다.

'내 눈은 흠뻑 취한 두 마리 꿀벌과 같네. ……이런 글귀를 어디서 읽었더라? 내가 지어 낸 건가?'

그때 그녀가 갑자기 헨리를 돌아보았다. 두 사람의 눈이 딱 마주쳤다. 그녀는 붉게 달아오르는 뺨을 애써 감추며 고개를 푹 수그렸다. 헨리도 당황해서 얼굴이 빨개졌다.

'뭐든 말해야 돼, 말해야, 말해야……'

그는 있지도 않은 모자를 벗으려고 머리 위로 손을 올렸다. 참으로 우스꽝스러운 상황이었다. 하지만 이번에는 어째서인지 헨리의 가슴속에 자신감이 솟아났다.

"저기, 정말 실례지만."

헨리는 여자의 모자를 향해 미소 지으면서 입을 열었다.

"제가 왜 이런 차림새로, 그러니까 모자도 쓰지 않은 채 이 차에 뛰어올랐는지 말씀 드려도 될까요? 그러지 않으면 저나 당신이나 함께 있기 불편할 테니까요. 저 때문에 깜짝 놀라셨지요? 게다가 제가 당신을 뚫어져라 쳐다보기까지 했으니……. 실은 그게 제 단점입니다. 아주 나쁜 버릇이죠. 남을 뚫어져라 관찰하는 것이 습관이거든요. 어쨌든 간에, 당신만 괜찮다면 제가 이 칸에 뛰어든 이유를 해명하고 싶습니다. 물론 뚫어져라 쳐다보는 습관에 대해 해명하는 건 무리지만요."

그녀는 잠시 아무 말 없이 앉아 있었다. 그러나 곧 작은 목소리로 부끄러운 듯 대답했다.

"네. 말씀하세요."

열차는 지붕들과 굴뚝들을 제치며 앞으로 달려 나갔다. 이윽고 시골에 접어든 열차는 자그마한 검은 숲과 차츰 어두워져 가는 숲, 살굿빛 저녁놀에 빛나는 연못을 지나쳐 갔다. 헨리의 심장은 열차 소리에 맞춰 쿵쿵 뛰었다.

이대로 가만히 있을 수는 없었다. 그녀는 긴 머리칼로 얼굴을 숨기고 조용히 앉아 있었다. 헨리는 그녀가 자기 사정을 이해해 주고 고개를 들길 바랐다. 아니, 그녀가 꼭 이해해 줘야 한다고 생각했다. 그는 팔짱 낀 채 몸을 살짝 앞으로 숙이면서 두 팔꿈치를 무릎 위에 얹었다. 그리고 설명하기 시작했다.

"저는 모든 짐을 삼등차 흡연실에 놔두고 잠깐 열차에서 내렸다. 매점에서 책 좀 보면서 시간을 때우려고요. 그런데……."

헨리가 이야기를 마쳤을 무렵 여자가 고개를 들었다. 그는 모자 그늘에 가려진 잿빛 눈동자와, 한 쌍의 금빛 날개 같은 눈썹을 바라보았다. 그녀의 입술은 살짝 벌어져 있었다. 모자를 장식한 한 다발의 앵초꽃, 새하얀 목……. 불타는 듯한 머리카락으로 둘러싸인 그녀의 얼굴은 대조적으로 몹시 섬세했다. 헨리는 그런 그녀의 모습을 보지 않는 척하면서 다 보아 버렸다.

'어쩜 저렇게 아름다울까. 정말 산뜻하고 아름다운 아가씨야.'

헨리의 가슴은 두근두근 뛰었다. 그의 심장은 터질듯이 부풀어 올랐다. 마치 커다란 비눗방울처럼 끊임없이 커져만 갔다. 부푼 심장은 천천히 흔들리기 시작했다. 그는 심장이 터져 버릴까 봐 숨조차 제대로 쉴 수 없었다.

"서류철 안에 중요한 서류가 들어 있진 않나요? 없으면 다행일 텐데."

그녀는 매우 진지한 어조로 말했다.

"아, 괜찮아요. 사무실에서 가져온 쓸데없는 도면들뿐이에요."

헨리는 느긋하게 대답한 뒤 덧붙였다.

"게다가 모자는……. 잃어버려서 차라리 다행이에요. 그것 때문에 하루 종일 아팠거든요."

"하긴 그랬겠어요. 자국이 남았네요."

그녀는 웃으며 맞장구쳤다.

그녀의 말을 듣는 순간, 헨리는 침착성을 잃어버렸다. 기분이 매우 들뜨고 흥분이 북받쳐 올랐다. 두 사람 사이에 대체 무슨 일이 일어난 것일까? 그들은 그 뒤 입을 다물었다. 그러나 그 침묵이 헨리에게는 생생하고도 따뜻하게 느껴졌다. 따뜻한 감각이 머리끝에서 발끝까지 물결치는 기분이 들었다.

'자국이 남았네요'라니! 그녀의 멋진 한마디가 두 사람 사이를 이어 준 것만 같았다. 헨리의 말에 그녀가 그토록 멋지게 응수해 준 이상, 두 사람은 더는 남남이 아니었다. 실제로 그녀는 정말 예쁜 미소를 짓고 있었다. 그 미소는 그녀의 눈동자에서 춤추듯 나와, 뺨을 타고 입술까지 흘러 내려와서 그곳에 머물러 있었다. 그는 의자 등받이에 몸을 기댔다. 순간 그의 입에서 한마디 말이 흘러나왔다.

"인생이란 참 멋지군요!"

그때 열차가 터널에 들어섰다. 커다란 소음에 맞서 뭐라고 이야기하는 그녀의 목소리가 들려왔다. 여자는 윗몸을 앞으로 기울이며 큰 소리로 말했다.

"저는 그렇게 생각하지 않아요. 하지만 그러고 보니 저는 꽤 오랫동안 운명론자였던 것 같아요!"

그녀는 덧붙여 말했다.

"몇 달 동안이나요!"

어둠 속 두 사람 사이에 어색한 공기가 흘렀다. 잠시 뒤 헨리가 큰 소리로 물었다.

"왜요?"

"그건……."

그녀는 어깨를 으쓱하더니 미소 지으며 고개를 가로저었다. 이처럼 시끄러운 상황에서 할 만한 이야기는 아닌가 보군. 헨리는 그렇게 이해하고는 고개를 끄덕인 뒤 의자에 몸을 묻었다.

이윽고 열차가 터널을 빠져나왔다. 반짝반짝 빛나는 불빛들과 집들이 보이기 시작했다. 그는 여자의 말을 기다렸다. 그러나 그녀는 자리에서 일어나더니 살짝 비틀거리면서 코트 단추를 채웠다. 그러고는 두 손으로 모자를 눌러쓰며 입을 열었다.

"전 여기에서 내려요."

헨리로서는 상상도 못했던 일이었다.

열차 속도는 차츰 줄어들었다. 창밖의 불빛들은 조금씩 선명해졌다. 그녀는 헨리 쪽으로 다가왔다. 그러자 헨리는 우물거리듯 말했다.

"저기, 우리 이렇게 헤어지는 건가요?"

그도 자리에서 일어났다. 그는 한 손으로 선반을 잡고는 그녀에게 속삭였다.

"다시 한 번 당신과 만나고 싶어요."

열차가 멈춰 서기 시작했다. 그녀는 숨을 가쁘게 쉬며 말했다.

"매일 저녁 런던에서 기차를 타요. 그리고 여기에서 내려요."

"그……. 정말인가요? 정말로?"

그가 너무나 열성적으로 묻자 그녀는 깜짝 놀라는 듯했다. 그는 두근거리는 마음을 재빨리 억눌렀다. 순간 헨리는 다른 고민에 빠졌다. 악수를 청해야 할지, 말아야 할지……. 여자는 한 손으로 문손잡이를, 다른 한 손으로 작은 가방을 쥐고 있었다.

열차가 멈춰 섰다. 소녀는 말 한마디 없이 그를 돌아보지도 않고 떠나가 버렸다.

다음 날은 토요일이었다. 사무실 근무는 오전에 끝났다. 그리고 다음 날은 일요일. 하루가 더 끼어든 셈이다. 헨리는 월요일 저녁 무렵에는 완전히 지쳐 있었다. 그는 기차역에 무척 빨리 도착했다. 두서없는 생각이 그의 머릿속에 끊임없이 떠올랐다.

'그녀가 이 열차를 타리란 보장은 없잖아?'

'혹시 그녀가 날 모르는 척하면 어쩌지?'

'그녀 옆에 다른 사람이 앉아 있을지도 몰라.'

'그녀가 날 기억할 거라고 어떻게 장담하지?'

'만나서 대체 무슨 얘길 해야 하나?'

그는 마침내 신께 기도하기 시작했다.

'신이시여, 부탁드립니다. 우리가 다시 만나도록 허락해 주세요.'

하지만 아무것도 도움이 되진 못했다. 흰 연기가 기차역 지붕 가까이에서 피어오르고 있었다. 사라지나 싶으면 또 한 줄기가 새로이 피어나, 흰 고리가 되어 흔들렸다. 사람들의 웅성거림과는 상관없이 신비로운 기품을 지닌 채 부드럽고 조용하게 흔들리는 연기를 바라보노라니, 그의 마음도 문득 진정되었다. 무척 피곤한 기분이 들었다. 그저 어디에 좀 앉아 눈을 감고서 쉬고 싶었다.

"그녀는 오지 않을 거야."

포기한 심정으로 작게 중얼거린 그 순간, 낯익은 조그만 가방을 들고 열차 쪽으로 다가가고 있는 한 여자의 모습이 눈에 띄었다. 그녀가 자기를 알아봤다는 사실을 깨달았지만, 그는 그녀에게 다가가진 않았다. 그녀는 그에게 다가오더니 수줍은 듯 작은 목소리로 말했다.

"물건들은 무사히 찾았나요?"

"네. 다행히 찾았습니다."

그는 익살스러운 동작으로 서류철과 장갑을 그녀에게 보여 줬다. 두 사람은 나란히 열차로 걸어가서 빈칸에 올라탔다. 둘은 서로 마주보며 앉은 뒤 부끄러운 듯 미소 지었다. 그러나 둘 사이에 대화는 없었다. 이윽고 열차가 천천히 움직이기 시작했다. 열차 속도가 차츰 빨라지고 움직임이 매끄러워졌다. 그때 헨리가 먼저 입을 열었다.

"당신 이름도 모르는군요. 어쩐지 이상한데요."

그녀는 어깨에 놓인 풍성한 머릿단을 뒤로 넘겼다. 그는 회색 장갑을 낀 그녀의 손이 떨리는 모습을 보았다. 그리고 그녀가 무릎을 딱 붙인 채 딱딱한 자세로 앉아 있다는 사실을 깨달았다. 딱딱하게 굳어 있기는 그도 마찬가지였다. 두 사람 모두 떨림을 억지로 참느라 애를 쓰고 있었다.

그녀가 말했다.

"저는 에드나라고 해요."

"저는 헨리입니다."

두 사람은 한동안 서로의 이름을 가슴속에 품은 채 되뇌었다. 그들 사이의 긴장은 조금 풀어진 듯 보였다.

"실은 궁금한 것이 하나 더 있는데요."

헨리가 다시 입을 열었다. 그는 고개를 살짝 기울이면서 에드나를 가만히 바라보았다.

"실례지만 나이가 어떻게 되시죠?"

"열여섯 살이에요."

그녀는 대답한 뒤 덧붙였다.

"당신은요?"

"저는 곧 열여덟 살……."

"너무 덥지 않아요?"

그녀는 느닷없이 이렇게 말하고는, 회색 장갑을 벗더니 두 손을 뺨에 가져다 댔다. 그녀는 잠시 그 자세로 가만히 있었다. 그들의 눈동자에는 더는 두려운 기색이 엿보이지 않았다. 두 사람은 절박한 느낌이 드는 평온한 눈길로 서로를 바라보고 있었다. 두 사람의 몸이 그렇게 바보처럼 막무가내로 떨리지만 않았어도! 에드나는 여전히 머리칼로 얼굴을 반쯤 가리고 있었다.

"저어, 지금까지 연애해 본 적은 있어요?"

"아니, 전혀 없어요. 당신은?"

"저도 없어요."

그녀는 고개를 저으며 대답한 뒤 덧붙였다.

"그게 가능하리라곤 상상도 못했어요."

헨리는 헛기침을 하고는 질문을 던졌다.

"저번 금요일 저녁 이후로는 어떻게 지내셨어요? 토요일이랑 일요일, 오늘까지…… 뭐하고 지냈나요?"

하지만 그녀는 대답하지 않았다. 그저 고개를 가로젓고 미소 지으면서 이렇게 되물을 뿐이었다.

"아니, 당신부터 이야기해 봐요."

"저요?"

헨리가 큰 소리로 대답했다. 그리고 깨달았다. 자기도 그다지 할 이야기가 없다는 사실을. 매일 지겹도록 오르는 그 산을 일부러 또 오르기는 싫었다. 그래서 그도 고개를 가로저을 수밖에 없었다.

"뭐, 힘들었지요."

그는 밝게 웃으면서 이렇게 대답했다. 그 대답을 들은 에드나는 뺨에서 두 손을 떼더니 소리 내어 웃었다. 그 바람에 헨리도 웃음을 터뜨렸다. 두 사람은 지칠 때까지 신나게 웃었다.

"묘한 일로 만난 사이인데……. 신기하게도, 당신하고는 오래전부터 가깝게 지낸 기분이 들어요."

"저도 그래요."

그녀의 말에 헨리는 맞장구를 친 다음 말을 이었다.

"봄이라서 그런 게 아닐까요. 마치 나비를 삼킨 것 같은 기분입니다. 그 나비가 여기에서 파닥파닥 날갯짓하고 있어요."

그는 심장 위에 손을 올려놓았다.

잠시 뒤 에드나가 말했다.

"좀 더 묘한 일은 따로 있어요. 저는 사실 결론 내렸었거든요. 저는 남자에 전혀 관심이 없는 거라고. 그러니까 대학 여자들은 모두 다……."

"대학에 다니세요?"

그녀는 고개를 끄덕였다.

"직업 전문 대학에 다니고 있어요. 비서가 되려고 공부하고 있죠."

그녀가 지긋지긋하다는 투로 말하자 헨리도 자기소개를 했다.

"저는 사무소에서 일해요. 건축 사무소에서요. 130개나 되는 계단 위에 세워진 작고 이상한 사무소인데, 집이 아니라 무슨 짐승 둥지를 짓는 회사 같아요."

"회사가 마음에 들어요?"

"아니요. 당연히 싫죠. 다 싫어요. 당신은?"

"저도 싫어요. 게다가……."

그녀는 뜸을 들인 뒤 말했다.

"어머니가 헝가리인이시거든요. 그래서 더 싫은 것 같아요."

헨리는 그녀의 말이 당연하다고 생각했다.

"그렇겠군요."

그가 맞장구를 치자 에드나는 말을 이었다.

"어머니와 저는 꼭 닮았어요. 저와 아버지는 하나도 안 닮았는데 말이지요. 아버지는……. 아버지는 도시에 사는 평범한 소시민이에요. 하지만 어머니는 정열을 지닌 분이시고, 그 정열을 제가 이어받았죠. 어머니도 저와 마찬가지로 삶에 싫증내고 계세요."

그녀는 잠시 침묵했다. 그녀의 표정은 일그러져 있었다.

"그런데도 저와 어머니는 사이가 나빠요. 참 이상하죠? 저는 집에선 거의 외톨이에요."

헨리는 열심히 듣고 있었다. 필사적으로 듣고 있었다. 하지만 그의 진짜 관심사는 따로 있었다. 마침내 헨리는 부끄럽다는 듯이 그 이야기를 꺼냈다.

"저, 실례지만 모자 좀 벗어 주실 수 있나요?"

에드나는 깜짝 놀란 눈치였다.

"모자를 벗어 달라고요?"

"네. 당신 머리카락이요. 당신 머리칼을 제대로 볼 수 있다면 얼마나 기쁠지……."

에드나는 그의 말에 반대했다.

"아니, 정말로 그건……."

"그야 그렇지요."

헨리도 큰 소리로 그녀의 말에 동의했다. 그 순간 에드나가 갑자기 모자를 벗었다. 그녀가 머리를 한 번 크게 흔들자 헨리가 말했다.

"오, 에드나! 정말 멋져요."

"마음에 들어요?"

에드나가 기쁨에 찬 목소리로 물었다. 그녀는 미소 지으면서, 머리칼을 황금빛 숄처럼 어깨 위로 늘어뜨렸다.

"비웃음을 사는 경우가 많거든요. 참 이상한 색깔이라고."

하지만 헨리는 그 말을 믿지 않았다. 에드나는 두 팔꿈치를 무릎 위에 댄 채 두 손으로 턱을 괴었다.

"속상할 때면 언제나 이렇게 머리를 풀어요. 그러면 이 머리카락이 제 온몸을 불태워 줄 것 같은 기분이 들거든요. ……이상하죠?"

"아뇨, 아뇨. 전혀요."

헨리는 재빨리 대답한 뒤 덧붙였다.

"저도 그 기분 이해합니다. 그건 온갖 따분하고 기분 나쁜 것들을 물리치는 당신만의 무기 같은 거죠?"

"도대체 그걸 어떻게 알았죠? 당신 말이 맞아요. 정말, 어떻게 알았어요?"

헨리는 미소 지으며 답했다.

"그냥 알 것 같았어요. 정말이지……."

그는 갑자기 크게 고함치듯 말했다.

"사람들은 진짜 바보입니다! 주위에는 온통 바보 천지지요! 예를 들어 당신과 나 말입니다. 우리가 지금 여기 있잖아요? 그것도 단순히 그뿐입니다. 나는 당신을 알고, 당신은 나를 알죠. 우리 두 사람은 아주 단순하게, 매우 자연스럽게 서로 알게 된 겁니다. 인생도 결국 이런 거지요. 유치하지만 매우 자연스러운 것. 그게 인생 아닌가요?"

"맞아요. ……맞아요."

그녀도 힘주어 말했다.

"저도 늘 그렇게 생각해 왔어요."

"세상 사람들은 모든 것을 어리석고 못나게 만들어 버리지요. 그들로부터 멀리 떨어지면, 우리는 안전하고 행복하게 지낼 수 있어요."

"아아, 제 생각도 그래요."

"그럼 당신은 저와 똑같은 사람이군요."

헨리는 이렇게 말을 맺었다. 너무나도 신기한 기분이 들었다. 울고 싶어질 정도였다. 하지만 그는 우는 대신 짐짓 점잔을 빼며 말했다.

"이런 생각을 가진 사람은 세상에 우리 둘밖에 없을 거예요. 틀림없이 그럴 겁니다. 누구도 진정한 나를 알아주지 않거든요. 마치 우리와는 다른 사람들로 가득 찬 세계에서 살아가는 것 같아요. 당신은요?"

"저도 그래요."

"아, 이제 곧 그 원망스러운 터널이 나오겠군요. 그런데 에드나……. 당신 머리칼을 좀 만져 봐도 될까요?"

그녀는 재빨리 몸을 뒤로 빼며 말했다.

"아니, 안 돼요. 부탁이니까 하지 마세요."

이윽고 열차가 터널로 들어갔다. 그녀는 그에게서 조금 떨어진 곳으로 자리를 옮겼다.

3

"에드나! 표를 사 두었습니다. 콘서트홀 직원은 내가 그만한 돈을 내도 전히 놀라지 않더군요. 3시에 관람석 문 앞에서 만나요. 참, 그날은 크림색 블라우스를 입고 산호 장식을 달면 좋겠는데요. 진심으로 사랑합니다. 이 편지를 우체국에 보내고 싶지 않군요. 창에 '접수처'라고 써 붙인 곳에서 지내는 사람들은, 언제나 안쪽 방에서 물을 끓이고 있을 겁니다. 증기를 쐬어서 편지봉투를 몰래 열어 보려고요. 자꾸만 그런 생각이 들어서 너무나 신경 쓰입니다. 하지만 실은 그래도 상관없어요. 이번 일요일에는 멀리 외출할 수 있나요? 사무실 여자 사원이랑 만나는 척하고 나와 함께 하루를 보냅시다. 둘이서 데이지 꽃이 핀 들판을 거닐면 어떨까요. 에드나! 나는 당신을 무척 사랑합니다. 그대가 없는 일요일은 정말 견디기 힘들군요. 토요일 전날에 너무 무리하지 말아요. 멀리 외출하지 말고, 통조림 음식을 먹거나 공원 수돗물을 마시거나 하지도 말아 줘요. 그럼 안녕."

"편지 잘 받았어요. 토요일에 그쪽으로 찾아갈게요. 일요일에 만날 준비도 다 해 놨어요. 너무 행복해요. 저는 지금 집에서 마음 내키는 대로 지내고 있습니다. 정원에서 막 들어온 참입니다. 오늘밤은 참 아름답군요. 헨리! 어쩐지 울고 싶은 기분이네요. 오늘밤에는 당신이 너무나 그리워요. 좋아합니다. 참 바보 같죠? 너무 행복해서 웃음이 끊임없이 흘러나오는가 싶으면, 갑자기 말할 수 없이 슬퍼져서 눈물이 쏟아질 것 같은 기분이 들어요. 그것도 똑같은 이유 때문에요. 하지만 우리는 아직 젊고 서로 잘 알고 있죠. 여기 제비꽃을 보냅니다. 아직도 꽤 따뜻합니다. 당신이 지금 이곳에 있다면 얼마나 기쁠까요. 정말로 아주 잠깐 동안만이라도. 그럼 잘 있어요. 에드나가."

4

"멋져요! 정말 좋은 자리네요, 헨리!"

에드나는 이렇게 말하며 자리에서 일어났다. 그리고 코트를 벗기 시작했다. 헨리는 그녀를 도와주려고 손을 내밀었다.

"괜찮아요, 괜찮아요. 다 했어요."

그녀는 코트를 의자 밑에 밀어 넣고서 헨리와 나란히 앉았다.

"헨리, 그건 뭔가요? 꽃이에요?"

"작은 장미예요. 2송이밖에 못 샀지만."

그는 장미꽃을 그녀의 무릎 위에 올려놓았다.

"내 편지는 잘 받았어요?"

에드나가 선물을 풀면서 묻자 헨리는 이렇게 대답했다.

"그 제비꽃이라면 지금 아름답게 피어 있어요. 내 방을 당신에게 보여 주고 싶군요. 방 모퉁이마다 조금씩 놔뒀어요. 그리고 침대 머리맡에 하나, 윗

잠옷 주머니에 하나……."

그녀는 헨리를 바라보면서 머리칼을 살짝 휘날렸다.

"헨리, 팸플릿 좀 줘 봐요."

"여기 있어요. 같이 봐요. 내가 들 테니까."

"아니, 직접 볼 테니 이리 줘요."

"그럼 내가 읽어 줄까요?"

"괜찮아요. 보고 돌려줄게요."

"에드나!"

헨리가 작은 소리로 이름을 부르자, 그녀는 애원하듯이 말했다.

"아, 그러지 말아요. 이런 곳에서 그러면 안 돼요. 사람도 많은데……."

헨리는 생각에 잠겼다. 왜 이토록 그녀를 만지고 싶은 건지. 그리고 그녀는 왜 그것을 거부하는지. 그는 그녀와 함께 있으면 손을 잡고 싶고, 함께 걸으면 팔을 걸고 싶고, 때로는…… 기대고도 싶었다. 아니, 완전히 기대고 싶다는 것도 아니고 그저 그의 어깨가 그녀 어깨에 살짝 닿기만 해도 괜찮았다.

하지만 그녀는 그조차 싫어하는 듯했다. 헨리로서는 그녀와 멀리 떨어져 있으면 어쩐지 아쉬워서, 어떻게든 그녀에게 다가가고 싶었다.

에드나에게서는 늘 그의 마음을 위로하고 따뜻하게 해 주는 무언가가 흘러나왔다. 그가 마음의 평화를 얻으려면 그것이 꼭 필요했다. 그런데 그녀가 신체 접촉을 허락해 주지 않으니, 헨리는 그녀와 함께 있어도 마음이 불편할 수밖에 없었다. 하지만 그녀는 그를 사랑했다. 그는 그 사실을 잘 알고 있었다. 그런데 왜 그녀는 신체 접촉을 그토록 의식할까? 그가 그녀의 손을 잡으려 하면, 아니 그럴 생각만 하면, 그녀는 위협이라도 받은 것처럼 겁을 집어먹고 애원하는 눈빛으로 그를 쳐다보곤 했다.

두 사람은 서로 무슨 말이든 할 수 있었다. 서로가 서로의 소유라는 점만큼은 의심할 여지가 없었다. 그런데도 그는 그녀를 만질 수 없었다. 그녀가 코트를 벗을 때 도와주는 일조차 할 수 없었다. 헨리가 한창 이런 생각에 잠겨 있는데 그녀가 말을 걸었다.

"헨리!"

그는 입술을 다문 채 몸을 앞으로 숙이고는 그녀에게 귀를 기울였다.

"당신에게 할 말이 있어요. 저기……. 저…… 음악회가 끝나면요."

그는 알았다고 대답했다. 그의 마음은 여전히 상처받은 채였다.

"무슨 슬픈 일이라도 있어요?"

그는 고개를 가로저었다.

"슬퍼 보여요, 헨리."

"아니에요. 전혀."

그는 그녀의 손에 들린 장미를 바라보았다.

"그럼 행복해요?"

"네. 아, 오케스트라가 나왔군요."

두 사람이 콘서트홀을 나올 무렵에는 이미 땅거미가 내리는 황혼 무렵이었다. 푸른 불빛으로 이루어진 그물이 거리와 집들 위로 늘어져 있었다. 분홍빛 구름이 청백색 하늘에서 맴돌았다. 콘서트홀을 뒤로한 채 걷는 동안, 헨리는 자신들이 매우 작고 쓸쓸한 존재 같다고 생각했다. 에드나와 만난 뒤로 이토록 우울한 건 처음이었다.

그녀가 문득 멈춰 섰다.

"헨리!"

그녀는 그를 바라보며 말을 이었다.

"헨리, 저……. 역까지 함께 가고 싶지 않아요. 미안해요. 부디, 부디 날 기다리지 말고 먼저 가요. 나를 내버려 둬 줘요."

"네?"

깜짝 놀란 헨리는 큰 소리를 낸 뒤 재빨리 물었다.

"왜 그래요? 에드나, 어째서……. 에드나, 내가 뭔가 잘못했나요?"

"아니, 아무것도 아니에요. 그냥……. 절 보내 줘요."

그녀는 갑자기 길 건너편 광장 쪽으로 뛰어가 버렸다. 그리고 광장 철책에 기대서서 두 손으로 얼굴을 가렸다.

"에드나! 에드나! 어여쁜 에드나. 울고 있나요? 사랑하는 에드나!"

그녀는 철책에 두 팔을 대더니, 밀려오는 슬픔을 주체하지 못하는 듯 흐

느껴 울었다.

"에드나! 그만……. 내가 잘못했어요. 내가 바보였어, 진짜 바보였어! 즐거운 데이트를 내가 엉망으로 만들어 버렸어요. 바보 같고 얼빠진, 못나고 꼴사나운 내 행동이 당신을 괴롭혔어……. 그런 거요. 에드나! 그렇지?"

"아아!"

에드나는 탄식한 뒤 훌쩍이며 말했다.

"나는 당신 마음을 상하게 하고 싶지 않아요. 당신이, 내게……. 내 손을 잡거나 입 맞추고 싶다고 말할 때마다, 나는 그렇게 하지 않는다는 사실……. 당신에게 그렇게 해 주지 못한다는 사실이 너무 괴로워요. 내 자신도 그 이유를 잘 모르겠어요."

그녀는 계속해서 속마음을 거칠게 쏟아냈다.

"난 당신을 무서워하는 게 아녜요! 그런 게 아니라, 헨리. 내 마음을 나조차도 잘 모르겠어요. ……손수건 좀 줘요."

그는 주머니에서 손수건을 꺼내 건네주었다.

"음악회 내내 이 생각만 했어요. 당신을 만날 때마다, 언젠가는 이런 일이 일어날 거라고 생각했어요. 하지만 어쩐지 그런 느낌이 드는걸요. 만일 내가 단 한 번이라도 그런⋯⋯. 저기, 손을 잡거나 입을 맞추거나 하면, 모든 게 순식간에 뒤바뀔 것만 같은데 어떡해요. 그 순간부터 우리는 이런 자유를 잃어버리겠죠. 뭔가 떳떳치 못한 일을 저지르게 될 것만 같아요. 그러면 우리는 더는 어린애로 남을 수 없게 돼⋯⋯. 바보 같죠? 헨리, 나는 당신과 쑥스러움이나 부끄러움을 느낄 수 있는 관계로 남고 싶어요. 당신과 나는 그런 사람이잖아요? 그러니까 난, 우리 사이에 그런 행위는 필요 없다고 생각해요."

그녀는 고개를 돌려 그를 가만히 바라보았다. 그러고는 두 손으로 뺨을 강하게 감쌌다. 헨리에겐 낯익은 동작이었다. 얼굴을 감싼 그녀의 등 뒤로는 드넓은 하늘과 새하얀 반달, 꽃망울이 가득 달린 광장의 나무들이 꿈결처럼 펼쳐졌다. 그는 두 손에 들고 있던 팸플릿을 구기고 또 구겼다.

"헨리! 내 말을 이해해 줘요. 네?"

"그래. 이해할 수 있어요. 하지만 더는 무서워하지 마요."

그는 미소 지으려 애쓰면서 말을 이었다.

"에드나! 우리 잊어버려요. 두 번 다시 그런 말은 하지 않을게요. 나쁜 기억은 이 광장에 모두 묻어 놓고 가지요. 자, 당신이랑 나랑⋯⋯. 우리 함께 그렇게 해요."

그녀는 그의 얼굴을 뚫어져라 보면서 말했다.

"하지만⋯⋯. 이 일 때문에 당신의 애정이 식으면 어떡하죠?"

그가 대답했다.

"왜 그런 생각을 해요? 절대로 그럴 리 없어요. 무슨 일이 일어나도 절대 그럴 리 없어요."

5

두 사람은 런던에서 데이트를 즐겼다. 그들은 토요일 오후마다 런던 곳곳을 돌아다녔다. 두 사람은 자기들 취향에 맞는 가게를 찾아내서 담배를 사기도 하고, 에드나가 먹을 과자를 사기도 했다. 그리고 둘만의 찻집에 놓인 두 사람만의 탁자, 두 사람만의 길거리 등을 차례로 찾아냈다. 게다가 에드나가 공예학교에 다닌다는 핑계로 시간을 낸 어느 날 저녁에는, 둘만의 마을까지 찾아냈다.

두 사람이 그 마을에 간 까닭은 마을 이름 때문이었다. 헨리는 그 마을 이름을 보더니 말했다.

"이름에 흰 거위가 들어 있어."

그리고 이렇게 말을 이었다.

"마을에 강이 흐른다는군. 작고 낮은 집들이 모여 있고, 집 밖에는 노인들이 앉아서 쉬고 있다는데. 의족을 단 늙은 선장님이 시계태엽을 감고 있고, 창에 램프가 매달린 자그마한 가게가 있고……"

그들이 마을에 도착했을 때는, 이미 늦은 시간이라 거위와 노인들의 모습은 보이지 않았다. 하지만 강이 흘렀고 집도 있었으며, 창에 램프가 매달린 자그마한 가게도 있었다. 어느 집에서는 한 여자가 카운터 앞에서 재봉틀을 돌리고 있었다. 덜덜 소리가 들리는 가운데, 그녀의 커다란 그림자가 가게 안을 가득 메운 모습이 보였다.

"손님 한 사람만 들어가도 꽉 차겠는데."

헨리는 이렇게 말한 뒤 참으로 좋은 동네라고 덧붙였다.

모든 집이 올망졸망했으며 풀이나 덩굴로 된 지붕을 이고 있었다. 부서진 나무 계단이 현관까지 이어진 집도 몇 채 보였다. 또 몇몇 집은 자그마한 계단을 내려가야만 안으로 들어갈 수 있었다. 길 건너편에는, 어느 집 창에서나 볼 수 있는 위치에 강이 흘렀다. 강 옆으로 난 산책로 주위에는 포플러 나무들이 서 있었다.

"여기야말로 우리가 살 곳이야."

헨리는 이렇게 말한 다음 덧붙였다.

"게다가 마침 세놓은 빈집도 있고. 꼭 우리를 기다렸던 것 같잖아? 틀림없이 그런 걸 거야."

"그러게. 나도 저 집에서 살고 싶어."

에드나도 맞장구를 쳤다.

두 사람은 길을 건넜다. 에드나는 한 그루 나무에 기대서서 꿈꾸는 듯한 미소를 지으며 그 빈집을 바라보았다.

"뒤쪽에 작은 정원이 있어."

헨리가 말을 이었다.

"잔디밭 위에 나무가 한 그루, 울타리 주위에는 데이지가 있군. 아마 밤이 되면 별들이 꼬마전구처럼 나뭇가지 사이사이로 반짝거리겠지. 집 안에는……. 계단 아래에 방이 두 개 있고, 2층에 접이식 문이 달린 큰 방이 하나 있고. 지붕 밑에 다락방도 하나 있어. 부엌으로 내려가는 계단도 있군. 계단은 모두 여덟 층계인데, 진짜 어두워. 당신은 무서워할 거야. 아마 이렇게 말하겠지. '헨리, 램프 좀 가져와 줘요. 유페미아가 불을 잘 껐는지 자기 전에 확인해 봐야겠어요!'"

에드나가 헨리의 뒤를 이어 말했다.

"맞아. 우리 방은 가장 윗방이야. 네모난 창이 두 개 붙어 있는 방. 고요한 밤에는 강물 흐르는 소리랑, 저 멀리 포플러 나무가 흔들리는 소리가 우리 꿈속까지 들려올 거야."

그때 헨리가 갑자기 그녀에게 물었다.

"춥지는 않아? 괜찮아?"

"아니, 안 추워. 그냥 행복해."

그녀가 대답하자 헨리는 웃으며 말했다.

"접이식 문이 달린 방은 당신 마음대로 써. 왜냐하면 창고거든. 방으로 쓰긴 어렵겠어. 당신 장난감으로 가득 채우고 큼직한 파란 의자까지 하나 놔두자. 자, 당신은 몸을 동그랗게 만 채 그 의자에 앉는 거야. 당신 앞에는 난로가 놓여 있고. 난로 불빛이 당신 머리칼을 비추지. 당신은 결혼한 뒤에도 머리 묶기를 싫어해서, 교회에서 예배드리는 동안에만 머리칼을 하나로 모아 윗옷 안쪽으로 밀어 넣거든. 그리고 바닥에는 깔개가 깔려 있는데 그 위에는 내가 드러누워 있지. 나는 게으른 사람이니까. 유페미아는……. 아, 유페미아는 우리 집 하녀야. 그녀는 출퇴근을 해. 그녀가 집으로 돌아가면 우리는 부엌으로 가서 탁자 앞에 서로 마주보며 앉아. 이제 둘이서 사과를 먹겠지. 차를 끓일지도 몰라. 주전자가 노래하는 소리를 듣고 싶다는 이유만으로. 농담이 아니야. 주전자의 노랫소리를 들으면 어쩐지 봄을 맞이한 기분이 들어서 좋거든."

그녀도 그의 말에 동의했다.

"하긴 맞아. 꼭 새소리처럼 들리니까."

새끼 고양이 한 마리가 빈집 울타리 사이를 지나 길가로 나왔다. 에드나는 두 손을 내밀면서 쪼그려 앉아 고양이를 불렀다.

"야옹아, 야옹아!"

그러자 새끼 고양이는 그녀에게 다가와, 그녀의 무릎에 제 몸을 비볐다.

"혹시 산책하러 갈 거면, 고양이는 집 안에 들여놓는 게 좋겠어."

헨리는 벌써 그 집에 사는 것처럼 장난을 치며 덧붙였다.

"열쇠는 나한테 있어."

두 사람은 도로를 가로질러 걸었다. 에드나는 품안의 고양이를 쓰다듬으면서 멈춰 섰다. 헨리는 계단 위로 올라가 문 여는 시늉을 했다. 갑자기 그가 계단을 다시 내려왔다.

"빨리 떠나자. 꿈이 될 것 같으니."

따뜻하고 새까만 밤이었다. 두 사람 모두 집에 돌아가고 싶지 않았다.

"분명한 건……."

문득 헨리가 말했다.

"우리가 바로 지금부터 여기 살아야만 한다는 사실이야. 뭔가 일어나기를 마냥 기다리는 게 아니라. 나이가 무슨 대수라고! 당신은 지금도 충분히 제 앞가림할 수 있고, 나도 마찬가지야."

그는 이어서 말했다.

"저기, 내가 언제나 절실하게 느끼는 게 있어. 자립할 때까지 기다린다는 건 위험한 일이야. 뭔가를 마냥 기다리기만 하면, 그건 점점 더 멀어질 뿐이거든."

"하지만 헨리, 돈이 문제지! 우린 돈이 없잖아."

"괜찮아. 내가 나이 든 남자로 변장해서 큰 저택 관리인으로 일하면 되지. 재미있을 것 같지 않아? 저택과 관련된 무시무시한 이야기를 꾸며 내서, 집을 보러 온 사람들에게 들려주자. 당신도 유령으로 변장해 신음소리를 내고 두 팔을 흔들면서, 폐허가 된 화랑에 나타나는 거야. 그러면 다들 깜짝 놀라서 달아나겠지. 당신도 알고 있잖아? 어차피 돈이란 돌고 돌게 마련인걸. 뭔가를 진심으로 손에 넣고 싶어 하면, 반드시 손에 넣을 수 있어. 심각하게 생각할 필요 없다고."

그녀는 대답하지 않았다. 대신 하늘을 올려다보며 말했다.

"나 실은……. 집에 돌아가고 싶지 않아."

"정말이지 집은 성가시기만 하지. 우리는 집에 돌아가면 안 돼. 우린 이 빈 집으로 돌아와야 해. 그릇이라도 하나 찾아서 우리 고양이에게 남은 우유를 따라 줘야 하잖아? 난 사실 웃고 있지 않아. 심지어 행복하지도 않지. 나는 당신 때문에 쓸쓸해. 에드나! 내가 쓰러져 울 수만 있다면, 얼마나……."

그는 힘없는 소리로 말을 덧붙였다.

"당신의 무릎에 머리를 얹고, 당신의 귀여운 뺨에 내 머리카락을……."

그러자 그녀가 곁에 다가와 말했다.

"헨리, 하지만……. 당신은 믿음을 갖고 있다 말했잖아. 우리는 저런 집에서 살게 될 거라고. 바라는 것은 뭐든지 손에 넣을 수 있다고. 그렇게 믿는다고 말했잖아?"

"그것만으로는 부족해. 난 지금 당장 저 계단에 앉아서 구두를 벗고 싶다고. 당신은? 당신은 믿음만으로 만족할 수 있어?"

"우리 나이가 조금만 더 많았더라면……."

그녀는 한숨을 쉬며 슬픈 목소리로 말을 이었다.

"난 내가 그렇게 어리다고 생각하지 않는데. 스무 살쯤은 된 기분인데……."

6

헨리는 작은 숲속에 드러누워 있었다. 그가 움직일 때마다 낙엽들이 바스락 소리를 냈다. 머리 위로는 어린 이파리들이 햇빛을 받으며 푸른 샘처럼 물결쳤다. 에드나는 보이지 않는 어딘가에서 앵초꽃을 따고 있었다. 하지만 그날 아침부터 꿈에 시달렸던 그는, 꽃을 따는 즐거움을 그녀와 함께 나눌 수 없었다.

"미안. 당신 혼자 다녀와. 난 오늘 좀 피곤하거든."

그녀는 모자를 던지더니 그 옆에 앉았다. 이윽고 그녀의 목소리도 발소리도 차츰 멀어져 갔다. 고요해진 숲에서는 나뭇잎 소리만이 들릴 뿐이었다. 그러나 그는 그녀가 멀리 가진 않았음을 알고 있었다. 몸을 뒤척이니 그녀의 분홍색 재킷이 손끝에 닿았다. 그는 오늘 아침에 눈을 뜬 이후로 내내 이상한 기분에 휩싸여 있었다. 아직도 눈을 뜨지 못하고 꿈속에 있는 듯한 느낌이었다. 전에는 에드나 꿈이었는데, 지금은 자신과 에드나가 함께 꿈을 꾸고 있다. 게다가 어느 어둑어둑한 곳에서 또 다른 꿈이 그를 기다리는 듯했다.

'아니, 그럴 리 없어. 우리가 없는 세상 따위는 상상조차 못하겠는걸. 우리

둘은 나무나 새나 구름과 마찬가지로, 매우 자연스럽게 함께해야 하는 존재라고.'

그는 에드나와 만나기 전에 어떤 기분으로 살아갔는지 생각해 내려 애썼다. 그러나 지나간 날들은 떠오르지 않았다. 과거의 추억은 그녀의 그림자에 가려 있었다. 금잔화 같은 머리카락을 날리며, 신기한 꿈이라도 꾸듯이 미소 짓는 에드나. 그녀의 모습이 그의 마음을 온통 차지하고 있었다. 그는 그녀를 호흡하고, 그녀를 먹고 마시고 있었다. 그에게 에드나는 반짝이는 반지와도 같았다. 그는 다른 세계에는 눈길도 주지 않고, 그 반지가 독특하고도 아름다운 빛으로 비추는 것만을 느끼면서 살아왔다.

그는 언젠가 그녀에게 이런 말을 했다.

"당신이 웃음을 멈춘 뒤에도, 그 웃음소리가 내 혈관을 타고 흐르는 소리는 오랫동안 내 귓가에 들려와. 하지만…….. 우리는 꿈을 꾸는 걸까?"

문득 헨리는 자신과 에드나가 어린아이가 된 모습을 떠올렸다. 두 어린아이가 마을을 돌아다니며 쇼윈도를 들여다보고, 뭔가 사서 가지고 놀고, 서로 이야기하면서 웃는 모습 말이다. 두 사람의 몸짓이나 서 있는 모습까지 몇 번이나 고요하고 또렷하게 떠올랐다.

그는 몸을 뒤척이더니 풀에 얼굴을 묻었다. 너무 사랑스러워서 정신을 못 차릴 지경이었다. 에드나에게 입 맞추고, 그녀를 끌어안고, 그의 입맞춤 때문에 달아오른 그 뺨을 만지고, 숨이 막혀서 꿈조차 사라질 정도로 입맞춤하고 싶었다.

'이렇게 답답한 기분으로 있을 순 없지.'

헨리는 자리에서 벌떡 일어났다. 그는 그녀가 사라진 쪽으로 달리기 시작했다. 그녀는 뜻밖으로 먼 곳까지 가 있었다. 저 멀리 움푹 팬 초록빛 지면에 꿇어앉아 있는 그녀의 모습이 눈에 들어왔다. 그녀는 그를 보자 손을 흔들며 말했다.

"아아, 헨리! 참 아름답지? 이렇게 예쁜 건 처음 봐. 자, 이리 와."

그는 그녀 곁으로 다가가면서 생각했다. 그녀의 행복을 반드시 지켜 주겠다고. 오늘의 에드나는 뭔가 많이 달랐다. 헨리에게 이야기하는 동안 그녀의 눈은 내내 웃고 있었다. 아름답고 장난기 서린 눈이었다. 그리고 딸기처럼 붉은 홍조가 두 뺨 위에서 빛나고 있었다.

"오늘은 지치도록 마음껏 움직이고 싶어."

그녀는 계속해서 말했다.

"죽을 때까지 온 세계를 걸어 다니고 싶어. 헨리! 이리 와. 좀 더 빨리 걷자. 참, 혹시 내가 갑자기 날아오르거든 다리를 꼭 잡아 줘. 알았지? 안 그러면 다시는 내려오지 못할 테니까."

그리고 문득 "아아!" 큰 소리를 냈다.

"정말 행복해!"

두 사람은 히스로 뒤덮인 신비로운 곳에 도착했다. 기울어 가는 햇살이 자줏빛 꽃을 비추고 있었다.

"여기서 좀 쉬자."

에드나는 히스 꽃을 헤치며 안으로 들어가더니 그 위에 누웠다.

"아아, 헨리. 말할 수 없이 기분 좋아. 조그만 방울처럼 예쁜 꽃들이랑 하늘밖에 안 보여."

헨리는 그녀 옆에 앉았다. 그리고 바구니에서 앵초꽃을 꺼내 그녀에게 줄기다란 목걸이를 만들었다. 에드나는 잠들어 버릴 것 같다고 말했다. 그녀는 몸을 뒤척여 그의 무릎 가까이로 다가왔다. 그리고 머리카락에 파묻힌 모양새로 그의 곁에 누웠다.

"바다 밑바닥에 있는 기분이 들어, 헨리. 정말로 아름답고, 정말로 조용해서……."

헨리는 진짜로 그렇다고 맞장구를 쳤다. 그러고는 어쩐지 잠긴 목소리로 말을 이었다.

"이번에는 제비꽃 목걸이를 만들어 줄게."

그러나 에드나는 자리에서 일어나며 말했다.

"아니, 슬슬 집에 가자."

두 사람은 왔던 길을 되돌아 오랫동안 걸었다. 문득 에드나가 말했다.

"더는 못 걷겠어. 너무 피곤해."

그녀는 길가 풀숲 위를 터벅터벅 걸으며 말했다.

"당신도 나도 지쳤어. 헨리, 얼마나 더 걸어야 할까?"

"잘 모르겠는데. 거의 다 왔을 거야."

헨리는 대답하면서 먼 곳을 바라보았다. 그 뒤 두 사람은 아무 말 없이 걸었다. 그러던 중 그녀가 드디어 이렇게 말했다.

"아아! 너무 멀어. 헨리, 나 힘들어. 배도 고프고. 이 쓸데없는 앵초꽃으로 가득 찬 바구니 좀 들어 줄래?"

그는 에드나의 얼굴을 보지 않은 채 바구니를 받아 들었다.

두 사람은 겨우 마을에 도착했다. 그들은 가벼운 식사를 제공한다는 쪽지가 붙은 조그마한 가게 앞까지 왔다.

"자, 도착했어."

헨리가 이렇게 말한 뒤 덧붙였다.

"내가 이따금 들르는 가게거든. 저기 작은 벤치에서 좀 쉬고 있어. 내가 마실 것 주문하고 올 테니까."

정원에는 희고 노란 봄꽃들이 아름답게 피어 있었다. 에드나는 그 정원 벤치에 앉았다.

한 여성이 가게 문 앞까지 나왔다. 그녀는 문간에 기대어 두 사람이 식사하는 모습을 가만히 지켜보았다. 헨리는 그 여성에게 매우 상냥하게 대했지만, 에드나는 그 태도에 아무 말도 하지 않았다.

그 여자가 인사를 건넸다.

"오랜만에 왔네요."

헨리는 진짜 그렇다고 대답한 뒤 정원이 참 멋지다고 말했다. 그녀는 맞장구를 치더니 물었다.

"그런데 이 젊은 아가씨는 동생인가요?"

헨리는 그렇다면서 고개를 끄덕이고는 잼을 먹었다.

"닮았어요."

그 여자는 정원까지 내려와서 흰 수선화 꽃을 꺾었다. 그녀는 그 꽃을 에드나에게 건네며 말했다.

"혹시 주위에 집 구하시는 분은 없나요? 언니가 병에 걸리는 바람에, 언니 집을 제가 맡게 되었거든요. 그걸 세놓을까 해요."

"오랫동안 세놓으실 건가요?"

헨리가 조심스레 묻자 그녀는 상황에 따라서는 그럴지도 모르겠다고 모호하게 대답했다. 그러자 헨리가 말했다.

"그렇군요. 집 구하는 사람이 제 주변에 있을 것 같은데요. 그 집 좀 보여주실 수 있나요?"

"그럼요. 저기 길 건너편 집이에요. 앞에 사과나무가 있는 작은 집이요. 열쇠 가져올게요."

그녀가 열쇠를 가지러 간 사이, 헨리는 에드나에게 물었다.

"당신도 같이 갈래?"

그녀는 고개를 끄덕였다.

두 사람은 길을 따라 내려가 문을 지났다. 그리고 나무들 사이사이 분홍색과 흰색 풀숲이 우거진 길을 올라갔다.

자그마한 집이었다. 계단 밑에 방이 2개, 2층에도 방이 2개 있었다. 에드나는 위층 창문으로 몸을 내밀었다. 헨리는 문간에 서 있었다. 그는 그녀에게 마음에 드는지 물어보았다.

그녀는 큰 소리로 그렇다고 대답한 뒤 창가에서 조금 물러났다. 그가 설자리를 마련해 준 것이다.

"당신도 이리 올라와서 봐. 정말 멋지니까."

그는 그녀 곁으로 다가와 창밖으로 몸을 내밀었다. 그들 아래에서는 사과나무가 산들바람에 흔들리고 있었다. 바람은 헨리의 눈을 스쳐 지나가 에드나의 긴 머리칼을 흩날렸다. 두 사람은 움직이지 않았다. 이미 저녁 시간이라 연한 초록빛으로 물든 하늘에서 별들이 반짝였다.

그녀가 문득 헨리를 불렀다.

"봐, 헨리. 별이야."

헨리가 말했다.

"곧 달이 뜨겠군."

그녀는 꼼짝도 하지 않은 채 헨리의 어깨에 기대어 있었다. 그는 그녀에게 팔을 둘렀다. 그녀는 떨리는 목소리로 물었다.

"저 밑에 나무들, 모두 사과나무일까?"

헨리는 아니라고 대답했다.

"저기 저 나무에는 천사가 잔뜩 열려 있고, 저기에는 설탕에 조린 살구가 주렁주렁하고……. 하지만 저녁 햇살의 장난일지도 몰라. 저녁 햇살은 사람을 홀리니까."

에드나는 길게 한숨을 내쉬었다.

"헨리……. 우린 이제 떠나야 해."

그는 에드나 곁에서 물러났다. 에드나는 머리칼을 흩날리며 어슴푸레한 방 안에 서 있었다.

"오늘은 하루 종일 왜 그러는데?"

그녀는 헨리에게 물었다. 그리고 헨리가 미처 대답하기도 전에, 그에게 달려가 그의 목에 팔을 두르더니 그 머리를 자기 어깨로 끌어당겼다.

"당신을 사랑해. 안아 줘, 헨리……."

그는 그녀를 두 팔로 끌어안았다. 그녀는 그에게 기대면서 그의 눈을 바라보았다.

"오늘 하루 내내 괴롭지 않았어?"

에드나는 묻고 나서 말을 이었다.

"당신이 왜 그랬는지 알아. 나……. 당신에게 진심으로 말하고 싶었어. 내게 입맞춤해 달라고. 내가 그 기분을 완전히 이겨 냈다고……."

그 말에 헨리가 대답했다.

"당신은 완벽해. 완벽해, 정말로 완벽해……."

7

"저녁때까지 어떻게 기다리느냐가 문제인데."

헨리는 혼잣말을 했다. 그는 주머니에서 시계를 꺼내더니 집 안으로 들어가, 벽난로 위에 놓인 도자기 물병 안에 던져 넣었다. 그는 한 시간 동안 일

곱 번이나 시계를 봤다. 그랬는데도 지금이 몇 시인지 알 수 없었다. 다시 한 번 확인했다. 4시 30분이다. 그녀가 탄 열차는 7시에 도착할 예정이니 6시 30분에 기차역으로 마중 나가야 한다. 그러니까 앞으로 2시간도 넘게 기다려야 하는 것이다. 그는 다시 한 번 집 안을 걸어 다녔다. 1층도 2층도 마구 돌아다녔다. 그러다 문득 "예쁘다!" 말하더니 정원으로 나가서 흰 패랭이꽃을 한 묶음 꺾었다. 그는 그것을 에드나의 침대 머리맡에 있는 조그만 탁자 위 꽃병에 꽂았다.

헨리는 잠시 생각에 잠겼다.

'도저히 믿기지 않아. 진짜 현실 같지가 않아. 그저 감사할 뿐. 앞으로 2시간만 기다리면 그녀가 도착할 테고, 우리는 함께 이 집으로 돌아올 거란 말이지. 그리고 나는 부엌 탁자 위에 놓인 흰 물병을 들고 비디 부인 댁을 방문할 거야. 부인에게 우유를 좀 받아서 집으로 돌아오는 거지. 내가 집으로 올 무렵에는 그녀가 부엌에서 램프를 켜 놓고 기다리겠지. 내가 창으로 안을 들여다보면, 그녀가 바삐 움직이는 모습이 램프 불빛에 비쳐 보이는 거지. 이제 둘이 함께 식사를 하고, 식사가 끝나면(식탁은 내가 나서서 치워야지!) 난로에 장작을 넣어야 해. 그 뒤 우리는 난로 앞 깔개에 앉아서 타오르는 불꽃을 바라볼 거야. 아무 소리도 들리지 않아. 장작 타는 소리만 타닥타닥 들릴 뿐. 그리고 집 주위를 살며시 지나가는 바람소리……. 이제 두 사람은 저마다 초에 불을 붙일 거야. 그녀가 먼저 2층으로 올라가지. 벽에 그림자를 남기면서. 그러다 그녀가 큰 목소리로 헨리, 잘 자 말하면 나도 에드나, 잘 자 답하겠지. 그 뒤에는 나도 2층으로 올라가서 침대에 뛰어들 거야. 그리고 그녀방에서 흘러나오는 한 줄기 빛이 내 방문을 비추는 모습을 가만히 지켜봐. 그 빛이 사라지면 눈을 감아 아침까지 푹 잠들어. 그러면 두 사람을 위한 다음 날이 찾아오겠지. 다음 날, 그 다음 날 밤. 그녀도 이런 생각을 할까? 에드나, 어서 와 줘!'

　만일 나한테 날개가 있어
　귀여운 작은 새가 될 수 있다면
　날아가고 싶어. 네 곁으로

'아니, 아니야. 그렇지 않아, 내 가장 사랑하는 사람……. 기다리는 것조차 내겐 천국이야. 그걸 알아준다면……. 우리 집이 목을 빼고서 당신을 기다리고 있어. 알아? 이 집이 지금 당신을 기다리고 있어.'
　그는 1층으로 내려왔다. 그리고 문간 계단에서 무릎을 껴안고 손은 깍지를 낀 채로 앉았다. 두 사람이 이 마을을 처음으로 발견했던 날 밤, 에드나가 "헨리, 안 믿는 거야?" 물었던가. 그는 지금 그 질문에 답했다.
　"그때는 믿지 않았지. 하지만 이제는 믿어."
　그리고 덧붙여 말했다.
　"나는 신 같은 기분이 들어."
　그는 문간의 가로대에 머리를 기댔다. 눈을 거의 뜰 수 없었다. 졸려서 그러는 게 아니었다. 어떤 까닭에……. 오랜 시간이 흘렀다.
　헨리는 크고 흰 나비가 길 위에 춤추듯 내려오는 모습을 본 듯한 기분을 느꼈다. 나비는 문간에 내려앉았다. 아니, 그것은 나비가 아니었다. 앞치마를 두른 작은 소녀였다. 참 귀여운 여자아이라고 생각한 그는 반쯤 졸면서도 미소를 지었다. 여자아이도 미소를 지었다. 그리고 집 안으로 들어왔다.

'하지만 저 아이는 여기 사는 애가 아닌데. 여기는 우리 집이니까. 어? 나한테 오네.'

헨리가 이런 생각을 하는 동안, 그 아이는 바로 옆까지 다가왔다. 아이는 앞치마 밑에서 손을 꺼내더니 전보 한 통을 그에게 건넸다. 그러고는 바로 달려가 버렸다.

'이상한 선물이로군!'

헨리는 그 전보를 가만히 보았다.

'혹시 겉모양만 전보인 건 아닐까? 어쩌면 안에 뱀이 들어 있을지도 몰라. 뱀이 날 덮치면 어쩌지?'

아직도 꿈을 꾸는 기분이었다. 그는 조용히 웃으면서 매우 조심스럽게 전보를 뜯었다. 내용물은 평범한 종이였다. 그는 그것을 꺼내서 펼쳐 보았다.

정원에 어둠이 한가득 내려 앉았다. 어둠은 집 위에, 나무 위에, 헨리 위에, 전보 위에 거미줄처럼 내려앉았다. 그러나 헨리는 움직이지 않았다.

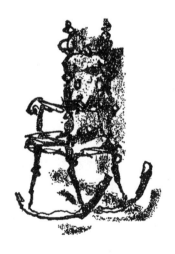

The Child Who Was Tired
피곤한 아이

그녀는 양쪽으로 키가 큰 검은 나무가 늘어선 하얀 길을 막 걸어가려던 참이었다. 어디로 이어지는 길인지 개미 한 마리조차 보이지 않았다…….

그때 누군가가 어깨를 꽉 붙잡고 마구 흔들더니 귀싸대기를 후려쳤다.

"싫어, 싫어, 말리지 마!"

'지친 소녀'가 소리쳤다.

"난 갈 거야!"

"일어나, 이 쓸모없는 계집애!"

소리가 귓전을 때렸다.

"당장 일어나서 화로에 불을 지펴! 계속 꾸물거리면 얻어맞을 줄 알아라."

힘겹게 눈꺼풀을 들어올린 소녀의 눈에 안주인이 아기를 안고 옆에 우뚝 서 있는 것이 보였다.

'지친 소녀'와 같은 침대에 누워 있는 세 아이는 안주인의 잔소리에 익숙해져서 평온히 자고 있었다. 방 구석에서는 주인이 바지에 멜빵을 채우고 있었다.

"뭐야! 이 애가 침대를 적신 것도 모르고 감자 자루처럼 밤새도록 뒹굴거리기만 하다니!"

소녀는 대꾸 없이 추위로 덜덜 떨리는 차가운 손가락으로 속치마의 끈을 묶고 체크 무늬 윗도리의 단추를 채웠다.

"대충 하고 빨리 이 애를 부엌으로 데리고 가. 그리고 알코올 램프로 주인 어른의 커피를 데운 다음 테이블 서랍에 있는 검은 빵을 갖다 드려. 네가 먹으면 안 된다. 먹었다간 알아서 해!"

안주인은 방을 비틀비틀 가로질러 침대에 푹 쓰러지더니 기다란 분홍색 베개를 어깨 밑에다 괴었다.

부엌은 아직 어두웠다. 소녀는 아기를 높은 나무 의자에 앉히고 숄로 감싸 주었다. 그런 다음 도자기 주전자에서 식어 빠진 커피를 작은 냄비에 옮겨 담고 알코올 램프로 데우기 시작했다.

"아, 졸려."

소녀는 마룻바닥에 무릎을 꿇고 축축한 소나무 가지를 꺾어 짧게 만들었다.

"너무 졸려서 일어날 수가 없는걸."

화로에 불이 붙을 때까지 한참 걸렸다. 화로도 나처럼 차갑고 졸린가 보구나…… 어쩌면 화로도 양쪽으로 검은 나무가 있는 하얗고 작은 길을, 어디로 이어지는지 모를 그 길을 꿈꾸고 있을지 몰라…….

그때 문이 쾅 열리더니 주인이 성큼성큼 걸어들어왔다.

"바닥에 앉아서 뭘 하는 거야!"

주인이 호통을 쳤다.

"커피는! 지금 나가 봐야 된단 말이야. 뭐야! 아직 테이블도 닦지 않은 거야?"

소녀가 벌떡 일어나서 허둥지둥 에나멜 컵에 커피를 따른 다음 빵과 나이프를 곁들여 내놓았다. 그런 다음 개수대에서 행주를 가져와 검은 리놀륨 테이블을 닦았다.

"짜증 나는 날이군! 시시한 세상이야."

주인은 투덜대면서 테이블에 앉아 훤히 밝아오는 창 밖의 하늘을 쳐다보았다.

하늘이 무겁게 가라앉은 잿빛 대지 위로 서서히 펼쳐져 가는 것이 보였다. 주인은 빵을 우적우적 씹으면서 커피를 마셨다.

소녀는 물통을 가까이 끌어당기고 옷소매를 걷어 올렸다. 순간 소녀는 인상을 찌푸렸다. 마른 나뭇가지처럼 앙상한 자신의 팔을 혼내 주고 싶어졌던 것이다. 그러다가 문득 생각을 고쳐 마룻바닥에 걸레질을 하기 시작했다.

"내가 집에 있는 동안에는 바닥을 질펀하게 만들지 마."

주인이 잔소리를 했다.

"그보다, 지금 아기가 칭얼거리잖아. 밤새도록 저렇게 칭얼댔다고."

소녀는 아기를 무릎 위에 앉힌 채로 달래주었다.

"아이, 착하지."

소녀가 말했다.

"어머, 이가 나오고 있네. 그래서 이렇게 칭얼거렸구나. 으이구, 이 침 좀 봐……. 이렇게 침을 많이 흘리는 애는 처음 보네."

소녀는 자신의 치맛자락으로 아기의 입과 코를 닦아 주었다.

"알지 못하는 사이에 이가 나오는 애도 있대요. 그동안 내내 찡찡댔다나 봐요. 아기가 죽어서 보니 뱃속에 이가 나 있더라는 이야기도 들은 적이 있어요."

주인은 자리에서 일어나 문 뒤에 걸어 두었던 겉옷을 집어들어 몸에 걸쳤다.

"또 나올 거야!"

주인이 말했다.

"뭐가요? 이 말이에요?"

소녀가 말했다. 졸음이 겨우 달아나 아기의 입속에 손가락을 집어넣었다.

"아니."

주인이 못마땅한 얼굴로 말했다.

"아기가 또 하나 나올 거야. 얼른 일하지 못해! 다른 애들이 학교에 갈 시간이잖아."

소녀는 멍하니 선 채로 주인의 질질 끄는 발소리가 돌계단을 내려가 자갈길을 지나는 소리와 대문이 쾅 닫히는 소리를 들었다.

"아기가 또 나온다고? 이제 끝난 줄 알았는데."

소녀는 생각했다.

"두 명의 아기가 이가 나고…… 두 명의 아기 때문에 한밤중에 일어나야 하다니……. 두 명의 아기를 안고 길을 걷고, 기저귀를 빨아야 한다니……."

소녀는 품에 안은 아기를 보고 흠칫 놀랐다. 아기는 초점 없는 소녀의 눈 속에서 자신을 미워하는 기색이라도 보았는지 두 주먹을 꼬옥 쥐고 온몸이 뻣뻣해져서는 큰 소리로 울기 시작했다.

"아이, 착하지, 착하지."

소녀는 아기를 의자에 내려놓고 다시 바닥을 쓸기 시작했다. 아기는 끊임없이 울어댔지만 소녀는 이미 익숙한 터라 전혀 신경 쓰지 않고 울음소리에 박자를 맞춰 비질을 했다.

소녀는 몹시 지쳤다. 빗자루가 무거웠다. 뒷목 언저리가 타는 듯이 뜨거웠다. 그리고 허리 밴드 뒷부분이 닿는 곳이 마치 찢어질 것처럼 이상하게 욱신거렸다.

어느덧 시계가 6시를 쳤다. 소녀는 작은 냄비를 불 위에 얹었다. 그리고 세 아이를 깨우고 옷을 갈아입히려고 옆방으로 갔다.

안톤과 한스는 깨어 있을 때는 서로 싸우기만 했으나 자고 있을 때는 둘도 없는 친구처럼 꼭 붙어서 잤다. 레나는 몸을 둥글게 말아 무릎을 턱 밑에다 붙이고 자고 있었다. 땋아내린 머리가 베개 위에 곧게 뻗어 있었다.

"얘들아, 일어나렴."

소녀는 단호한 목소리로 이렇게 말하고 이불을 확 걷어내고는 사내아이들을 쿡쿡 찔렀다.

"벌써 깨우기 시작한 지 30분이 지났어. 이미 지각이라고. 당장 옷을 갈아입어야 해."

안톤이 가장 먼저 일어나 한스를 굴려서는 급소를 걷어찼다.

그러자 한스는 레나의 땋은 머리카락을 확 잡아당겼다. 레나는 "엄마!" 하고 비명을 질렀다.

"제발 조용히 해."

소녀는 목소리를 잔뜩 낮추어 말했다.

"자, 일어나서 준비해……. 말 안 들으면 어떻게 되는지 알지? 자, 내가 도와줄게."

그러나 소녀가 두려워하던 일이 마침내 일어나고 말았다. 안주인이 침대에서 일어나 부엌으로 저벅저벅 들어가더니 튼튼한 끈으로 한데 묶어 놓은 섶나무 가지를 들고서 돌아왔다.

그리고 아이들을 한 명씩 무릎 위에 엎어 놓고 찰싹찰싹 때린 다음 마지막으로 '피곤한 아이'의 엉덩이를 힘껏 때렸다.

안주인은 나중에는 손이 얼얼해졌지만 그래도 어머니로서 하루의 첫 임무를 마친 것에 만족해서 다시 침대로 파고들어갔다.

이제 세 아이는 소녀가 옷을 입혀 주고 세수를 시켜 주는 대로 고분고분 가만히 있었다.

소녀는 아이들의 신발 끈까지 묶어 줘야 했다. 아이들에게 스스로 하라고 하면 발을 완전히 집어넣을 때까지 최소한 5분은 여기저기 뛰어다니다가 끝내 손에 침을 묻혀서 묶다가 끈을 끊어먹는다는 것을 오랜 경험으로 잘 알고 있었기 때문이다.

아침을 먹이자 아이들은 방금 혼난 것 따위는 까맣게 잊고 다시 시끄럽게 굴기 시작했다. 아기도 울음을 통 그칠 기미가 없었다.

소녀는 작은 알루미늄 냄비에 우유를 넣고 젖병에 고무젖꼭지를 끼운 다음 젖꼭지를 입으로 살짝 물어 적신 뒤 달래듯이 아기의 입에 물렸다. 그러나 아기는 젖병을 바닥에 내동댕이치고 온몸을 부르르 떨면서 울었다.

"송곳니가 나오고 있대."

한스가 말하면서 빈 컵으로 안톤의 머리를 툭툭 쳤다.

"'컹컹니'겠지."

"까불지 마!"

레나가 한스에게 혀를 낼름 내밀었다. 한스가 바로 앙갚음하자 레나는 비명을 질렀다.

"엄마! 한스가 일부러 이상한 표정으로 약 올려요!"

"실컷 일러라!"

한스가 말했다.

"오늘 밤 침대에 들어가면 네가 잠들 때까지 깨 있다가 옆으로 가서 그 가느냉냉한 팔을 비틀어 버릴 테다!"

한스는 식탁에 거의 올라타서 레나를 향해 무서운 표정을 지어 보였다.

그러는 사이에 안톤이 몰래 한스의 뒤로 가서 빡빡머리에 침을 뱉었다.

"으악!"

'피곤한 아이'는 두 아이를 가까스로 떼어놓고 코트를 입혀서 밖으로 내보냈다.

"서둘러! 두 번째 종이 울렸어."

거짓말이지만 소녀는 어쩐지 그 거짓말이 유쾌했다. 식탁을 치우고 나서는 석탄을 보관하는 지하실에 감자와 순무를 가지러 갔다.

지하실은 어쩐지 으스스하니 서늘했다. 구석에 감자가 수북이 쌓여 있고, 순무는 낡은 양초 상자에 들어 있었다. 그밖에 절인 양배추 두 통과 마치 서로 엉겨 붙어 싸움이라도 하는 것처럼 보이는 달리아 뿌리 한 줌이 있었다.

소녀는 감자껍질을 벗기기 쉽도록 되도록 크고 싹이 덜 난 것을 골라서 치맛자락에 담기로 했다. 조용한 지하실에서 잠들어 있는 듯한 감자 더미 앞에 쪼그려 앉아 있는 사이에 어느새 깜빡 잠이 들었다.

"너 거기서 뭐 하는 거야?"

안주인이 계단 꼭대기에서 고함 치는 소리가 들렸다.

"아기가 의자에서 떨어져서 눈 위에 달걀만한 혹이 생겼잖아! 냉큼 나와! 혼날 줄 알아라!"

"난 몰랐어요! 난 몰랐어요!"

소녀는 얻어맞고는 현관 홀 끝까지 비명을 지르면서 도망 다녔다. 치마에서 감자와 순무가 데굴데굴 굴러떨어졌다.

덩치가 큰 안주인은 그 우람한 체격만으로도 몸집이 작은 아이에게는 무서운 느낌을 주었다.

"저 구석에 가서 야채 껍질을 벗기고 씻어 놓아. 내가 빨래를 하는 동안 아기를 울리지 마라."

소녀는 훌쩍거리면서 시키는 대로 했다. 그러나 아기를 무슨 수로 울리지 않는단 말인가! 아기는 새빨간 얼굴로 땀을 뻘뻘 흘리면서 몸을 잔뜩 경직시킨 채 울어댔다.

소녀는 껍질을 벗긴 야채를 담을 깨끗한 물이 든 냄비와 껍질을 담을 양동이를 양쪽에 놓고 무릎 위에 아기를 올려놓았다.

"맙소사……."

소녀는 노래하듯 낮게 읊조리고는 신경질적으로 발을 쿵 굴렀다.

"곧 또 태어난다니! ……두 명의 아기를 울리지 않아야 한다니……. 넌 왜 안 자는 거야? 나 같으면 당장 자겠다. 꿈 이야기를 들려줄까? ……어딘가에 하얗고 작은 길이 있었어……."

소녀는 머리를 흔들었다. 목구멍에 커다란 혹 같은 것이 걸린 기분이었다. 눈물이 뺨을 타고 야채 위에 뚝뚝 떨어졌다.

"그만두자."

소녀는 눈물을 훔치면서 말했다.

"아기야, 이 일이 끝날 때까지 울면 안 돼. 그러면 어딘가로 데려가 줄게."

그러나 곧 빨래를 널 시간이었다. 밖은 바람이 세차게 불어댔다. 발끝으로 안뜰을 걸으면 바람에 날아가 버릴 것만 같았다. 오리 축사에서 역한 냄새가 바람을 타고 날아왔다.

그렇지만 멀리 들판을 보니 추수가 끝난 풀이 초록색 머리카락처럼 물결치고 있었다.

어떤 아이가 언젠가 저 들판에 소시지와 맥주를 가지고 가서 하루 내내 놀았는데 참 재미있었다는 이야기를 들려주었던 것이 떠올랐다. 그 아이가 누구였는지는 생각나지 않았다. 하지만 정말 그랬을 거라는 생각이 들었다.

젖은 빨래를 널고 있는데 차가운 바람이 불어와서 빨래가 철썩철썩 얼굴을 때렸다. 빨랫줄에 나란히 매달린 채로 마음대로 나풀거렸다가 부풀어 올랐다가 베베 꼬였다가 했다.

소녀는 들판의 풀에 미련을 남긴 채 무거운 발을 끌면서 집 안으로 돌아

갔다.

"이젠 뭘 하죠?"

"침구를 정리하고 아기의 매트리스를 창문에다 널어. 그게 끝나면 아기를 유모차에 태워서 데리고 나가. 집 앞에 있어야 해. 내 눈이 닿는 곳에 말이야. 뭘 멍하니 서 있어? 부르면 냉큼 돌아와서 샐러드 만드는 걸 도와다오."

소녀는 침구를 정리한 뒤 그대로 서서 침대를 가만히 쳐다보았다. 그리고 애틋하게 베개를 쓰다듬고 얼굴을 살며시 대 보았다. 다시 뭔가가 울컥 치밀어 올랐다. 눈물이 하염없이 흘러내렸다.

아기에게 옷을 입히고 거리로 나가 유모차에 태워 왔다 갔다 하는 사이에도 눈물은 끊임없이 흘렀다.

한 남자가 우마차를 끌고 지나갔다. 그 남자는 괴상하게 생긴 기다란 깃털 단 모자를 쓰고 휘파람을 불면서 걸어갔다. 도시에서 온 듯한 두 소녀가 손을 맞잡고 웃으면서 지나갔다. 한 명은 빨간 손수건을, 다른 한 명은 파란 손수건을 머리에 감고 있었다.

그때 태양이 무겁게 겹쳐 있던 잿빛 구름 사이로 얼굴을 내밀고 따뜻한 황금빛 빛줄기를 둘레에 뿌렸다.

"이 길을 쭉 걸어가면 어디가 나올까?"

소녀는 생각했다.

"양옆으로 키가 크고 검은 나무가 있는 하얀 오솔길이 나올까……?"

"샐러드! 샐러드!"

안주인이 집 안에서 소리치는 것이 들렸다. 그러는 사이에 아이들이 학교에서 돌아왔다. 벌써 점심시간이라니!

주인은 푸딩을 안주인의 몫까지 먹어치웠다. 세 아이는 얼굴이며 손이며 입 주변이 온통 끈적끈적해졌다. 식사 후 다시 설거지를 하고, 식탁을 치우고, 아기를 돌보고……소녀의 일은 끝이 없었다. 그렇게 그날 오후도 을씨년스럽게 지나갔다.

나이든 그라트볼 아주머니가 방금 잡은 돼지고기를 가지고 왔다. 소녀는 두 사람의 수다를 아무 생각 없이 듣고 있었다.

"만다 아주머니가 어젯밤에 딸을 낳았어요. 당신은 어때요?"

"오늘 아침에 속이 두 번이나 메슥거렸어요."

안주인이 말했다.

"줄줄이 낳다 보니 속이 다 망가진 거죠."

"하녀를 들인 모양이군요."

그라트볼 아주머니가 말했다.

"그게……."

안주인이 목소리를 낮추었다.

"저 애 몰라요? 역에서 일하는 안내원이 낳은 아이잖아요. 아버지는 누군지 모른다는군요. 저 애 엄마가 저 애를 세면대 물에 빠뜨려 죽이려고 했던 적이 있어요. 그래서 좀 모자라지요."

"착하지, 착하지."

아버지 없는 아이가 아기를 달랬다.

저녁이 되자 '피곤한 아이'는 엄습해 오는 졸음을 어떻게 막아야 좋을지 몰랐다. 가만히 앉아 있거나 가만히 서 있기가 두려웠다.

저녁을 먹으려고 자리에 앉았는데, 맞은편에 앉은 주인과 안주인의 몸이 엄청나게 커졌다가 갑자기 인형보다도 작아졌다가 했다. 목소리는 마치 창밖에서 들리는 것처럼 희미하게 들려 왔다.

아기를 보니 문득 아기의 머리가 둘로 보였다. 그러다가 이번에는 아예 없어졌다. 아기의 울음소리조차도 기분 나쁜 잠으로 유혹했다…….

소녀는 잘 시간이 가까워올수록 기분이 좋아져서 인내심을 쥐어짜며 몸을 양옆으로 흔들었다. 그런데 8시가 되자 밖에서 자동차 소리가 나더니 이 집의 친구들이 우르르 들어왔다.

이후의 일은 이랬다.

"커피 끓여와."

"설탕단지 좀 가져와."

"침실에서 의자를 가져와."

"상을 차려라."

마침내 안주인은 소녀를 옆방으로 내쫓고 아기를 돌보라고 명령했다.

벽에 달린 에나멜을 칠한 나무 선반 위에 짧아진 양초가 희미하게 타오르고 있었다. 벽에 비친 자신의 그림자가 마치 다 큰 성인이 된 아기를 안고 돌아다니는 것처럼 커다랗게 비쳤다.

아기 두 명을 이렇게 안으면 어떻게 비칠까……?

"아기야, 코 자렴. 있잖아, 어떤 소녀가 하얗고 작은 길을 걷고 있었는데. 양쪽에 커다랗고 검은 나무가 있는 길을 말이야."

"얘!"

안주인의 목소리기 들렸다.

"문 뒤에서 내 새 재킷 좀 가져와."

소녀가 그것을 가지고 따뜻한 옆방으로 들어가자 한 손님이 말했다.

"꼭 부엉이처럼 생겼네. 이런 애는 머리가 나쁜데."

그러자 맥주를 마시고 우쭐해져서 그제야 한 집안의 가장이라는 기분이 든 주인이

"왜 자꾸 아기를 울리는 거야!"

그러면서 호통을 쳤다.

"계속 울게 놔두면 이따가 혼날 줄 알아라!"

소녀가 침실로 도망치듯 돌아가자 사람들이 와락 웃었다.

"성모마리아라도 이 애를 조용하게 만들지는 못할걸."

소녀는 중얼거렸다.

"예수님도 아기 때는 이렇게 울었을까? 나도 이렇게 지치지만 않았으면 더 잘 돌볼 텐데……. 이 애는 내가 졸려 하는 걸 알고 이러는 거야. 그런데 아기가 또 한 명 태어난다니……."

소녀는 아기를 침대 위에 내려놓고 끔찍하다는 듯이 가만히 바라보았다.

옆방에서는 컵이 부딪치는 소리며 즐거운 웃음소리가 들려 왔다. 그때 소녀의 머리에 멋진 생각이 떠올랐다. 소녀는 아침에 일어난 이래 처음으로 진심으로 소리 내어 웃으면서 손뼉을 쳤다.

"옳지, 옳지, 거기 누워 있으렴, 멍청아. 금방 잠들 거야. 이젠 울지 않아도 되고, 밤중에 일어나지도 않을 거야. 원숭이처럼 못생긴 아기야."

아기는 눈을 뜨고 '피곤한 아이'의 머리를 보더니 불에 덴 듯 울기 시작했다. 옆방에서 안주인이 뭐라고 말했다.

"이제 잠들려는 참이에요!"

소녀가 외쳤다.

소녀는 미소를 지으면서 살금살금 안주인의 침대로 가서 분홍 베개를 가져와 아기의 머리 위에 놓고 힘껏 눌렀다. 팔다리를 버둥거리며 몸부림치는 아기를 보고 소녀는 생각했다.

"꼭 모가지가 비틀린 오리 같네."

아! 아! 소녀는 괴로운 듯 긴 한숨을 내쉬고는 마룻바닥에 풀썩 쓰러졌다.

소녀는 양쪽으로 키가 크고 검은 나무가 있는 하얀 오솔길을 어디까지고 걷고 있었다. 그 길은 어디로 이어지는지 몰라도 아무튼 아무도 없는 조용한 길이었다……

A Suburban Fairy Tale
변두리의 옛날이야기

런던 시가지에서 30분도 떨어지지 않은 곳에 작고 아담한 집이 있다. B부부는 붉게 칠한 아늑한 식당에서 아침 식탁에 앉아 있었다.

거실을 겸한 이 식당에는 난롯불이 활활 타오르고 있고, 하나밖에 없는 창은 아무것도 없는 황량한 정원을 향해 닫혀 있었다.

방 안에는 달걀, 베이컨, 토스트, 커피 냄새가 기분 좋게 감돌았다. B씨는 무슨 일이 기다리고 있을지 모르는 오늘 하루에 맞서려면 반드시 많이 먹어 둬야 한다면서 거의 배급량 정도의 식사를 마쳤다.

B씨는 누가 알아주건 그렇지 않건 아침 식사만큼은 정통 영국식으로 먹어야 하는 남자였다. 일단 잔뜩 먹어야 직성이 풀렸다. 그러지 않으면 몸이 이상해졌다. 저 대륙 사람들은 크로와상 하나와 커피 한 잔으로 오전 일을 대부분 끝낸다고 아무리 말해봤자 B씨에게는 전혀 통하지 않을 것이다.

다부진 체격에 나이보다 젊어 보이는 B씨는 전에 일을 그만두고 군대에 들어가려고 했으나 그러지 못했다. 일을 대신 해 줄 사람을 4년이나 찾았지만 구하지 못했기 때문이다. B씨는 식탁 정면 쪽에 앉아서 〈데일리 메일〉지를 읽고 있었다.

B부인은 아직 젊고 통통한 작은 체구의 여성으로, 비둘기를 닮았다. 남편의 맞은편 자리에 앉아 주전자와 커피잔을 앞에 놓고 고개를 살짝 숙이고는 아이 B를 다정한 눈길로 바라보았다. 아이는 두 사람 사이에 앉아 냅킨을 둘둘 감고서 반숙 달걀의 표면을 두드리고 있었다.

가엾게도 이 아이는 건강한 부모님이 기대하는 아이가 전혀 아니었다. 포동포동하게 살쪄서 아장아장 걷지도 않았으며, 경단처럼 통통하지도 않고 푸딩처럼 탱글탱글하지도 않았다.

나이에 비해 작은 몸집에 마카로니처럼 가느다란 다리, 작은 손, 생쥐의 털처럼 부드러운 머리카락, 그리고 커다란 눈을 하고 있었다.

조그만 B에게 이 세상의 모든 것은 어쩐지 몸에 맞지 않았다. 지나치게 크거나 너무 강하거나……. 모든 것이 이 작은 B를 압도하면서 앞질러 가기 때문에 B는 숨을 헐떡거리며 몸을 파르르 떨 뿐이었다.

B부부도 어떻게 해 줄 수가 없었다. 이 아이가 넘어지면 안아 일으켜 다시 걷게 해 주는 것이 고작이었다.

B부인은 약한 아이라고 무조건 감싸고, B씨는 이 아이는 몸집은 작아도 남들과는 다른 남자다운 기백이 있으니 어떻게든 잘 살 거라고 생각했다.

"달걀은 왜 두 종류가 아닐까요?"

작은 B가 말했다.

"어째서 아이가 먹을 수 있는 작은 달걀과 어른들이 먹는 큰 달걀, 이렇게 두 종류가 아닐까요?"

"스코틀랜드산 토끼야."

B씨는 아이의 질문과는 상관없는 이야기를 했다.

"진짜 스코틀랜드산 토끼가 5실링 3펜스. 어때? 한 마리 살까?"

"보기 드문 것이니 좋을지도 모르겠군요."

B부인이 말했다.

"삶아 먹는 게 좋을까요?"

두 사람은 얼굴을 마주보았다. 그러사 거기에 걸쭉한 국물에 담긴 스코틀랜드산 토끼고기의 영상이 둥근 접시나 하얀 단지 안에 든 붉은 커런트 젤리와 함께 떠올랐다.

"주말엔 그것도 좋지만, 정육점에서 질 좋은 소고기를 가져다준다고 했는데 어떻게 하죠?"

정말 어떻게 하지? 무엇으로 할지 정하지 못하겠네. 토끼도 좋지만 최상급 소고기도 쉽게 구하지 못하는 것이고…….

"토끼로는 수프도 만들 수 있잖아."

B씨가 식탁을 손가락으로 탁탁 치면서 말했다.

"수프에는 토끼가 제격이라고."

그때 갑자기

"아아!"

작은 B가 소리를 질러서 두 사람은 깜짝 놀랐다.

"저것 좀 보세요! 참새가 저렇게나 많이 우리 집 잔디에……."

작은 B는 숟가락을 휘둘렀다.

"저기 좀 보세요, 저기요!"

과연 창문은 닫혀 있었지만, 정원에서 참새가 지저귀는 소리가 들려왔다.

"얼른 먹어야 착한 아이지."

어머니가 말했다. 그러자 아버지도 거들었다.

"계속 달걀을 찌르고만 있을 거냐? 빨리 먹어."

"하지만 저것 좀 보세요. 저렇게 퐁퐁 뛰잖아요."

작은 B가 외쳤다.

"한시도 가만히 있지를 않아요. 아빠, 참새는 배가 고픈 게 아닐까요?"

참새가 쩍쩍 울었다.

"다음주까지 기다려 보자고."

B씨가 말했다.

"정말 구할 수 있을지 없을지는 그때 가서 보면 돼."

"그게 좋겠네요."

B부인이 말했다.

B씨는 신문에서 좋은 뉴스를 하나 더 찾아냈다.

"정부가 팔고 있는 대추야자는 샀어?"

"어제 드디어 2파운드쯤 샀어요."

B부인이 말했다.

"대추야자 푸딩은 맛있으니까."

B씨가 말했다. 그리고 두 사람은 얼굴을 마주 보았다. 그러자 거기에 크림

소스를 끼얹은 노르스름한 둥근 푸딩이 떠오르는 것이었다.

"변화가 풍부한 즐거운 식사가 될 거예요."

B부인이 말했다.

창밖에서는 얼어붙은 잿빛 잔디 위에서 참새들이 열심히 퐁퐁 뛰어다녔다. 한시도 가만히 있지 않았다. 쩍쩍 울면서 날개를 파닥거렸다.

작은 B는 달걀을 다 먹고는 의자에서 내려와 창가에서 먹을 생각으로 마멀레이드를 바른 빵을 집어들었다.

"빵 부스러기를 줘도 돼요?"

작은 B가 말했다.

"아빠, 창문 좀 열어주세요. 먹을 걸 주고 싶어요, 아빠."

"귀찮게 하지 마라."

B부인이 말했다. 그러자 아버지가 말했다.

"창문은 열 수 없다. 참새들이 머리를 쪼아먹을 거야."

"하지만 다들 배고파 하잖아요!"

작은 B가 외쳤다. 참새의 작은 지저귐은 마치 칼 가는 소리처럼 들렸다. 참새는 쉭, 쉭, 쉭 하고 울었다.

작은 B는 마멀레이드를 바른 빵을 창문 앞에 놓인 도자기 화분 안에 떨어뜨렸다. 그리고 더 자세히 보려고 두꺼운 커튼 뒤로 들어갔다.

B부부는 배급표가 없어도 살 수 있는 것을 신문에서 발견했다. 5월이 지나면 배급표도 이제 없다. 엄청나게 많은 치즈……넘칠 정도로 많은 온갖 종류의 치즈가 별처럼 두 사람 사이의 공간을 빙빙 돌았다.

작은 B가 얼어붙은 잿빛 잔디 위에 있는 참새들을 지켜보고 있는데, 갑자기 참새들이 날개를 파닥거리며 쩍쩍 울면서 커지더니 모습이 변했다. 모두 갈색 옷을 입은 작은 사내아이가 되어 창밖을 꺄꺄 소리를 지르면서 뛰어다녔다.

"배고파, 배고파."

작은 B는 두 손으로 커튼을 꼭 잡고 말했다.

"아빠."

작은 B가 작은 목소리로 말했다.

"아빠, 저건 참새가 아니에요. 아이들이에요. 듣고 있어요, 아빠?"

그렇지만 B부부는 듣는 척도 하지 않았다. 작은 B는 다시 한 번 말해 보았다.

"엄마."

작은 목소리로 말했다.

"저 애들을 보세요. 참새가 아니에요, 엄마."

그렇지만 아무도 그런 헛소리에 귀를 기울이지 않았다.

"굶어죽느니 어쩌니 하는 이야기뿐이야."

B씨가 큰 소리로 말했다.

"모두 다 지어낸 이야기야."

하얀 얼굴을 반짝거리면서 작은 아이들은 큼직한 윗도리 안에서 두 팔을 파닥이면서 말했다.

"배고파, 배고파."

"아빠."

작은 B가 중얼거렸다.

"잘 들어보세요, 아빠, 엄마. 제발 한번만 들어보세요."

"맙소사."

B부인이 말했다.

"정말 시끄러운 새들이네. 이런 적은 처음인데."

"구두를 가져다다오, 애야."

B씨가 말했다.

참새들은 쉬지 않고 짹짹거렸다.

어머, 애가 어디 갔지?

"맛있는 코코아가 생겼단다. 얼른 마시렴."

B부인이 말했다.

B씨가 무거운 식탁보를 들어올리고 작은 목소리로 불렀다.

"구두, 구두."

하지만 거기에는 아무도 없었다.

"커튼 뒤예요."

B부인이 말했다.

"방에서 나가지는 않았지?"

B씨가 말했다.

B부인은 창가로 갔다. B씨도 따라갔다. 그리고 두 사람은 밖을 보았다.

얼어붙은 잿빛 잔디 위에 새하얀 얼굴을 한 작은 아이들이 삐쩍 마른 팔을 날개처럼 파닥거리고 있었다. 가장 앞에 있는 조그만 아이가 작은 B였다. B부부에게는 그 아이의 목소리가 다른 아이들의 목소리보다도 훨씬 크고 또렷하게 들렸다.

"배고파, 배고파."

B부부는 놀라서 창문을 열었다.

"줄게, 모두에게 줄게. 얼른 이리 오렴, 애야."

그러나 이미 늦었다. 작은 아이들은 다시 참새의 모습으로 돌아가더니 일제히 날아가 버렸다. 더는 보이지도 않았고, 불러도 들을 수 없었다.

6펜스 은화

아이란 도무지 알 수 없는 작은 동물이다. 어째서 딕키처럼 작은 아이가 느닷없이, 아무런 예고도 없이 발작을 일으켜 누나들이 말하는 '못 말리는 미친개'가 되어 버리는 것일까? 여느 때에는 얌전하고 섬세하며 마음 넓고 온순하고 나이에 비해 무서울 정도로 생각이 깊은데.

"딕키, 이리와. 지금 당장! 엄마가 부르는 게 들리지 않니? 딕키!"

그렇지만 딕키는 올 기미가 없었다. 물론 듣고 있다. 높다랗고 잘 울리는 작은 웃음소리가 딕키의 대답이었다.

딕키는 도망갔다. 잔디에 쌓아 놓은 건초 사이로 요리조리 숨으면서 헛간 앞을 지나 채소밭으로 뛰어들더니 휙 몸을 돌려 이끼 낀 사과나무 뒤에서 얼굴만 내밀고는 엄마를 보면서 '호— 호—!' 하고 인디언 같은 소리를 냈다.

사건은 간식시간에 일어났다. 하녀의 이야기로는 딕키의 엄마가 때마침 놀러와 있던 스피어스 부인과 조용히 응접실에서 바느질을 하는 사이에 일어났다고 한다.

아이들은 간식을 먹고 있었다. 다들 예의 바르게 얌전히 버터 바른 빵의 첫 조각을 먹고 있었다. 하녀는 연한 우유를 다 따라준 참이었다.

갑자기 딕키가 빵접시를 움켜잡더니 머리에 거꾸로 얹고 버터나이프를 집어들었다.

"나 좀 봐봐!"

딕키가 소리쳤다.

누나들이 놀라서 딕키를 쳐다보았다. 하녀가 재빨리 달려갈 새도 없이 빵 접시가 마룻바닥으로 떨어져 산산조각 났다.

그 순간, 여자아이들은 비명을 지르고 고래고래 소리쳤다.

"엄마, 빨리 오세요! 큰일 났어요!"

"딕키가 접시를 깨뜨렸어요!"

"빨리, 빨리 붙잡아야 돼요, 엄마!"

엄마가 허둥지둥 달려오는 모습이 눈에 선할 것이다.

그러나 한발 늦었다. 딕키는 의자에서 뛰어내리더니 프랑스창에서 베란다 로 달아났다. 엄마는 그곳에 우두커니 선 채 반지를 꼈다 뺐다 하면서 어쩔 줄 모르고 있을 뿐이었다.

엄마는 어떻게 해야 할까? 아이를 쫓아가는 건 할 수 없다. 사과나 배나무 사이를 숨바꼭질하면서 딕키를 붙잡기란 무리다. 무엇보다도 그런 꼴사나운 짓을 어떻게 할 수 있단 말인가? 성가신 일 정도가 아니었다. 부아가 치밀었다.

특히나 하필 스피어스 부인이—우등생 아들이 둘이나 있는 그 스피어스 부인이 응접실에서 기다리고 있어서 더 그랬다.

"좋아, 딕키."

엄마가 소리쳤다.

"기억해 둬."

"아무렇지도 않지롱!"

높다란 아이의 목소리에 이어서 저 잘 울리는 웃음소리가 들려왔다. 꼬마는 완전히 흥분한 것이다.

"어머나, 스피어스 부인. 상대도 못 해드리고 정말 죄송해요."

"괜찮아요, 벤달 부인."

스피어스 부인은 달콤한 목소리로 상냥하게 대답하면서 버릇대로 눈썹을 살짝 치켜올렸다. 스피어스 부인은 바느질감을 내려놓고 인자하게 웃었다.

"이런 소동은 흔한 일이죠. 별 일 아니죠?"

"딕키예요."

벤달 부인은 이렇게 말하면서 어떻게 해야 할지 모르겠다는 듯이 하나밖에 없는 가느다란 바늘을 찾기 시작했다. 그리고 스피어스 부인에게 어찌 된 일인지 설명했다.

"정말 골치가 아파요. 그럴 땐 어째야 좋은지 모르겠거든요. 저렇게 되어버리면 그 애한테는 이제 아무 말도 통하지 않는 것 같아요."

그러자 스피어스 부인은 잿빛 눈을 들었다.

"회초리로 때려도 말을 안 듣나요?"

부인이 말했다.

벤달 부인은 바늘에 실을 꿰면서 입술을 뾰죽 내밀었다.

"우리집에서는 아이에게 매질을 한 적이 없어요."

벤달 부인이 말했다.

"여자아이들에게는 그럴 필요가 없었고, 딕키는 아직 어리니까요. 게다가 어쨌거나 하나밖에 없는 아들이잖아요."

"어머나, 그렇다면……."

스피어스 부인은 말하면서 바느질감을 내려놓았다.

"딕키가 이런 소동을 벌이는 것도 무리는 아니군요. 이런 말을 하면 어떨지 모르겠지만, 회초리를 쓰지 않고 아이를 키우는 건 큰 잘못이에요. 회초리보다 확실한 건 없죠. 내 경험에서 하는 말이지만요. 나도 더 온순한 방법을 이것저것 써 봤거든요."

스피어스 부인은 후 하고 숨을 들이마셨다.

"예를 들면, 아이들 혓바닥에다 노란색 비누를 문질러 보기도 했고, 토요일 오후 내내 책상 위에 세워 놓기도 했지요. 하지만 이것만은 확실해요……."

스피어스 부인이 말했다.

"무슨 일이든지 아빠한테 맡기는 게 제일이죠!"

벤달 부인은 노란색 비누 이야기를 듣고 속으로 깜짝 놀랐다. 그렇지만 스피어스 부인은 전혀 이상하게 생각하지 않는 것 같았다. 그래서 또다시 벤달 부인은 놀라운 이야기를 듣게 되었다.

"아빠한테요?"

벤달 부인이 말했다.

"그렇다면 당신이 직접 때리는 건 아니군요?"

"그야 당연하죠."

그 말에 스피어스 부인은 몹시 놀랐다.

"아이한테 회초리질하는 건 엄마가 할 일이 아니죠. 아빠가 할 일이에요. 게다가 아빠가 훨씬 효과가 좋다고요."

"그렇군요, 어쩐지 알 것 같아요."

벤달 부인이 모호하게 말했다.

"우리 애들도……."

스피어스 부인은 격려하듯이 상냥하게 벤달 부인에게 미소를 보였다.

"무서운 게 없다면 딕키처럼 될 거예요. 하지만……."

"말도 안 돼요. 부인네 아이들은 나무랄 데 없는 착한 아이들이잖아요."

벤달 부인이 말했다.

그 말대로였다. 어른들 앞에서 그렇게 얌전하고 예의 바른 아이도 없다. 스피어스 부인의 집을 방문한 사람들은 이 집에 아이들이 있는지 아무도 모를 거라고들 말했다. 하기야 집에 없을 때가 더 많지만.

부인 집 현관 복도에는 쾌활해 보이는 뚱뚱하고 늙은 수도사가 강가에서 낚시를 하는 커다란 그림이 걸려 있었다. 그리고 그 그림 밑에 스피어스 씨의 아버지가 쓰던 굵고 오래된 승마용 채찍이 걸려 있었다.

무슨 까닭인지 몰라도 이 집 아이들은 그 채찍이 보이지 않는 곳―개집 뒤나 헛간이나 쓰레기통 주변에서 놀기를 좋아했다.

"그건 큰 잘못이에요."

스피어스 부인은 바느질감을 접으면서 한숨을 폭 내쉬었다.

"아이들이 아직 어리다고 해서 때리지 않는 건……. 말도 안 되는 잘못, 저지르기 쉬운 잘못이죠. 아이들에게 이런 바보 같은 이야기도 없다는 걸 잊으면 안 돼요. 그런데 딕키의 오늘 행동은 제가 보기엔 일부러 그러는 것처럼 보이는군요. 가끔은 호되게 혼내 줘야 한다는 걸 당신에게 깨우쳐 주려고 일부러 그런 거예요."

"정말 그렇게 생각해요?"

사람 좋은 벤달 부인은 이 이야기에 마음이 흔들렸다.

"그렇고말고요. 틀림없어요. 그러니까 가끔 혼쭐을 내줘야 해요."

스피어스 부인은 교육자처럼 자신만만하게 말했다.

"아빠한테 맡기면 훨씬 쉽죠. 정말이에요."

스피어스 부인은 퍼석퍼석하고 차가운 손을 벤달 부인의 손 위에다 포겠다.

"남편이 퇴근하면 이야기해 봐야겠어요."

딕키의 엄마는 단호하게 말했다.

아이들이 잠들자 정원 문이 닫히는 소리가 들리더니 딕키의 아빠가 가파른 콘크리트 계단을 자전거를 들쳐 메고 비틀거리면서 올라왔다. 사무실에서는 힘든 하루를 보냈다. 덥고 먼지는 자욱하고……아빠는 녹초가 되어 있었다.

그렇지만 벤달 부인은 남편이 돌아올 때까지 새로운 계획에 완전히 마음을 빼앗기고 있었다. 부인은 얼른 남편을 마중 나갔다.

"에드워드, 퇴근하기를 기다렸어."

부인이 말했다.

"무슨 일 있었어?"

에드워드는 자전거를 내려놓고 모자를 벗었다. 모자에 닿았던 부분이 붉어져 아파 보였다.

"무슨 일이야?"

"응접실로 가서 말할게."

벤달 부인은 더는 못 기다리겠다는 듯이 빠른 어조로 말하기 시작했다.

"뭐라고 해야 할까……그러니까 딕키가 말을 안 들어서 정말 큰일이야. 저 나이대 아이들이 어떤 말썽을 부리는지 당신 몰라? 모를 테지. 하루 종일 사무실에 있으니까. 정말 어마어마하다니까. 나한텐 버거운 아이야. 이렇게도 해 보고 저렇게도 해 봤지만 아무 효과도 없어. 남은 방법은 하나밖에 없어."

벤달 부인은 숨을 몰아쉬면서 입을 열었다.

"회초리야. 당신이 그 애를 때려줘, 에드워드."

응접실 구석에 놓인 장식장 맨 위층에 도자기로 된 곰이 빨간 혓바닥을 내밀고 있었다. 곰은 딕키의 아빠를 보며 웃고 있었다.

"잘 해봐, 그러려고 퇴근한 거라고!"

이렇게 말하는 듯했다.

"갑자기 웬 회초리질을 하라는 거야?"

에드워드는 곰을 쳐다보면서 말했다.

"왜냐하면……."

부인이 말했다.

"알잖아. 그럴 수밖에 없다는 거. 나 혼자서는 감당이 안 돼."

부인의 입에서 튀어나온 말들이 남편의 지친 머리를 세차게 때렸다.

"우리집은 유모를 고용할 여유도 없고, 하녀는 할 일이 산더미처럼 많아. 그런데 그 애는 얼마나 말썽을 부리는지! 당신이 알 리 없지, 에드워드. 하루 종일 사무실에 있으니까."

곰이 혓바닥을 낼름 내밀었다. 뭐라고 중얼거리는 소리는 끝없이 이어졌다. 에드워드는 반쯤 포기한 심정으로 의자에 털썩 앉았다.

"뭘로 때리면 돼?"

남편의 목소리에는 힘이 없었다.

"물론 슬리퍼지."

부인이 말했다. 그리고 먼지가 잔뜩 낀 남편의 구두끈을 풀려고 바닥에 무릎을 꿇었다.

"맙소사, 에드워드."

부인이 투덜거렸다.

"응접실에 들어와서도 아직 자전거용 바지를 입고 있잖아."

"이제 됐어."

에드워드는 부인을 밀쳐내듯이 일어났다.

"그 슬리퍼를 가져와."

에드워드는 계단을 올라갔다. 자신이 검은 거미줄에 걸린 인간처럼 여겨졌다. 그리고 정말로 딕키를 때려주고 싶어졌다.

'정말 지긋지긋하군. 뭔가를 두들겨 패야 속이 풀릴 것 같아.'

에드워드의 분노로 떨리는 눈은 아직 먼지를 뒤집어쓴 채였고, 팔도 무거웠다.

에드워드는 딕키의 작은 방문을 벌컥 열었다. 딕키는 방 가운데에 잠옷을 입은 채로 서 있었다. 그 모습을 보고 에드워드의 분노는 더욱 부풀어올랐다.

"딕키, 아빠가 왜 왔는지 알고 있겠지?"

에드워드가 말했다.

딕키는 말이 없었다.

"널 때리러 왔다."

대답이 없었다.

"잠옷을 걷어."

이 말에 딕키가 고개를 들었다. 얼굴이 새빨개졌다.

"꼭 때릴 거예요?"

딕키가 나지막한 목소리로 물었다.

"자, 꾸물거리지 말고 어서 해!"

에드워드는 슬리퍼를 움켜잡고서 딕키를 세게 세 번 때렸다.

"이젠 엄마 말을 잘 듣겠지."

딕키는 고개를 떨어뜨리고 있었다.

"빨리 자."

아빠가 말했다.

그래도 딕키는 움직이지 않았다. 그리고 떨리는 목소리로 말했다.

"전 아직 양치질을 하지 않았어요, 아빠."

"뭐라고?"

딕키는 얼굴을 들었다. 입술은 떨렸지만 눈은 젖어 있지 않았다. 울음소리도 내지 않았고, 눈물도 흘리지 않았다. 침을 꿀꺽 삼키고는 갈라진 목소리로

"아직 양치질을 하지 않았어요, 아빠."

하고 말할 뿐이었다.

그렇지만 그 천진한 얼굴을 보는 순간 에드워드는 휙 등을 돌리고 계단을 달려 내려가 마당으로 나갔다.

'아, 내가 무슨 짓을 한 거지!'

에드워드는 울타리 앞까지 걸어가서 배나무 뒤에 몸을 숨겼다.

딕키를 때렸어. 아직 조그만 아이를 슬리퍼로 때렸어.

도대체 왜 때려야 했지? 그 이유조차 모르겠어. 그냥 얼결에 그 애 방에 들어간 거야. 그랬더니 잠옷을 입은 귀여운 그 애가 거기에 있었지.

딕키의 아빠는 울컥 치솟아오르는 신음을 누르면서 울타리에 매달렸다.

게다가 그 애는 울지도 않았어. 눈물 한 방울 흘리지 않았어. 차라리 울거나 화를 냈으면 나았을 텐데, 그러지도 않고 '아빠'라고 그렇게 다정하게 불러 주다니. 그 떨리는 목소리가 지금도 귀에 또렷해. 한마디 말대꾸도 없이 그렇게 이 아빠를 용서해 주다니……. 아, 하지만 아빠는 나 자신을 용서할 수가 없구나…….

'절대 용서할 수 없어, 이 겁쟁이! 멍청이! 난 짐승만도 못해.'

문득 에드워드는 언젠가 딕키가 자신의 무릎 위에서 놀다가 떨어져서 손목이 삐었을 때를 떠올렸다. 그때도 딕키는 울지 않았다. 이런 참을성 있는 착한 애를 이 아빠가 때렸구나!

"이 일은 수습해야 해."

에드워드는 생각했다.

에드워드는 집 안으로 돌아가서 계단을 올라가 딕키의 방으로 들어갔다.

딕키는 침대에 있었다. 어두침침한 빛 속에서 앞머리를 짧게 자른 갈색 얼굴이 희끄무레한 베개 위에서 또렷하게 보였다. 조용히 있었지만 역시 울고 있지는 않았다.

에드워드는 문을 닫고 문에 기댔다. 마음으로는 딕키의 침대 앞에 무릎을 꿇고 울면서 용서를 구하고 싶었다.

그러나 물론 그러지 못했다. 에드워드는 어쩐지 겸연쩍어서 심장이 죄어오는 느낌이었다.

"아직 안 자니, 딕키?"

"네, 아빠."

에드워드는 걸어가서 아들의 침대에 걸터앉았다. 그러자 딕키가 긴 속눈썹 사이로 아빠를 쳐다보았다.

"아프지 않니, 얘야?"

"네, 아빠."

딕키가 말했다.

에드워드는 손을 뻗어서 딕키의 따끈따끈한 귀여운 손을 꼭 쥐었다.

"얘야, 아까 일을 마음에 품지 말아다오."

에드워드가 쉰 목소리로 말했다.

"알겠니? 이미 지난 일이니까 잊어버려. 다시 그런 일은 없을 거다."

"네, 아빠."

"그러니까 기운 내렴, 얘야."

에드워드는 말했다.

"그리고 웃어다오."

에드워드는 입가를 파르르 떨면서 메마른 미소를 지어 보였다.

"아까 일은 모두 잊어버려. 알겠니, 얘야? 귀여운 아들."

닉키는 여전히 꼼짝도 하지 않고 누워 있었다.

오, 이런!

딕키의 아빠는 벌떡 일어나 창가로 갔다.

마당은 어둑어둑해지고 있었다. 하녀가 뛰어나와 나뭇가지에서 흰 빨래들을 걷어서는 한쪽 팔에 포개어 걸치고 있었다.

드넓은 하늘에는 저녁 별이 빛났고, 커다란 고무나무 한 그루가 길쭉한 이파리를 흔들거리면서 노을 속에서 또렷하게 보였다.

이런 풍경을 바라보면서 아빠는 바지주머니에 손을 넣어 돈을 찾았다. 주머니에서 돈을 꺼내어 반짝이는 6펜스 은화 한 닢을 딕키 앞으로 가져갔다.

"이걸 주마. 사고 싶은 걸 사도록 해."

에드워드는 상냥하게 말하면서 은화를 딕키의 베개맡에다 놓았다.

그러나 이런 것으로―6펜스 은화 따위로 아까 일이 어떻게 없었던 일이 되겠는가.

Bank Holiday
공휴일

얼굴이 발그스름하고 통통한 남자가 우중충한 흰색 플란넬 바지와 분홍 손수건이 꽂힌 파란 외투를 걸치고, 머리보다 너무 작은 밀짚모자를 뒤통수에 걸치고 있었다. 그는 기타를 친다. 올이 굵은 삼베로 만든 흰색 신발을 신고 부러진 날개 같은 펠트 모자로 얼굴을 가린 아담한 친구가 플루트를 분다. 터져나갈 듯한 오래된 단추가 달린 부츠를 신은 키 크고 마른 남자가 바이올린을 켜자 그 선율에서 구불구불하고 기다란 리본이 흘러나온다. 그들은 쌀쌀맞아 보이지만 심각하지 않은 얼굴로 과일 가게를 마주 보며 볕을 가득하게 받으며 서 있다. 분홍빛의 거미 같은 손이 기타 박자를 맞추고, 터키석이 박힌 황동 반지를 낀 작고 통통한 손이 마지못해 플루트에서 소리를 빼내며, 바이올린 연주자의 팔은 바이올린을 두 동강 내려 한다.

사람들이 모여 오렌지와 바나나 껍질을 벗겨서 나눠 먹는다. 한 어린 소녀는 딸기 바구니를 들고 있지만 먹지는 않는다.

"훌륭하네요!"

소녀는 꼭지가 달린 작은 과일들을 두려워하는 눈길로 노려본다. 오스트레일리아 병사가 크게 웃는다.

"에이, 그건 한 입 거리도 안 되겠네."

그러나 병사 또한 소녀가 그 딸기를 먹기를 바라지는 않는다. 병사는 두려움으로 가득찬 소녀의 작은 얼굴을 바라보기만 해도 좋았고, 소녀는 당혹스러워하며 그를 올려다본다.

"괜찮은데요!"

병사는 가슴을 쭉 내밀고 씩 웃는다. 비로드로 만든 보디스를 차려입은 뚱뚱하고 늙은 여인네들은 먼지가 가득한 낡은 바늘꽂이 쿠션 같고, 낡은 우산처럼 야위고 늙은 여인네들은 흔들리는 보닛 모자를 썼다. 젊은 여인들은 머슬린 옷을 입고 울타리에서 자라난 듯한 모자를 쓰고 뾰족구두를 신었다. 카키색 옷을 입은 남자들, 선원, 초라한 행색의 점원, 어깨에 패드를 덧대고 바지통이 넓은 고급 정장을 입은 유대인 청년, 파란색 '환자옷을 입은 소년들'을 햇볕이 찾아낸다. 시끄럽고 대담한 음악이 한순간에 모두를 커다란 매듭으로 붙잡는다. 젊은이들은 장난치며 상대를 인도 밖으로 밀고 피하면서 찌른다. 나이든 사람들이 이야기한다.

"그래서 내가 그 사람한테 이르기를, 당신이 의사를 만나고자 한다면 데려오라고 말했네."

"그리고 요리가 끝났을 때 내 손바닥에 올려놓을 만한 것도 없더라고!"

누더기 차림의 아이들만 조용하다. 아이들은 뒷짐 지고 눈을 크게 뜬 채로 될 수 있는 대로 연주자들 가까이에 붙어 서 있다. 가끔씩 다리로 펄쩍 뛰고 팔을 흔든다. 걷기 시작한 아기가 두 번 돌고 조심스럽게 바닥에 앉았다가 다시 일어난다.

"귀엽죠?"

어린 소녀가 손으로 입을 가리고 속삭인다. 음악은 경쾌하게 흘러 나가다가 다시 모이고 또다시 흩어지며 끝난다. 사람들은 흩어져서 천천히 언덕 위로 올라간다.

길가 모퉁이에서부터 가판대가 시작된다.

"먼지떨이 사세요! 먼지떨이가 2펜스요! 먼지떨이 필요하세요? 먼지떨이 사세요."

철로 만든 손잡이가 달린 작고 부드러운 먼지떨이를 많은 병사들이 샀다.

"흑인 인형 사세요! 흑인 인형이 2펜스입니다!"

"뜀질하는 당나귀 사세요! 모두 살아 있어요!"

"씹는 껌인데 괜찮아요. 여러분, 흥미로운 걸 사세요."

"장미 사세요. 신사분들, 여자 친구에게 장미를 선물로 주세요. 장미는 어떠세요, 아가씨?"

"깃털 사세요! 깃털 사세요!"

거부하기 힘들었다. 밝은 초록빛, 진홍색, 밝은 파랑, 밝은 노랑의 아름다운 깃털들이 흘러내렸다. 심지어 아기들의 모자 사이에도 깃털이 꽂혀 있었다.

삼각형 종이 모자를 쓴 늙은 여인이 자신을 구하거나 의식을 되찾게 해주는 마지막 충고를 해주듯이 외쳤다.

"삼각모자 사세요, 한번만 써보시라구요!"

반쯤은 햇볕이 내리쬐고, 반쯤은 바람이 부는 아주 좋은 날이었다. 해가 구름 뒤에 숨을 때 그림자는 하늘 높이 날아다닌다. 다시 해가 모습을 드러내면 불처럼 빨갛게 타오른다. 여자와 남자들은 햇볕에 등짝은 물론 가슴과 팔이 모조리 타는 것 같았다. 그들은 자신들의 몸이 팽창하고 생기를 되찾는 걸 느끼면서…… 커다랗게 껴안는 몸짓을 보여 준다. 두 팔을 위로 쳐들더니 한 소녀를 와락 끌어안고 웃음을 터트린다.

레모네이드! 식탁보가 덮인 탁자 위에 레모네이드가 가득 담긴 항아리가 놓여 있다. 노란 물속에서 레몬이 무뚝뚝한 물고기들처럼 떠다닌다. 두꺼운 유리 항아리에 담긴 레모네이드는 젤리처럼 단단해 보인다. 레모네이드를 흘리지 않고 마실 수는 없는가? 흘리지 않는 사람은 없고, 마지막 방울을 반지에 흘리고 나서야 잔을 돌려준다.

줄무늬 진 가리개와 눈부신 놋쇠 뚜껑이 달린 아이스크림 수레에 아이들이 빙 둘러 모여 있다. 작은 혀들이 트럼펫처럼 생긴 아이스크림을 핥고 또 핥아서 네모난 것을 둥글게 만든다. 뚜껑이 열리고 나무 숟가락이 푹 들어간다. 눈을 감고 촉감을 느끼며 조용히 아이스크림을 깨문다.

"이 작은 새들이 당신의 미래를 알려 줍니다!"

한 여인이 새장 옆에 서 있는데, 늙지는 않았으나 주름이 자글자글한 이탈리아인이 자신의 검은 손을 오므렸다 편다. 초록과 금빛 스카프 안에 보물처럼 꼼꼼하게 조각된 여인의 얼굴이 드러난다. 그리고 새장 안에서 모란 앵무들이 모이 그릇에 담긴 종이쪽지를 향해 날개를 퍼덕인다.

"당신은 개성이 아주 강한 사람이에요. 머리털이 붉은 남자와 결혼해서 세 아이를 두게 될 거예요. 금발 여자를 조심해요."

조심해! 조심해! 뚱보 운전사가 모는 자동차가 언덕을 급하게 내려오고 있어요. 차에 탄 금발 여인이 입을 쭉 내밀고 당신 삶 속으로 달려들고 있어요. 조심해요! 조심해요!

"신사 숙녀 여러분, 저는 경매업을 직업으로 삼고 있으며, 제가 말씀드리는 것이 거짓이라면 허가증을 빼앗기고 중형을 살 것입니다."

남자가 허가증을 가슴 위로 내밀어 보였다. 남자의 얼굴에서 흐른 땀이 종이로 만든 것으로 떨어지고, 그의 두 눈은 멍하게 보였다. 그가 모자를 벗었을 땐 마치 성이 난 것처럼 이마에 주름이 깊게 패여 있다. 아무도 시계를 사지 않는다.

다시 조심하라! 늙디 늙은 아기를 둘이나 태운 4인승 대형마차가 언덕 위에서 미친 듯이 내려온다. 여자는 레이스 양산을 들었고, 남자는 지팡이 손잡이를 핥는다. 요람이 흔들리자 뚱뚱하고 늙은 몸뚱이들도 함께 구르고, 말은 씩씩거리며 언덕을 내려오는 길에 말똥 흔적을 남긴다.

한 그루 나무 아래 모자를 쓰고 가운을 입은 레너드 교수가 자신의 깃발 옆에 서 있다. 그는 런던, 파리, 브뤼셀에서 열린 전시회를 방문한 길에 당신의 관상을 봐주려고 '하루만' 들른 것이다. 교수는 초짜배기 치과 의사처럼 격려하는 미소를 짓고 서 있다. 조금 전에 장난치며 욕하던 덩치 좋은 남자들이 6펜스 은화를 쥐고 교수 앞에 선다. 교수가 인쇄된 카드를 재빨리 만질 때 남자들의 표정은 갑자기 진지하고 멍청하면서도 소심하고 거의 얼굴이 붉어질 정도이다. 그들은 금지된 정원에서 놀다가 주인에게 붙들려 나무 뒤에서 걸어 나오는 어린 아이들 같았다.

언덕 꼭대기에 다다랐다. 정말로 덥다! 정말로 멋지네! 술집 문이 열리자 사람들이 안으로 밀려들어온다. 어머니는 아기와 함께 도로 가장자리에 앉고 아버지는 어머니에게 짙은 갈색 유리잔을 갖다 준 다음, 팔꿈치로 사납게 문을 밀고 안으로 다시 들어간다. 술집에서는 맥주 냄새가 물결치고 의자를 질질 끄는 소리와 시끄럽게 떠드는 목소리들이 흘러나온다.

바람이 멈추고 태양은 그 어느 때보다 더 뜨겁게 타오른다. 두 쪽으로 된 문 밖에는 꿀단지 아가리에 모여든 파리 떼처럼 아이들이 모여 있다.

언덕 위로, 또 위로 사람들이 먼지떨이와 흑인 인형, 장미와 깃털을 들고 온다. 그들은 빛과 열기 속으로 밀치면서 고함을 지르고, 웃고, 꽥꽥거리며 올라온다. 그리고 마치 저 아래에서부터 어떤 것이 사람들을 위로, 위로 밀어 올리듯이, 그리고 그들보다 훨씬 앞에 있는 해가 그들을 강렬하고 밝으며 눈부신 빛으로 끌어올리듯이…… 어디로?

The Daughters of the Late Colonel
죽은 대령의 딸들

1

그다음 주는 그들이 살아오는 속에서 가장 바쁜 일주일이었다. 잠자리에 들어도 그저 누워서 쉴 뿐, 머릿속으로는 온갖 일을 생각하고 또 신경을 쓰며 의심하고 결정 내리며, 어디에서 무슨 일이 있었는지 되뇌었다.

콘스탄티아는 동상처럼 누워 있었다. 옆구리에 손을 붙이고, 두 발은 서로 포갠 채 턱까지 이불을 끌어올리고는 천장을 노려보았다.

"수위에게 아버지의 실크해트를 주면 아버지가 싫어하실까?"

"수위에게?"

조세핀이 딱딱거렸다.

"수위는 왜? 참 뜬금없는 생각인걸!"

"왜냐하면,"

콘스탄티아가 천천히 말했다.

"수위는 장례식에 자주 가야 하잖아. 그리고 묘지에서 보니까 그 사람은 중산모만 가지고 있더라고."

콘스탄티아가 잠깐 말을 멈추었다.

"그 사람한테 실크해트를 주면 정말로 고마워할 것이라고 생각했어. 마땅히 선물을 줘야 하기도 하잖아. 아버지에게 언제나 친절하게 대했으니까."

"하지만,"

조세핀이 베개 위에서 여봐란 듯이 고개를 돌리더니 어둠 속에서 콘스탄티아를 노려보며 외쳤다.

"아버지의 머리야!"

조세핀은 갑작스레 잠깐 동안이나마 킥킥거렸다. 물론 킥킥거릴 기분은 전혀 아니었다. 틀림없게도 그것은 버릇이었다. 예전에 두 사람이 한밤중에 깨어 이야기할 때면 침대가 거의 들썩거렸다. 지금 이 순간 수위의 머리가 휙 사라졌다가 아버지의 모자 아래에서 촛불처럼 피어올랐다. 킥킥거림이 차츰 심해지자 그녀는 두 손을 꼭 쥐었다. 억지로 웃음을 참으려고 애쓰면서, 어둠 속에서 얼굴을 잔뜩 찌푸리며 아주 엄격하게 "기억해." 하고 혼자 중얼거렸다.

"내일 결정하는 것이 좋겠다."

조세핀이 말했다.

콘스탄티아는 아무것도 눈치 채지 못하고 한숨만 내쉬었다.

"우리 실내복도 물을 들여야 할까?"

"검은색으로?"

조세핀이 거의 비명을 질렀다.

"그럼, 다른 색으로?"

콘스탄티아가 말했다.

"우리가 완전하게 차려입고서 밖에서는 검은 옷을 입는 것이, 그리고 집에 있을 때에는 그렇게 하지 않는다는 것이 어떤 면에서는 참된 것처럼 보이지 않는 것 같다는 생각이 들어서……."

"하지만 보는 사람은 아무도 없어."

조세핀이 말했다. 그녀가 침대보를 휙 잡아당기자 두 발이 드러났다. 그녀는 발을 숨기려고 베개 위쪽으로 몸을 살금살금 움직였다.

"케이트가 그렇잖아. 우편배달부도 아마도 그럴 것이고."

콘스탄티아가 말했다.

조세핀은 자신의 실내복과 잘 어울리는 검붉은색 실내화와 콘스탄티아의 실내복과 잘 어울릴 뿐만 아니라 그녀가 아주 좋아하는 진한 초록색 실내화를 떠올렸다. 검은색! 검정 실내복 두 벌과 검은 모직 실내화 두 켤레가마치 검은 고양이처럼 화장실로 살금살금 움직이는 모습이라니.

"꼭 그럴 필요는 없을 것 같은데."

침묵이 흐른 뒤 콘스탄티아가 말했다.

"내일 실론으로 보내는 우편물에 부고가 실린 신문을 보내야 해······.[1] 지금까지 몇 장이나 받았어?"

"스물셋."

조세핀은 편지마다 하나하나 답장을 보냈다.

"저희도 아버지가 곁에 계시지 않아서 정말 섭섭하게 생각합니다." 이렇게 스물세 번 쓸 때마다 마음이 무너지는 것 같아 손수건을 찾아야 했고, 하늘빛으로 번진 눈물을 압지 가장자리로 닦아낸 적도 있었다. 기묘한 일이었다. 그녀가 스물세 번이나 그런 감정을 느꼈다는 것은 있을 수 없는 일이었다. "저희도 아버지가 곁에 계시지 않아서 정말 섭섭하게 생각합니다."라고 중얼거리는 이 순간에도 마음만 먹으면 눈물을 흘릴 수 있었다.

"우표는 넉넉해?"

콘스탄티아가 물었다.

"야, 내가 어떻게 알아?"

조세핀이 짜증을 냈다.

"이제 와서 물어보면 어쩌라는 거야?"

"난 그냥 궁금해서."

콘스탄티아가 부드럽게 말했다.

다시 조용해졌다. 무언가가 바스락거리며 종종걸음을 치다가 급하게 뛰어가는 소리가 들려왔다.

"쥐야."

콘스탄티아가 말했다.

"빵 부스러기도 아예 없는데 쥐는 무슨."

조세핀이 말했다.

"빵 부스러기가 없다는 걸 쥐가 어떻게 아냐고."

---

[1] 맨스필드가 이 작품을 쓰던 무렵 영국 식민지였던 실론은 오늘날 스리랑카.

콘스탄티아가 말했다. 마음속으로 동정심을 느꼈다. 가여운 것! 화장대에 비스킷 부스러기라도 남겨두는 게 좋았겠다라는 생각이 들었다. 쥐가 먹을 거리를 아예 찾지 못하리라고 생각하니 가엾기 짝이 없었다. 녀석은 어떻게 할까?

"어떻게 살아가는지 정말 모르겠어."

그녀가 천천히 말했다.

"누가?"

조세핀이 물었다.

콘스탄티아는 자기 생각 이상으로 크게 대답했다.

"쥐."

조세핀이 크게 화를 냈다.

"콘스탄티아, 자다가 봉창 두드리냐!"

조세핀이 말했다.

"그게 쥐와 뭔 상관이 있다고? 너 잠에 취해 있구나."

"아닌데."

콘스탄티아가 말했다. 그녀는 확인해 보려고 눈을 감았다. 잠이 들었다.

조세핀은 등을 둥글게 구부리고 두 무릎을 세운 채 주먹이 귀 아래에 오도록 팔짱을 끼고 빰을 베개에 대고 세게 눌렀다.

2

간호사 앤드루스에게 그 주에 함께 있어달라고 부탁하면서 사정은 더 복잡해졌다. 간호사에게 그런 부탁을 한 것은 그들의 실수였다. 조세핀은 그렇게 생각했다. 때마침 그날 아침, 그러니까 때마침 그 마지막 아침에 의사가 돌아가고 나서 조세핀은 콘스탄티아에게 물었다.

"간호사 앤드루스에게 일주일쯤 손님으로 머물러달라고 부탁하는 게 좋겠다고 생각하는데, 넌 어때?"

"아주 좋아."

콘스탄티아가 말했다.

"내가 말이야,"

조세핀이 빠르게 말을 이었다.

"오후에 돈을 주면서 이렇게 얘기해야겠다고 생각했거든. '간호사님께서 저희들에게 이렇게 해주셨으니 일주일쯤 저희들의 손님으로 머물러 주신다면 동생과 저는 정말 기쁘게 생각할 것입니다.' 저희들의 손님이라는 뜻이 무언지는 내가 미리……."

"아, 그러나 간호사도 돈을 받는다고는 거의 생각하지 못할 텐데!"

콘스탄티아가 외쳤다.

"그거야 아무도 모르지."

조세핀이 점잔빼며 말했다.

물론 간호사 앤드루스는 그 제안을 기꺼이 받아들였다. 그러나 짜증나는 일이었다. 그들이 제 시간에 규칙에 따라 식탁에서 밥을 먹어야 한다는 뜻이었기 때문이다. 자매끼리만 있다면 케이트에게 음식 쟁반을 어느 곳에라도 가져오라고 말하면 그만이었다. 그러나 이제 식사 시간이면 압박감이 시련처럼 닥쳐왔다.

간호사 앤드루스는 그저 버터를 두려워했다. 버터에 대해서만은 간호사가 두 자매의 호의를 이용한다고 느낄 정도였다. 게다가 그녀는 자기 접시의 음식을 다 먹으면서 빵을 조금만 더 달라고 요구하는 짜증나는 버릇이 있었다. 그러고는 마지막 빵조각을 먹으면서 멍하니(물론 넋이 나간 것은 아니었지만) 새로운 빵을 집어 들곤 했다. 조세핀은 간호사를 보면서 얼굴을 붉히더니 작고 기이한 곤충이 그물 사이를 기어 다니는 것을 본 듯 구슬처럼 작은 두 눈을 식탁보 위에 고정했다. 가늘고 창백한 콘스탄티아의 얼굴은 더욱 길어졌고, 그녀의 표정은 사막 너머 저 멀리 낙타 행렬이 실타래처럼 풀려 나가는 광경이라도 보는 듯했다.

간호사 앤드루스가 말했다.

"제가 튜크스 부인 집에 머물 때 부인에게는 작고 우아한 버터용 기구가 있었어요. 유리 접시 가장자리에 은으로 만든 큐피드가 작은 포크를 들고 서 있었죠. 큐피드의 발을 누르면 큐피드가 허리를 구부려 버터를 조금 주었어요. 참 유쾌했죠."

조세핀은 그녀의 말을 도저히 참을 수 없었다. 그래서 "지나치게 낭비하는 것 같은데요."라고만 대꾸했다.

"왜요?"

간호사 앤드루스가 안경 너머로 두 눈을 반짝이며 물었다.

"자기가 원하는 것보다 더 버터를 가져갈 수 없었어요. 그렇지 않아요?"

"콘스탄티아, 종을 쳐라."

조세핀이 외쳤다. 그녀는 자기가 뭐라고 대답할지 확신할 수 없었다.

젊고 자부심이 넘치며 마법에 걸린 공주인 케이트가 늙은 고양이들에게 필요한 것을 살피려고 왔다. 케이트는 그들의 접시를 낚아채더니 무시무시한 하얀 블라망주 푸딩을 내려놓았다.

"케이트, 잼을 부탁해."

조세핀이 상냥하게 말했다.

케이트가 무릎을 꿇고 찬장 문을 열더니 잼이 든 병의 뚜껑을 열어서 속이 빈 것을 보고는 식탁에 내려놓고 성큼성큼 걸어가 버렸다.

잠시 뒤 간호사 앤드루스가 말했다.

"아무래도 남은 게 없는 것 같네요."

"아 참 귀찮네!"

조세핀이 입술을 깨물었다.

"어떻게 해야 하나?"

콘스탄티아가 어정쩡한 얼굴로 부드럽게 말했다.

"또 다시 케이트에게 폐를 끼쳐서는 안 되지."

간호사 앤드루스는 두 사람에게 미소 지으며 기다렸다. 안경 너머로 그녀의 두 눈이 모든 상황을 엿보는 듯이 이리저리 움직였다. 콘스탄티아는 절망스러운 기분으로 또다시 낙타 떼를 떠올렸다. 조세핀은 얼굴을 잔뜩 찌푸리며 정신을 집중했다. 이 어리석은 여자만 아니었다면 당연히 콘스탄티아와 함께 블라망주만 먹었을 것이다. 문득 좋은 생각이 떠올랐다.

"아, 마멀레이드가 있어요. 찬장에 마멀레이드가 좀 있을 거예요. 콘스탄티아, 가져오렴."

간호사 앤드루스가 크게 웃었다. 그 웃음소리는 숟가락으로 의료용 유리컵을 탁탁 때리는 듯했다.

"마멀레이드가 너무 쓴 맛이 나지 않기를 바랍니다."

3

그러나 결국에는 머지않아 간호사도 영영 떠날 것이다. 물론 그녀가 아버지를 아주 친절하게 돌본 것을 잊을 수는 없었다. 마지막에 그녀는 아버지를 밤낮으로 돌봤다. 사실 콘스탄티아와 조세핀은 임종 때 간호사가 아버지 곁을 지켰던 것은 지나쳤다고 내심 느꼈다. 두 자매가 아버지에게 마지막 인사를 드리러 갔을 때 간호사 앤드루스는 줄곧 침대 맡에 앉아 아버지 손목을 붙잡고 시계를 보는 척했다. 그럴 필요까지는 없었다. 또한 지나치게 분별없는 행동이었다. 예컨대 아버지가 어떤 이야기, 그들과 사사로이 이야기를 하고 싶어 했다고 해 보자. 아버지가 그렇게 하지는 않았다. 도무지 그럴 상황은 아니었다. 아버지는 침울하고 성난 자줏빛 얼굴로 누워 있었고, 두 딸이 방 안으로 들어와도 쳐다보지 않았다. 자매가 어떻게 해야 할지 고심하며 서 있을 때 아버지가 한쪽 눈을 떴다. 아, 아버지가 두 눈을 다 뜨기만 했어도 아버지에 대한 기억이 정말로 달라졌을 것이고 사람들에게 이야기하기도 정말로 쉬웠을 것이다! 그러나 아니었다. 한쪽 눈뿐이었다. 아버지의 한쪽 눈은 그들을 잠깐 노려보다가…… 이윽고 감겼다.

4

그날 오후, 세인트존스 교구의 사제 파롤레스가 찾아왔을 때 자매는 너무나도 어색했다.

"평안하게 눈을 감으셨다고 믿어도 되겠지요?"

그가 깜깜한 응접실을 지나 그들 쪽으로 미끄러지듯 다가오면서 꺼낸 첫마디였다.

"꽤요."

조세핀이 가냘프게 말했다. 두 사람 모두 고개를 숙였다. 그들은 아버지의 눈이 조금도 평안하지 않았다고 확신했다.

"앉으세요."

조세핀이 말했다.

"고맙습니다, 피너 양."

사제 파롤레스가 감사하며 말했다. 그는 외투 꼬리를 접으며 아버지의 안락의자에 앉다가 의자에 몸이 닿자마자 거의 용수철이 튀어오르듯이 일어나 옆 의자에 앉았다.

그가 기침을 했다. 조세핀은 두 손을 움켜쥐었고, 콘스탄티아는 얼빠진 것처럼 보였다.

사제 파롤레스가 말했다.

"피너 양, 콘스탄티아 양, 제가 도움이 되고자 애쓰고 있다는 걸 알아주기를 바랍니다. 허락한다면 두 분께 도움이 되고 싶습니다. 지금이 하느님께서 우리가 서로 도움이 되기를 간절히 바라시는 때입니다."

사제 파롤레스가 간단하면서도 진지하게 말했다.

"무척 고맙습니다, 파롤레스 씨."

조세핀과 콘스탄티아가 말했다.

"아닙니다."

사제 파롤레스가 부드럽게 말했다. 그는 손가락에서 새끼 염소 가죽으로 만든 장갑을 빼면서 몸을 앞으로 기울였다.

"또 두 분 가운데 어느 한 분이라도, 아니면 두 분 모두 지금 여기에서 조촐하게 성찬식을 하고 싶다면 말씀하시기 바랍니다. 조촐한 성찬식이 노움이 되고 큰 위로가 될 때가 종종 있습니다."

그가 부드럽게 덧붙였다.

그러나 조촐한 성찬식이라는 말에 자매는 겁을 먹었다. 뭐라고! 제단도 아무것도 없는 응접실에서 자기들끼리 성찬식을 드린다고! 콘스탄티아는 피아노가 높기 때문에 사제 파롤레스가 피아노 위에서 성배를 들고 몸을 구부릴 수 없을 거라고 생각했다. 조세핀은 케이트가 시끄럽게 떠들면서 들어와 틀림없이 방해할 것이라고 생각했다. 그 와중에 초인종이라도 울리면? 누군 가 중요한 사람이 문상하러 올지도 모른다. 그러면 경건하게 일어나서 나가 야 할까, 아니면 고문을 당하며…… 기다려야 할까?

"나중에라도 필요하면 착한 케이트 편으로 연락하세요."

사제 파롤레스가 말했다.

"아, 그럴게요. 정말 고맙습니다!"

자매가 동시에 대답했다.

파롤레스가 일어나더니 원형 탁자에서 검은 밀짚모자를 집었다.

"장례식 말입니다만, 아버지의 오랜 친구이자 피너 양과 콘스탄티아 양의 친구로서 제가 준비해도 될까요?"

그가 다정하게 물었다. 조세핀과 콘스탄티아도 일어났다. 조세핀이 단호하 게 말했다.

"아주 간소하고 너무 비싸지 않으면 좋겠어요. 그리고……."

콘스탄티아는 꿈을 꾸는 듯한 얼굴로 마치 조세핀이 잠옷이라도 사려는 것처럼 '오래가는 게 좋지.' 하고 생각했다. 물론 조세핀은 그렇게 말하지 않 았다.

"아버지의 지위에 알맞게요."

조세핀은 꽤 긴장한 것 같았다. 사제 파롤레스가 위로하며 말했다.

"우리의 좋은 친구 나이트 씨에게 가봐야겠어요. 두 사람에게 문상하라고 할게요. 그 사람은 틀림없이 도움이 될 겁니다."

5

두 자매는 아버지가 다시는 돌아오시지 못한다고 확신하지 못했으나, 어 쨌든 모든 것이 끝났다. 묘지에서 관을 내리는 순간 조세핀은 아버지의 허 락도 없이 콘스탄티아와 둘이서 이런 일을 해야 한다는 생각에 엄청난 두려 움을 느꼈다. 아버지가 알게 된다면 뭐라고 할까? 어차피 아버지는 곧 알아 낼 터였다. 아버지는 늘 그랬다.

"파묻었어. 너희 둘이 날 파묻었어!"

아버지가 지팡이를 쿵쿵대는 소리가 들렸다. 아, 뭐라 말해야 할까? 뭐라고 변명하지? 끔찍하게 무정한 일이 아닐까. 그 순간 우연히 무기력했다는 이유만으로 한 사람을 그처럼 무작스럽게 이용하다니. 다른 사람들은 그 일을 마땅하게 여기는 것 같았다. 그들은 남이었다. 아버지가 절대로 그런 일을 허락지 않으리라는 것을 그들은 이해할 수 없으리라. 이 모든 책임은 그녀와 콘스탄티아가 져야 할 것이다. 그 비용조차도. 조세핀은 승합마차 안으로 들어가면서 생각해 보았다. 아버지에게 언제 청구서를 보여 드려야 할까? 아버지는 뭐라고 하실까?

아버지가 으르렁거리는 소리가 들렸다.

"너희들의 이 싸구려 장난에 내가 돈을 낼 거라고 생각했느냐?"

가련한 조세핀이 큰 소리로 신음했다.

"아, 콘스탄티아, 우린 이러면 안 되는 거였어!"

검은 상복 때문에 레몬처럼 창백해 보이는 콘스탄티아가 두려운 듯 속삭였다.

"언니, 무슨 말이야?"

"아버지를 저렇게 묻어 버리다니."

조세핀이 눈물을 흘리며 이상한 냄새가 나는 상복용 새 손수건에 얼굴을 묻었다.

"하지만 우리가 어떻게 하라고?"

콘스탄티아가 물었다.

"아버지를 계속 모시고 있을 수는 없어. 묻어야 한다고. 어쨌든 저 크기로 집에 둘 수는 없어."

조세핀이 코를 풀었다. 마차 안은 숨이 막힐 만큼 답답했다.

"나도 모르겠어."

조세핀이 쓸쓸하게 말했다.

"하나같이 무섭기만 해. 적어도 잠깐이라도 우리가 노력했어야 했어. 완전히 확신할 수 있도록 말이지. 분명한 건."

조세핀이 다시 눈물을 쏟았다.

"아버지가 결코 우리를 용서하지 않을 거야. 절대로!"

6

아버지는 결코 용서하지 않을 것이다. 이틀 뒤 아침에 아버지 물건을 정리하려고 그의 방으로 들어가면서 자매는 새삼 깨달았다. 그들은 그 일을 두고서 아주 차분하게 의논했다. 조세핀은 '해야 할 일 목록'도 만들었다. '아버지 소지품을 모두 확인하고 정리한다.' 그러나 글로 쓴 것과 아침 식사를 한 뒤에 이야기하는 것은 전혀 다른 문제였다.

"콘스탄티아, 준비됐어?"

"응, 언니가 준비됐다면."

"그럼 시작하자."

복도는 깜깜했다. 하늘이 무너져도 아침에 아버지를 방해하지 않는 것이 오랜 세월동안 지켜온 규칙이었다. 지금 방문을 두드리지도 않고 열려는 순간…… 그 생각을 하고 있던 콘스탄티아는 두 눈을 크게 떴고, 조세핀은 무릎이 후들거렸다.

"네가, 네가 먼저 들어가."

조세핀이 숨을 헐떡이며 콘스탄티아를 밀었다.

이럴 때면 언제나 그렇듯 콘스탄티아가 말했다.

"그건 공정하지 않아. 언니가 더 위잖아."

조세핀은 (여느 때라면 그 누구에게라도 말하지 않지만) 마지막 공격 수단으로 삼았던 "그래도 키는 네가 가장 크잖아."라고 말하려다 열린 부엌문과 케이트가 서 있는 것을 보았다.

"아주 뻑뻑해."

조세핀은 손잡이를 붙잡고 온 힘을 다해 열려고 했다. 그러면 케이트를 속일 수 있다는 듯이!

어쩔 수가 없었다. 그 여자는…… 자매들 뒤에서 문이 다시 닫혔다. 그렇지만…… 그들은 아버지 방에 있지 않았다. 우연히 벽을 뚫고 다른 집으로 들어간 것인지도 모른다. 문이 바로 뒤에 있기는 했나? 자매는 쳐다볼 생각조차 하지 못할 정도로 두려웠다. 조세핀은 문이 뒤에 있다 하더라도 굳게 닫혀 있음을 알았다. 콘스탄티아는 꿈속의 문처럼 문에 손잡이가 없다고 느꼈다. 그토록 끔찍한 기분은 바로 이 차가운 기운 때문이었다. 아니면 흰색 때문인가? 어느 쪽일까? 모든 것이 덮여 있었다. 내려진 햇빛가리개와 천을 덧씌운 거울, 침대는 시트가 덮였고 커다랗고 하얀 종이부채가 난로 안을 가득 채웠다. 콘스탄티아가 주뼛거리며 손을 내밀었다. 언제라도 눈송이가 떨어질 듯했다. 조세핀은 콧속이 어는 듯 이상하게 콧속이 간지러웠다. 창밖에서 승합마차가 자갈길을 덜거덕거리며 지나가는 소리에 고요함이 산산조각 나는 것 같았다.

"햇빛가리개를 올리는 게 나을 것 같아."

조세핀이 용감하게 말했다.

"그래, 그게 좋겠어."

콘스탄티아가 속삭였다.

그들이 햇빛가리개를 만지기만 했는데 어느새 햇빛가리개는 올라갔고 줄도 따라 올라가며 가리개를 돌돌 말았다. 작은 술은 마치 자유로워지고 싶다는 듯 탁탁거렸다. 콘스탄티아는 더는 참을 수 없었다.

"다른 날로 미룰까?"

콘스탄티아가 소곤거렸다.

"왜?"

콘스탄티아가 두려워하는 모습을 보고 여느 때처럼 한결 기분이 좋아진 조세핀이 받아쳤다.

"이차피 해야 힐 일이야. 그리고 바라선대 소곤대지 마."

"나는 내가 소곤거렸는지 몰랐어."

콘스탄티아가 속삭였다.

"그런데 왜 계속 침대를 노려봐?"

조세핀이 맞서듯이 목소리를 높였다.

"침대 위에는 아무것도 없어."

"아, 제발 그렇게 말하지 마. 어쨌든 그렇게 크게는 말하지 마."

가엾은 콘스탄티아가 말했다.

조세핀도 자기가 지나쳤다고 생각했다. 조세핀은 서랍장 쪽으로 크게 몸을 돌리고 팔을 뻗었다가 재빨리 내렸다.

"콘스탄티아!"

조세핀이 헐떡이며 몸을 돌리고 서랍장에 등을 기댔다.

"언니, 왜 그래?"

조세핀은 눈을 번뜩였다. 끔찍한 것으로부터 막 달아났다는 별난 기분이 들었다. 아버지가 서랍장 안에 있다고 콘스탄티아에게 어떻게 설명하지? 아버지는 손수건과 넥타이와 함께 맨 위 서랍에 있었다. 아니면 셔츠와 파자마와 함께 두 번째 서랍에 있거나 또는 양복과 함께 마지막 서랍에 있었다. 아버지는 거기에서, 손잡이 바로 뒤에 숨어서 지켜보다가 언제든 튀어나올 채비를 하고 있었다.

조세핀은 울고 싶을 때마다 그랬던 듯이 콘스탄티아를 보며 우스꽝스러운 표정을 지었다.

"열 수가 없어."

조세핀은 거의 울부짖었다.

"그래, 열지 않는 게 낫겠어. 아무것도 열지 마. 어쨌든 얼마 동안은 그렇게 하자."

콘스탄티아가 열심히 속삭였다.

"그래도, 그래도 너무 약하게 보이잖아."

조세핀이 울먹였다.

"한 번쯤은 약해지는 것도 괜찮지 않을까?"

콘스탄티아가 꽤 흥분해서 속삭였다.

"약해져야 한다면 그렇지."

콘스탄티아는 하얗게 질린 얼굴로 잠긴 필기용 탁자(아주 안전하다)를 노려보다가 번쩍거리는 커다란 옷장으로 시선을 돌렸다. 그녀가 이상하게 숨을 헐떡이기 시작했다.

"우리라고 평생 한 번도 약해지지 말라는 이유라도 있어? 이건 괜찮아. 언니, 약해지자. 약해지자고. 강해지는 것보다는 약해지는 게 훨씬 멋져."

콘스탄티아는 살면서 두 번쯤 했던, 놀라우리만치 대담한 일을 하기 시작했다. 옷장으로 달려가 열쇠를 돌린 다음에 잡아 뺐다. 그녀는 자물쇠에서 꺼낸 열쇠를 들어 조세핀에게 보여 주며 자기가 무슨 일을 했는지 안다는 그 엉뚱한 미소를 지어 보였다. 그녀는 일부러 아버지를 옷장 안 외투들 사이에 머물게 한 것이다.

그 커다란 옷장이 앞으로 쓰러져 콘스탄티아를 덮쳤더라도 조세핀은 그만큼 놀라지 않았으리라. 오히려 그런 일만이 어울릴 것이라고 생각했을 것이다. 그러나 아무런 일도 일어나지 않았다. 방은 예전보다 더 조용해진 것 같았고, 더욱 크고 싸늘한 공기 조각이 조세핀의 어깨와 무릎 위에 떨어졌다. 조세핀은 몸을 떨기 시작했다.

"언니, 이리 와."

콘스탄티아가 무시무시할 만큼 굳은 미소를 띠고 말했고, 조세핀은 예전에 콘스탄티아가 베니를 둥근 연못에 밀었을 때처럼 동생을 따라갔다.

7

식당으로 돌아왔을 때 긴장감이 몰려왔다. 자매는 몸을 떨며 자리에 앉아 서로 바라보았다.

"뭐든 먹어야 결정할 수 있을 것 같아. 케이트에게 뜨거운 물을 두 잔 달라고 할까?"

조세핀이 물었다.

"그래도 좋지."

콘스탄티아가 조심스럽게 말했다. 그녀는 다시 여느 때처럼 돌아왔다.

"종을 흔들지는 않겠어. 부엌으로 가서 말할게."

"그래, 좋아."

조세핀이 의자 안으로 잠기듯이 앉으며 말했다.

"물 두 잔만 가져오라고 전해줘."

"도자기로 만든 주전자를 따로 가져올 필요는 없겠지?"

도자기로 만든 주전자를 가져오라고 하면 케이트가 툴툴댈 것이라는 듯 콘스탄티아가 말했다.

"아, 그럼. 물론이야. 도자기로 만든 주전자는 필요 없어. 찻주전자에서 바로 부어."

조세핀은 그래야만 힘을 아낄 수 있다고 생각하면서 말했다.

초록빛 물 잔의 가장자리에 닿은 차가운 입술이 떨렸다. 조세핀은 빨갛게 된 작은 손으로 잔을 감쌌다. 콘스탄티아가 허리를 세우고 앉아 넘실넘실 올라가는 수증기를 호호 불자 수증기가 이리저리 흔들거렸다.

"베니 말인데,"

조세핀이 입을 열었다. 그전에 베니에 관한 이야기를 전혀 하지 않았는데도 콘스탄티아는 그렇게 했던 것 같은 표정이었다.

"베니는 물론 우리가 아버지 유품을 보내주길 바라겠지. 하지만 실론으로 뭘 보내야 할지 통 모르겠어."

"배편으로 보냈다간 물건이 망가질 수 있거든."

콘스탄티아가 중얼거렸다.

"아니, 잃어버릴 거야."

조세핀이 정확하게 집어 말했다.

"거긴 우편이 없다는 거 알잖아? 사람을 보내는 방법밖에는 없어."

자매는 잠깐 멈추고는 아마 섬유로 지은 하얀 바지를 입은 검은 남자가 두 손에 커다란 갈색 꾸러미를 들고 빛바랜 들판을 힘껏 달려가는 모습을 떠올렸다. 조세핀이 상상한 흑인 남자는 몸집이 작았다. 그는 개미처럼 반짝이며 달려간다. 한편 콘스탄티아가 상상한 키가 크고 마른 흑인은 맹목적인 데다가 지칠 줄 모르는 면이 있어서 꽤 불쾌해 보였다. 흰 옷에 코르크로 만든, 헬멧처럼 생긴 모자를 쓴 베니가 베란다에 서 있었다. 아버지가 인내심을 잃을 때마다 그랬던 듯이 베니의 오른손이 위아래로 흔들렸다. 베니 뒤에는 아무 관심도 없어 보이는 힐다(자매가 만난 적 없는 베니의 아내)가 앉아 있다. 힐다는 등나무로 만든 흔들의자에서 몸을 흔들며 〈태틀러〉지를 펄럭인다.

"아버지 시계가 가장 알맞은 선물이 될 것 같아."

조세핀이 말했다.

콘스탄티아가 깜짝 놀란 얼굴로 그녀를 올려다보았다.

"원주민에게 금시계를 맡긴다고?"

"물론 속여야지. 시계라는 걸 아무도 몰라야 해."

조세핀은 기묘한 형태로 소포를 싸서 아무도 그 내용물을 추측할 수 없게 한다는 생각이 마음에 들었다. 언젠가 써먹을 작정으로 오랫동안 보관해 왔던 폭이 좁은 코르셋용 판지 상자 속에 시계를 숨겨 두는 생각까지 잠깐이나마 해보았다. 아주 아름답고 튼튼한 판지 상자였다. 하지만 이런 땐 어울리지 않을 것이다. 상자에는 '여성용 미디엄 28호. 초강력 살대.'[*2]라고 쓰여 있었다. 베니가 그 상자를 열어보고 아버지의 시계가 들어 있는 것을 보면 무척 놀랄 것이다.

여전히 원주민이 보석을 좋아한다는 생각을 하던 콘스탄티아가 말했다.

"시곗바늘이 또각또각 움직여서는 안 돼. 어쨌든 이제 와서 그런다면 참 이상할 거야."

8

조세핀은 대답이 없었다. 그녀는 다른 생각으로 빠져들었다. 갑자기 시릴이 떠올랐다. 아버지의 하나뿐인 손자가 시계를 갖는 것이 더 일상적이지 않을까? 그래도 사랑스러운 시릴은 전혀 고마운지 모를 것이며, 젊은이에게 금시계는 과분하다. 베니는 시계를 가지고 다니는 버릇을 버렸을 것이다. 그 더운 지역에서 남자들은 조끼도 입지 않는다. 그러나 런던에 사는 시릴은 1년 내내 조끼를 입었다. 더군다나 시릴이 차를 마시러 들르기라도 하면 시계가 있다는 것을 알고 자신과 콘스탄티아가 기뻐할 텐데.

"시릴, 네가 할아버지의 시계를 간직하고 있구나."

그러면서 흡족해 할 텐데.

---

*2 코르셋 앞부분에 끼우는, 가슴 부분을 버티는 살대.

사랑하는 조카! 상냥하고 동정심이 많은, 그 아이의 짧은 편지에 얼마나 큰 충격을 받았던가! 물론 그들은 잘 이해했지만 그것은 매우 불행한 일이었다.

"그가 있었다면 참 좋았을 거야."

조세핀이 말했다.

"그도 아주 좋아했겠지."

콘스탄티아는 자신이 무슨 말을 하는지 생각하지도 않고 말했다. 그래도 시릴은 돌아오자마자 고모들과 차를 마시러 들렀다. 시릴과 함께 차를 마시는 일은 그들에게 드문 행운이었다.

"시릴, 우리가 내놓은 케이크 보고 놀라지 마. 콘스탄티아 고모와 내가 오늘 아침에 버스자드 가게에 가서 사 왔단다. 남자들의 식욕은 우리도 알거든. 그러니 즐겁게 차를 마시는 걸 부끄러워하지 마."

조세핀은 자신의 겨울 장갑이나 유일하게 봐줄 만한 콘스탄티아의 신발창과 같은 색인 기름지고 짙은 색의 케이크를 과감하게 잘랐다. 그러나 시릴의 식욕은 전혀 남자답지 못했다.

"조세핀 고모, 도저히 못 먹겠어요. 막 점심을 먹었거든요."

"오, 시릴, 그럴 리가 없어! 4시가 지났는걸!"

조세핀이 외쳤다. 콘스탄티아는 초콜릿 롤케이크에 칼을 내려놓고 자리에 앉았다.

"지났긴 했죠. 그래도 빅토리아에서 어떤 사람을 만났는데 그 사람이 자꾸만 붙잡는 바람에 점심을 먹고 바로 여기로 왔어요. 그리고 그가, 휴."

시릴은 이마에 손을 얹었다.

"거창하게 한턱 사줬어요."

실망스러웠다. 그 많은 날 가운데 하필 오늘 그러다니. 그래도 시릴이 눈치 채서는 안 된다.

"시릴, 그래도 머랭은 먹을 거지? 특별히 널 위해 머랭을 샀단다. 네 아버지가 아주 좋아했지. 너도 틀림없이 좋아하겠지."

조세핀 고모가 말했다.

"좋아해요, 고모."

시릴이 열렬히 말했다.

"먼저 반 조각만 먹어도 괜찮을까요?"

"그럼, 그래도 그것만 먹고 더 안 먹으면 안 된다."

"네 아버지는 여전히 머랭을 좋아하니?"

콘스탄티아 고모가 다정하게 물었다. 그녀는 머랭을 깨물며 얼굴을 살짝 일그러뜨렸다.

"음, 잘 모르겠어요."

시릴은 태평하게 대답했다. 그러자 두 사람 모두 그를 올려다보았다.

"모르겠다고?"

조세핀이 그의 말에 딱딱거렸다.

"아버지에 대해 그런 것도 모르겠다고?"

"설마."

콘스탄티아 고모가 부드럽게 말했다.

시릴은 이 화제를 웃어넘기려고 했다.

"아, 오래된 일이거든요."

시릴은 말을 더듬다가 완전히 멈추었다. 고모들의 얼굴이 감당하기 어려워 보였다.

"그래도 그렇지."

조세핀이 말했다. 콘스탄티아가 그를 바라보았다.

시릴은 찻잔을 내려놓았다.

"잠깐, 잠깐만요. 조세핀 고모, 제가 무슨 생각을 하는 거죠?"

그가 올려다보자 그들의 얼굴이 밝아지기 시작했다. 시릴이 무릎을 쳤다.

"아, 물론 머랭이죠. 제가 어떻게 잊겠어요? 네, 조세핀 고모. 고모 말이 다 맞아요. 아버지는 유독 머랭을 좋아했어요."

그들의 얼굴에서 빛보다 더한 것이 뿜어져 나왔다. 조세핀 고모는 너무나 즐거운 나머지 얼굴까지 붉혔다. 콘스탄티아 고모는 깊고 깊게 한숨을 내쉬었다.

"시릴, 이제 할아버지를 뵙자꾸나. 할아버지는 오늘 네가 온다는 걸 아신단다."

조세핀이 말했다.

"그래요."

시릴은 단호하고도 진심 어린 목소리로 말했다. 그는 의자에서 일어났다가 갑자기 벽시계를 보았다.

"콘스탄티아 고모, 시계가 좀 느리지 않나요? 5시에 패딩턴 역에서 사람을 만나기로 했어요. 할아버지와 오래 함께 있지는 못할 것 같아 걱정인데요."

"아, 할아버지는 네가 오래 있을 거라고 기대하지도 않으실 거야!"

조세핀 고모가 말했다.

콘스탄티아는 내내 벽시계를 바라보았다. 시계가 빠른지 느린지 확신할 수 없었다. 그녀는 시계가 빠르거나 느린 게 틀림없다고 생각했다. 어쨌든 예전에는 그랬으니까.

시릴은 여전히 우물쭈물했다.

"콘스탄티아 고모, 함께 가실 거죠?"

"물론이지. 다 같이 가자. 콘스탄티아, 가자."

조세핀이 말했다.

9

그들은 문을 두드렸고, 시릴은 고모들을 따라 후텁지근한 할아버지의 방으로 들어갔다.

"이리 오너라, 머뭇대지 말고. 그게 뭐니? 뭘 하는 거야?"

할아버지 피너가 말했다. 그는 불타오르는 난로 앞에서 지팡이를 붙잡고 앉아 있었다. 무릎에는 두꺼운 담요가 놓여 있었고 그 위에 아름다운 연노란빛 비단 손수건이 놓여 있었다.

"아버지, 시릴이 왔어요."

조세핀은 수줍게 말하며 시릴의 손을 잡아서 앞으로 이끌었다.

"할아버지, 안녕하세요?"

시릴이 조세핀 고모의 손에서 자기 손을 빼내며 말했다. 할아버지 피너는 누구나 다 아는 그만의 눈길로 시릴을 바라보았다. 콘스탄티아 고모는 어디 있지? 그녀는 긴 팔을 늘어뜨리고 두 손은 깍지 긴 채 조세핀 고모 옆에 서 있었다. 그녀는 할아버지로부터 잠시도 시선을 떼지 않았다.

"그래, 나한테 할 이야기가 있느냐?"

할아버지 피너가 발을 구르며 말했다.

뭐였지? 무슨 말을 하려고 했지? 시릴은 스스로 진짜 바보처럼 미소 짓는다고 느꼈다. 그 방 안에 있으려니 숨이 막힐 것 같았다.

그때 조세핀 고모가 나섰다. 그녀가 밝은 목소리로 말했다.

"시릴이 그러는데, 얘 아버지가 아직도 머랭을 좋아한대요."

"뭐?"

할아버지 피너는 자줏빛 머랭 같은 한쪽 손을 둥글게 귀에 대고 물었다.

조세핀은 다시 말했다.

"시릴이 그러는데. 얘 아버지가 아직도 머랭을 좋아한대요."

"안 들린다."

늙은 피너 대령이 말했다. 그는 지팡이를 흔들어 조세핀에게 비키라고 한 다음 시릴을 가리켰다.

"네 고모가 뭐라고 하는지 말해 봐라."

(이런!) "정말 그래야 하나요?"

시릴은 얼굴을 붉히며 조세핀 고모를 노려보았다.

"그럼, 할아버지가 아주 좋아하실 거야."

소세핀이 미소를 지었다.

"자, 어서!"

피너 대령이 다시 발을 쿵쿵대며 급하게 소리쳤다.

그러자 시릴은 몸을 구부리고 크게 외쳤다.

"아버지가 아직도 머랭을 좋아해요."

그러자 할아버지 피너는 마치 총에 맞은 듯 펄쩍 뛰었다.

"소리 지르지 마라! 얘가 무슨 문제라도 있나? 머랭이라니! 그게 어쨌다고?"

"아, 조세핀 고모, 계속해야 하나요?"

시릴은 절망적으로 신음했다.

"괜찮다, 애야."

조세핀 고모가 시릴과 함께 치과에 와 있는 것처럼 말했다.

"곧 알아들으실 테니까."

그녀가 시릴에게 속삭였다.

"귀가 좀 먹기 시작하셨단다."

그녀는 앞으로 몸을 기울여 할아버지 피너에게 고함쳤다.

"시릴이, 애 아버지가 여전히 머랭을 아주 좋아한다고 말하고 싶었대요."

이번에는 피너 대령이 제대로 알아듣고 생각하다가 시릴을 위아래로 쳐다
보았다.

"아주 대단하구나! 여기까지 와서 그런 말을 해주다니, 아주 대단해!"

늙은 할아버지 피너가 말했다. 시릴도 대단하다고 느꼈다.

"그래, 시릴에게 시계를 보내야겠어."

조세핀이 말했다.

"그거 아주 좋겠는데. 지난번에 걔가 왔을 때 시계 때문에 문제가 조금 있
었던 게 기억나는 것 같아."

콘스탄티아가 말했다.

10

여느 때처럼 케이트가 바삐 뛰어 들어와 그들을 방해했다. 케이트는 벽
사이에서 비밀 판이라도 찾아낸 듯한 얼굴이었다.

"튀길까요, 삶을까요?"

거리낌 없는 목소리로 물었다.

튀길까요, 삶을까요, 라니? 조세핀과 콘스탄티아는 잠시 당황했다. 도무지
이해할 수 없었다.

"뭘 튀기고 삶는다는 소리니?"

조세핀이 정신을 집중하려고 애쓰며 물었다.

케이트가 큰소리로 말했다.

"생선을 말하는 것이에요."

"대체 왜 그렇게 바로 말하지 않았어?"

조세핀은 부드럽게 그녀를 야단쳤다.

"도대체 우리가 어떻게 받아들일 거라고 생각했니? 이 세상에는 튀기거나 삶을 게 많아."

조세핀이 이런 식으로 자신의 용기를 뽐내며 밝은 목소리로 콘스탄티아에게 물었다.

"콘스탄티아, 어느 편이 좋겠어?"

"튀기는 게 좋겠어. 물론 삶은 생선도 괜찮지. 나는 둘 다 똑같이 좋아……, 하지만 언니가…… 달리 생각하지 않는다면……."

"튀길게요."

케이트가 방문도 닫지 않고 나가더니 부엌문만 쾅 닫았다.

조세핀이 콘스탄티아를 바라보았다. 조세핀이 창백한 눈썹을 치켜뜨자 눈썹이 주름지며 창백한 머리칼 사이로 사라졌다. 그녀는 자리에서 일어나더니 고상하면서도 강요하는 어투로 말했다.

"콘스탄티아, 응접실까지 같이 갈까? 의논할 중요한 문제가 있어."

그들은 케이트에 대해 이야기하고 싶으면 언제나 응접실로 갔다. 조세핀은 일부러 문을 닫았다.

"콘스탄티아, 앉아."

조세핀은 여전히 아주 위엄 있는 투로 말했다. 태어나 처음으로 콘스탄티아를 접대하는 것 같았다. 콘스탄티아는 자신이 손님인 것처럼 모호한 표정으로 의자가 있는지 두리번거렸다.

"문제는,"

조세핀이 앞으로 몸을 숙이며 말했다.

"케이트를 계속 데리고 있어야 하는 거야."

"뭔가 좀 그렇네."

콘스탄티아가 동의했다.

조세핀이 굳건하게 말했다.

"그리고 이번에는 확실하게 결정해야 해."

콘스탄티아는 지난날 모든 사례를 돌이켜보는 듯하더니 곧 용기를 냈다.

"그래, 언니."

"콘스탄티아, 너도 알겠지만 이제 모든 것이 많이 바뀌었어."

조세핀이 설명하자 콘스탄티아가 재빨리 언니를 올려다보았다. 조세핀이 말을 이었다.

"그러니까 우리는 예전처럼 케이트한테 크게 기대지 않아."

그녀가 얼굴을 조금 붉혔다.

"음식을 해드려야 하는 아버지도 계시지 않잖아."

"맞아. 이제 어떤 일이 있어도 아버지가 음식을 원하지 않는다는 건 틀림없으니……."

콘스탄티아가 동의했다. 조세핀이 그녀의 말을 자르며 끼어들었다.

"너, 자고 있냐?"

"자고 있다니?"

콘스탄티아는 두 눈을 크게 떴다.

"음, 좀 더 집중해 봐."

조세핀이 날카롭게 말하고는 주제로 돌아갔다.

"만일 우리가 해야 한다면, 그러니까 말이야."

그녀는 겨우 숨을 내쉬며 문을 바라보았다.

"케이트에게 알리는 거야."

그녀가 다시 목소리를 높였다.

"우리가 우리 식사는 해결할 수 있다고."

"물론이지!"

콘스탄티아가 외쳤다. 그녀는 자기도 모르게 미소 지었다. 몹시 흥분해서 두 손까지 움켜쥐었다.

"언니, 뭘 먹고 살지?"

"아, 이런저런 달걀 요리!"

조세핀이 다시 고상하게 말했다.

"더군다나 미리 조리된 음식도 많아."

"하지만 그런 건 아주 비싸다던데."

콘스탄티아가 말했다.

"적당히 사면 괜찮아."

조세핀이 말했다. 그녀는 이 흥미로운 샛길에서 콘스탄티아를 끌고 나왔다.

"지금 우리가 결정해야 하는 건 케이트를 진심으로 믿느냐 하는 거야."

콘스탄티아가 의자에 등을 기댔다. 그녀의 입술에서 얄팍하고 희미한 웃음소리가 흘러나왔다.

"언니, 이상하지 않아? 내가 이 일도 결정 내리지 못한다는 게?"

11

그녀는 한 번도 그래본 적이 없었다. 뭔가를 증명하는 일은 정말 어려웠다. 어떻게 증명할 수 있을까? 케이트가 그녀 앞에서 일부러 얼굴을 찌푸린다고 가정해 보자. 그녀가 어떤 고통으로 그렇게 했을 수도 있지 않을까? 어쨌든 케이트에게 자신한테 얼굴을 찌푸렸느냐고 물어볼 수 있을까? 만일 케이트가 "아니요."라고 대답한다면, 물론 "아니요."라고 대답하겠지만, 자기 처지가 정말로 난처해질 것이다! 참으로 부끄러운 일이리라! 콘스탄티아는 자기와 조세핀이 함께 외출할 때면 케이트가 물건을 훔치려는 게 아니라 뭔가를 넘보려고 자기늘 서랍장을 열어본다고 거의 굳게 믿고 있었다. 집에 돌아와서 자수정 십자가, 또는 레이스 끈이나 이브닝 버사*³ 등이 전혀 뜻밖의 장소에서 나타난 경우가 이따금 있었다. 케이트에게 덫을 놓기도 했다. 물건들을 특별한 순서로 배열하고는 조세핀에게 확인해 두라고 했다.

"언니도 봤지?"

---

*³ 야회복에 장식으로 달린, 어깨까지 드리워진 하얀 레이스의 넓은 깃.

"응."

"이제 알아낼 수 있겠지."

그렇지만 나중에 다시 보면 전혀 증명할 수 없었다! 혹시 어떤 물건의 위치가 달라졌다 해도 그녀 자신이 서랍을 닫았을 때 그랬을 수 있다. 서랍을 쾅 닫기만 해도 물건 위치는 쉽게 달라질 수 있었다.

"언니가 결정해. 나는 못 하겠어. 너무 어려워."

조세핀은 잠자코 노려보더니 한숨을 쉬며 말했다.

"네가 내 마음에 의심을 불어넣는 바람에, 분명히 나는 모르겠어."

"음, 다시 미룰 수는 없어. 이번에도 미루면……."

조세핀이 말했다.

12

바로 그 순간 아래쪽 거리에서 손풍금이 울리기 시작했다. 조세핀과 콘스탄티아는 벌떡 일어났다.

"뛰어. 얼른. 6페니가 어디 있냐면……."

조세핀이 말했다.

그리고 그들은 기억했다. 중요한 일은 아니었다. 이제 손풍금 연주를 멈추게 할 필요가 없었다. 그 원숭이 같은 연주자에게 다른 데 가서 시끄럽게 굴라고 말하라는 아버지의 성화를 더는 듣지 않을 것이다. 서두르지 않는다며 재촉해 대는 아버지의 기묘하고 커다란 고함 소리가 더 울리지 않을 것이다. 손풍금 연주자가 그곳에서 하루 내내 연주하더라도 아버지의 지팡이는 더 이상 쿵쾅거리지 않으리라.

다시는 쿵쾅거리지 않을 거야.
다시는 쿵쾅거리지 않을 거야.

손풍금이 울렸다.

콘스탄티아는 무슨 생각을 하는 것일까? 그녀가 아주 낯선 미소를 지었고, 마치 다른 사람 같았다. 그녀는 울지 않을 것이다.

콘스탄티아는 두 손을 살짝 쥐며 입을 열었다.

"언니, 언니. 오늘 무슨 요일인지 알아? 토요일이야. 일주일이 지났어. 일주일이."

아버지가 돌아가신 지 일주일.

아버지가 돌아가신 지 일주일.

손풍금이 외쳐댔다. 조세핀도 현실적이면서 지혜롭던 자신을 잊었다. 그녀도 낯설게 살짝 미소 지었다. 인도산 카펫에 흐릿하고 붉은 햇빛이 네모 모양으로 떨어졌다. 햇빛이 찾아왔다가 사라졌다가 이윽고 돌아와 오래 머물며 차츰 색이 진해지다가 거의 황금색으로 빛났다.

"해가 저물었어."

조세핀은 아주 중요한 일이라도 된다는 듯 말했다.

손풍금에서 음표들이 완벽한 분수처럼 솟구쳐 오르고, 둥글고 밝은 선율이 아무렇게나 흩뿌려졌다.

콘스탄티아가 그 음표들을 잡으려는 듯이 큼지막하고 차가운 손을 들었다가 다시 내렸다. 그녀는 벽난로 선반에 놓인, 자신이 가장 좋아하는 부처님 상 앞으로 걸어갔다. 언제나 기이한 기분, 다시 말해 고통스럽지만 즐거운 고통을 주던 석상의 미소와 그 금박 이미지가 오늘은 미소보다 더한 무엇인가로 다가왔다. 석상은 무언가를 알았고 비밀을 품고 있었다. "너희들이 알지 못하는 걸 내가 알지." 부처님은 그렇게 말했다. 아, 그게 뭐지? 도대체 무엇일까? 그녀는 언제나 무언가가 있다고 느꼈다.

햇빛이 창문 틈으로 몰래 들어와 가구와 사진들을 비추었다. 조세핀은 햇빛을 바라보았다. 빛은 피아노 위에 놓인 어머니의 확대 사진까지 왔다가 어머니의 모습 가운데 불탑처럼 생긴 작은 귀걸이와 검은 깃털 목도리만 남아 있다는 것을 깨닫고는 깜짝 놀랐다는 듯이 그 자리에 머물렀다. 죽은 사람들의 사진은 왜 늘 저토록 빛이 바래는지 조세핀은 궁금한 마음이 들었다.

한 사람이 세상을 떠나는 순간 그의 사진도 죽는다. 물론 어머니의 사진은 아주 오래되었다. 35년 전에 찍은 사진이다. 조세핀은 의자 위에 서서 콘스탄티아에게 그 깃털 목도리를 가리키면서 실론에서 어머니가 뱀 때문에 돌아가셨다고 이야기하던 자기 모습을 떠올렸다. 어머니가 돌아가시지만 않았더라도 모든 게 달라졌을까? 그녀로서는 알 수 없는 노릇이었다. 그들이 학교를 졸업할 때까지 플로렌스 고모와 함께 지냈고, 이사를 세 번 했으며 해마다 휴가를 가고……. 물론 하인들도 바뀌었다.

작고 어린 참새들이 창턱에 앉아 지저귀었다. 짹짹짹. 그러나 조세핀은 그들이 참새가 아니며 창턱에 앉은 것도 아니라고 느꼈다. 낯설게 지저귀는 그 소리는 그녀의 가슴에 깃들어 있었다. 짹짹짹. 아, 저토록 약하고 외롭게 우는 것은 무엇일까?

어머니가 살아 있다면 그들이 결혼했을까? 그러나 결혼할 만한 상대가 전혀 없었다. 아버지는 영국계 인도 친구들이 있었지만 나중에 다퉜다. 그 뒤그녀와 콘스탄티아는 성직자들만 만났다. 남자와 여자는 어떻게 만나지? 남자를 만난다 하더라도 어떻게 낯선 사람들보다 잘 알고 가까워질 수 있지? 사랑 이야기는 물론 누군가가 따라오는 이야기는 읽어본 적이 있다. 그러나 어떤 남자도 콘스탄티아와 그녀의 뒤를 따라온 적은 없었다. 아, 이스트본의 하숙집에 잘 알 수 없는 남자가 하나 있었는데, 그가 그들 침실 문밖에 놓인 뜨거운 물 주전자에 쪽지를 붙여 둔 적은 있었다. 그러나 콘스탄티아가 그 쪽지를 발견했을 때는 수증기 때문에 글씨가 희미해져서 도무지 읽을 수 없었다. 두 사람 가운데 누구한테 보낸 것인지도 알아내지 못했다. 그리고 그 남자는 이튿날 떠났다. 그게 모두였다. 그 뒤로는 아버지를 돌보는 동시에 아버지를 방해하지 않으려고 애썼다. 그러나 지금은? 지금은? 몰래 스며든 햇빛이 조세핀을 따사롭게 비추었다. 그녀는 얼굴을 들고, 부드러운 햇살에 이끌려 창가로 가까이 갔다.

손풍금 연주가 끝날 때까지 콘스탄티아는 기묘한 기분으로 부처님상 앞에 머물러 있었다. 그러나 여느 때와는 달랐고 모호하지도 않았다. 이번에는 그녀의 의아함이 마치 기다림 같았다. 이 자리에 왔던 때가 기억났다. 보름달이 떴을 때 잠옷 차림으로 침대에서 나와 십자가형이라도 받는 듯이 두 팔을 뻗고 마루에 누워 있던 때. 어째서? 크고 새하얀 달이 그녀를 그렇게 만들었다. 칸막이에 새겨진 춤을 추는 무시무시한 형상들이 그녀를 음흉한 눈초리로 보았으나 그녀는 신경 쓰지 않았다. 바닷가에 갈 때마다 자기 혼자서만 나가 되도록 바다 가까이 다가가서 무언가, 직접 지은 노래를 부르며 쉬지 않고 흔들리는 바다를 바라보던 것도 떠올랐다. 달려 나가 가방에 물건을 담아 집으로 가져오고, 마음에 들지 않으면 되돌려준다는 조건으로 물건을 가져오고, 조세핀과 의논한 다음 그것들을 돌려주고 같은 조건으로 물건을 더 가져오고, 아버지의 음식 쟁반을 차리고 아버지의 비위를 거스르지 않도록 애쓰던 다른 삶이 있었다. 이 모든 일이 어떤 터널 안에서 일어났던 것만 같았다. 현실이 아니었다. 터널에서 나와 달빛을 받거나 바닷가에 있거나 폭풍우를 맞을 때만 참된 자신이 된 기분이었다. 그게 무슨 뜻일까? 그녀가 늘 바라던 것은 무엇이었을까? 모두 어디로 가는 것일까? 지금? 지금?

그녀는 자신만의 독특하고도 모호한 몸짓을 하면서 부처님상에서 멀어져 갔다. 그녀는 조세핀이 서 있는 곳으로 걸어갔다. 조세핀에게 무슨 말이나 하고 싶었다. 아주 중요한 것, 미래에 대한 것과 또……

"아마도 언니가 생각하기로는……"

콘스탄티아가 말을 시작했으나 조세핀이 그녀의 말을 끊으며 중얼댔다.

"만일 지금이라면 어땠을까……"

두 사람은 말을 멈추고 서로 상대가 이야기하기를 기다렸다.

"계속해 봐, 콘스탄티아."

조세핀이 말했다.

"아니, 언니가 말하고 나서 할께."

콘스탄티아가 말했다.

"아니야, 하려던 말을 마저 해봐. 네가 먼저 시작했잖아."

조세핀이 말했다.

"난…… 난 언니가 먼저 이야기하면 좋겠는데."

콘스탄티아가 말했다.

"어벙한 소리 하지 마, 콘스탄티아."

"언니, 정말이야."

"콘스탄티아!"

"아, 언니!"

침묵. 그리고 콘스탄티아가 힘없이 말했다.

"언니, 무슨 이야길 하려고 했는지 말할 수 없어. 그러니까 하려던 말을…… 잊어버렸어."

조세핀은 잠시 아무 말도 없었다. 그녀는 해가 떠 있던 자리를 가려버린 커다란 구름을 바라보았다. 그리고 짧게 대답했다.

"나도 그래."

Miss Brill
브릴 양

찬란하리만큼 맑은 날씨였다. 자르댕 퓌블리크*¹에는 하얀 포도주를 뿌린 것처럼 멋진 황금빛으로 덮인 파란 하늘이 펼쳐져 있었다. 브릴 양은 모피 목도리를 두르기를 잘했다고 생각했다. 공기는 움직임이 없었으나 입을 열면 어렴풋이 추위가 느껴져 마치 얼음물을 마시기 전의 추위 같았고, 때때로 어디에서부터인지는 모르지만 하늘에서 잎이 떨어졌다. 브릴 양은 모피를 만져보았다. 참 깜찍하네! 그 촉감을 다시 느낄 수 있어서 좋았다. 그녀는 그날 오후, 상자에서 모피를 꺼내 좀약 가루를 털어내고 빗질을 하고 잘 문질러서 그 어둡고 작은 두 눈에 생기를 불어넣었다. "내게 무슨 일이 있었던 거죠?" 그 슬프고 작은 눈이 그녀에게 물었다. 아, 빨간 솜이불에서 두 눈이 다시 반짝이는 모습을 보니 얼마나 사랑스러운지……! 하지만 검은빛을 띤 코는 그다지 튼튼하지 않았다. 분명히 어딘가에 부딪쳤던 것이다. 신경 쓰시 않아노 뇐다. 필요하면 검은 봉랍을 조금 바르면 된다. 꼭 필요할 때만……. 꼬마 악당! 그래, 그녀는 정말 그런 기분이 들었다. 꼬마 악당이 그녀의 왼쪽 귀 옆에서 제 꼬리를 물고 있다. 모피 목도리를 벗어서 무릎에 내려놓고 쓰다듬을 수도 있다. 손과 팔이 저렸지만 아마 걸어와서 그러리라 그녀는 생각했다. 그리고 숨을 쉴 때면 가볍고 슬픈 것, 아니, 정확히 말해서 슬

---

*1 jardin public. 공원이라는 뜻의 프랑스어. 이 작품의 배경이 프랑스임을 알려준다.

프지는 않지만 부드러운 무언가가 가슴속에서 움직이는 것 같았다.

　오늘 오후에는 밖으로 나온 사람들이 지난 일요일보다 훨씬 많았다. 악단 소리도 더 크고 흥겨웠다. 제철이 시작되었기 때문이다. 악단은 1년 내내 일요일마다 연주했지만 제철이 아닐 때면 그 소리는 매우 다르게 들렸다. 마치 가족들만 있는 자리에서 연주하는 것 같았다. 낯선 사람이 아예 없다면 어떻게 연주하더라도 걱정할 필요가 없다. 지휘자가 새 옷을 입었나? 그녀는 새것이라고 확신했다. 그는 홰를 치려는 수탉처럼 발을 문지르고 팔을 흔들었고, 천장이 둥근 초록빛 홀에 앉은 단원들은 뺨을 부풀리며 소리를 냈다. 어쩌면 '피리 소리'처럼, 참으로 아름답게도 반짝이는 물방울들이 이어진 작은 사슬 같았다. 그녀는 그 소리가 거듭되리라 굳게 믿었다. 그랬다. 그녀가 고개를 들고 미소를 지었다.

　그녀의 '특별한' 자리에 두 사람, 나이든 부부가 앉아 있었다. 벨벳 외투를 걸친 멋쟁이 노인은 조각된 커다란 지팡이를 두 손으로 붙잡고 있었고, 몸집이 큰 노부인은 곧은 자세로 앉아 수가 놓인 앞치마 위에 뜨개질감을 내려놓고 있었다. 그들은 말이 없었다. 브릴 양은 언제나 사람들의 대화를 찾아다녔으므로 실망스러웠다. 그녀는 듣지 않는 것처럼 하면서 옆 사람 말을 잘 엿들었고, 사람들이 이야기하는 잠깐 동안이라도 그들의 삶 속으로 들어가는 일에 전문가가 되어갔다.

　그녀는 흘낏 나이든 부부를 보았다. 그들은 곧 자리를 뜰지도 모른다. 지난 일요일은 여느 때와 달리 흥미롭지 않았다. 한 영국인과 그 부인이 있었는데 남자는 보기 흉한 파나마모자를 쓰고 여자는 단추 달린 부츠를 신었다. 여자는 내내 안경을 어떻게 써야 하는지 떠들어댔다. 여자는 자신이 안경을 써야 한다는 것은 알았지만 어떤 것도 마음에 들지 않았다. 안경은 틀림없이 망가지고 오래가지 못하리라. 남자는 아주 인내심이 많았다. 그는 여자에게 온갖 안경을 제안했다. 금테, 귀 옆으로 곡선이 진 것, 코걸이 안에 작은 심을 댄 것 등등. 아니, 어떤 것에도 그녀는 만족하지 않을 것이다. "안경은 언제나 내 콧잔등으로 흘러내릴 거야!" 브릴 양은 여자를 붙잡고 흔들고 싶었다.

나이든 부부는 조각상처럼 꼼짝 않고 벤치에 앉아 있었다. 늘 지켜볼 만한 군중이 있으니 신경 쓸 필요는 없었다. 화단과 악단이 앉아 있는 천장이 둥근 홀 앞에서 연인들과 여러 무리들이 가던 걸음을 멈추고 이야기하거나 인사했으며, 난간에 가두판매대를 고정해 둔 가난한 노인에게서 꽃을 한 묶음씩 사곤 했다. 어린아이들은 달려가다가 크게 웃었다. 턱 아래에 크고 하얀 실크 나비넥타이를 단 소년들, 벨벳과 레이스로 차려입은 프랑스 인형 같은 소녀들이었다. 때때로 나무 아래에서 걸음마를 뗀 아기가 뒤뚱거리며 공터로 걸어 나왔다가 문득 걸음을 멈추고 앞을 뚫어져라 바라봤다. 느닷없이 '쿵' 소리가 나면 엄마가 젊은 암탉처럼 종종걸음으로 달려와 잔소리를 하며 아이를 일으켜 주었다. 벤치와 녹색 의자에 사람들이 앉아 있었고, 일요일이 지나고 또 일요일이 찾아왔고, 브릴 양이 때때로 알아본 대로, 이 모든 상황에는 거의 똑같이 우스꽝스러운 면이 있었다. 사람들은 기묘하고 조용하고 거의 모두가 늙었으며, 그들의 시선만 보면 어둡고 작은 방, 심지어는 찬장에서 막 튀어나온 사람들 같았다!

천장이 둥근 홀 뒤로 노란 잎이 달린 가느다란 나무들이 축 처져 있고, 파란 하늘 저편에는 나무들 사이로 수평선과 금빛 줄이 드러난 구름이 떠다녔다.

텀—텀—텀 티들—럼! 티들—럼! 텀 티들리—엄—텀 타! 악단이 연주를 시작했다.

빨간 옷을 입은 두 소녀가 지나가다가 파란 옷을 입은 두 젊은 병사와 마주쳤다. 그들은 크게 웃으며 짝을 지어 팔짱을 끼고 갔다. 우스꽝스러운 밀짚모자를 쓴 농부 여인 두 명이 잿빛의 아름다운 당나귀들을 끌고 진지한 얼굴로 지나갔다. 차갑고 창백한 수녀도 서둘러 지나갔다. 한 아름다운 여인이 제비꽃 다발을 들고 오다가 떨어뜨리자 어린 소년이 달려가서 꽃다발을 그녀에게 건네주었다. 그러자 여인은 꽃다발에 독약이라도 묻은 것처럼 저만치 휙 던져버렸다. 저런! 브릴 양은 그 여인의 행동을 칭찬해야 할지 어떨지 몰랐다. 담비 모자를 쓴 여자와 회색 옷을 입은 신사가 바로 그녀 앞에서 만났다. 신사는 키가 크고 뻣뻣하고 위엄이 넘쳤으며, 여자는 머리칼이 노란색일 때 사두었을 담비 모자를 썼다. 이제 여자의 머리칼과 얼굴, 심지어 눈까지 낡은 담비색이 되었고, 여자가 깨끗한 장갑을 낀 두 손을 들어 입술을 두드리는 모습은 마치 작고 누런 앞발을 쳐드는 것 같았다. 아, 여자는 그를 만나서 참으로 즐겁고 기분이 좋은 것이다! 여자는 그들이 그날 오후 만날 것이라고 생각했다. 날씨가 정말 좋을 거라고 그도 동의하지 않았을까? 그리고 그가 혹시……? 그러나 그는 고개를 저었고, 담뱃불을 붙여 여자의 얼굴에 천천히 담배 연기를 내뿜더니, 여자가 여전히 웃으며 이야기하는데도 성냥을 휙 던지고는 가버렸다. 이제 담비 모자만 남았다. 여자는 전보다 밝게 웃었다. 악단조차 여자가 어떤 기분인지 안다는 듯이 더욱 부드럽고 감미롭게 연주했고, 드럼은 "짐승! 짐승!"을 잇달아 반복했다. 그녀는 무엇을 할까요? 이제 무슨 일이 일어날까요? 브릴 양이 어리둥절하게 생각하는 가운데 담비 모자는 고개를 돌리더니 바로 앞에 서 있는 훨씬 더 멋진 사람을 본 것처럼 손을 흔들고 잰걸음으로 사라졌다. 악단은 더욱 흥이 나서 더 빠르게 연주했고, 브릴 양 옆에 앉았던 나이든 부부는 일어나서 걸어갔다. 구레나룻이 긴 우스꽝스럽게 생긴 노인이 비틀거리며 걸어오다가 박자에 맞춰 나란히 걸어가던 소녀 넷에게 걸려 넘어질 뻔했다.

아, 얼마나 멋진가! 그녀가 얼마나 즐겼던지! 여기에 앉아서 이 모든 광경을 바라보는 것을 정말로 즐거워했다! 연극 같았다. 정말이지 연극 같았다. 뒤쪽의 하늘이 실은 그림이라고 해도 누가 믿지 않겠는가! 갈색의 작은 개가 마치 '무대'에 오르는 개처럼, 약을 먹은 작은 개처럼, 엄숙하게 총총걸음으로 걸어왔다가 천천히 걸어가는 모습을 보며 브릴 양은 이 모든 상황이 왜 이토록 흥미진진한지 알아차렸다. 그들은 모두 무대 위에 서 있었다. 그들은 관객으로서 관람할 뿐만 아니라 연기도 한다. 그녀 또한 배역을 맡고 일요일마다 나온다. 그녀가 나타나지 않으면 틀림없이 누군가가 알아차릴 것이다. 그녀도 결국 공연의 일부였다. 그동안 이런 생각을 한 번도 못했다니 얼마나 이상한 일인가! 그녀가 매주 같은 시간에 집에서 나오는 이유도 설명이 된다. 공연에 늦지 않으려는 것이다. 영어 수업을 듣는 학생들에게 자신이 일요일 오후를 어떻게 보내는지 이야기할 때마다 왠지 수줍은 기분이 들었던 이유도 알겠다. 별난 일도 아니다! 브릴 양은 크게 웃을 뻔했다. 그녀는 무대에 섰던 것이다. 그녀는 자신이 일주일에 네 번 오후마다 신문을 읽어주는 동안에 정원에서 잠을 자는 늙고 병든 신사에 대해 생각해 보았다. 늙은 신사의 면 베개에 놓인 연약한 머리통과 텅 빈 눈, 벌린 입과 높이 치솟은 코를 바라보는 일에 그녀는 꽤 익숙했다. 늙은 신사가 세상을 떠난 지 몇 주가 흘렀다 해도 그녀는 알아채지 못하고 신경조차 쓰지 않을 것이다. 그렇지만 늙은 신사는 여배우가 자신에게 신문을 읽어주고 있다는 걸 갑자기 알게 된다.

"여배우라니!"

늙은 머리를 들어 올리고 늙은 두 눈에서 빛이 반짝인다.

"여배우라고, 당신이?"

브릴 양은 자기 역의 대본을 읊듯 신문을 펼쳐들고 조용히 말한다.

"네, 오랫동안 배우였죠."

악단은 쉬는 시간을 가졌다. 이제 다시 연주를 시작한다. 그들의 연주는 따뜻하고 밝으면서도 어쩐지 추위가 느껴졌다. 그게 뭐지? 슬픔은 아니다. 아니, 슬픔은 아니야. 당신을 노래 부르게 만드는 그 무언가다. 음표가 올라가고 올라가다가 빛이 비쳤다. 브릴 양은 언제라도 그들 모두, 이 모든 사람들이 노래 부르기 시작할 것이라고 생각했다. 젊은이들, 함께 움직이고 웃는 사람들이 노래를 시작할 테고, 아주 굳세고 용감한 남자들의 목소리가 함께 하리라. 그녀도 노래를 부를 것이며, 그녀도, 벤치의 다른 사람들도 반주하듯이 함께 부르는데, 음정은 거의 올라가지도 내려가지도 않으면서 나지막하고 아수 아름답게 움직인다……. 브릴 양의 두 눈에 눈물이 가득 찼고 그녀는 웃으며 모두를 바라보았다. 그래, 우리는 이해해, 이해해, 이렇게 그녀는 생각했으나 그들이 무엇을 이해하는지는 그녀 자신도 알 수 없었다.

바로 그때 소년과 소녀가 나이든 부부가 앉았던 자리에 앉았다. 그들은 아름답게 차려입었다. 두 사람은 사랑하는 사이였다. 물론 남주인공과 여주인공이 남주인공 아버지의 요트에서 이제 막 돌아온 참이다. 브릴 양은 여전히 떨리는 웃음을 머금고 소리도 없이 노래를 부르면서 들을 준비를 했다.

"아니, 지금은 안 돼." 소녀가 말했다. "여기선 안 돼, 할 수 없어."

"왜? 저 끝에 있는 저 멍청한 늙은이 때문에?"

소년이 물었다.

"저런 노파가 왜 여기 왔지? 누가 저런 할머니를 원한다고? 집에서 멍청한 낡은 찻잔이나 갖고 놀지 않고?"

"저 할머니 모피야말로 정말 웃겨 죽겠어," 소녀가 낄낄거렸다. "꼭 대구 튀김 같아."

"그만해!"

소년이 화가 난 듯 속삭이다가 말했다.

"말해 줘. 내 귀여운 아기……."

"아니, 여기선 안 돼," 소녀가 말했다. "아직은 안 돼."

그녀는 집으로 돌아오는 길이면 빵집에서 벌꿀을 넣은 케이크를 한 조각 사곤 했다. 일요일의 기쁨이었다. 케이크에 아몬드가 들어 있을 때도, 그렇지 않을 때도 있었는데 그 차이는 엄청났다. 아몬드는 없을 때가 흔했으므로 그것이 들어 있으면 작지만 놀라운 선물을 집으로 가져가는 셈이었다. 그녀는 아몬드가 있는 일요일을 기대하며 서둘러 주전자를 올리려고 성냥불을 붙였다.

그러나 오늘 그녀는 빵집을 지나쳐 계단을 올라 작고 어두운 방, 찬장 같기만 한 자신의 방으로 들어갔다. 모피를 꺼낸 상자가 침대 위에 놓여 있었다. 그녀는 재빨리 모피 목도리를 풀어서 쳐다보지도 않고 상자에 집어넣었다. 그러나 상자 뚜껑을 닫을 때 그녀는 무엇인가가 울부짖는 소리를 들었다고 생각했다.

The Young Girl
어린 소녀

소녀의 푸른 드레스, 살짝 빨갛게 달아오른 두 뺨, 파랗고 파란 눈, 그리고 날아오를 때 걸리지 않게 처음으로 틀어 올린 듯한 금빛 곱슬머리까지, 래딕 부인의 딸은 반짝이는 천상에서 이제 막 내려온 듯했다. 소심하게 조금 놀라면서도 깊이 찬탄하는 래딕 부인의 시선 또한 자신의 딸이 하늘에서 내려왔다고 믿는 것 같았다. 그러나 부인의 딸은 카지노 계단으로 내려왔다는 것을 도무지 즐겁게 받아들이지 않았다. 왜 그래야 하겠는가? 사실 소녀는, 천상에는 카지노가 가득하며 늙고 우중충한 성인들이 카지노 게임 진행자이며 도박할 돈도 넘쳐난다는 듯 지루해했다.

"헤니와 함께 있어도 괜찮겠죠?"

래딕 부인이 말했다.

"정말이에요? 저기 자동차가 있으니까 차를 마시고 있으면 돼요. 우리는 한 시간 뒤에 바로 여기 이 계단으로 돌아올게요. 실은, 이 애를 데려가고 싶어요. 가 본 적이 없는데, 볼만하거든요. 그렇게 하지 않으면 이 애한테 공평하지 않은 것 같아요."

"엄마, 그만하세요."

딸이 피곤하다는 듯이 말했다.

"서두르자고요. 수다떨지 마세요. 가방이 열렸어요. 또 돈을 몽땅 잃을걸요."

"애야, 미안하다."

래딕 부인이 말했다.

"아, 좀 들어가요! 돈을 벌고 싶다고요."

성마른 목소리가 말했다.

"엄마한테는 즐기는 일일 뿐이겠지만 저는 빈털터리라고요!"

"여기, 50프랑을 가져가렴, 애야. 100프랑을 가져가!"

나는 그들이 여닫이문을 지나면서 래딕 부인이 소녀의 손에 지폐를 쥐여 주는 것을 보았다.

헤니와 나는 계단에 1분쯤 서서 사람들을 바라보았다. 그가 매우 즐겁고 환한 얼굴로 웃었다.

"저것 봐,"

그가 소리쳤다.

"영국 불독이야. 그 안에 개를 데리고 들어가도 돼요?"

"아니, 그건 아닐 것 같은데."

"물어뜯는다는 놈이죠? 나에게도 한 마리 있으면 좋을 텐데. 아주 재미있 어요. 사람들에게 겁을 주지만 주인에게는 결코 사납게 굴지 않아요."

그가 갑자기 내 팔을 꽉 붙잡았다.

"저기 저 늙은 여자 좀 봐요. 누구죠? 모습이 왜 저래요? 도박꾼인가?"

초록빛 공단 드레스에 검은 비단 망토를 입고 자주색 깃털이 달린 흰 모 자를 쓴, 다 시들고 늙어빠진 인간이 전선에 끌려서 올라가는 듯 몸을 썰룩 거리며 천천히 계단을 올라가고 있었다. 부인은 앞을 빤히 쳐다보면서 웃더 니 고개를 끄덕이고는 킥킥대며 중얼거렸다. 갈고리 같은 손은 지저분한 신 발주머니처럼 보이는 것을 붙잡고 있었다.

바로 그때 래딕 부인이 그녀와 함께 다시 나타났고, 또 다른 여자가 그 뒤 를 따라왔다. 래딕 부인은 빠른 걸음으로 내게 다가왔다. 뺨을 붉게 물들이 고 환하게 웃는 모습은 즐거워 보였으며, 부인은 그새 전혀 다른 사람이 되 어 있었다. 부인은 기차가 떠나기 바로 전에 승강장에서 친구들에게 작별 인 사를 하는 여자 같았다.

"아, 아직 여기 있었군요. 참 운이 좋군요! 당신이 가지 않았으니 말이에요. 정말 좋아요! 난 이 애와 아주 끔찍한 시간을 보냈어요."

부인이 딸에게 손을 흔들었다. 딸은 저만치 떨어져 조금도 움직이지 않고 잔뜩 경멸하는 표정으로 바닥을 내려다보며 층계 위에서 발을 빙빙 돌리고 있었다.

"이 아이를 들여보내 주지 않네요. 스물한 살이라고 했는데도 내 말을 도무지 믿으려 하지 않아요. 직원에게 내 지갑까지 보여줬어요. 더는 안 되겠더라고요. 그래도 아무 소용이 없었어요. 그 남자는 그냥 코웃음만 치더라고요……. 그리고 이제 막 뉴욕에서 온 맥퀸 부인을 만났는데, 그 부인은 살 프리베에서 막 13,000파운드를 땄대요. 부인은 운이 이어지는 동안 내가 함께 가 주길 바라요. 물론 나는, 이 애를 두고 갈 수 없죠. 하지만 당신이라면……."

그 말에 '아이'가 위를 올려다보았다. 소녀의 눈길에 어머니는 위축되었다.

"왜 저를 그냥 두고 가지 못하죠?"

소녀는 무섭게 화를 내며 말했다.

"진저리가 나요! 도대체 왜 이런 일을 벌이는 거예요? 다시는 엄마와 함께 외출하지 않을래요. 엄만 정말 지독해요."

소녀는 어머니를 위아래로 쳐다보며 당당하게 말했다.

"진정하세요."

그녀가 멋들어지게 말했다.

래딕 부인은 필사적인 심정이었다. 맥퀸 부인과 함께 돌아가고 싶어서 '미칠' 지경이면서 또한…….

내가 용기를 내서 제안해 보았다.

"저기, 저희와 같이 차 마시러 갈래요?"

"그래요, 그래요. 녀석도 즐거워할 거예요. 그게 바로 내가 바라는 거랍니다. 그렇지, 애야? 맥퀸 부인하고…… 나는 한 시간 뒤나 그 전에…… 여기로 돌아올게. 꼭……."

부인이 재빨리 계단을 올라갔다. 나는 그녀의 가방이 다시 열린 것을 보았다.

그렇게 우리 세 사람만 남았다. 사실 내 잘못도 아니었다. 헤니 또한 땅에 뭉개진 것 같았다. 자동차가 도착하자 소녀는 어두운 색 외투가 더러워지지 않도록 둘둘 감았다. 소녀의 작은 발조차 그녀를 이끌어 우리 쪽으로 계단을 내려오는 것을 꺼리는 것 같았다.

"정말 미안해요."

차가 출발할 때 내가 중얼댔다.

"아, 괜찮아요. 나도 스물한 살로 보이고 싶지는 않아요."

"이제 고작 열일곱 살인데 대체 누가 그러길 바라겠어요? 그건……."

그녀가 몸을 부르르 떨었다.

"내가 혐오하는 건 어리석음과 날 쳐다보는 뚱뚱하고 늙은 남자들이죠. 짐 승들 같으니!"

헤니가 소녀를 힐끗 보더니 창밖을 내다보았다.

우리는 분홍과 흰 대리석으로 꾸며진 거대한 궁전 앞에 와서 멈추어 섰다. 문밖의 황금색과 검정색 화분에는 오렌지 나무가 심어져 있었다.

"들어가도 되겠어요?"

내가 말했다.

"음, 다른 데도 없겠네요."

그녀가 말했다.

"헤니, 가자."

소녀는 망설이며 쳐다보다가 입술을 깨물고 체념했다.

내가 먼저, 물론 탁자가 있는지 확인하려고 들어갔고, 소녀가 뒤따라왔다. 겨우 열두 살인 소녀의 남동생이 함께 간다는 점이 최악이었다. 소녀의 꽁무니만 졸졸 따라다니는 그 어린아이야말로 최후의 결정타였다.

탁자가 하나 있었다. 그 탁자 위에는 분홍 카네이션이 놓여 있었고 작고 푸른 차 냅킨이 돛대처럼 분홍 접시를 장식했다.

"여기 앉을까요?"

소녀가 고리버들로 만든 흰 의자 등받이에 나른하게 한 손을 내려놓으며 말했다.

"그러는 게 좋겠군요. 그러죠, 뭐."

그녀가 말했다.

헤니가 겨우 소녀 뒤로 지나가 끄트머리에 있는 등 없는 의자에 몸을 비틀며 앉았다. 그는 자신이 정말 어울리지 않는다고 느꼈다. 소녀는 장갑도 벗지 않은 채 눈을 내리깔고는 탁자를 탁탁 쳤다. 어디선가 어렴풋이 바이올린 소리가 들려오자 소녀가 움찔하며 입술을 다시 깨물었다. 정적이 흘렀다.

종업원이 나타났다. 나는 겨우 용기를 내 소녀에게 물었다.

"차 아니면 커피? 중국 차나 레몬을 띄운 아이스티는 어때요?"

소녀는 정말로 신경 쓰지 않았다. 모두가 마찬가지였던 것이다. 소녀는 사실 아무것도 바라지 않았다. 헤니가 속삭이듯 말했다.

"코코아요!"

그러나 종업원이 고개를 돌리자 소녀가 느긋한 목소리로 외쳤다.

"아, 나도 코코아로 주세요."

기다리는 동안 소녀는 뚜껑에 거울이 달린 작은 금빛 분첩을 꺼냈다. 그리고 혐오하듯이 그 불쌍한 작은 분첩을 흔들더니 귀여운 코에 톡톡 발랐다.

"헤니, 이 꽃 좀 치워."

소녀가 분첩으로 카네이션을 가리켰고 나는 소녀가 중얼대는 소리를 들었다.

"탁자 위에 놓인 꽃은 참을 수 없어."

꽃들이 소녀에게 깅렬한 고통을 주는 것이 틀림없었다. 내가 꽃늘을 치울 때 소녀는 진심으로 눈을 감았다.

종업원이 코코아와 차를 가져왔다. 그녀는 크고 거품이 나는 잔들은 자기들 앞에 내려놓고 내게는 투명한 유리잔을 밀어주었다. 헤니가 잔에 코를 박았다가 잠시 뒤 고개를 들었을 때 그의 코끝에서는 크림 덩이가 흔들렸다. 그는 꼬마신사처럼 재빨리 크림을 닦아냈다. 나는 소녀에게 자기 잔에 관심을 돌리도록 해도 좋을지 생각했다. 소녀는 자기 잔이 왔는지 알아채지도,

보지도 못하다가 그저 우연히 한 모금을 마셨다. 나는 걱정스러운 마음으로 소녀를 지켜보았고, 소녀는 몸을 가볍게 떨었다.

"너무 달아요!"

소녀가 말했다.

머리통은 건포도만 하고 몸통은 초콜릿 빛인 작은 소년이 패스트리 쟁반을 들고 식당 안을 돌았다. 쟁반에는 작은 변덕과 작은 영감이 녹아내리는 작은 꿈들이 켜켜이 쌓여 있었다. 소년이 소녀에게 쟁반을 건네 보였다.

"아, 나는 전혀 배고프지 않아요. 치워요."

소년이 헤니에게 쟁반을 내밀었다. 헤니가 얼른 나를 쳐다보는 모습이, 만족스러운 것 같았다. 헤니는 초콜릿 크림빵, 커피 슈크림 빵, 밤이 들어 있는 머랭, 신선한 딸기가 들어 있는 작은 뿔처럼 생긴 과자를 집었다. 소녀는 동생의 모습을 거의 지켜보지도 않았다. 그러나 소년이 막 몸을 돌리자 소녀가 자기 접시를 들어 올렸다.

"아, 하나만 줘요."

그녀가 말했다.

은으로 만든 집게가 빵을 하나, 둘, 셋, 그리고 버찌로 만든 작은 파이까지 집어서 소녀의 접시에 내려놓았다.

"이런 걸 왜 이렇게 다 주는지 모르겠어요. 나는 안 먹을 거예요. 먹을 수 없어요!"

소녀는 거의 웃는 얼굴로 말했다.

나는 기분이 훨씬 더 편안해졌다. 의자에 등을 기대고 차를 마시며 담배를 피워도 괜찮겠느냐고 물어보기까지 했다. 그러자 소녀는 한 손에 포크를 든 채 가만히 눈을 뜨고 미소 지어 보였다.

"그럼요, 난 언제나 사람들이 그러기를 바라요."

그때 헤니에게 비극이 닥쳤다. 그가 뿔처럼 생긴 빵을 포크로 지나치게 세게 누르는 바람에 빵이 둘로 갈라져 반쪽이 탁자 위로 떨어진 것이다. 지독한 사건이다! 그의 얼굴이 붉게 달아올랐다. 그는 귀까지 펄럭이며 떨어진 부분을 잡으려고 탁자 위로 부끄러운 한 손을 천천히 움직였다.

"이 꼬마 짐승!"

소녀가 말했다.

저런! 내가 빨리 도와주었어야 했다. 내가 다급하게 외쳤다.

"해외에 오래 있을 건가요?"

소녀는 어느새 헤니를 잊었다. 나도 잊었다. 소녀는 애써 무언가를 떠올리려 했다. 소녀는 먼 곳에 가 있었다.

"나도…… 잘 몰라요."

그 먼 곳에서부터 소녀가 느릿느릿 대답했다.

"당신이 런던보다 이곳을 좋아할 거라고 생각했어요. 여긴 좀 더……좀 더……."

내가 말을 잇지 못하자 소녀가 되돌아와서 궁금한 얼굴로 나를 쳐다보았다.

"좀 더……."

"그러니까 좀 더 즐겁죠."

나는 담배를 흔들며 크게 말했다.

그러나 소녀는 케이크 한 조각을 다 먹을 때까지 아무 말이 없었다. 그런 다음에도 소녀는 "아, 글쎄, 나름이죠." 이렇게 안전하게 말할 뿐이었다.

헤니가 다 먹어 치웠다. 그는 여전히 기분이 나빴다.

나는 탁자에서 나비가 그려진 메뉴판을 들었다.

"헤니, 아이스크림 먹고 싶어? 귤과 생강 맛으로 할까? 아, 더 시원한 맛으로 하자. 신선한 파인애플 크림은 어때?"

헤니가 좋나는 의사를 강하게 느러내 보였다. 송업원이 우리를 바라보았다. 소녀가 먹던 빵 너머로 올려다볼 때 주문이 이루어졌다.

"귤과 생강 맛이라고 했어요? 생강이 좋아요. 나도 하나 갖다 줘요."

소녀가 냉큼 덧붙였다.

"관현악단이 옛 곡들을 연주하지 않으면 좋겠어요. 지난 예수님 오신 날 내내 그 곡들에 맞춰서 춤을 췄거든요. 진저리가 나요!"

그래도 꽤 매력적인 분위기였다. 새삼 이 분위기에 주목해 보니 마음이 따뜻해졌다.

"여기 꽤 괜찮지 않니, 헤니?"

내가 물었다.

"끝내줘요!"

헤니가 말했다. 그는 아주 낮게 말하려고 애썼으나 마치 고음의 비명 소리처럼 들렸다.

괜찮다고? 이곳이? 괜찮다고? 소녀가 처음으로 어떤지 보려고 주위를 살펴보았다. 소녀는 눈을 껌벅였다. 사랑스러운 눈동자는 놀라움으로 가득 차 있었다. 잘생긴 한 중년 남자가 검은 줄이 달린 외알안경으로 소녀를 다시 쳐다보았다. 그러나 소녀는 그를 보지 못했다. 그가 있는 곳에는 공중에 구멍이 뚫려 있었다. 소녀는 그를 지나쳐 그 너머를 바라보았다.

마침내 작고 납작한 숟가락들이 유리 접시 위에 얌전히 놓였다. 헤니는 조금 지친 듯했고, 소녀는 흰 장갑을 다시 꼈다. 소녀의 다이아몬드 시계에 조금 문제가 있었다. 자꾸 거치적거렸기 때문이다. 소녀는 시계를 잡아당겨서 그 어리석은 작은 물건을 떼어내려고 했으나 생각처럼 되지 않았다. 마침내 소녀는 장갑을 시계 위로 끌어올려야만 했다. 그 후 소녀가 이곳을 한순간도 더는 참을 수 없어한다는 것을 나는 알아차렸다. 내가 찻값을 내는 비천한 행동을 하는 동안 소녀는 벌떡 일어나서 밖으로 나가 버렸다.

우리 모두 다시 밖으로 나왔다. 날은 조금씩 어두워지고 있었다. 하늘에는 작은 별들이 하나둘 떠오르고 커다란 등불들이 빛났다. 차가 오기를 기다리는 동안 소녀는 예전처럼 계단에 서서 아래를 내려다보며 발을 꼼지락거렸다.

헤니가 문을 열려고 뛰어나갔고, 소녀는 차 안으로 들어가 한숨을 쉬면서 앉았다.

"운전사에게," 소녀가 숨을 헐떡였다. "최대한 빨리 운전하라고 말해."

헤니는 친구인 운전사를 보며 활짝 웃었다.

"빨리 가!"

그가 말하고는 우리 앞 작은 좌석에 앉았다.

황금빛 분첩이 다시 밖으로 나왔다. 그 불쌍한 작은 분첩은 또다시 흔들리면서 치명적인 비밀의 눈길이 소녀와 거울 사이를 빠르게 오갔다.

자동차는 검정과 금빛으로 수놓인 직물을 가위로 가르듯 검정과 황금빛 시내를 뚫고 나아갔다. 헤니는 무언가를 붙잡은 것처럼 보이지 않으려고 갖은 애를 썼다.

카지노에 도착해 보니 물론 래딕 부인은 없었다. 계단에 부인의 흔적이라고는 찾아볼 수 없었다.

"내가 좀 가 볼 동안 차에 있을래요?"

아니었다. 소녀는 그러려고 하지 않았다. 아뇨! 헤니가 있으면 돼요. 소녀는 차에 앉아 있는 것을 참을 수 없었다. 계단에서 기다리려고 했다.

"당신을 두고 가고 싶지는 않은데요. 당신을 여기 두고 가고 싶지 않아요."

내가 더듬거렸다.

소녀가 외투를 휙 돌리며 고개를 돌려 나를 바라보았다. 소녀의 두 입술이 벌어졌다.

"저런, 왜요! 나는 아무것도 신경 쓰지 않아요. 난 기다리는 게 좋아요."

갑자기 소녀의 뺨이 붉어지더니 눈빛이 흐려졌다. 나는 소녀가 곧 울 것 같다고 잠시 생각했다.

"자, 잠깐만요."

소녀가 다정하고 열심인 목소리로 더듬으며 말했다.

"나는 좋아해요. 나는 기다리는 게 좋아요! 정말, 정말 그래요! 늘 기다렸는걸요. 모든 곳에서……."

소녀의 짙은 색 외투가 흘러내렸고, 그녀의 새하얀 목과 푸른 드레스를 입은 나긋나긋하고 젊은 몸은 짙은 색 꽃봉오리에서 피어나는 꽃송이와도 같았다.

The Stranger
낯선 사람

부두에 모인 작은 무리들이 보기에 배가 다시는 움직이지 않을 것 같았다. 거대한 배는 회색 물결이 일렁이는 바다에서 꿈쩍도 하지 않은 채 머물러 있었다. 배 위로 연기가 고리처럼 떠 있고, 수많은 갈매기 떼가 고물에 있는 취사실에서 버리는 음식물을 쫓아 물속으로 뛰어들었다. 갑판에서 사람들이 걷는 모습은 구겨진 회색 식탁보 위에 놓인 접시를 따라 움직이는 작은 파리 떼 같았다. 또 다른 파리들은 가장자리에 뭉쳐 있었다. 아래층 갑판에서 하얀 빛이 어렴풋이 반짝였다. 요리사나 승무원의 앞치마인 것 같았다. 작고 검은 거미 한 마리가 배다리의 사다리로 빠르게 올라갔다.

무리 앞쪽에 강렬한 인상의 중년 남자가 서 있었다. 회색 외투를 편안히 걸치고 회색 실크 스카프와 두꺼운 장갑, 검은 펠트 모자까지 제대로 차려입은 그는 접힌 우산을 빙빙 돌리며 서성거렸다. 그는 부두에 모인 사람들의 우두머리이자 동시에 그들이 흩어지지 않게 모아주는 사람인 것 같았다. 양치기 개와 양치기의 중간쯤이라고나 할까.

그러나 쌍안경도 없이 왔으니 정말로 어리석구나! 모인 사람들 가운데 쌍안경을 갖고 온 사람은 아무도 없었다.

"스콧 씨, 아무도 쌍안경을 갖고 오지 않았다니 참 이상한 노릇입니다. 배에 탄 사람들을 얼마쯤은 부추길 수 있었을 텐데요. 신호를 보낼 수도 있고요. '망설이지 말고 착륙하시오. 원주민들은 나쁜 사람이 아닙니다.' 아니면

'환영합니다. 모든 것을 용서합니다.' 예? 뭐라고요?"

해먼드 씨는 재빠르면서도 열심히, 날카로우면서도 다정하고 남을 믿는 눈빛으로 부두에 모인 모든 사람을 바라보고 배 안 통로에서 어슬렁거리는 늙은 선원들도 눈여겨보았다. 그들은 모두 해먼드 부인이 배에 탄 사실을 알고 있었고, 그는 너무 흥분해서 이 대단한 사실이 그들에게는 아무런 의미도 없다는 것을 깨닫지 못했다. 그래서 그는 그들에게도 따뜻한 마음을 품었다. 그들이 점잖았으며, 배 안 통로의 저 늙은 선원들도 훌륭하고 강인한 선원들이라고 생각했다. 저 튼튼한 가슴은 정말로! 그는 어깨를 펴고, 두꺼운 장갑을 낀 손을 주머니에 찌르고는 발꿈치와 발가락을 들며 가슴을 흔들었다.

"예, 제 아내가 지난 열 달 동안 유럽에 가 있었죠. 지난해 결혼한 큰딸을 만나러 갔어요. 솔즈베리에서 이곳까지 제가 직접 아내를 데려왔죠. 그래서 여기에서 아내를 데려가는 편이 낫겠다고 생각했어요. 아, 그럼요."

기민한 회색 눈이 다시 좁아지더니 꼼짝도 않는 정기선을 빠르게 열심히 훑었다. 그는 외투 단추를 다시 풀더니 납작하고 노란 버터색 시계를 다시 끄집어냈다. 그는 스무 번째, 쉰 번째, 아니 백 번째로 시간을 헤아려보았다.

"어디 보자. 검역선이 2시 15분에 떠났지. 이젠 정확히 4시 28분이야. 그러니까 검역이 끝나고도 두 시간 13분이나 지났어. 두 시간 13분! 휴!"

그는 짧게 휘파람을 불고 다시 시계를 봤다.

"무슨 일이 있으면 우리에게도 알려 줬을 텐데요. 게이븐 씨, 그렇지 않나요?"

"아, 해먼드 씨, 그럼요! 저는 그다지 걱정하지 않아도 될 것 같다고 생각합니다."

게이븐 씨가 구두 뒤축을 파이프로 내리치면서 말했다.

"동시에……."

"그렇죠! 그렇죠!"

해먼드 씨가 크게 말했다.

"빌어먹을 것, 신경 쓰이는군!"

그는 빠른 걸음으로 서성이다가 다시 스콧 부부와 게이븐 씨 사이에 멈춰 섰다.

"게다가 날도 점점 어두워지고 있어요."

그는 마치 황혼이 잠시 자리를 비워줄 정도의 예의라도 갖춘 존재라는 듯이 접힌 우산을 흔들었다. 그러나 얼룩이 물 위로 번지듯 어둠이 서서히 찾아왔다. 어린 진 스콧이 엄마의 손을 잡아당기며 큰 소리로 말했다.

"엄마, 나 차 마시고 싶어요!"

"그렇겠지, 이 모든 숙녀분들도 차를 원하실 거야."

해먼드 씨가 말했다. 친절하고 상기된, 애처롭기까지 한 그의 눈길이 다시 그들을 옭아맸다. 그는 제이니가 여객선 담화실에서 마지막으로 차를 마시고 있을지 궁금했다. 그는 그러기를 바라면서도 그러지 않으리라고 생각했다. 아내는 갑판을 떠나지 않으리라. 그렇다면 아마 갑판 승선원이 차를 가져다 줄 것이다. 자기도 그 자리에 있다면 몸소 아내에게 갖다 주었을 텐데……. 그는 잠시 갑판 위에 서서, 늘 그러하듯 그녀의 작은 손이 잔을 잡고 배에 있는 단 한 잔의 차를 마시는 모습을 지켜보았다. 그는 다시 이곳으로 돌아왔고, 빌어먹을 선장이 도대체 과연 언제쯤 바다에 떠 있는 배를 움직일지는 아무도 알 수 없었다. 그는 또다시 주변을 서성거렸다. 마부가 가버리지는 않았는지 확인하려고 마차가 기다리는 곳까지 가보았다. 그는 몸을 돌려 바나나 상자를 쌓아둔 곳에 모여 있는 사람들 사이로 돌아갔다. 어린 진 스콧은 아직도 차를 원했다. 불쌍한 아이! 아이에게 줄 초콜릿이라도 조금 있었으면 싶었다.

"애야, 진! 올려줄까?"

그는 어린 소녀를 가볍게 들어올려 더 높은 통 위에 앉혔다. 아이를 안아서 달래주자 그의 마음도 편안해지고 가벼워졌다.

"잘 잡으렴."

그가 아이에게 한 팔을 두르면서 말했다.

"해먼드 씨, 진은 신경 쓰지 마세요!"

스콧 부인이 말했다.

"괜찮습니다. 스콧 부인. 조금도 성가신 일이 아닙니다. 오히려 즐겁기만

한 걸요. 진은 내 친구야. 그렇지 않니, 진?"

"네, 해먼드 씨."

진이 그의 펠트 모자의 움푹 들어간 부분을 손가락으로 훑었다. 진이 갑자기 그의 귀를 잡으며 큰소리로 외쳤다.

"해먼드 씨, 보세요! 배가 움직여요! 봐요, 배가 이리로 오고 있어요!"

저런! 정말 그랬다. 드디어! 배는 천천히, 천천히 돌았다. 바다 저 멀리에서 종이 울리고 커다란 연기가 뿜어져 나왔다. 갈매기들이 새하얀 종이처럼 펄덕이며 날아올랐다. 깊은 두근거림이 배의 엔진인지 아니면 자신의 심장인지 해먼드 씨는 구분할 수 없었다. 무엇이든지 그는 견디기로 마음을 먹었다. 그때 항만 관리소장인 늙은 존슨 선장이 가죽 가방을 둘러멘 채 부두로 성큼성큼 다가왔다.

"진은 괜찮아요. 내가 잡을게요."

스콧 씨가 말했다. 적절한 때였다. 해먼드는 진은 어느새 잊고 있었다. 그는 재빨리 달려가 늙은 존슨 선장에게 인사했다.

"아, 선장님! 드디어 우리에게 동정심을 보이는군요."

불안하고 간절한 목소리가 울려 퍼졌다.

"해먼드 씨, 저를 탓해 봐야 소용없어요. 부인이 배에 타셨죠?"

늙은 존슨 선장이 정기선을 바라보며 가쁜 숨을 내쉬었다.

"네, 네! 제 아내가 저기 있죠. 야호! 이제 거의 다 왔어!"

해먼드가 항만 관리소장 옆에 서서 대답했다.

배의 전화벨 소리와 추진기의 밧줄 소리가 대기를 가득 채우며 커다란 정기선은 검은 물을 예리하게 가르고 희고 큰 포말을 일으키면서 그가 서 있는 쪽으로 다가왔다. 해먼드와 항만 관리소장은 그대로 앞자리를 지켰다. 해먼드는 모자를 벗고 갑판 위를 자세히 살폈다. 갑판 위는 승객들로 붐볐다. 그는 모자를 흔들며 바다를 향해 "안녕하시오!" 라고 크고 기이한 목소리로 외쳤다. 그러고는 몸을 돌려 웃음을 지어 보이며 늙은 존슨 선장에게 별 뜻 없는 말을 건넸다.

"부인을 보셨소?"

항만 관리소장이 물었다.

"아뇨, 아직. 그대로 천천히, 잠깐만요!"

갑자기 그는 어리둥절한 표정을 하고 있는 몸집이 큰 두 남자 사이로, "거기 비켜요!"라며 우산을 흔들어댔다. 한 손이 올라가는 게 보였다. 흰 장갑 낀 손이 손수건을 흔들고 있었다. 그리고 바로 잠시 뒤에, 하느님, 감사합니다. 감사합니다! 그녀가 거기 서 있었다. 제이니였다. 맞다, 해먼드 부인이 난간에서 입가에 미소를 머금은 채 고개를 끄덕이며 손수건을 흔들었다.

"음, 저기가 일등실이렷다. 일등실! 음, 음, 음!"

그는 기분 좋게 발을 굴렀다. 그는 재빨리 시가 갑을 꺼내 늙은 존슨 선장에게 내밀었다.

"선장님, 시가 피우세요! 꽤 좋은 것들입니다. 두 개 집으세요. 여기요!"

그는 시가 갑을 모조리 항만 관리소장에게 주었다.

"호텔에 두 박스가 더 있어요."

"해먼드 씨, 고맙소!"

늙은 존슨 선장이 크게 소리쳤다.

해먼드가 시가 갑을 집어넣었다. 손이 떨렸지만 다시 몸을 바로잡았다. 제이니를 마주 볼 수 있었다. 그녀는 난간에 기대어 어떤 여인에게 말하면서 동시에 그를 바라보았고, 그를 만나기 위해 발걸음을 옮겼다. 배와 그의 사이가 점점 가까워질수록 그 커다란 배 위에서 그녀가 너무나 작게 보여 그는 충격을 받았다. 가슴이 격렬하게 조여와 그는 소리를 지르고야 말았다. 그 먼 길을 혼자 돌아온 그녀가 저렇게 작아 보이다니! 하지만 그 모습이야 말로 본디 그녀였다. 바로 제이니였다. 그녀의 용기는……. 승무원들이 나와 승객들에게 작별 인사를 했다. 승선판을 놓기 위해 난간이 내려졌다.

부둣가에 모인 사람들과 배에 탄 사람들이 서로 인사를 나누는 소리가 여기저기서 들려왔다.

"괜찮아?"

"괜찮아요."

"어머니는 어떠셔?"

"훨씬 더 좋아지셨어요."

"안녕, 진!"

"에밀리 이모, 안녕하세요!"

"여행은 좋았어?"

"멋졌어요!"

"이제 얼마 남지 않았어!"

"이제 얼마 남지 않았지."

엔진이 멈추었다. 배가 천천히 부둣가로 다가왔다.

"비키세요. 거기 비켜요!"

부두의 인부들은 무거운 승선판을 순식간에 설치했다. 해먼드가 아내에게 그대로 있으라고 손짓했다. 늙은 항만 관리소장이 앞으로 나아가고 그가 뒤따라갔다. "숙녀분부터." 따위의 허튼소리는 그의 머릿속에 조금도 떠오르지 않았다.

"선장님이 먼저 가시죠!"

그는 친절하게 외치고는 늙은 선장의 바로 뒤를 따라가더니 어느새 승선판을 성큼성큼 걸어서 곧장 제이니에게 달려갔고, 제이니는 그의 품에 꼭 안겼다.

"좋아, 좋아, 좋아! 그래, 그래! 드디어 도착했구나!"

그는 말을 더듬었다. 그가 할 수 있는 말은 그뿐이었다. 제이니가 그의 품에서 벗어나 차분하고 작은 목소리로, 그에게는 이 세상에 단 하나뿐인 목소리로 말했다.

"음, 당신! 오래 기다렸어?"

아니, 오래는 아니었다. 아무튼 그것은 중요하지 않았다. 이제 다 끝났다. 지금 중요한 것은 부둣가 끝에 택시를 대기시켰다는 사실이다. 그녀는 자리를 뜰 준비가 되었을까? 짐은 다 준비되었고? 그렇다면 선실의 짐만 빼고 나머지는 내일 보내라고 해야지. 그가 그녀 쪽으로 허리를 구부리자 그녀는 여느 때와 마찬가지로 반쯤 미소를 지으며 그를 올려다보았다. 그녀는 늘 똑같다. 단 하루도 변함이 없었다. 그가 언제나 알고 있던 그녀 모습이었다. 그녀는 자그마한 손을 그의 소매에 얹었다.

"존, 아이들은 어때?"

그녀가 물었다.

(아이들은 기다리라고 하지!) "아주 잘 있어. 이제까지 그렇게 잘 있던 적이 없었지."

"아이들이 내게 편지 보내지 않았어?"

"그럼, 그럼, 물론이지! 나중에 자세히 읽어보라고 호텔에 두었지."

"당장은 갈 수 없어. 사람들한테 작별 인사도 해야 하고, 또 선장님도 있어."

그녀가 말했다. 그의 얼굴에서 실망의 빛이 어리는 것을 보더니 그녀는 이해한다는 듯이 그의 팔을 살짝 붙잡았다.

"선장님이 선교로 내려오면 당신의 아내를 그토록 잘 돌봐 주어서 고맙다고 인사해 줘."

음, 이제 그녀는 그의 것이다. 그녀가 10분 더 있고 싶어 한다 해도 괜찮다. 그가 물러서자 그녀는 곧 사람들에게 둘러싸였다. 일등실 사람들 모두 제이니에게 작별 인사를 하고 싶어 하는 것 같았다.

"사랑하는 해먼드 부인, 잘 가요! 다음에 시드니에 오면 다시 만나요."

"사랑하는 해먼드 부인! 편지하는 것 잊지 말아요."

"음, 해먼드 부인, 당신이 없었다면 이 여행은 정말 지루했을 거예요!"

그녀가 배에서 누구보다 인기가 많았다는 사실은 너무나 명백했다. 그녀는 여느 때처럼 그 사실을 받아들였고, 너무나 침착했다. 언제나 작은 그녀, 그러나 온 주위가 제이니였다. 그녀는 베일을 뒤로 넘기고 그 자리에 서 있다. 해먼드는 아내가 어떤 옷을 입었는지 눈치채지 못했었다. 무엇을 입든 그에게는 마찬가지였으니까. 그러나 오늘 그는 아내가 목과 소매에 하얀 프릴이 달린 검은 '의상'—이렇게 말하던가?—을 입고 있다는 사실을 알아차렸다. 제이니는 그를 두루 인사시켰다.

"여보, 존!"

그러고는 말했다.

"당신한테 소개하고 싶은 분이 있는데······."

마침내 그곳을 빠져나와 그녀는 그를 자신의 특별실로 이끌었다. 아내를 따라 그녀가 잘 아는 복도를 내려가면서 그는 너무나 기묘한 느낌이 들었다. 초록빛 커튼을 열어젖히고 그녀가 머물던 선실로 들어가는 것이 그에게는 특별한 행복이었다. 그러나 뜻밖에도, 여승무원이 양탄자를 끈으로 묶고 있었다.

"해먼드 부인, 이게 마지막이군요."

여승무원이 일어나서 그녀의 옷소매를 잡아당기며 말했다.

그는 다시 소개를 받았고 그 뒤에 제이니와 여승무원은 복도로 사라졌다. 그는 두 사람이 속삭이는 소리를 들었다. 아내가 팁을 건네주는 거라고 그는 추측했다. 그는 줄무늬 소파에 앉아서 모자를 벗었다. 아내가 사용했던 양탄자는 새것처럼 보였다. 아내의 모든 짐이 새것처럼 완벽해 보였다. 이름 표에는 그녀의 작고 우아하고 깔끔한 글씨체로 '존 해먼드 부인'이라고 쓰여 있었다.

"존 해먼드 부인이라!"

그는 만족스러운 듯 길게 한숨을 내쉬며 등을 기대고 팔짱을 꼈다. 긴장은 끝났다. 그는 이제 안도의 한숨을 쉬면서 그곳에 앉아 있을 수 있다고 느꼈다. 마음속에서 두렵게 잡아당기고 밀고 붙잡고 하던 것을 없애버렸다는 안도감이었다. 위험은 사라졌다. 바로 그런 기분이었다. 다시 마른 육지에 발을 내딛게 된 것이다.

그때 제이니가 벽 모퉁이 너머로 머리만 쏙 내밀었다.

"여보, 괜찮으면 의사선생님에게 가서 작별인사를 하고 올게."

해먼드가 놀라서 일어났다.

"같이 가지."

"아니, 아니! 귀찮게 그럴 필요 없어. 곧 올 거야."

그녀가 말했다. 그가 뭐라고 말하기도 전에 그녀는 사라져 버렸다. 그는 그녀를 쫓아가야겠다고 생각하면서도 다시 자리에 앉았다.

정말로 오래 걸리지 않을까? 지금 몇 시지? 시계가 다시 나왔다. 그는 아무것도 보지 않았다. 제이니가 좀 이상하지 않았던가? 왜 자기 대신 여승무원을 보내지 않았을까? 왜 배의 의사를 쫓아가야만 했지? 아무리 급해도 호텔에서는 메모를 보내도 될 텐데. 급하다고? 항해 중에 아팠던 걸까? 그에게 숨기는 게 있는 걸까? 바로 그거야! 그는 모자를 움켜잡았다. 그 친구를 찾아내서 어떤 값을 치르더라도 진실을 쥐어짜 내고야 말겠어. 그는 자기가 무언가를 알아챘다고 느꼈다. 그녀는 지나치게 침착하고 지나치게 안정된 모습이다. 처음부터……

커튼 소리가 났다. 제이니가 돌아온 것이다. 그는 벌떡 일어났다.

"당신, 항해 중에 어디 아팠어? 그런 거야?"

"아팠느냐고?"

그녀의 가볍고 작은 목소리는 그를 놀리는 것 같았다. 그녀는 양탄자를 가로질러 가까이 다가오더니 그의 가슴에 손을 대고 올려다보았다.

"여보, 날 두렵게 하지 마. 물론 난 아프지 않았어! 왜 그런 생각을 하게 된 거지? 내가 아파 보여?"

그러나 해먼드는 그녀를 바라보지 않았다. 그는 그녀가 자기를 보고 있고 이제는 조금도 걱정할 필요가 없다고 느낄 뿐이었다. 그녀는 이곳에서 이런저런 일들을 처리하려고 한다. 다 괜찮다. 모든 것이.

부드럽게 누르는 그녀의 손길에 안정을 되찾은 그는 그녀의 손 위에 자기 손을 올려놓았다. 그러자 그녀가 말했다.

"가만히 서 있어봐. 당신을 바라보고 싶어. 아직 당신 얼굴을 제대로 못 봤거든. 턱수염을 멋지게 손질했네. 더 젊어 보이고, 확실히 더 말랐어! 혼자 지내는 생활이 당신에게 잘 맞나 봐."

"잘 맞는다고!"

그는 사랑을 갈구하며 그녀를 다시 가까이 끌어안았다. 늘 그렇듯이, 자기 것이 아닌 무언가를 잡고 있다는 느낌이 다시 들었다. 너무나 섬세하고 너무나 소중해서 그가 놓아주면 날아가 버릴 어떤 것을.

"제발 우리 둘만 있게 호텔로 가자!"

그는 짐을 맡기기 위해 벨을 세게 눌렀다.

부둣가를 걸으면서 그녀는 그의 팔을 잡았다. 그는 다시 그녀를 그의 팔에 잡은 것이다. 제이니를 뒤따라서 택시에 올라 빨간색과 노란색 줄무늬 담요를 둘이 함께 두르고 어서 차를 마시러 가자고 재촉하는 것이 얼마나 다른 느낌인지. 차도 마시지 않고 외출하거나 직접 차를 따르는 일은 더는 없으리라. 그녀가 돌아왔다. 그는 아내에게 몸을 돌려 그녀의 손을 꼭 쥐고는 그녀만을 위한 자신의 '특별한' 목소리로, 부드럽게 달래듯이 물었다.

"여보, 집에 돌아와서 좋아?"

그녀가 미소를 지어 보였다. 그러나 아무런 대답도 없었고, 불빛이 환한 거리로 들어서자 그녀는 슬그머니 그의 손을 치웠다.

"호텔에서 가장 좋은 방을 잡아뒀어. 무슨 일에도 방해 받지 않을 거야. 객실 종업원에게 당신이 추울지 모르니 온도를 좀더 올려달라고 했어. 여기 왔으니 내일 하루 돌아보고 모레 아침에 가는 게 좋지 않을까? 당신도 괜찮겠지? 서두를 필요는 없지? 아이들도 곧 당신을 보게 될 테니……. 하루쯤 관광하는 게 여행 뒤에 휴식을 줄 거라고 생각했지. 여보?"

"모레 표는 샀어?"

그녀가 물었다.

"물론!"

그는 외투 단추를 풀고 두툼한 지갑을 꺼내 보였다.

"여기 있지! 솔즈베리 행 일등석이야. 여기 있잖소, '해먼드 씨 부부'라고. 우리끼리 편하게 가면 좋겠는데, 또 다른 사람들이 들어오는 건 싫잖아? 당신이 여기에 좀 더 머물고 싶어 한다면……."

"아, 아니야!"

제이니가 재빨리 말했다.

"전혀! 모레면 돼. 그리고 아이들이……"

그들은 호텔에 도착했다. 지배인이 밝게 조명이 비치는 넓은 현관에서 그들을 맞이하러 내려왔다. 종업원이 복도에서 달려와 짐을 들었다.

"음, 아놀드 씨, 드디어 해먼드 부인이 왔어요!"

지배인이 직접 그들을 안내해서 복도를 지나 엘리베이터 단추를 눌렀다.

해먼드는 그의 비즈니스 친구들이 저녁 식사 전에 그와 한잔하기 위해 작은 복도 탁자에서 기다리고 있다는 것을 알았다. 그러나 그는 그 무엇에도 방해받지 않을 것이다. 그는 오른쪽도 왼쪽도 돌아보지 않았다. 그들은 좋을 대로 생각하리라. 이해하지 못한다면 아주 어리석은 인간들이지. 그는 엘리베이터를 빠져 나와 방문을 열고 제이니를 안으로 이끌고 갔다. 문이 닫혔다. 마침내 그들 둘뿐이다. 그는 불을 켰다. 커튼이 내려지고 불이 타올랐다. 그는 커다란 침대에 모자를 던지고 그녀에게 다가갔다.

그러나—믿을 수 없게도!—또다시 방해를 받았다. 이번에는 종업원이 짐을 들고 올라왔다. 종업원은 두 번이나 들어왔다 나가면서 문을 열어놓고 복도에서 휘파람까지 불면서 천천히 움직였다. 해먼드는 서둘러 모자를 벗고 스카프를 풀었다. 마침내 그는 침대 옆에 외투를 던졌다.

마침내 그 아둔한 녀석이 사라졌다. 그리고 문이 닫혔다. 이제 그들 둘뿐이었다. 해먼드가 말했다.

"다시는 나 혼자서 당신을 가질 수 없으리라는 느낌이 들어. 이 저주받을 사람들! 제이니……."

그는 상기된 채 간절한 눈빛으로 그녀를 내려다보았다.

"여기서 저녁을 먹기로 하지. 식당으로 내려가면 방해받을 테고 음악도 번잡하니." (지난밤 그가 그토록 칭찬하면서 크게 박수를 보내던 음악이었다!) "서로의 목소리도 듣지 못할 거야. 여기 난롯가에서 먹도록 하지. 차를 마시기에는 너무 늦었어. 간단하게 저녁을 주문할까? 당신 생각은 어때?"

"여보, 좋아! 그런데 당신이 나간 동안 아이들 편지를……."

"아, 그건 나중에 읽어도 돼!"

해먼드가 말했다.

"나중에는 바쁠걸. 시간이 날 때 먼저……."

제이니가 말했다.

"아, 나는 내려갈 필요도 없어. 벨만 누르고 주문하면 되니까……. 날 내보내고 싶어 하는 건 아니겠지?"

제이니가 미소를 지으며 고개를 저었다.

"당신은 딴생각을 하고 있어. 걱정거리가 있군. 그게 뭐지? 여기 와서 앉아 봐. 여기 난롯가로 와서 내 무릎에 앉으라구."

해먼드가 말했다.

"모자 핀부터 풀게."

제이니가 화장대 앞으로 가더니 "아하!" 하고 작은 소리로 외쳤다.

"무슨 일이야?"

"아무것도 아니야, 여보. 방금 아이들 편지를 찾았어. 괜찮아! 잘 있겠지, 뭐 서두를 필요는 없어!"

그녀는 그를 바라보며 편지들을 집어서 프릴 달린 블라우스 속에 넣었다. 그녀가 재빨리 즐겁게 외쳤다.

"아, 이 화장대는 정말 당신 것 같아!"

"왜? 그게 무슨 문제가 있어?"

해먼드가 물었다.

"저세상에서 떠돈다 해도 '존!' 이라고 말할 수 있겠는걸."

제이니는 웃으면서 커다란 머릿기름 통과 오드콜로뉴 향수가 담긴 병, 머리빗 두 개, 분홍 테이프로 묶인 새 옷깃 한 다스를 바라보았다.

"당신 짐은 이게 다야?"

"내 짐은 아무데나 치우면 돼!"

해먼드가 말했다. 그는 제이니가 놀리는 게 좋았다.

"이야기해 봐. 자세히 말해 줘."

제이니가 자기 무릎 위에 앉자 그는 몸을 뒤로 기댄 채 그녀를 깊고 못생긴 의사 안으로 살어낭겼다.

"돌아와서 정말 기쁘다고 말해 줘, 제이니."

"그래, 여보. 돌아와서 기뻐."

그녀가 말했다.

그러나 그는 그녀를 껴안으면서 그녀가 날아가 버릴 거라고 느꼈다. 해먼드는 아내가 자기만큼 기뻐하는지 결코 확신할 수 없었다. 그가 어떻게 알 수 있단 말인가? 그가 알 수 있을까? 굶주림과도 같은 이 고통, 제이니를 자신의 일부로 만들어 그녀의 어느 부분도 달아나지 못하게 만들고 싶다는 이 욕망을 그는 언제까지나 품을 수 있을까? 그는 모든 사람을, 모든 것을 지워 버리고 싶었다. 그는 이제 불을 끄고 싶었다. 그러면 그녀가 더 가까이 다가 오겠지. 아이들이 쓴 편지들이 그녀의 블라우스 안에서 부스럭거렸다. 그는 그것들을 불 속에 집어 던지고 싶었다.

"제이니."

그가 속삭였다.

"응, 여보?"

그녀는 너무나 가볍고도 멀게 그의 가슴에 몸을 기댔다. 두 사람의 숨결 이 함께 오르락내리락했다.

"제이니!"

"왜?"

"내게 기대."

그가 속삭였다. 그의 이마가 서서히 붉어졌다.

"제이니, 키스해 줘. 키스해 줘!"

그녀의 입술은 잠시, 그에게는 고문과도 같이 길게, 멈추었다가 단단하고 가볍게 그의 입술에 닿았다. 그녀는 언제나 그에게 키스할 때와 마찬가지로 키스했다. 그러나 그 키스는─그가 어떻게 설명할 수 있을까?─그들이 이야 기했던 내용을 확인하고 계약서에 서명하는 것과 같았다. 그러나 이것은 그 가 바라던 게 아니었다. 그가 간절히 바라던 것과는 너무나 달랐다. 그는 갑 자기 몹시 피곤해졌다.

그는 눈을 뜨고 말했다.

"오늘 기다리는 동안 어땠는지 당신은 알까? 배가 결코 항구로 들어오지 않을 것만 같았어. 거기서 서성이며 기다렸지. 왜 그토록 오래 걸렸던 거야?"

그녀는 대답이 없었다. 그녀의 눈길은 그를 지나 난롯불을 바라보았다. 불 길이 서둘러 석탄 위로 타올랐다가 사그라졌다.

"당신, 자?"

해먼드는 그녀를 아래위로 흔들며 물었다.

"아니."

그녀가 말했다. 그리고 잠시 뒤에 말을 이었다.

"여보, 그러지 마. 뭔가를 생각하고 있었어. 사실 어젯밤에 승객 한 사람이 죽었거든. 남자였어. 그래서 오래 걸린 거야. 우리는 그 사람을 데려왔어. 그러니 수장하지는 않았다는 거지. 아, 물론 배 안의 의사와 육지 의사가……."

"뭐라고?"

해먼드가 마음이 뒤숭숭해져서 물었다. 그는 죽음에 관해 듣는 것을 싫어했다. 이런 일이 일어났다는 것조차 싫었다. 제이니와 함께 호텔로 오는 길에 기이하게도 장례식과 마주친 느낌이었다.

"아, 하지만 전염병 같은 건 아니었어!"

제이니가 속삭이듯 말했다.

"심장병이었대."

침묵이 흘렀다.

"불쌍한 사람이야! 꽤 젊었는데……."

그녀는 불길이 피어오르다 가라앉는 것을 바라보았다.

"그는 내 팔에 안겨 죽음을 맞이했어."

갑자기 충격을 받은 탓에 해먼드는 쓰러질 것 같았다. 그는 꼼짝할 수 없었고, 숨도 제대로 쉴 수 없었다. 커다란 검은 의자 안으로 그의 힘이란 힘은 모두 빠져나가고, 그 커다란 검은 의자가 그를 움켜잡고 참으라고 강요하는 것 같았다.

"뭐라고? 당신 뭐라고 말했지?"

그가 멍하니 물었다.

"그의 마지막 숨은 꽤 평화로웠어."

작은 목소리가 말했다.

"그 사람은 그저……."

해먼드는 그녀가 부드럽게 손을 올리는 것을 보았다.

"마지막 숨을 내쉬면서 생명을 떠났지."

그녀의 손이 아래로 떨어졌다.

"누가…… 또 그 자리에 있었지?"

해먼드가 간신히 물었다.

"아무도 없었어. 나와 그 사람뿐이었어."

아, 그녀는 무슨 말을 하는 걸까! 그녀는 그에게 무슨 짓을 하고 말았나! 이런 상황은 잠시 뒤에 그를 죽일 수도 있는데!

잠시 뒤에 그녀가 말했다.

"상태가 변하는 것을 보고는 여승무원에게 의사를 불러달라고 했지. 하지만 의사가 너무 늦게 왔어. 아무런 조치도 취할 수 없었어."

"하지만 왜 당신이, 왜 당신이?"

해먼드가 신음했다. 그러자 제이니가 얼른 몸을 돌려 그의 얼굴을 살폈다.

"존, 당신 괜찮지, 응? 당신과 나와는 아무 상관도 없는 일이야."

그는 겨우 그녀에게 미소를 지어 보였다. 그는 간신히 중얼댔다.

"아니, 계속해, 계속해 봐! 당신이 말해 주면 좋겠어."

"하지만 존, 여보……."

"제이니, 말해 줘!"

"할 이야기도 없어. 그는 일등실 승객이었어. 배에 탔을 때부터 몹시 아파 보였지. 하지만 어제까지는 훨씬 좋아진 듯했어. 그런데 오후가 되면서 증상이 심해졌어. 도착할 때가 가까워지면서 흥분했거나 신경과민이 되어가는 듯했어. 그리고 그 뒤로 회복하지 못했던 거야."

"하지만 왜 여승무원에게……."

"아. 여보, 여승무원이라면! 그가 어떻게 느꼈을까? 더군다나…… 그 사람은 누군가에게 할 말이 있었을지도 모르잖아……."

"그랬어? 그가 무슨 말을 했지?"

그가 더듬거렸다.

"아니, 여보. 한마디도 하지 않았어!"

그녀가 살며시 고개를 저었다.

"내가 그 사람과 함께 있는 내내 그 사람은 너무나 허약했어……. 손가락 하나 움직이지 못할 만큼……."

제이니는 입을 다물었다. 그러나 너무나 가볍고, 너무나 부드러우면서도 차가운 그녀의 말들이 공기 중에 맴돌다 눈이 내리듯 그의 가슴 위로 쏟아져 내렸다.

불길이 붉게 변했다. 불길은 날카로운 소리를 내며 아래로 떨어졌고 방은 점점 싸늘해졌다. 그의 팔 위로 추위가 엄습했다. 방은 크고 거대하고 빛이 났다. 방이 그의 세계를 가득 채웠다. 커다란 눈 먼 침대가 있고 그의 외투는 어느 머리 없는 남자가 기도하듯이 침대 위에 걸쳐 있다. 다시 어딘가에 옮겨져서 기차에 던져지거나 배에 실리거나 할 짐들이 보인다.

"그는 너무나 허약했어……. 너무 허약해서 손가락 하나도 움직이지 못 했지……."

그래도 그 남자는 제이니의 품에서 숨을 거두었다. 그녀는 이제까지 살아오면서 단 한 번도 그런 일이 없었는데…….

안 돼, 그것에 대해 생각해서는 안 된다. 그것을 생각하면 미칠 것만 같다. 절대로 그것을 마주하지 않겠다. 그는 참을 수 없었다. 아, 도저히!

제이니는 손가락으로 그의 넥타이를 만졌다. 그녀는 넥타이의 끝부분을 잡아당겼다.

"여보, 당신……괜찮아? 그것 때문에 슬퍼하는 건 아니지? 우리의 저녁을, 우리만의 시간을 망치지는 않았겠지?"

그 말에 그는 얼굴을 감추어야 했다. 그는 그녀의 가슴에 얼굴을 묻고 두 팔로 그녀를 끌어안았다.

그들의 저녁을 망쳤다! 두 사람만의 시간을 망치고야 만 것이다! 그들은 눌만의 시간을 절대로 가질 수 없으리라.

Life of Ma Parker

마 파커의 일생

화요일마다 늙은 마 파커가 청소하러 오는 집의 주인인 문인(文人) 신사는 그날 아침 문을 열어주면서 그녀의 손자에 대해 물었다. 마 파커는 문 안의 좁고 어두운 복도에 깔린 매트 위로 올라와 신사가 문을 닫도록 도와주고는 "어제 묻었습니다요, 어르신." 하고 조용히 대답했다.

"아니, 저런. 매우 유감이오."

문인 신사는 마 파커의 말에 충격을 받은 듯했다. 그는 마침 아침 식사 중이었다. 그는 오래 입어 빛이 바랜 실내복 차림에 한 손에는 구겨진 신문을 들고 있었다. 그는 왠지 어색해졌다. 무언가 그보다 더한 인사치레를 하지 않고서는 따뜻한 거실로 돌아갈 수 없을 것 같았다. 또한 이런 사람들이 장례식을 아주 중요하게 생각한다는 것을 알기에 신사는 상냥하게 말했다.

"장례식이 잘 치러졌기를 바랍니다."

"무슨 말씀이시죠?"

늙은 마 파커는 쉰 목소리로 물었다.

불쌍한 늙은이! 그녀가 너무나 안쓰러워 보였다.

"장례식이 음, 그러니까 성공적이었기를 바란다는 말이오."

마 파커는 대답하지 않았다. 그녀는 고개를 숙인 채 다리를 절뚝이며 부엌으로 들어가 청소 도구와 앞치마와 펠트 신발이 담긴 낡은 생선 주머니를 집어 들었다. 문인 신사는 눈썹을 추켜올렸다가 다시 아침을 먹기 시작했다.

"잘 이겨내길 바랍니다."

그는 큰 소리로 말하며 마멀레이드를 빵에 발랐다. 마 파커는 테가 좁은 모자에서 두 개의 검은 장식을 꺼낸 뒤 모자를 문 뒤에 걸었다. 낡은 겉옷 단추를 풀어 그것도 걸었다. 그리고 앞치마 끈을 묶고 나서 신발을 벗으려고 의자에 앉았다. 그녀에게는 신발을 신고 벗는 일이 오래된 고통거리였다. 사실 그 고통에 너무나 익숙해진 그녀는 신발 끈을 풀기도 전에 이미 얼굴부터 온통 찡그린 표정이 되곤 했다. 마침내 신발 벗는 일이 끝나면 그녀는 한숨을 내쉬며 의자에 등을 기댄 채 무릎을 부드럽게 문질렀다.

"할머니! 할머니!"

어린 손자가 단추가 달린 부츠를 신은 채로 그녀의 무릎 위로 올라갔다. 길에서 놀다가 이제 막 들어온 것이었다.

"네가 이 할미 치마를 어떻게 했나 좀 보려무나! 이 장난꾸러기!"

손자는 두 팔을 할머니 목에 감고 뺨을 마구 비벼댔다.

"할머니, 1페니만!"

손자가 졸랐다.

"그만 가거라. 할머니는 돈이 없다."

"있잖아."

"없어."

"아니, 있어. 1페니만!"

할머니는 어느새 낡아 뭉개진 검은 가죽 지갑을 더듬어 찾고 있었다.

"그럼 넌 이 할미에게 뭘 해줄 건데?"

손자는 부끄러운 듯 살짝 웃어 보이면서 몸을 더욱 가까이 비벼댔다. 그녀는 손자의 눈썹이 살며시 떨리며 자기 뺨에 와 닿는 것을 느꼈다.

"난 아무것도 없는데."

손자가 종알거렸다.

노파는 의자에서 벌떡 일어나 가스레인지 위에 놓여 있던 철주전자를 싱

크대로 옮겼다. 주전자 안에서 물이 보글보글 끓는 소리 때문에 고통이 조
금은 가신 듯했다. 노파는 양동이에 물을 가득 채우고 설거지용 그릇에도
채웠다.

부엌 상태를 묘사하는 데는 책 한 권이 다 필요할지도 모르겠다. 문인 신
사는 일주일 동안 혼자 '해냈다.' 자세히 말하면 신사는 찻잎을 버릴 용도로
비워 두었던 잼 항아리에 우려낸 찻잎을 담았다. 포크가 모두 더러워지면
두루마리 타월로 포크 한두 개만 닦아서 사용했다. 이런 일들을 제외하면
그가 친구들에게 설명한 대로 그의 '체계'는 꽤 간단한 것이었고, 그는 사람
들이 왜 집안일로 혼란스러워하는지 이해할 수 없었다.

"가지고 있는 것들이 모두 더러워지면 일주일에 한 번쯤 치우게 하면 그만
이네."

그 결과는 거대한 쓰레기통과 다름없었다. 빵 부스러기, 편지 봉투, 담배
꽁초 등이 마룻바닥 위에 마구 널려 있었다. 그러나 마 파커는 신사에게 나
쁜 감정이라고는 조금도 없었다. 그녀는 돌봐 줄 사람 하나 없는 그 가여운
젊은 신사에게 연민을 느꼈다. 작고 지저분한 창문 너머로 드러난 넓은 하늘
은 왠지 슬퍼 보였고, 하늘에 구름이라도 낄 때면 그 구름은 오래되어 가장
자리가 너덜너덜해지고 구멍이 나거나 진한 얼룩이 진 것처럼 보였다.

물이 끓는 동안 마 파커는 빗자루로 마룻바닥을 쓸기 시작했다. 마룻바닥
을 쓸면서 그녀는 생각했다.

'그래, 이런저런 일들을 하면서 내 몫을 다 하는 거야. 나는 힘들게 살아왔
지.'

이웃들도 그녀에 대해 그렇게 말했다. 생선 주머니를 들고 절뚝거리며 집
으로 돌아갈 때 그녀는 이웃들이 길모퉁이나 동네 계단난간에 기대어 수군
거리는 소리를 들었다.

"참으로 고되게 살아왔지, 마 파커는."

사실이 그러했고 그녀는 조금도 자랑스럽지 않았다. 그것은 그녀가 27호
지하실 뒷방에 산다고 말하는 것과 같았다. 고된 삶!

그녀는 열여섯 살 어린 나이에 스트랫포드를 떠나 런던으로 부엌일을 하

러 왔다. 그렇다, 그녀는 스트랫포드 어폰 에이븐에서 태어났다. 셰익스피어가 태어난 곳이 아닌가요? 사람들은 그녀에게 늘 그의 이름을 물었다. 하지만 그녀는 극장에서 그의 이름을 보기 전까지 그 이름을 들어보지도 못했다.

스트랫포드에 대한 것이라면 '어느 저녁 무렵 난롯가에 앉아서 굴뚝 너머로 하늘을 바라보던 것'과 '천장에서 숙성해 가던 베이컨 조각을 어머니가 늘 주었던 것' 말고는 아무 기억도 남아 있지 않았다. 그래도 어떤 관목이 현관문에 있어서 꽤 좋은 향기가 났다. 그러나 그 관목에 대한 기억도 아주 희미할 뿐이었다. 그녀는 몸 상태가 좋지 않아 한두 번 입원했을 때나 고향을 떠올리곤 했다.

그녀가 처음 일하러 간 그곳은 무서웠다. 외출은 조금도 허용되지 않았다. 아침과 저녁 기도 시간에만 2층으로 갔다. 지내기에 나쁘지 않은 지하실이었지만 요리사는 잔인한 여자였다. 집에서 보낸 편지를 읽다보면 괜히 몽상에나 빠지게 된다는 핑계로 그녀가 읽기도 전에 편지를 낚아채서는 화덕에 던져버리곤 했다…… 그리고 그 바퀴벌레! 런던에 오기 전에는 그녀가 바퀴벌레를 한 번도 보지 못했다니, 믿어야 할까? 마 파커는 이쯤에서 늘 조금 웃어 보였다. 마치 바퀴벌레를 한 번도 보지 못한 것처럼! 글쎄, 아무래도 그건 자기 발을 보지 못했다고 말하는 것과 다를 바 없었다.

그 가족이 재산을 처분한 뒤 그녀는 의사의 집에 '도우미'로 들어갔는데, 그곳에서 2년 동안 아침부터 밤까지 쉬지 않고 일만 하다가 결혼했다. 남편은 제빵사였다.

"제빵사이신 파커 부인!"

문인 신사는 이렇게 말하곤 했다. 그는 때로 읽고 있던 두툼한 책을 내려놓고 인생이라 불리는 이 작품에 귀기울였다.

"제빵사와 결혼했다니 꽤 멋진 일이었을 텐데요!"

파커 부인은 그렇게 확신하는 것처럼 보이지 않았다.

"아주 괜찮은 일이죠."

신사가 말했으나 파커 부인은 여전히 확신하는 것처럼 보이지 않았다.

"갓 구운 빵을 손님에게 드리는 것을 좋아하지 않았던가요?"

"음, 어르신. 저는 빵집에 늘 그렇게 자주 있지 않았어요. 아이가 모두 열셋이었는데 그중 일곱을 묻었지요. 제가 있던 곳은 병원은 아니더라도 양호실쯤은 되었죠!"

"참 그랬겠군요, 파커 부인."

신사는 몸을 떨면서 다시 펜을 잡았다.

그랬다. 아이가 일곱이나 죽었고, 여섯 아이가 아직 어렸을 때 남편은 폐병에 걸리고 말았다. 의사는 폐에 밀가루가 찼다고 늘 말했다. 남편이 병상에 앉아 머리 위로 셔츠를 걷어 올리면 의사가 한 손가락으로 그의 등에 원을 그렸다.

"파커 부인, 환자의 이 부분을 절단해서 열어보면 폐에 하얀 가루가 차 있는 것을 볼 수 있을 거예요. 환자분, 숨을 크게 쉬어 보세요!"

파커 부인은 불쌍한 남편의 입에서 하얀 가루가 커다란 부채처럼 뿜어져 나오는 모습을 자신이 직접 봤는지 또는 상상했는지 알 수 없었다.

그러나 여섯 아이를 키우며 겪어야 했던 어려움은 오롯이 그녀 혼자만의 몫이었다. 참으로 혹독한 상황이었다! 아이들이 학교에 갈 나이가 되었을 때 시누이가 그녀를 도와주려고 집에 왔다. 하지만 시누이는 두 달 만에 계단에서 굴러 척추를 다쳤다. 5년 동안 파커 부인은 아기를 한 명 더 돌봐야만 했다. 이 아기는 또 얼마나 울어댔던가! 그 뒤 어린 모디가 잘못되더니, 동생 엘리스까지 데려가고 말았다. 두 아들은 이민을 가버렸고 어린 짐은 인도에서 군에 입대했고, 막내 에델은 아무짝에도 쓸모없는 웨이터와 결혼했는데 그 남편은 레니가 태어나던 해에 궤양으로 목숨을 잃었다. 그리고 지금 어린 레니, 내 손자가……

그녀는 더러운 잔들과 접시 더미를 설거지하고 말렸다. 잉크처럼 검게 된 나이프들을 감자 조각으로 닦은 뒤에, 코르크 조각으로 마무리했다. 식탁도 말끔히 닦고 정어리 꼬리들이 헤엄치던 싱크대와 화장대도……

레니는 결코 처음부터 튼튼한 아이는 아니었는데, 다들 여자아이라고 여길 만큼 예쁜 아기였다. 은빛이 감도는 금발 고수머리와 파란 눈, 코 한쪽에 다이아몬드처럼 박힌 작은 점. 에델과 함께 그 아이를 키우면서 얼마나 고생을 했는지! 신문 구인난에 올라온 일들은 빠짐없이 해보았다. 일요일 아침이면 마 파커가 빨래를 하는 동안 에델이 큰소리로 신문을 읽었다.

"선생님, 죽을 줄로만 알았던 어린 머틸에 대해 알려 드리려고 몇 자 씁니다…… 젖을 네 병 먹고…… 9주 만에 몸무게가 8파운드 늘었고, 여전히 늘고 있습니다."

그러면 화장대에서 잉크가 담긴 계란 컵을 꺼내 편지를 쓰고, 이튿날 아침 마 파커는 일하러 가는 길에 우편환을 사곤 했다. 하지만 아무 소용도 없었다. 그 무엇으로도 어린 레니는 살이 오르지 않았다. 아이를 심지어 묘지에 데려가도 도무지 얼굴빛이 바뀌지 않았다. 버스에서 마구 흔들려도 아이의 식욕은 좋아지지 않았다.

그러나 레니는 처음부터 할머니의 아이였다…….

"넌 누구의 아이지?"

마 파커가 화덕에서 허리를 쭉 펴고 더러운 창가로 다가가 물었다. 그러면 너무나 따뜻하고 너무나 가까워서 그녀를 숨막히게 할 듯한 작은 목소리, 그녀의 심장 아래 가슴에 있는 듯한 목소리가 크게 웃으며 "할머니 아이!"라고 말했다.

그때 계단을 내려오는 발소리가 나고 문인 신사가 산책에 맞는 옷차림으로 나타났다.

"아, 파커 부인. 다녀오겠소."

"네, 어르신."

"잉크스탠드 받침에 반 크라운이 있소."

"감사합니다, 어르신."

"아, 그건 그렇고, 파커 부인, 지난번에 여기 있던 코코아를 버리진 않았소?"

"아니요, 어르신."

"아주 이상한 일이오. 틀림없이 깡통 안에 코코아가 한 숟가락 남아 있었을 텐데."

신사는 말을 끊었다가 부드럽고 단호하게 말했다.

"물건을 버릴 때는 늘 말해 주시오. 알겠소, 파커 부인?"

신사는 매우 만족한 얼굴로 밖으로 나갔다. 그는 자기가 겉으로는 부주의해 보여도 여자처럼 경계심이 많다는 것을 파커 부인에게 알려주었다고 실제로 믿었다.

문이 쾅 닫혔다. 그녀는 솔과 천을 챙겨 들고 침실로 갔다. 그러나 시트를 펼쳐서 잡아당기고 두드리며 침대를 정돈하는 사이에도 어린 레니 모습이 떠올라 견딜 수가 없었다. 그 아이가 왜 그토록 고생해야 했을까? 그녀로서는 그 사실을 이해할 수 없었다. 어린 천사 같은 아이가 왜 숨을 가빠하며 애써야 하지? 어린아이를 그처럼 고통받게 하다니, 도무지 이해할 수 없었다.

레니의 작은 가슴에서는 무언가 끓는 소리가 났다. 아이의 가슴에서 아이가 없앨 수 없는 어떤 큰 덩어리가 끓어올랐다. 기침할 때면 아이의 이마에는 식은땀이 솟았다. 눈이 튀어나오고 손이 떨리고 냄비에서 감자가 튀듯이 커다란 덩어리가 끓었다. 하지만 아이가 기침을 하지 않고 베개에 몸을 기댄 채 가만히 앉아 아무 말도 대답도 없이 아무것도 듣고 있지 않는 것처럼 보일 때는 더욱 두려웠다. 아이는 그저 화가 난 것처럼 보였다.

"아가, 늙은 할미의 귀여운 손자는 이러지 않지?"

마 파커는 아이의 작고 붉은 귀에 달라붙은 젖은 머리칼을 뒤로 넘겨주며 말했다. 그러면 레니는 고개를 옆으로 돌렸다. 할머니에게 몹시 화가 난 것 같기도 하고, 또 엄숙해 보이기도 했다. 아이는 할머니를 믿을 수 없다는 듯이 고개를 푹 숙인 채 곁눈질했다.

마침내 마 파커는 침대 위로 이불을 던졌다. 아, 도저히 쉽게 생각할 수 없었다. 너무나 벅찬 일이었다. 그녀는 평생 참아야 할 게 너무나 많았다. 이제까지 그것을 참으며 혼자 삭여 왔고, 단 한 번도 우는 모습을 보인 적이 없었다, 그 누구에게도. 마 파커의 아이들도 어머니가 우는 모습을 본 적이 없었다. 그녀는 늘 자랑스러운 표정을 지어 보였다. 그러나 레니까지 가버린 지금 무엇이 남아 있단 말인가? 아무것도 없다. 삶의 전부였던 레니마저 가버렸다. 왜 이 모든 일이 나에게 일어난 것일까? 그녀는 의문이 일었다.

"내가 뭘 잘못했지? 뭘 잘못했냐고?"

늙은 마 파커는 스스로에게 물었다. 그녀는 이런 말들을 되뇌다가 갑자기 솔을 떨어뜨렸다. 부엌이었다. 그녀는 비참한 감정을 누르지 못한 채 모자를 쓰고 겉옷을 걸치고는 꿈꾸는 사람처럼 아파트 밖으로 걸어 나갔다. 자신이 무엇을 하고 있는지 알 수 없었다. 이제까지 일어났던 무서운 일들에 정신이 나간 사람처럼 걷고 또 걸었다, 어디라도 가면 피할 수 있을 것처럼…….

거리는 추웠다. 매서운 바람이 불어왔다. 사람들이 종종걸음으로 빠르게 스쳐 지나갔다. 남자들은 가위처럼 다리를 벌리며 걷고, 여자들은 고양이처럼 종종걸음을 했다. 아무도 모르고 아무도 신경 쓰지 않았다. 그 모든 세월이 지난 뒤 마침내 울음을 터트린다 해도, 그 전에 폐쇄된 공간부터 찾아야 하리라.

울어야겠다고 생각하니 어린 레니가 할머니 품속으로 뛰어들 것만 같았다. 아, 이 일이야말로 그녀가 바라던 것이다. 내 비둘기. 할머니는 울고 싶단다. 오랫동안 일어난 그 모든 일에 대해 지금 울 수만 있다면. 처음 갔던 곳의 잔인한 요리사부터 시작해서 의사 집으로, 그다음엔 일곱 아이들, 남편의 죽음, 품을 떠난 아이들, 그 비참한 세월 끝에 레니까지. 그것을 위한 시간이 온 것이다. 그녀는 해야만 했다. 이제는 더 미룰 수도, 기다릴 수도 없다. 그런데 어디로 가야 하지?

"고되게 살아왔지, 마 파커는."

맞다, 참으로 고된 삶이었다. 그녀의 턱이 떨리기 시작했다. 시둘러아 했다. 하지만 어디로? 어디에서?

집으로 갈 수는 없었다. 에델이 집에 있었다. 에델은 죽을 만큼 두려워하리라. 아무 벤치에나 앉을 수도 없다. 사람들이 와서 물어볼 것이다. 신사의 집으로 돌아갈 수도 없다. 자기 집도 아닌 곳에서 울 권리는 없으니까. 계단에 앉아 있으면 경찰관이 와서 물어볼 것이다.

아, 홀로 숨어 바라는 만큼 머무를 수 있는 곳, 아무도 방해하지 않고 누구도 걱정해 주지 않는 곳은? 이 세상에서 마음껏 소리내어 울 수 있는 곳은 없는 것일까?

마 파커는 그 자리에 서서 거리 여기저기를 훑어보았다. 얼음 같은 바람에 앞치마가 풍선처럼 부풀었다. 비가 내리기 시작했다. 그 어디에도 없었다.

맨스필드의 생애와 작품

캐서린 맨스필드(Katherine Mansfield, 1888~1923)는 1888년 10월 14일 뉴질랜드 웰링턴의 수도에서 부유한 사업가인 해럴드 보챔프(Sir Harold Beauchamp)의 셋째 딸로 태어났다. 보챔프 집안의 조상은 런던의 금세공사였는데, 할아버지 대에 오스트레일리아로 이주했다가 아버지 대에 웰링턴에서 살게 되었다.

맨스필드의 본디 이름은 캐슬린 보챔프(Kathleen Beauchamp)로, 그녀는 언니 둘, 여동생, 남동생과 함께 평화로운 소녀 시절을 보냈다. 1896년 웰링턴에서 가까운 카로리라는 조그만 시골에 있는 학교에 다녔는데, 학교 분위기는 《인형의 집》에 잘 그려져 있다. 이때부터 맨스필드는 시(詩)나 산문을 읽고, 또 쓰는 것을 즐겼으며, 언제나 자기 베개 밑에 책을 넣어 두었다가 새벽이 되면 다시 꺼내 읽곤 했다. 학교를 졸업하고 나서 1903년에 영국 런던으로 가서 퀸스 칼리지(2년제 교육기관)에 입학했다(15세). 17세까지 그 학교에 다녔는데, 그 사이 교지를 편집하거나 그 잡지에 자신의 작품을 발표한 것을 보면 그 무렵부터 문학에 관심이 있었음을 알 수 있다. 문학뿐만 아니라 음악에도 관심이 많아서, 17세를 전후로 몇 년 동안 첼로에 열중했다.

1906년 6월, 18세 때 어쩔 수 없는 사정으로 런던을 떠나 뉴질랜드로 돌아와, 이듬해인 1907년 오스트레일리아의 잡지 《호주두루미 *The Native Companion*》에 3편의 단편을 보낸다. 그때 투고한 작품이 채용되어 실렸는데, 편집자인 E. J. 브라즈는 작품이 매우 훌륭해, 이처럼 나이 어린 소녀의 창작이 아닐 것이라고 평했다. 이때 맨스필드는 19세로 이 무렵부터 캐서린 맨스필드라는 필명을 쓰게 되었다.

웰링턴 해안

그러나 그녀는 뉴질랜드에서 평생 파묻혀 지내게 될 것을 두려워했다. 예술의 도시인 런던을 줄곧 동경했다. 마침내 부모님을 설득해 해마다 100파운드의 생활비를 받기로 하고 1908년 20세의 나이에 동경하던 런던으로 떠났다.

런던으로 온 그녀는 문필가가 되기로 결심하고 원고를 여러 잡지사에 보냈다. 그러나 전혀 실리지 못했다. 생활비를 벌고자 한때는 유랑극단에 들어가 단역을 맡은 적도 있었다. 그녀는 뒷날 그 무렵 일을 회상하며 "나는 유랑극단의 단역배우였다"고 말하기도 했다.

이즈음 건강이 상한 그녀는 독일 바이에른에서 잠시 휴양한다. 그동안 바이에른을 배경으로 한 단편을 쓴 《바이에른 이야기 *Bayern Stories*》를 《독일 하숙집에서 *In a German Pension*》라는 제목으로 1911년에 간행하여 3판(版)까지 냈다. 이 책에 실린 〈피곤한 아이 *The Child-who-was-Tired*〉는 그중 한 편이다.

1912년 맨스필드는 문예 비평가이면서 편집자로 잘 알려진 존 미들턴 머리(John Middleton Murry)와 동거 생활에 들어갔다(정식 결혼은 1918년). 머리는 그 무렵 옥스퍼드대학교 학생으로 《리듬 *Rhythm*》이라는 문예평론 잡지를 편집하고 있었다. 그는 맨스필드의 첫 단편집을 읽고 그녀를 알게 되었으며, 취미와 목적이 같았던 두 사람의 생활은 행복했다. 머리는 맨스필드의 용기를 북돋워 주면서 탁월한 재능계발에 노력했다. 맨스필드는 《리듬》 편집을 도왔는데, 폐간될 때까지 1년 동안 그 잡지에 소설, 시, 평론 등을 발표했다. 그녀의 사후에 출판된 단편집 《유치하지만 매우 자연스러운 *Something Childish But Very Natural*》(1924년에 《유치하지만 꽤 중요한, 그리고 나

캐서린 맨스필드(1888~1923)

머지 이야기들 *Something Childish and Other Stories*》라는 이름으로 다시 출판)에 실린 단편은 대부분 이 《리듬》지에 발표된 것이다.

맨스필드는 아버지로부터 정기적으로 돈을 받았지만 결혼 이후로도 생활고에 시달렸다. 젊은 두 사람은 이때를 전후로 떨어졌다 다시 함께 살았다 하면서 런던과 프랑스의 시골 마을 등을 옮겨 다녔다. 1914년 7월, 제1차 세계대전이 일어나자 남편 머리는 언론계 일을 잃었고, 맨스필드는 작품을 발표할 곳을 잃었다. 동시에 정신적으로도 큰 충격을 받아 그녀의 이상과 목표는 한때 나아갈 방향을 잃고 만다.

이듬해인 1915년 여름, 그녀가 가장 사랑하던 남동생 레슬리 보챔프가 뉴질랜드에서 출정하던 도중에 런던에 있는 그녀를 찾아왔다. 오랜만에 만난 남매는 시간 가는 줄도 모르고 어린 시절의 추억을 나누었다. 그때 그녀의 가슴에는 자신이 자란 뉴질랜드의 풍경이며 생활이 동생의 얼굴과 모습을 통해서 또렷하게 떠올랐다.

그리하여 그녀는 뉴질랜드에서 느끼고 경험한 어린 시절의 삶을 펜으로

웰링턴 교외 손던의 맨스필드 생가

되살리는 일에 몸을 바치겠다고 결심하게 된다. 즉 전쟁 때문에 키를 잃은 배처럼 나아갈 방향을 잃었던 그녀의 정신은 전쟁을 낳은 기계문명과는 멀리 떨어진 어린 시절의 삶으로 돌아간 것이다.

그해 10월 동생이 프랑스에서 전사했다. 동생의 죽음은 그녀의 결심을 더욱 굳혔다. 뒷날 출판된 맨스필드의 일기 1915년 11월자 내용이다.

'그럼 나는 왜 자살해 버리지 않는 걸까? 그건 내가 동생과 같이 살았던 저 아름다운 시절을 글로 쓸 의무가 있는 것처럼 느끼기 때문이다. 나는 그 시절을 글로 쓰고 싶어 견딜 수 없다. 그리고 동생도 그랬으면 좋겠다고 말했었다.'

그녀는 곧 영국을 떠나 프랑스 남부, 지중해 연안의 방도르로 가서 뉴질랜드에서 보낸 어린 시절을 다룬 작품을 쓰기 시작했다. 이듬해 가을, 맨스필드는 그 원고를 몇 번이나 손본 다음 《서곡 *Prelude*》이라는 제목을 붙여서 런던 호가스 출판사에 보냈다. 그 뒤 얼마 지나지 않아 그녀는 늑막염에 걸려 잠시 휴양했으나, 전쟁 중이라 식량도 넉넉하지 않았다. 런던으로 돌아가려 했으나 군인만 영국으로 건너갈 수 있었다.

1918년 4월, 겨우 런던으로 돌아갈 수 있었지만 의사로부터 폐결핵 진단을 받고 이번에는 영국 대서양에 면한 콘월 해안으로 거처를 옮긴다. 그해 6월에 《서곡》은 300부쯤 출판되었으나 신문과 비평가들로부터는 묵살당했다.

그러나 그것을 활자로 찍어 내던 식자공이 원고를 읽고 "와, 여기에 나오는 아이들은 정말로 살아 있는 것 같네!" 하고 감탄했다는 이야기를 듣고 맨스필드는 매우 기뻐했다고 한다. 학자나 비평가에게 칭찬받기보다는 문학을 잘 모르는 사람들로부터 칭찬받았다는 것에 그녀는 훨씬 기뻤던 것이리라.

이때부터 맨스필드는 죽을 때까지 오로지 투병과 집필로 세월을 보냈다. 그녀는 런던, 북이탈리아, 남프랑스 지중해 연안, 스위스,

잡지 《리듬》 표지 1912년 봄호

파리 등 각지를 돌아다니면서 요양에 힘쓰는 한편 창작에도 열정을 쏟았다.

제1차 세계대전이 끝나고 1919년 4월, 남편 머리가 《아테네움 *The Athenaeum*》이라는 문예잡지의 편집을 맡게 되자 맨스필드는 신간 소설 비평란을 담당해 1년 몇 개월 동안 비평을 계속했다. 그 밖에도 소설이나 시를 때때로 《아테네움》에 발표해 학자들과 비평가들에게 주목받게 되었다.

이리하여 1920년 12월에 두 번째 단편집인 《지극한 행복 *Bliss*》이 출판되었다. 오래전부터 그녀는 러시아의 유명한 작가 체호프의 작품을 즐겨 읽었는데, 이 무렵 지인과 함께 체호프의 편지와 일기 등을 번역했다.

1921년에는 각지를 돌아다니며 요양하는 한편 여러 편의 명작을 썼다. 이 책에 실린 〈만에서 *At the Bay*〉는 이해 8월부터 9월에 걸쳐서 스위스 몬타나에서 쓴 것이다. 이듬해인 1922년 1월호 런던 머큐리지에 발표되었으며, 2월에 세 번째 단편집 《가든파티 *The Garden Party*》가 출판되었는데, 그 책 첫머리를 장식했다.

이 책은 개성 강한 묘사와 시적인 문장으로 그즈음 영국 문단에 돌풍을

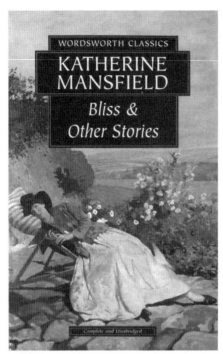

《지극한 행복》(1920) 표지 〈바람이 불다〉 등 14개 단편이 실린 두 번째 단편집.

일으켜 단편작가로서의 지위를 확립해 주었다. 한편 1922년이 되자 그녀의 병세는 더 심해져서 창작활동이 몹시 힘들어졌다. 그러나 고통과 싸우면서도 〈차 한 잔 *A Cup of Tea*〉 같은 훌륭한 단편을 썼다.

그러나 여름이 되자 병세는 더 깊어져 10월에는 마침내 파리 남동부에 있는 퐁텐블로 병원에 입원했다. 12월 끝 무렵, 런던에 있는 남편 머리에게 꼭 일주일 정도의 예정으로 퐁텐블로에 와 달라는 편지를 보냈다.

머리는 1923년 1월 9일에 도착했지만, 맨스필드는 그날 밤 10시에 피를 심하게 토하고 10시 반에 숨을 거두었다. 만 34년 두 달의 짧은 생애였다. 맨스필드는 퐁텐블로에서 가까운 에이번 공동묘지에 묻혔다. 그녀가 귀천한 뒤인 1923년, 남편 머리는 세 번째 단편집 이후에 쓴 여섯 편의 단편과 열다섯 편의 미완성 원고를 실은 네 번째 단편집을《비둘기 둥지, 그리고 나머지 이야기들 *The Doves' Nest and Other Stories*》이라는 이름으로 출판했다.

맨스필드의 창작은 위와 같이 겨우 다섯 권의 단편집에 모두 실려 있으며, 그 수는 88편이다(열다섯 편은 미완성). 이윽고 그녀의 시집, 일기, 서간집, 평론집 등도 저마다 출판되어 전 세계에 애독자를 갖게 되었다.

이 책에는 그녀의 모든 작품 중 〈가든파티〉, 〈지극한 행복〉, 〈인형의 집〉, 〈차 한 잔〉, 〈만에서〉 등 비교적 널리 알려지고 많이 읽히는 작품 위주로 골라 실었다.

〈가든파티〉와 그 밖의 작품 세계

20세기로 막 접어들었을 무렵에 뉴질랜드 문학소녀 캐서린 맨스필드가 개척하려던 길은 체호프 식 단편의 세계였다. 맨스필드는 영국 소설가로서는 드물게, 끝까지 단편 소설이라는 형식을 철저히 지켜 나갔다. 다른 작가였다면 30쪽이 넘게 써야 했을 내용을 그녀는 단 10쪽에 담을 수 있었다. 그렇다고 딱딱한 문장으로 어지러운 사건을 그리는 것은 아니다.

그 무렵 대부분의 젊은 작가들과 마찬가지로 맨스필드도 체호프의 영향을 많이 받았으나, 그녀 자신만의 전범과 표본을 갖고 있었다. 강한 감수성에 알맞은 역설

《가든파티》(1922) 초판 시작 페이지 〈만에서〉〈가든파티〉 등 15편이 실린 세 번째 단편집.

의 힘은 아직 개발되지 않았으나, 체호프처럼 인간 생활의 극적인 면보다는 흔한 일 가운데에서 충분한 의의를 인정해 인간 심리의 미묘한 움직임과 그에 응하는 인간 행동의 기묘함을 꿰뚫어 봄으로써 이를 포착해 선명하고 유창하게, 또한 교묘한 비유로써 표현했다. G.K. 체스터턴이 인생의 '아주 사소한 것(tremendous trifles)'이라고 일컬은 것에 좋은 반응을 보여준 것이다. 즉, 맨스필드는 그것이 인생의 가장 단편적인 부분이며 참다운 진리이 한 모습이라고 생각했다. 그리하여 맨스필드는 아주 사소한 사건이나 보잘것없는 인물을 다뤘다. 말하자면 그만큼 그녀의 감각은 비상했고 민감했으며 날카로웠다.

맨스필드의 작품에는 아주 흥미진진한 줄거리라든가 구성상의 빼어난 기교라든가, 개운하고 멋진 결말도 없으며 대담한 인간 본연의 행동이 나타나는 근본적인 색채의 뚜렷한 묘사도 없다. 그러나 이에 비해 인간의 행복과 슬픔의 포착하기 어려운 또 다른 흐름을 찾아내기 위하여 인생의 외관을 꿰

Katherine Mansfield et Menton

Janvier 1920 - Mai 1921

망통의 '꽃이 핀 거리'에 있는, 캐서린 맨스필드를 기념하는 명판   1920년 맨스필드는 폐결핵 요양을 위해 남프랑스 해변 망통을 찾았다.

뚫어볼 수 있는 섬세하고도 부드러우며, 미묘한 기교가 모든 작품에 풍부하게 넘쳐나 있다. 일기와 편지 가운데에는 자신의 작품에 대한 감상과 비평이 군데군데 적혀 있는데, 그중 1922년 10월 6일 〈차 한 잔〉을 쓴 뒤의 감상을 남편 머리에게 다음과 같이 적어 보내고 있다.

'비 오는 날, 일어나는 일이란 왜 그토록 신비스러운지 모르겠어요. 당신도 그렇게 느끼나요? 매우 신선한 것 같고 전혀 예기치 않았던, 그러나 기억에 생생한 일인 것만 같군요. 나는 그것을 몇 시간이나 생각하고 또 생각하고 있어요……'

〈가든파티〉는 맨스필드의 모든 작품 중 가장 잘 정리된 구성을 보여준다. 소녀 로라의 심리의 그림자를 부각시켜 호화로운 가든파티와 가난한 남자의 죽음을 교묘한 구도로 대조시킨다. 이 작품은 아무런 기복도 없는 평범한 사건을 다루지만 거기에 갑자기 한 인간의 죽음이 그림자처럼 나타난다. 그 그림자는 결코 큰 충격을 주지는 않는다. 평범하고 쉬운 문장 사이를 누비며 퍼뜩 스쳐 지나갈 따름이다. 죽음이라는 문제를 비통한 얼굴을 하고 정면으로 논하며 절규하는 것이 아니라, 〈바람이 불다〉에 나오는 베토벤의 피아노 소나타 단조 악장처럼 '북소리의 길고 무거운 떤꾸밈음' 같은 것이 아니라, 모차르트의 밝은 장조음을 들으면서 왠지 모르게 인생의 서글픔을 느끼는(예를 들어 모차르트 피아노 협주곡 K. 595) 그런 것이다.

쉬운 문장이라고 했는데, 이 또한 모차르트의 곡과 같다. 초보자라도 금방 알 수 있으나, 그 참뜻을 이해하려면 매우 어렵다. 대상을 사실 그대로 묘사하는 것이 아니라 생략과 암시, 비유로써 은근하게 독자에게 다가간다. 그러므로 그 간결하고 담백한 문장의 맛을 완전히 알기 쉽게 해설한다는 것은 모차르트의 곡을 완벽하게

《비둘기 둥지, 그리고 나머지 이야기들》(1923) 초판 시작 페이지 맨스필드 사후 남편 머리의 편집으로 출판된 네 번째 단편집. 〈인형의 집〉〈차 한 잔〉 등 21개의 단편이 실렸다.

연주하는 것과 같은 이치이다. 그것은 도저히 설명하기 어려운 일이다.

그러나 가든파티에서의 화려한 모자를 그대로 쓰고 온 것을 탓하고 마부의 주검 앞에서 눈물을 흘리며 돌아가는 어두운 저녁 골목길, "인생이 그런 거야"라고 오빠 로리가 건넨 이 한마디는 우리에게 커다란 암시로 인생을 설명해 준다. 〈바람이 불다〉에서의 환상곡, 〈차 한 잔〉에서 얻는 것보다 푸른 빛 조그만 상자 갖고 싶은, 아니 남편의 사랑을 바라던 그녀, 거기에서 차 한 잔에 따라 왔던 소녀의 아름다움은 그녀의 이 바람으로 무너져 버린다. 그리고 생활 속에서 또 하나의 자기 조화를 이뤄 나감으로써 부를 수 있는 〈지극한 행복〉이란…… 또 〈인형의 집〉에서의 램프, "난 그 램프를 봤어"라고 말하는 어린 소녀의 기쁨은 모든 학교 친구들의 따돌림으로부터 소녀를 구해 주는 유일한 불빛이다. 지루하고 반복되는 〈레지날드 피콕 씨의 하

루〉는 자다 깬 부인 앞에서 "여보, 기뻤어, 난 기뻤어"라는 되풀이로 끝난다. 이처럼 체호프와 일맥상통하는 맨스필드의 여운 있고 새로우며 인상을 남기는 문체는 그녀의 모든 작품을 통해 생생히 넘쳐나고 있다.

이 책에 실린 〈만에서〉는 맨스필드의 모든 작품들 중 가장 긴 것이자 대표작이기도 하다. 무대인 어느 바닷가는 맨스필드가 소녀 시절에 여름을 보낸 적 있는 웰링턴 교외의 해수욕장으로, 그곳의 새벽부터 밤까지의 모습을 열두 장으로 나누어 묘사하고 있는데, 그저 장황하게 늘어놓은 것이 아니라 인물과 배경에서 훌륭한 통일감을 느낄 수 있다.

작중인물 중 케지아는 작가 자신의 모습을 반영한 것임이 분명하지만, 다른 등장인물도 거의 실재 인물을 전범으로 삼고 있다. 이 작품의 압권은 아이들을 묘사한 장면이다. 그리고 맨스필드 특유의 섬세한 관찰과 개성 있는 표현이 곳곳에서 드러난다.

이 작품에서 두드러지는 점은 모든 단편에 흐르는 풍부한 시정이다. 이는 바닷가 연안의 아침, 점심, 밤을 그린 연작 소묘인 동시에 12부로 이루어진 한 편의 산문시라 해도 좋으리라.

〈인형의 집〉은 어린이의 세계를 그린 것으로서는 감히 견줄 작품이 없을 만큼 걸작이라 할 수 있다. 그녀의 작품 가운데 가장 꿈이 적게 나오는 현실적인 작품이다.

〈바람이 불다〉는 아주 짧지만, 첫 문장부터 전체를 상징한다. 복잡한 소녀의 고뇌를 상징하고 있는데, 그 고뇌들이 바람으로 표현된다. 즉 외부 세계의 바람과 마음속에 부는 바람이 혼연일체가 되어 잘 어우러져 있다.

이 모든 단편들을 통해서 독자는 맨스필드의 풍부한 감수성과 생생하고 아름다운 시정을 느낄 수 있다. 그녀의 작품에 깔려 있는 것은 애수와 삶의 모순이며, 그 작품을 시종일관 관통하는 주제는 인간의 고립감이라고 할 수 있다.

끝으로, 바람을 사랑했던 작가가 바람을 노래한 시의 일부를 소개한다.

봄바람 부는 런던(Spring Wind in London)(1909)

나는 말없는 세상을 가로지르는 바람

나는 바다를 가로지르는 바람
나로 말미암아 뱃사람들의 깃발이 펄럭이며,
나로 말미암아 나무는 뿌리가 뽑힌다
나는 거침없이 세상에 맞서며,
세상은 나에게 고개를 숙여야 한다

나는 하늘을 가로질러 구름을 몰아간다
나는 양떼들처럼 구름을 끌어 모은다
나는 자비심이 없는 양치기 개
양치기 개처럼 구름을 지킬 수밖에 없다
만일 구름이 조용한 골짜기에 머무르면
나는 구름을 절벽으로 날려 버린다

보라! 나는 나무 뒤에 숨어 있고,
살아 있는 모든 것을 뒤에 숨어 있다
달의 노란 날개 위에 올라타서 미끄러지고
들장미 위에서 그네를 탄다
해마의 등 위에 올라타고서 내달린다
그리고 무엇을 가지고 와야 할까?

꼬마가 병에 걸리면
나는 잠시 멈추어서, 내 손으로
창가 휘장의 주름장식을 흔들어 댄다
그러면 그 꼬마는 알게 될 것이다
밖에는 아직 바람이 불고 있다는 것을
······그곳이 즐거운 곳이라는 것을······

맨스필드 연보

1888년   10월 14일 뉴질랜드에서 부유한 사업가 해럴드 보챔프(Sir Harold
            Beauchamp)의 셋째 딸 캐서린 맨스필드(Katherine Mansfield, 본명
            Kathleen Beauchamp) 태어나다.

1896(9세)   웰링턴에서 가까운 카로리라는 조그만 마을 학교에 다니다. 이때
            부터 시나 산문을 읽고 쓰는 것을 즐기다. 언제나 자기 베개 밑에
            책을 넣어 두었다가 새벽이 되면 다시 읽곤 하다.

1903(15세) 런던의 옥스퍼드대학교 퀸스 칼리지에 입학하다. 교지(校誌) 편
            집 일을 맡아 보는 한편 단편들을 교지에 싣다.

1906(18세) 뉴질랜드로 돌아오다.

1907(19세) 오스트레일리아 잡지인 《호주두루미 The Native Companion》에 세 편
            의 단편을 보내 편집자인 E.J. 브라즈로부터 어린 소녀의 작품으
            로는 매우 훌륭하다는 평을 받다.

1910(22세) 잡지 《새 세대(The New Age)》의 편집자에게 인정받아 작품을 싣
            게 되다.

1911(23세) 독일 바이에른에서 폐결핵으로 휴양하던 때의 일을 쓴 《바이에
            른 이야기 Bayern Stories》를 첫 번째 단편집 《독일 하숙집에서 In a
            German Pension》라는 제목으로 펴내다(3판까지 냄).

1912(24세) 비평가이자 편집자이며 《리듬 Rhythm》지 발행자 존 미들턴 머리
            (John Middleton Murry)와 동거하다.

1918(30세) 머리와 정식으로 결혼식을 올리다.

1920(32세) 두 번째 단편집 《지극한 행복 Bliss》 출판되다.

1922(34세) 10월 〈차 한 잔〉을 쓰다. 세 번째 단편집인 《가든파티 *The Garden
Party*》 출판되다.

1923(35세) 폐결핵으로 유럽 대륙 곳곳을 돌아다니며 요양을 하던 끝에 1
월 9일 파리 교외 퐁텐블로에서 세상을 떠나다. 세상을 떠난 뒤
네 번째 단편집 《비둘기 둥지, 그리고 나머지 이야기들 *The Dove's
Nest and Other Stories*》 출판되다.

오정환(吳正煥)
미국 인디아나대학 수학.
동아일보 외신부장·동화통신 편집국장을 역임.
옮긴책 윌리엄 사로얀 《인간희극》 마크 트웨인 《톰소여의 모험》
《허클베리핀의 모험》 버튼 《아라비안나이트》 등이 있다.

World Book 300
Katherine Mansfield
THE GARDEN PARTY
가든파티
캐서린 맨스필드/오정환 옮김
1판 1쇄 발행/1978. 6. 1
2판 1쇄 발행/2003. 1. 1
3판 1쇄 발행/2008. 3. 1
4판 1쇄 발행/2021. 3. 1
발행인 고정일
발행처 동서문화사
창업 1956. 12. 12. 등록 16-3799
서울 중구 마른내로 144(쌍림동)
☎ 546-0331~6 Fax. 545-0331
www.dongsuhbook.com

＊
사업자등록번호 211-87-75330
ISBN 978-89-497-1798-2 04080
ISBN 978-89-497-0382-4 (세트)